Domestic Violence and Women's Shelter

For the support of victims

ドメスティック・バイオレンスと民間シェルター

被害当事者支援の構築と展開

小川 真理子

Ogawa Mariko

世織書房

はしがき

民間シェルターとはなにか。

そもそもドメスティック・バイオレンス（以下、「ＤＶ」と記す）という言葉は知っていても、民間シェルターがどのような場であるのかを知っている人は少ないだろう。なぜなら、民間シェルターは、所在を非公開にし、まるで社会に存在しないかのようにひっそりと運営されているからである。民間シェルターは、二〇年以上も前から地道にＤＶ被害者支援を行っているが、その活動実態はほとんど知られていない。また、ＤＶ被害者をかくまい安全を確保するという使命を持っているため、民間シェルターの支援者が公の場に姿を現すことはほぼ皆無である。

民間シェルターとは、草の根の女性たちにより設立され、ＤＶ被害者を保護・支援する非営利組織である。したがって、正確には、民間の女性シェルターという意味を含んでおり、本書では公的な一時保護施設とは区別して捉えている。

本書が民間シェルターに注目するのは、民間シェルターがＤＶ被害者を支援するという明確な目的を持って設立され、ＤＶ被害者のニーズに応え支援する、自発的な活動体であるからである。

一九九〇年代初めに、日本初のＤＶ全国調査が民間の女性グループによって行われるまで、ＤＶ問題は社会においてほとんど認識されていなかった。夫から暴力を振るわれた妻が警察に駆け込んでも、民事不介入の原則があり、警察は妻を諭して夫の元に帰宅させることもあった。社会においても「夫婦のもめごと」は個人の問題といった規範が浸透しており、暴力を振るわれた女性たちは沈黙せざるをえない状況が続いていた。このようにDVは、長い間国家から見過ごされ、社会から見えないものとされてきた。暴力を振るわれた女性たちが声をあげ、草の根の女性たちによる支援と運動がなければ、社会において認識されることはなかった。それゆえ、本書では民間による支援、すなわち、民間シェルターの行う支援の内容やそれに伴う活動に注目する。

二〇〇一年、「配偶者からの暴力の防止及び被害者の保護に関する法律」（以下、「DV防止法」と記す）が制定された。DV防止法の成立により日本におけるDVへの対応は大きく変化した。DV防止法制定以前には、法的根拠がないという理由から、行政や公的機関が、夫などから暴力を受けた女性を積極的に保護・支援することはほとんどなかった。DV防止法の制定は、家庭など私的領域で振るわれる暴力に対して国家が介入した瞬間でもあった。そして、このDV防止法成立の蔭には、民間シェルターはじめ民間女性NGOの存在がある。DVがまだ社会に認知される前から、DV被害者を保護・支援してきた民間シェルターは、独自の支援方法を編み出しノウハウを蓄積してきた。一九九〇年代後半、民間シェルターはDV防止法の制定を目的として全国ネットワークを形成、三度のDV防止法改正過程へ参入し、DV被害者の声を届け法改正に寄与してきた。DV防止法は、二〇一三年六月に三度目の改正（「配偶者からの暴力の防止及び被害者の保護等に関する法律」に改称）が行われ、二〇一四年一月に施行されたが、生活の本拠を共にする交際相手からの暴力が法の適用対象とされることになったことは大きな前進である。DV防止法は、改正の度に一歩ずつDV被害者の望む支援に近づいているといえる。

最初の民間シェルターが成立されてから二〇年以上が経ったが、民間シェルターはその歩みを止めることなく、DV被害女性を保護・支援するための組織として機能している。

民間シェルターは、誰によって設立され、どのように組織され運営されているのか。DV加害者の追跡から逃れてきたＤＶ被害者をどのように支援しているのか。また、民間シェルターはいかなる役割を担っているのか。こうした問いを持って、私は民間シェルターの協力のもと、調査を行い、支援者の生の言葉を聴かせていただいた。民間シェルターの支援者は、ＤＶ被害者支援にかける強い意志を持ち、専門性に裏打ちされた支援の実態について語ってくれた。

ＤＶ防止法施行以降、ＤＶ被害者の支援制度は整備されつつある。にもかかわらず、未だにＤＶ事件は後を絶たない状況が続いている。総務省の調査（二〇〇九年）では、現行ＤＶ被害者支援制度は、総合的な制度の未確立や地域間における支援格差など多くの課題があると指摘されている。民間シェルターからは、行政・公的関係機関職員のＤＶへの認識の低さなどを訴える声が多く報告されている。

＊

本書は、全国に点在する民間シェルターへの調査を基に、日本においてパイオニアとしてＤＶ被害者支援をリードしてきた民間シェルターをさまざまな角度から考察した、初の民間シェルター研究の試みである。これまでアクセスが困難なため、僅かな研究蓄積しか残されていない民間シェルターの取り組みを、限られた調査によるものではあるが明らかにしている。また、本書では、支援者の視点からみた民間シェルター研究を通して、支援者へのインタビューからその言葉を手掛かりに読み解き、民間による支援の重要性やジレンマ、ＤＶ被害者との関係性、さらには行政との「連携」の困難の要因について検証している。

さらに、本書では、民間シェルターの分析を通して、十分とはいえないが、日本の公的機関中心のＤＶ被害者支援制度の問題点を明らかにし、その方向性について問題を提起している。制度の内側からは見えにくい問題を、公的支援システムから周縁化された民間シェルターを通して明らかにし、法制度・政策研究が中心であったＤＶ研究に被害者支援論や支援制度研究の視点から新たな知見を加えている。本書における研究成果は、民間シェルターへのフィードバックならびにＤＶ施策への貢献、また、現行ＤＶ被害者支援制度の行き詰まりに対する解決の糸口を示唆するものと考えている。そして、これらは、今も支援の手が届かずに困窮しているＤＶ被害者を救い出すことに繋がる。

＊

本書は全6章からなる。

序章では、民間シェルターに着目する理由および本書の立場を示している。また、ＤＶ防止法制定に至るまでの国内外における女性に対する暴力反対運動や民間シェルターの歩みを概観する。そして、現行ＤＶ被害者支援制度の全体像を提示する。

第1章では、主に民間シェルターがどのように研究されてきたのかを整理し、本研究が取り組む課題を提示する。また、本研究で実施した質問紙調査およびインタビュー調査の概要を述べる。

第2章では、筆者が行った質問紙調査結果を提示しながら、民間シェルターの設立の経緯、運営・組織、支援などについて明らかにしている。本調査における民間シェルターの全体的な傾向を把握した上で、その特徴と課題について考察する。

第3章では、民間シェルターの支援者がどのような考え方に依拠して支援活動を行っているのか、ＤＶ被害者支援の基本姿勢や支援者と被支援者との関係、ＤＶ被害者支援と「シェルター運動」との関連などについてインタビュー調査を用いて検証する。

第4章では、ＤＶ防止法施行以降の民間シェルターと行政・関係機関の「連携」について考察する。ＤＶ被害者の一時保護や一時保護後の支援において、行政・関係機関との「連携」は欠かせないと言われている。ＤＶ防止法施行前後の「連携」における変化や現在の民間シェルターと行政・関係機関における「連携」の現状と問題点について四つの自治体の取り組みも参照しながらみていく。

第5章では、民間シェルターおよび行政・関係機関への考察を踏まえて本書の結論を述べる。また、民間シェルターのDV被害者支援における役割や方向性、DV被害者支援政策への示唆などを示し本書の知見をまとめる。

本書は、DV被害当事者の目線から支援が行われることを願って書かれたものである。それゆえ、本書が全国の民間シェルターや民間支援団体、婦人相談所などの関係機関、立法関係者や自治体関係者などDV被害者支援に携わるすべての人々にとっての一助となれば幸いである。

［用語解説］

DV（ドメスティック・バイオレンス）：私的領域内における夫婦間暴力（内縁、事実婚を含む）や恋人・交際相手などの親密な関係の間で振るわれる暴力。

DV被害当事者：DV被害を受けた女性。本書では、DV被害者、DV被害女性、被害者とも表記する。

民間シェルター：民間の女性たちが女性のために設立し運営する一時避難所であり、DV被害を受けた女性が一時避難のために利用する宿泊施設を有した民間援助団体。女性を支援するためのボランティア組織、NGOおよびNPOを含む非営利組織。

「シェルター運動」：DV防止法の立法化や運用の改善を含む、DVの社会的認知とDVの防止を目的とした運動であると同時に、DV被害者のために必要なシェルターを開設・維持・発展させるための運動。

ドメスティック・バイオレンスと民間シェルター

■目次■

第2章 民間シェルターの組織と運営……071

第3章 民間シェルターによる支援……121

ドメスティック・バイオレンスと民間シェルター

序章 民間シェルターの支援活動とDV被害者支援の現状

本章では、第1節で、民間シェルターに着目する理由および本書の立場を示し、第2節で、DV防止法制定に至るまでの国内外における女性に対する暴力反対運動や民間シェルターの歩みを概観する。第3節では、現行DV被害者支援制度の全体像を関係機関の機能とともに提示する。

1 民間シェルターへの着目と本書の立場

本書では、DV被害を受けた女性が利用する一時避難所のうち、民間の支援団体などが運営する民間シェルターを主たる分析対象としている。DV被害者を保護する関係機関は、民間シェルター以外にも公的機関が運営する一時保護施設があるが、民間シェルターに着目して、他の関係機関との関係性をみることにする。理由は、民間シェルターがDV被害者を支援するという明確な目的を持って設立され、DV被害者のニーズに応え支援する、自発的な活動体として位置づけることができるからである。また、関係機関との「連携」について、それぞれの役割を把握することに努める。DV被害者支援は地域における総合的な取り組みが必要になることから、地域の関係機関と連携・協力が不可欠になり、地域社会の活性化にも繋がる可能性があるからである。

最初に、本書が対象にする民間シェルターの位置づけについて述べておこう。

DV防止法上では、シェルターの組織や運営について何ら規定していない。公的な一時保護所を持つ婦人相談所は自ら一時保護を行うこととされている（三条）。他方、民間シェルターは「一時保護の委託先」（三条）として規定されている。

民間シェルターに関する先行研究では、民間シェルターを「女性が一時避難の場所のために利用する宿泊機能を有した民間援助団体、あるいは、独立した宿泊施設を持たなくとも宿泊機能を有した活動体」（高井、二〇〇〇）と位置づけている。一九九九年当時の民間シェルター研究において、「独立した宿泊施設を持たなくとも宿泊機能を有した活動体」としているのは、民間シェルターが最初に設立された頃、相談活動などを始めた民間女性グループの元へ、DV被害を受けた女性が次々と夫の暴力から逃れて駆け込んでくる状況があったからである。民間女性グループは、当時、そのような状況は想定しておらず、シェルター施設も持っていなかった。やむをえず、逃れてきたDV被害者を電話相談の事務所や自宅などでかくまっていた。しかし、それは民間シェルター設立の創成期のことであり、現在は、ほぼすべての民間シェルターが宿泊施設を有していると考えられる。一九九九年時の民間シェルター調査の時とは、社会的状況が異なってきているため、本書では、民間シェルターについて新たな位置づけを試みる。その際に考慮しなければならないのは、民間シェルターには、DV被害者がDV加害者から追跡される危険性を回避するための場所の秘匿性とDV問題についての認識を人々に広めるという、社会的認知の必要性が求められることである。

そこで、本書は、民間シェルターを①婦人相談所が運営する一時保護施設と区別するために、「民間の女性たちが女性のために設立し、運営する一時避難所であり、女性が一時避難のために利用する宿泊施設を有した民間援助団体」、②「女性を支援するためのボランティア組織、NGOおよびNPOを含む非営利組織」、③DV防止法の枠組みにとらわれずに、「女性が自発的にDV被害者のニーズに応え支援する活動体」と捉えることにする。理由は以下の通りである。

第一に、ＤＶ防止法制定後、公的機関が運営する一時保護施設がＤＶ防止法を根拠としてＤＶ被害者を保護するようになったが、設立の根拠や趣旨、それにともなう支援内容などは、民間シェルターのそれとは異なるため、ここでは両者を区別して考えた上で、民間シェルターの役割について考える必要がある。

第二に、民間シェルターの創成期には、ほとんどの民間シェルターがＤＶ被害者をかくまうために、やむにやまれぬ状況の中で急遽シェルターを始めたという事情がある。運営母体がキリスト教系である民間シェルターもあったが、多くは任意団体であった。だが、ＤＶ防止法施行後、その組織形態は多様になり、任意団体として支援活動をする民間シェルターがある一方で、ＮＰＯ法人格を取得する民間シェルターも増えてきた。そのため、あらたに非営利組織であることを加えた。

第三に、民間シェルターは、ＤＶ防止法の制定前から支援活動を行ってきた。したがって、ＤＶ防止法制定後もＤＶ防止法の枠組みにとらわれずに、ＤＶ被害女性のニーズをくみ取り支援している。それゆえ、民間シェルターは女性が自発的にＤＶ被害女性のニーズを捉え支援する活動体とした。

ここで民間シェルターの位置づけを問うのは、現行ＤＶ防止法上の民間シェルターの規定に問題があるからである。現状では、ＤＶ防止法は、民間シェルターとはどのような条件を満たしている団体であるとか、どのような機能を有するのかなど一切示していない。内閣府は、民間シェルターの数を都道府県からの申告を基に把握しているが、実際に、それがどのような民間シェルター（民間団体）であるのかまでは把握していない。ＤＶ防止法による民間シェルターの規定が欠如しているため、法的根拠のないまま運営が継続している。民間シェルターが提供する「公的機関ではほとんど行われないような支援」やきめの細かい途切れのない支援の多くは、「『公的に』承認されていない」という。また、民間シェルターは行政から一時保護委託を受けていないことが多く、一時保護委託を受けていたとしても「一時保護委託料は極めて低く抑えられている」のが現状である。民間シェルターの行う「支援活動は、ＤＶが個人的な問題ではなく人権問題と位置づけていることを考えると、社会的必要労働」であるにもかかわらず、「実際には、女性による『アンペードワーク』（不払い労働）として行われていることが問題」なのである（戒能編、二〇〇六：二二二）。このような指摘がある中、民間シェルターの位置づけの曖昧さは、その組織運営や支援活動にも影響を与えているものと考える。民間シェルターが行っているDV被害者への支援の内容や運動、ならびに、その役割について検証することはDV被害者支援の現状を把握する上で欠かせない。

以上に鑑み、本書では、第一に、民間シェルターによる支援の内容と組織・運営、運動、専門性などについて明らかにし、民間シェルターの特徴を明確にすること。第二に、民間シェルターの活動の困難、行政との「連携」について検討すること。第三に、民間シェルターの役割、位置づけと今後の方向性を提示することを目的としている。

さらに、本書の立場を明確にするために、DVの定義とDVを取り上げる理由、民間による支援に着目する意図について述べておきたい。

DVは、国際的には、女性に対する暴力撤廃宣言において次のように包括的に定義されている(1)。すなわち、DVとは「家庭において発生する身体的、性的、心理的暴力。殴打。世帯内での女児に対する性的虐待、持参金に関連する暴力、夫婦間強姦、女性器切除その他の女性に有害な伝統的慣行、非夫婦間の暴力、搾取に関連する暴力」（「女性に対する暴力の撤廃に関する宣言」二条）であり、なおかつそれに制限されない（Coomaraswamy, 1996-98＝二〇〇〇：二〇）。

DVは広義には、性暴力などの構造的暴力(2)の一形態であると捉える必要があるだろう。構造的暴力とは、個人間で起こる一般の暴力と呼ばれるものとは異なり、個人に振るわれる暴力が社会における性差別構造を基盤として起こる暴力である。本書では、DVを狭義には「私的領域内で、配偶者、事実婚、恋人などの親密な関係にある男性から女性に振るわれる暴力」と定義する。このようにDVを定義する理由は、夫や恋人など家庭内や男女間という私的で閉鎖的な関係の中で、繰り返しさまざまな暴力を振るうことによって暴力的日常、暴力的環境をつくり出し、女性の生きる力と自尊の感情や自己コントロール感を弱めて、人間としての尊厳を奪う一連の行為をDVと捉えているからである（戒能編、二〇〇六：七二）。DV防止法の対象は、「配偶者からの暴力を受けた者」であり、男女ともに暴力被害の対象である。近年、妻から夫への暴力問題が取り上げられるようになっていることからも、男性のDV被害者への支援についても対策が講じられる必要がある。また、同性間のパートナーにおける暴力問題にも早急な対応が望まれる。だが、本書の分析対象が、女性のDV被害者を支援する民間シェルターであること、また、DV防止法の立法過程において、当初、法律案の名称が「配偶者からの女性に対する暴力の防止及び被害者の保護に関する法律案」（戒能、二〇〇一：一九）であったことからもわかるように、被害者の多くは女性であり、女性のDV被害者への支援が喫緊の課題となっている。それゆえ、本書では「男性から女性への暴力」に限定して、取り上げる。

本書でDVを取り上げるのは、家族制度の視点からDVをみることにより、構造的な圧力システムを顕在的に理解することが可能となると考えるからである。家族は、近代社会の「公私二分論」の下では、公的領域から分離された私的領域となり、その中で何が行われても外から問われない場になった。また、国家権力が介入しないことによって、家族など私的関係は不問に付され、暴力は一層見ないものとなった（戒能編、二〇〇二）。このような家族の閉鎖性、抑圧性の問題を暴露するには、ジェンダー支配が最も鋭く現れるDVの問題をみることが必要になる。さらに、離婚による否定的価値づけ、家族に対する規範や法的規範性が強いなど家族制度による構造的圧力は女性に重くのしかかる。そのような意味で、家族から脱出することは二重三重の意味で難しい。外部からの支援がないとDV被害女性がその構造から抜け出すことは非常に困難なのである(3)。

一九七〇年代初め、欧米において親密な関係にある男性からの暴力を明らかにしたのは女性たちであり、女性たち自身の手でシェルターがつくられ、ホットライン開設などの運動を推進してきた。日本では、一九九〇年代初頭に民間女性グループによって初の被害女性のためのシェルターが開かれた。このような経緯をみると、DVは、長い間国家によって容認されてきており、女性たちが声をあげなければ社会で認識されることはなかった。男性優位社会を基盤とする国や行政、法律がDVを見過ごし、容認してきたのであれば、その対極にある民間の、女性たちによる支援と運動がなければ、DVから被害者を救い出すことは難しかったといえる。このような意味でも特に、民間による支援、すなわち、民間シェルターの行う支援の内容やそれに伴う活動に注目する必要がある。

現在のDV被害者支援制度は、いまだ多くの課題を抱えておりDV被害者にとって有効な支援が十分に行われていない。その中でDV防止法制定以前から自発的にDV被害者支援を行い、啓発活動や立法運動を展開してきた民間シェルターの存在は無視しえないものがある。私的な領域で起こるDVは個人や家庭内の問題とされ、不可視化されてきた。暴力が親密な関係性の中や家庭内で起きても第三者が介入することは難しかった。暴力により尊厳を失い、孤立したDV被害者をDVの構造(4)から脱却させるのは容易なことではない。また、支配・従属関係を内面化している被害者は、暴力から逃れることすらせず、ひたすら、暴力の関係性の中にとどまることもある。そのようなとき、明確に被害者の立場にたち、支援することはどれ程被害者にとって心強いことであろう。民間による支援の特徴とは、DVを生み出す性差別構造とは対極にある「『対等な』関係と自分自身の問題として『共感』しあえる関係」の中で被害者に「DVの構造を否定していいのだという確信を生み出す」(戒能編、二〇〇六：二二三〜二二四)ことである(5)。

DVが社会に認知される以前からDV問題に対峙してきた民間シェルターは、どのような考えを持って支援を継続しているのだろうか。現行のDV被害者支援制度が内包している課題を明らかにし、その打開策を探るために民間シェルターの内実を検証することが求められている。

2　民間シェルターの歩みと支援活動

二〇〇一年にDV防止法が施行されてから一〇余年が過ぎた。その間、三度の改正が行われた。第三次改正法は二〇一三年六月に制定、二〇一四年一月に施行されたが、DV防止法の制定や改正によって、DVが社会に認知されD

V被害者支援制度が整備されてきたとする見方ができる。しかし、DV事件は後を絶たない。そればかりでなく、凶悪なストーカー事件や性暴力事件の発生は、女性に対する暴力が一層深刻化していることを深く印象づける。DV防止法とDV被害者支援制度には何が欠けているのか。DV防止法は未だにDV被害者が望む支援を提供していないと、DV被害者支援に携わる民間女性NGOらは指摘する。DV防止法による支援の枠組みとDV被害者が望む支援の差は何であるのか。DV防止法制定に多大な貢献をした民間女性NGOは、DV防止法に何を求めているのか。本書では、これらの疑問に答えるべく、DV被害者支援に携わる民間の女性たちの視点からDV被害者支援制度をみていく。

本論に入る前に、DV防止法制定という大きな成果が結実するに至るまでに、民間女性NGOが女性に対する暴力に対してどのような運動を行ってきたのか、時間を遡ってみていきたい。

一九八〇年代中頃まで、第二波フェミニズムの流れをくむ日本の女性運動は、のちに問題化される「家庭内での女性への暴力」より先に「社会的な場における女性に対する暴力」を中心に展開された。それらは、買春観光ツアー、ポルノグラフィ、強姦、セクシャル・ハラスメントに対する運動であった。

買春観光ツアー運動は、一九六〇年代からの高度経済成長期に、日本人の海外旅行が近隣国を中心に盛んになり、韓国のキーセン観光はじめセックス・ツアーが目に余るようになり、国際的に非難を浴びたことに端を発している。七三年から始まった韓国と日本の女性たちによるセックス・ツアー反対運動の中で、同年、「買春」という言葉が、買う側の存在とその行動、意識の問題性を浮き彫りにできる造語として使われ始めた(6)。

ポルノグラフィは、性的画像の制作や流通に関連する産業をさす。一九八〇年代以降に展開された「性の商品化」(7)批判において、ポルノグラフィ批判は、買売春批判と並んで重要な位置を占めてきた。女性軽視に基づく性の商品化は、女性に対する性差別であり、女性の権利を侵害するという立場から、性的に露骨な表現を法的に規制することを目的とした運動が始まった。

一九八三年には、日本初の「東京・強姦救援センター」(8)が民間のボランティア団体として設立された。同センターは、強姦や性暴力の被害にあった女性のための電話相談と、併せて強姦を容認し助長するものへの告発活動や強姦の問題を正しく理解するための社会啓発を行っている。そして、性暴力裁判支援を通して性暴力反対の動きが各地に広まった。

一九八〇年代後半には、「働くことと性差別を考える三多摩の会」(9)の「全国一万人アンケート」(10)運動をきっかけにセクシャル・ハラスメントが女性の人権問題として認識されるようになった。セクシャル・ハラスメントは、相手の意に反する性的な言動をさす。一九七〇年代に米国のフェミニズムがセクシャル・ハラスメントという用語を考案し、社会問題となった。日本では、〝性的いやがらせ〟と翻訳され、八〇年代後半から女性差別の一つとして告発され始めた(11)。

この時期の運動では、「性暴力」(Sexual Violence)(12)という言葉を女性に対する有形無形の性的搾取という意味で使っている(波田・平川編、一九九八：二〇〜二一)。

そして、一九九〇年代、家族における夫から妻への暴力が顕在化する。日本の第二波フェミニズムの興隆期である一九七〇年代半ばには「女性に対する暴力」という明確な概念把握こそなかったが、女性運動において夫の暴力からの避難所を独自につくる動きは生まれていた(ゆのまえ、二〇〇一)。しかし、この時点では、被害女性のための独自の避難所づくりが女性たちの手によって実現するまでには至っていない(波田・平川編、一九九八／波田・高畠・亀田、二〇〇三)。わが国において家族内での暴力の問題を意識的に運動として展開したのは、一九八〇年代以降である。まず、子から親、親から子への暴力が顕在化し、「家庭内の暴力」として注目されるようになる。また、親子間暴力ではなく、夫から妻への暴力は、いわゆる「ドメスティック・バイオレンス」(Domestic Violence)と称され、のちにDVと略称される。さらに、一九九〇年代には、従軍慰安婦、人身売買など、日本と国外との関係における「女性に対する暴力」運動が広がりをみせるようになっていった(戒能、二〇〇二：五)。

こうした日本での展開状況に比して、アメリカでは、既に一九六〇年代に始まったフェミニズム運動が、夫から妻に対する暴力、親密な関係にある男性から女性への暴力を顕在化させ、Battered Women's Movement（暴力を振るわれた女性たちの運動）(13)を生み出す原動力となっていた。その中で、夫から妻への暴力についてドメスティック・バイオレンスという概念が生まれた（吉浜、一九九五：五五）。

たとえば、一九七二年、「コンシャスネス・レイジング・グループ」(consciousness-raising group)(14)から発展したミネアポリス州セントポール市のフェミニスト法律扶助団体は、法律扶助事務所で電話相談を始めた。すぐに暴力を受けた女性たちからの相談電話が相次ぐようになった。同団体のメンバーは、逃れてきた女性が自分の居場所と自立の手段を見つけるまでの間、自宅でその女性たちを保護した。二年後、同団体は、暴力を受けた女性のための独自の家を民間資金で購入しシェルターとした。その後、同じような方法でアメリカ全土に次々と「シェルター」が開設されていくことになる（Elman, 1996＝二〇〇二）。

一方、イギリスでの「民間シェルター」(15)の起源は、一九七一年、女性に対する暴力撤廃運動の推進者であるエリン・ピッツィ（Erin Pizzey）がロンドンで開いた「離婚困りごと相談所」であるといわれる。同相談所開設後、夫の暴力から逃れてきた女性たちが次々と駆け込んで来るようになった。ピッツィは、*Scream Quietly or The Neighbors will Hear*（1974＝一九八二）(16)を著し、ＤＶ被害の実情を訴えた。それが人々の耳目を集めるところとなり、「夫からの暴力」が大きな社会問題となった（戒能、二〇〇二：一三～二七）。これらを契機に、イギリス各地で、夫の暴力を受けた女性たちに対する避難所での支援活動が開始されたのである(17)。

一九七〇年代に、アメリカおよびイギリスを皮切りに始まった暴力を受けた女性への支援において、避難所であるシェルターの開放が必要不可欠のものとして認識されるようになる。それゆえ、夫から妻への暴力に対する運動は「シェルター運動」と称されるようにもなった。

一方、国連においても、女性差別撤廃委員会に対し、多くの国から「女性に対する暴力」、特に、夫から妻への暴力についての報告がなされたことをきっかけに「女性に対する暴力」問題が本格始動する。一九八〇年代後半以降、女性差別撤廃委員会は一般的勧告を出して各国に情報提供を求めた。一九九三年一二月、国連総会は「女性に対する暴力の撤廃に関する宣言」を満場一致で採択し、一九九五年の第四回世界女性会議（以下、「北京女性会議」と記す）では、女性の人権問題が最重要課題になり、「人権」や「貧困」とともに、「女性に対する暴力」に焦点があてられることとなったのは周知の事実である（戒能、二〇〇二：五八〜六五）。

さて、このような国際的な動向に連動して、日本において夫婦間暴力は、「夫からの暴力」に特化され認識されていった。その背景には、国際社会の動向とともに、さまざまな「女性に対する暴力反対運動」が国内でも浮上した影響が大きかったといえる。また、日本では、子から親への暴力を「家庭内暴力」と呼んできたことから、夫から妻への暴力を区別する必要があった。このような理由により、家族間暴力の中で、「夫婦喧嘩」として置き去りにされていた女性に対する暴力の問題に、特に焦点があてられ、ドメスティック・バイオレンスは、夫婦間暴力、特に夫から妻への暴力として認知されるようになった（波田・平川編、一九九八：二〇〜二二）。

なお、本書でDVと表記する際には、夫婦間暴力、特に内縁、事実婚を含む夫から妻への暴力をさしている。また、恋人・交際相手からの暴力については、近年「デートDV」なども含め問題化され、取り組みが始まっている。

一九九〇年代、日本では民間や行政によって、DV実態調査がようやく行われるようになった。一九九二年に、「夫（恋人）からの暴力」調査研究会（以下、「DV調査研究会」と記す）(18)は、初めてDVに関する全国アンケート調査を実施した。DV調査研究会は、日本における女性に対する暴力問題に取り組んできた女性のソーシャルワーカー、婦人相談員、ライター、弁護士、研究者などによって結成された組織である。DV調査研究会の調査は、さまざまな社会的関心を高めるきっかけとなったと同時に、日本に初めてDVという概念を紹介した。これによって、その後、東京都（一九九七年）や総理府（二〇〇〇年）、自治体や民間グループによるDVに関する調査が実施される。

一九九九年に実施された総理府（現内閣府）の「男女間における暴力に関する調査」では、全国の二〇歳以上の女性のうち、約二〇人に一人が生命に関わるような深刻な暴力を夫から受けている結果が明らかとなった(19)。この総理府調査に先立ち実施された東京都調査（一九九七年）では、「立ち上がれなくなるまで、殴る、蹴るなどのひどい暴力」を何度も振るわれたことがあると回答した女性は一％、一〇〇人に一人であった。「一、二度あった」という回答と合わせると、傷害罪や暴行罪に該当する程の暴力を一度は受けたことがあると回答した女性は三人に一人であった。東京都調査の「三人に一人」と総理府調査の「二〇人に一人」という数字は絶大な威力を発揮し、二〇〇一年のDV防止法の成立を引き出す一要因となった（戒能編、二〇〇六：七八〜七九）。その後、DV防止法制定後の実態を把握する目的で内閣府男女共同参画局は、二〇〇二年に「配偶者等からの暴力に関する調査」[20]を行い、女性の約六人に一人が身体的暴力を受けているという結果が出ている（内閣府、二〇〇三）。内閣府では、その後も三年ごとに「男女間における暴力に関する調査」を行っている。

DV防止法は、DV被害者の保護を主眼とし、DVを「犯罪となる行為をも含む重大な人権侵害」（前文）としてDV被害者が「保護命令」を裁判所へ申立てられるようにした（一〇条）。また、「配偶者暴力相談支援センター」（以下、「DVセンター」と記す）[21]の機能を各都道府県に設置（三条）したこと、行政のDV防止責務（二条）を明記したことにより、日本では同法施行以降、公的機関を中心としたDV被害者の保護の枠組みが整えられた[22]。

以上のようにDV防止法の成立は、DV被害者支援において画期的なものであったと言えるだろう。DV防止法の制定は、「法は家庭に入らず」原則を打破し、家庭など私的領域に国家介入というメスが入った瞬間でもあった。それまで法的根拠がなかったために公的機関ではDV被害者支援に十分対応することができなかったが、DV防止法を契機に日本では行政が中心となってDVへの対応が行われるようになった。二〇〇四年の第一次改正法によって、国の基本方針と都道府県のDV基本計画策定が義務づけられ、緊急一時保護体制などのDV被害者支援の枠組みは一定程度整えられたといえる。二〇〇七年の第二次改正法では、市町村におけるDV基本計画策定とDVセンター設置を努力義務化した。同時に政府は、中長期的な支援をめざして都道府県・市町村の役割の明確化を図った。

DV防止法施行後一〇余年が過ぎたが、このような法制度整備の影響もあり[23]、DV相談件数は相談を開始した二〇〇二年の三万五九四三件以来、年々増え続け、二〇一二年度には八万九四九〇件を数えている(24)。他方で、DVをめぐる刑事事件は後を絶たない(25)。DV被害者支援制度についても、未だに一時保護体制や自立支援の問題など多くの課題が残されている。

総務省行政評価報告書によると、DV被害者支援の課題として、総合的なDV被害者支援制度の未確立、DV被害者の安全の確保や生活再建支援が不十分なこと、地域のDV被害者支援サービスに偏りがあること、行政・関係機関の連携・協力体制がスムーズでないこと、民間シェルターへの財政的支援の不足、子どもへの支援が不十分であることなどがあげられている(総務省、二〇〇九)。

二〇一二年のDV被害者支援調査によると、DV被害者の公的支援体制・内容において地域間の格差が拡大している。市独自のDVセンター設置や自立支援施策も進んでいない状況である(26)。また、DV被害の相談件数が増加する一方で、婦人相談所一時保護所による一時保護件数は停滞しているが(27)、その要因としては一時保護措置決定要件のハードルの高さがあげられている。さらに、一時保護所における保育士、看護師、医師、通訳など専門職の配置や子どもの保育や学習権の保障、外国籍女性への支援が課題として明らかになっている(戒能他、二〇一二)。

一方、公的機関とは別に、先駆的に支援活動を行ってきた関係機関として民間シェルターがある。DV防止法施行以前、民間シェルターは、法的な設置根拠がないまま制度の外に置かれた状態で支援活動を続けてきた。それは、法を根拠とした支援が受けられず、被害者として正当に位置づけられてこなかったDV被害者の立場と通じるものがあった。

民間シェルターは、DV防止法制定以前に民間の女性たちによって各地に設立され始めた。一九九〇年代、女性相談を行っていた女性グループの元へ夫からの暴力を振るわれた女性たちが助けを求めて駆け込んでくるようになり、やむにやまれぬ状況の中、逃れてきた女性をかくまったことがシェルター設立の端緒だという。当時は、女性をかくまうためのスペースもなく、事務所の一室で女性をかくまい、支援していた民間シェルターもあった。一九九〇年代後半には、各地の民間シェルター同士の繋がりができ始めた。社会で認知されていないDV問題に対応することの難しさについて語り合い、DV被害者を保護・支援するための法律が必要であるという共通認識が民間シェルターの間に芽生えた。

一九九八年、当時二〇数カ所余りであった民間シェルターが一堂に集まり、民間シェルターの全国ネットワークとなる、全国女性シェルターネット（現特定非営利活動法人全国女性シェルターネット。以下、「シェルターネット」と記す）を立ち上げた。シェルターネットなど女性NGOは、三度のDV防止法改正過程に参画し、行政を巻き込みながら運動を展開してきた。シェルターネットは、DV防止法の立法過程において一九九九年頃から全国の関係者に調査を実施しDV防止法に盛り込まれるべき内容を検討してDV防止法案を作成・提案した。他の民間女性NGOもDV防止法案を作成・提案しており、これまでにない積極的な運動が展開された。中でも特筆すべきはDV被害を受けた当事者グループがDV防止法案を提出したことである。民間女性NGOならびに超党派の女性議員、研究者の精力的な働きは、DV防止法の制定に拍車をかけた。DV防止法制定後も民間シェルターは地道に活動を続けた。DV防止法改正過程においては、シェルターネットが中心となり、ロビー活動や改正項目案作成などを行った。また、議員、官公庁、マスコミが一堂に会する「意見交換会」を開催し、その場でDV被害当事者に自らの経験と意見を述べてもらう機会を設けた。「意見交換会」の後は、それぞれの意見を基に問題点を洗い出し、DV防止法改正案を作成、関係者に説明し改正への先鞭をつけてきた。

民間シェルターは、DV防止法において初めて、DV被害者を一時保護する委託先（三条）および行政の援助の対象（二六条）として法的に位置づけられた。内閣府によると、民間シェルターは、全国に一〇八カ所確認されており（二〇一〇年度）、運営形態は、特定非営利活動法人や社会福祉法人など法人格を有しているものもあるが、約四〇％（四三カ所）は法人格を有していない（内閣府男女共同参画局編、二〇一〇：九〇）。民間シェルターの実態調査（小川、二〇〇七）によると、民間シェルターにとって設立当初からの財政的基盤の脆弱さと人材不足は変わらない。その多くは小規模で、無償ボランティアから成り立っており、少ないスタッフに運営と支援業務の負担が集中し、支援活動の継続の困難を生み出す要因となっている。それゆえ、「個々の民間シェルターではDV防止の啓発活動などに十分に手が回らない状況があり」（小川、二〇〇七：二一六）、緊急性が求められる支援とシェルター運営、そして運動の狭間で絶えず揺れ動いている。

地域に根ざした活動を行ってきた民間シェルターの困難は、公的機関中心のDV被害者支援体制の問題点をDV被害当事者の視点から明らかにすることにも繋がるものと考えられる。また、民間シェルターの抱える問題は、民間シェルター自体に帰する問題というよりもむしろ、その民間シェルターの位置する地域社会に帰する問題である可能性があり、そのような意味でも民間シェルターの実態を適切に把握する必要がある。こうした状況を踏まえ本書では、民間シェルターに注目し、その組織や活動、行政との関係、困難について多角的に分析していくことが必須と考えた。

3　DV被害者支援制度の現状

DV被害者支援の制度は、DV防止法施行と同時に整えられてきた。「配偶者からの暴力」の防止と被害者の保護を目的として成立した二〇〇一年DV防止法は、その前文に「配偶者からの暴力に係る通報、相談、保護、自立支援等の体制を整備することにより、配偶者からの暴力の防止及び被害者の保護を図る」とDV被害者を支援する枠組みを規定している。

そもそも二〇〇一年DV防止法の中心は、被害者の安全確保であり、保護命令制度を中心に緊急の一時保護までを主な対象とした支援の枠組みの提示であった。同法によって示された枠組みは、その後、二〇〇四年の第一次改正および二〇〇七年の第二次改正によって行政の自立支援責務が明記され、DV被害者支援の枠組みは、緊急一時保護後の自立支援までも含むものとなった。現状のDV被害者支援の枠組みは、通報、相談、一時保護、自立支援を視野にいれた対応をとることが前提となっている。

ＤＶ被害者支援制度の枠組みの中で、民間シェルターは、一時保護の委託先として、あるいは、連携先の一つとして形式的に位置づけられているだけにすぎない。しかし、実際には、民間シェルターは、ＤＶ被害者からの相談を受け、ＤＶセンターや警察との連携を通して危機介入や一時保護を行い、一時保護後の自立支援など包括的な支援を行っている。民間シェルターの支援状況を明確にするために、ここに改めて、ＤＶ被害者支援の全体像を確認する必要があるものと考える。ＤＶ防止法が想定するＤＶ被害者支援の全体像を提示した（図1参照）。

ＤＶ被害者支援を効果的に行うためには、組織や関係機関の整備、システムの構築が必要となる。関係諸機関が、どのようにＤＶ被害者支援に関わってくるのかについて、〔図2〕に示した通り、「発見・相談」、「一時保護」、「自立支援」の各場面からみていく。

第一に、「ＤＶの発見・通報」と「相談」をそれぞれ見ていく。まず「ＤＶの発見・通報」の場面では、ＤＶ防止法六条によると、ＤＶ発見者の通報努力義務を規定している。

発見者は、「警察」やＤＶセンターへ通報するよう努めなければならない。同規定は、特に、医師その他の医療関係者に対して、その業務上、ＤＶの被害を受けている人を発見したときは、ＤＶセンターまたは警察へ通報することができると定めた。ただし、被害者の意思を尊重するように努めなければならない。また、医師その他の医療関係者に対しても、彼らが躊躇することなく通報できるように、守秘義務が通報を妨げるものとなってはならない旨を定めている（ＤＶ防止法第六条三）。通報義務の規定理由は、外部からの発見の困難や被害者が報復などを恐れて被害を申し出ない場合があるので、発見した場合は、被害者保護のために通報に努めるべきであるという考え方に基づく（「夫（恋人）からの暴力」調査研究会、二〇〇二：一五八）。発見者の通報を努力義務としたのは、通報により「夫婦間に公的機関の関与が行われる端緒ともなり、夫婦関係に影響を及ぼすことにもなるため、夫婦のプライバシーの保護にも配慮した」からだと立法者は説明している（南野他、二〇〇一：一四二）。

図1　配偶者暴力防止法の概要（チャート）

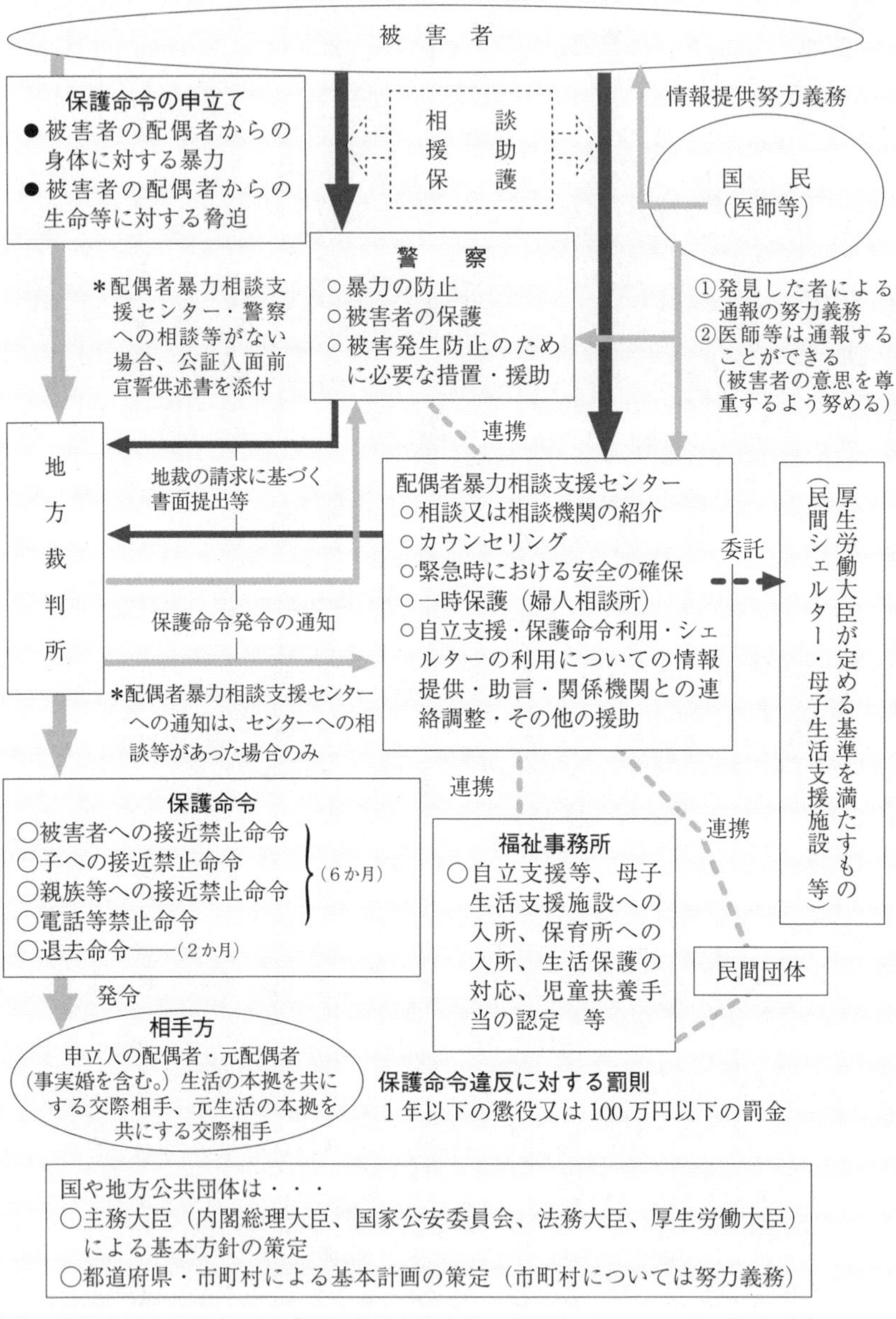

出典　内閣府男女共同参画局「配偶者暴力防止法の概要」パンフレット（2015年）
〈http://www.gender.go.jp/e-vaw/law/haibouhou_pdf/140527dv_panfu.pdf〉

次に、「相談」の場面である。ＤＶ被害の相談窓口は、ＤＶ防止法を根拠に、各自治体によりさまざまな公的機関に設けられている。公的機関の相談窓口としては、ＤＶセンター、婦人相談所、男女共同参画センターや女性センター、福祉事務所、警察、市町村窓口などがある。また、都道府県によっては、健康福祉センターに窓口を設けている所もある。他方、これら公的機関とは別に民間シェルターや民間団体も相談窓口を設けている。

相談窓口の対応について具体的に見ていく。それぞれの相談窓口では、電話相談と来所相談の二つの窓口がある。ＤＶ被害者からの相談内容によって電話相談から来所相談へ移行し対応する。しかし、緊急性の高い場合は、警察や婦人相談所、民間シェルターなどと連携をとり一時保護などの対応をすることもある。電話相談や来所相談において、一時保護の必要性があると担当者が判断した場合は、一時保護施設の入所措置権限を持つ婦人相談所へその旨を報告する。婦人相談所では、一時保護施設への入所に関する会議を開き、入所場所、入所時期などを決めてＤＶ被害者に伝える。その際必要に応じて警察などと連携をとり、ＤＶ被害者の安全性を確保しながら一時保護を行う。

ＤＶセンターは、一時保護も可能な施設であるかのように思われるが、実際は、婦人相談所以外には一時保護施設が併設されていない。それゆえ、ＤＶセンターには一時保護に関する直接の権限はなく、情報提供や相談が業務の中心となっている。ＤＶセンター機能を持つ男女共同参画センターや女性センターで一時保護が必要なＤＶ被害者がいると判断した場合は、婦人相談所へと繋ぎ、最終的な入所決定（措置権）は婦人相談所長が行うこととなる。

第二に、「一時保護」の場面である。一時保護は、ＤＶ防止法によると婦人相談所に併設されている一時保護所が自ら行い、又は、厚生労働大臣が定める基準を満たす者に委託して行うと規定されている（三条）。また、婦人保護施設でも一時保護を行えることが定められている（五条）。保護を委託する施設としては、民間シェルター、母子生活支援施設などがある。ちなみに、ＤＶ防止法では一時保護の期間に関する規定はない。ただし、婦人相談所一時保護所では、原則二週間程度とされている。

一時保護を実施している機関では、ＤＶ被害者を一時保護している期間中にも、医療機関、警察、福祉事務所、児

図２　ＤＶ被害者支援の流れ

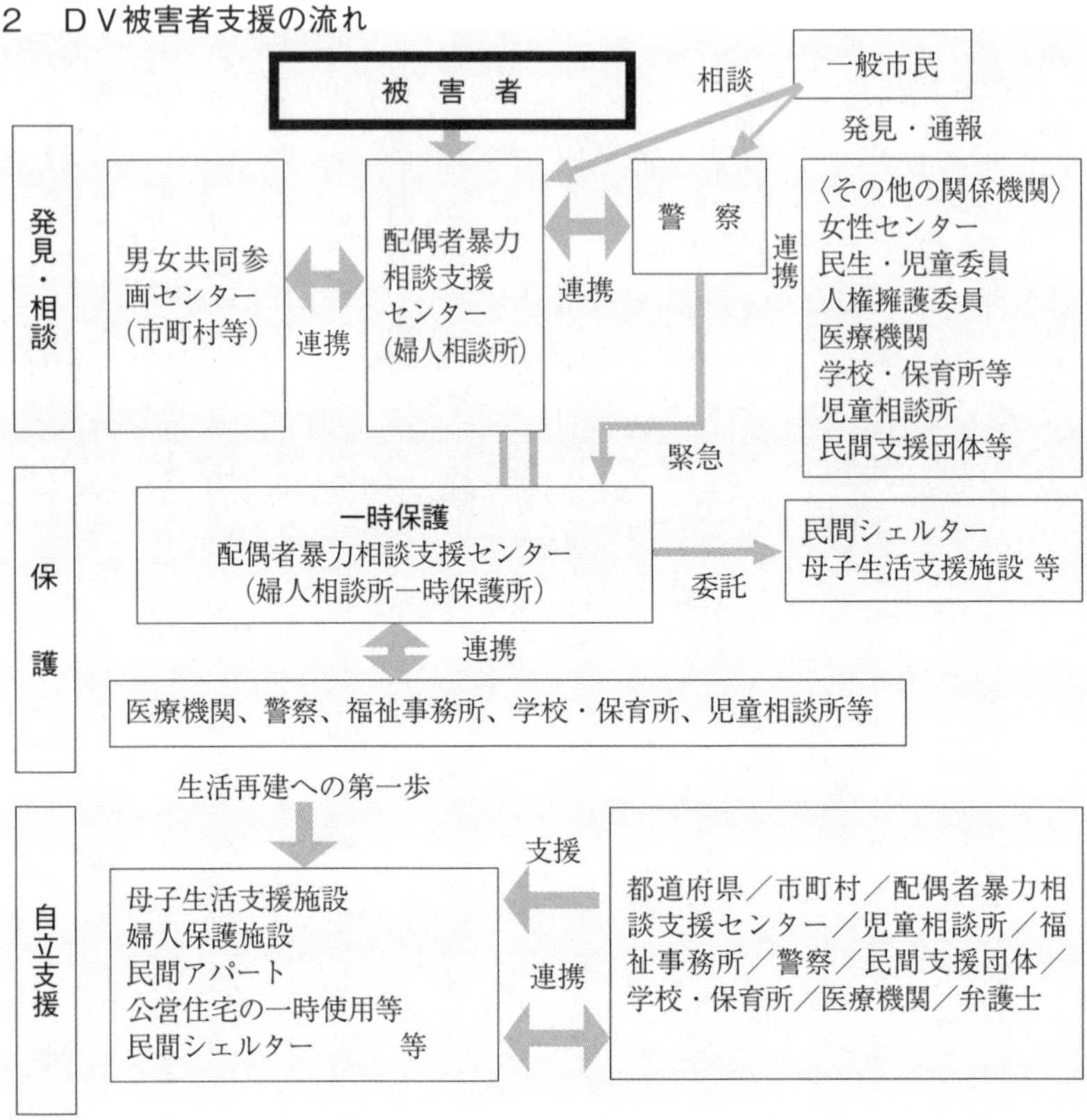

（筆者作成）

童相談所などと連携をとりＤＶ被害者の安全に配慮しながら、次へのステップに向けての支援が行われている。

なお、配偶者からの暴力を受けた被害者が更なる配偶者からの暴力により生命又は身体の危機がある場合に、裁判所が加害者に対し発令するのが保護命令である。ＤＶ防止法では、ＤＶ被害者が地方裁判所に保護命令の申し立てを行うことができると規定している（一〇条～一一条）。保護命令の申し立てでは、配偶者からの身体に対する暴力を受けた状況やＤＶ被害者が配偶者から更なる暴力を受けることにより、生命又は身体に重大な危害を受ける恐れが大きいと認められる事由などを記した書面と、ＤＶセンターや警察の職員がＤＶ被害者を援助又は保護した日時や内容を記した書面の提出が求められる（一二条）。

第三に、「自立支援」の場面である。一時保護を終えたDV被害者は、婦人保護施設や母子生活支援施設など別の機関に移送されたり、民間アパートなどへ転宅したりする。そこからは、生活を再建させるために、福祉事務所などの機関や民間団体からさまざまな援助を受けて新しい生活の一歩を踏み出すことになる。たとえば、都道府県、市町村、DVセンター、児童相談所、福祉事務所、警察、学校・保育所、医療機関、弁護士、民間団体などの関係機関が、住宅の確保、就労支援、就学、保育、生活保護、児童手当などの手続き、心のケア、司法手続きなどに関する情報提供や支援を行う。

DV被害者支援の枠組みは、DV防止法により一定程度整備されたが、行政システム上、弾力性や機動性に欠けている面もあり課題が残る。ここでは、DV防止法に基づくDV被害者支援制度の枠組みとDV対応に関わる主要な公的機関の位置づけについても明らかにしておきたい。

DV被害者支援制度の中枢センターといわれている、「DVセンター」、その機能が付与された「婦人相談所」および婦人相談所に併設されている「一時保護所（婦人相談所一時保護所）」の現状と課題について検討する。

第一に、DVセンターであるが、同センターは、DV防止法三条によって新設されたDV被害者支援の拠点である。しかし、独立した機関が新設されたのではなく、DVセンター業務を遂行する機能が婦人相談所やその他の適切な施設に付与されているにすぎない（三条）。ただし、全都道府県に必ず一カ所は設置され、措置権を持つ「婦人相談所」が、主にDVセンター機能を果たしている。現状では、DVセンターは、既存の制度を活用した形で運用されている。また、「その他の適切な施設」のDVセンター機能は、地域の保健福祉センター、女性センター、男女共同参画センター、子ども家庭センターなどに設置されている。これは、DV防止法制定当初、保護命令の申立に伴い、DVセンターが相談記録を裁判所に提出し（一二条）、公文書を発行することになったが、都道府県内が広域にわたるため、一カ所しかない婦人相談所に加えて、DVセンター機能を身近な地域の保健福祉センターなどに付与することになったという経緯がある。

ＤＶセンターの業務は、⑴相談、⑵紹介、⑶情報提供、⑷一時保護、⑸指導・援助、⑹関係機関との調整、連絡の六つとなる（三条）。ＤＶセンター機能をもつ施設において、これらの⑴から⑹の業務すべてを遂行することは義務づけられていない。⑴から⑵の機能の一部でも遂行できればＤＶセンターとしての役割を果たすことになる。これは、地域間による社会資源の格差などを考慮したものと考えられる。

第二に、婦人相談所である。婦人相談所にはＤＶ被害者のための一時保護機能が付与された。これにより婦人相談所は、従来の売春防止法による婦人保護事業とＤＶ防止法によるＤＶセンターの両機能を併せ持つ機関へと変化した。

婦人相談所は、そもそも売春防止法三四条を設置根拠とする婦人保護事業の機関である。同機関は、「性行または、環境に照らして売春を行うおそれのある女子」（以下、「要保護女子」と記す）の「保護更生」を目的としており、婦人相談員、婦人保護施設とともに、婦人保護事業の中核として機能している。婦人保護事業は、売春防止法に基づく社会福祉事業であり、女性を守る最終的な対応策として位置づけられている。

売買春への取り組みは、婦人保護事業の原点ともいえるものである。しかし、一九九〇年代以降は、通達により家族関係の破たんや生活困窮などに対象範囲を拡大し、広く困難な問題を抱えた女性の保護にあたるようになった。ＤＶ防止法施行以降、婦人相談所では、夫などの暴力の相談の割合が増加している。二〇〇一年のＤＶ防止法施行によりＤＶ問題が社会的に認識され、ＤＶへの対応が増加したことにより、売買春問題が見えにくくなっているという指摘もある（堀、二〇〇八：一一二）。同時に、二〇〇四年には、人身取引被害を受けた外国籍女性の保護が婦人相談所の新たな業務として加えられることとなり（堀、二〇〇八：一一二）、婦人相談所では、さまざまな問題を抱える女性の最後の受け皿としての機能が十分果たせなくなっている。すなわち、婦人相談所では、ＤＶ被害者支援の側面が重視され肥大化しており、本来の婦人保護事業、売買春問題の取り組みは希薄化してしまっている。婦人相談所一時保護所には母子世帯が増加し、入所理由は夫などの暴力が集中しているのが現状である（堀、二〇〇八：一〇六～一一六）。婦人相談所は、従来の婦人保護事業における「要保護女子」の「保護・更生」などの差別的な考え方のもと、職員と入所者との間に上下関係が生じる場合もある。それゆえ、職員と入所者との上下関係は、支配・服従関係に置かれてきたＤＶ被害者にとって望ましいものとは言えない。

第三に、婦人相談所併設の一時保護所である。婦人相談所併設の一時保護所への入所は、婦人相談所所長の措置権限となっている。

前述の通り、ＤＶ防止法には、ＤＶ被害者の「一時保護」の定義はなく、一時保護申立の要件、期間などについても一切規定がない。売春防止法三四条には、婦人相談所の「要保護女子の一時保護を行うこと」と規定されているが、売春防止法にも一時保護の定義はない。売春防止法の一時保護の定義は、次に掲載する厚生省通知「婦人保護事業の実施に係る取り扱いについて」（一九九二年六月二九日、社生第九五条）から「推測するほかない」と言われている（戒能編、二〇〇六：一四二）。

(1)　一時保護の取り扱いについて

一時保護の決定については、原則として処遇会議等会議方式により検討の上、婦人相談所所長が決定するが、緊急な状況においては、被害の未然防止の見地から、いやしくも一時保護すべき要保護女子等を受け入れ損なうことのないよう弾力的に対応すべきこと。

婦人保護事業の「一時保護」は文字通り、一時的、通過的措置である。一時保護は、他に行く所がない女性に危害が及ぶことを防止するために緊急保護が必要であって、一時保護後に行く所が決まっている場合、あるいは、短期間の入所が必要な場合に措置される（戒能編、二〇〇六：一四二）。一時保護は、短期入所とあるが、現状では、原則二週間が一時保護期間である。しかし、一時保護期間は、「暴力から逃れた被害者にとって次のステップへの準備期間としてはあまりにも短すぎる」（戒能編、二〇〇六：一四三）と指摘されている。実際、一時保護所における一時保護は長期化する傾向がみられる（堀（千）、二〇〇七：五四）。DV被害者の「一時保護」については明確に規定されていないが、国の「基本方針」には以下のように記されている。

一時保護については、被害者本人の意思に基づき、①適当な寄宿先がなく、その者に被害が及ぶことを防ぐため緊急に保護することが必要であると認められる場合、②一時保護所での短期間の生活指導、自立に向けた援助が有効であると認められる場合、③心身の健康回復に必要であると認められる場合等に行うものである（内閣府・国家公安委員会・法務省・厚生労働省、二〇〇八：一八）。

一時保護所の組織体制は、売春防止法三四条に基づき、都道府県が「婦人相談所に、所長その他所要の職員を置く」と規定されている。職員構成は、一時保護所により異なり、非常勤職が多いことが特徴的である。婦人相談員、生活支援員、心理判定士などが多くの場合、非常勤職員として業務にあたっている。主な業務は、①一時保護をすること、②一時保護期間中に問題解決のための相談や自立支援を行うこと、③一時保護では問題が解決できない場合に婦人保護施設などで長期に保護し、相談および自立支援を行うこと、④個々の入所者の問題解決を図る資料として、必要に応じて、医学的、心理学的判定を行うこと、⑤入所者の健康管理や自立を目的とした支援を行うこと、⑥退所者が社会で安定した自立生活を継続して送ることができるよう、相談や助言による支援を行うこと、などである。一時保護所では、実際の支援にあたる職員のほとんどが非常勤職員であり、シフト制やローテーションを組みながら対応している。医師（内科医、精神科医、産婦人科医など）は嘱託であり、弁護士なども常駐はほとんどない。看護師、保育士、カウンセラーなどの専門職も非常勤職が多く配置も不十分であることが多い。一時保護所では、心理判定員が置かれているものの、精神科医や心理カウンセラーなど専門家による精神的支援がほとんど行われていない（戒能編、二〇〇六：一四三）。さらに付け加えるならば、一時保護所のハード面の改善も急務である。施設の多くは、一九五〇年代半ばから一九六五年代半ばに建設されたものが多く、老朽化が進み、居室数の地域間格差がある（松田、二〇一〇：九七）。以上のように、一時保護所には、質的、量的に改善すべき課題が山積しているといえる。

次に、婦人相談所の他に、DV防止法上で規定されている婦人相談員や婦人保護施設、福祉事務所、警察などの主要な関係機関、また、一時保護委託先として規定されている母子生活支援施設について位置づけと役割を検討する。その他に、保健福祉センターや児童相談所、女性センター、男女共同参画センターなどが関係機関としてあげられるが、これらの機関は、DVセンター機能が付与されている場合は、直接被害者支援のシステムに繋がることになるが、DVセンター機能が付与されていない場合は、直接支援に繋がらない場合もある。

第一に、婦人相談員は、婦人相談所、婦人保護施設とともに、婦人保護事業を担っている。婦人相談員は、売春防止法三五条において制度化されたが、新たにDV防止法四条において「婦人相談員は、被害者の相談に応じ、必要な指導を行うことができる」と規定された。

婦人相談員は、都道府県知事および市長から委嘱され、婦人相談所や市区の福祉事務所などに配置されている。DV被害者支援との関連においては、被害者の自立の促進、保護命令制度の利用、保護施設の利用などについての情報提供、助言、関係機関との連絡調整など前述のDV防止法三条三項各号に規定されている業務の中心的な役割を担っている。一方、婦人相談員は、売春防止法において非常勤職と規定されている（三五条四項）。婦人相談員は、研修の機会も少ないため、専門性が確保されず、働きに見合うだけの処遇が確保されていないという問題がある。婦人相談員の処遇は、自治体間で大きな違いがあることも指摘しておきたい。

第二に、婦人保護施設は、DV防止法上で、「都道府県は、婦人保護施設において被害者の保護を行うことができる」（五条）と位置づけられている。婦人保護施設では、関係機関と「連携」をとりながら、配偶者の追及の危険のある被害女性の安全を確保し、医療機関と連携し心理的ケアを行うなど心身の回復に向けた支援を行う。近年は、DVを理由とした入所者が増加している（四〇・七％、二〇一一年度）。本来、婦人保護施設は、利用者に健全な環境を提供しながら就労促進や自立支援を行い、長期的な支援を想定した施設である。ＤＶ被害者にとってのメリットは、短い一時保護期間を経て別の施設などへ移送される心配がなく比較的長い期間滞在できることや、外勤が可能となることがあげられる。だが、婦人保護施設（公設公営施設）の中には、ＤＶのシェルター的機能を強く持つため、利用者は就労や外出が制限され、一般的に婦人保護施設で求められるような就労支援や長期的な支援が提供できない場合がある。そのため、婦人保護施設（公設公営施設）では、短期在所者が多い傾向がある（堀、二〇一〇）。公設公営施設とは、婦人保護施設を設置経営主体別に公設公営、公設民営、民設民営の三つに分類したうちの一つである。公設公営施設は、「婦人相談所に併設される一方で、婦人相談所には一時保護所の設置が義務付けられているため、結果的に、すべての公設公営施設は婦人相談所一時保護所を併設している」（堀、二〇一一：五）。婦人保護施設の特徴は、公設公営施設の数が多いにもかかわらず（四四・九％、二〇一一年度）、その定員数、在所人員、在所率は少ないことである。堀は、設置主体、経営主体によって在所率が大きく異なる理由を検討することは喫緊の課題であるとしている。

そもそも婦人保護施設は、「緊急一時保護、住居の提供、傷ついた心身の休息・休養、就職支援、生活力の獲得といった幅広い役割」（堀、二〇〇八：一五七）を果たし、婦人保護事業の中核の一つとして重要な施設である。ＤＶ防止法によるＤＶ被害者の一時保護の増加という変化の波は、婦人保護事業の本来の利用者である売買春問題やさまざまな生活問題を抱えた女性が減少して、そのような女性たちの問題を表面化しにくくしている。表面的な問題として現れなくなってきても、「その後景として利用者の売買春問題はある」のであり、「性暴力被害経験のある女性の姿もみられている」と堀は指摘している（堀、二〇〇八：一五六）。こうした女性たちにとって婦人保護施設は、最後の砦となっているにもかかわらず、本来の役割を果たすことが難しくなっている。さらに追い打ちをかけるのは、近年、婦人保護施設が全般的に縮小傾向にあり、在所率が三六・四％と低下していることである。在所率の低下は、婦人保護施設の存続そのものに関わる問題となっている。

第三に、福祉事務所には、ＤＶ被害者の自立支援の努力義務がＤＶ防止法八条の三に明記されている。福祉事務所は、社会福祉法一四条に設置根拠がある「福祉に関する事務所」であり、社会福祉行政を総合的に行う専門機関である。都道府県および市（特別区を含む）は、福祉事務所の設置が義務付けられており、町村は任意で設置することができる。福祉事務所は、DV被害者が、一時保護中、あるいは、一時保護後に、生活保護の申請手続きなどDV被害者の「自立」支援を行うために重要な役割を担っている。生活保護の受給は、DV被害者が配偶者からの暴力から逃れ生活を再建していくために大きな支えとなる。そのため、福祉事務所がDV被害者の置かれた状況を理解し、手続きを滞りなく行うことが重要になる。しかし、DV防止法上の支援では、生活保護や母子寡婦福祉法など既存の制度の活用を前提とし独自の支援システムがないため、就労支援が不十分となっている。そもそも既存の福祉サービスはDV被害者の存在を前提としておらず、追跡による危険への対応や精神的被害からの回復支援の必要性などDV特有の問題に対応していない。婦人相談所には、福祉の措置権、介入権がない。それゆえ、DV被害者の「自立」支援を進める際に障碍になることを考慮して、婦人相談所と福祉事務所は連携を強化することが求められている。

第四に、警察のDV対応は、緊急対応、相談、暴力の防止、援助などがある（八条の一、二）。担当は生活安全部局である。

DV防止法六条では、配偶者からの暴力を受けている者を発見した者は、その旨をDVセンター又は警察官へ通報するよう努めなければならない。警察官は、通報などにより配偶者からの暴力が行われていると認めるときは、警察法、警察官職務執行法その他の法令の定めるところにより、暴力の制止、被害者の保護その他の配偶者からの暴力による被害の発生を防止するための措置を講ずる（八条）。警視総監若しくは道府県警察本部長又は警察署長は、DV被害者自ら配偶者からの暴力による被害を自ら防止するための援助を受けたい旨の申出があり、それを相当と認めるときは、DV被害者に対し、DV被害者自ら防止するための措置の教示、その他配偶者からの暴力による被害の発生を防止するために必要な援助を行うものと規定している（八条の二）。

警察は、DV被害者の相談を受けるだけでなく、DV被害者の保護や緊急介入の場に立会うなど、重要な役割を果たす機関である。警察は、緊急介入や緊急保護、相談などDV被害者の危機的状態に対応する最初の機関である場合も多い。警察が十分にDVを理解し適切な対応をしなければ、DV被害者を危険に晒すことに繋がる。戒能は、DV防止法八条の二の警察の「自ら防止するための援助を受けたい旨の申出」への対応に関して、警察による介入の基本姿勢に問題があると指摘した。第一次DV防止法改正において、警察の対応の積極化が謳われ、警察官による被害の防止とともに警察による援助がDV防止法八条の二に規定されたが、それは、「被害者が自ら防止するための援助」である。警察署において当事者の協調性に任せるという認識は、DVに警察はなるべく介入するべきではなく、自分たちで解決するべきだという認識が支配的なことを表している。このことは、警察においてDVへの危険性の認識が弱く、DVは夫婦げんか程度のもめごとという認識があると考えられるが、DVが犯罪化されていないことにも起因している（戒能編、二〇〇六：一一七、一五二）。

第五に、母子生活支援施設は、二〇〇二年よりDV被害者およびその同伴児の「一時保護委託先」となっている。母子生活支援施設は、児童福祉法三八条に設置根拠がある児童福祉施設である。母子生活支援施設は「配偶者のない女子及びその児童」を「保護」し、「自立」支援を行う機関である。さらに、同法第二三条では「都道府県等は、（中略）保護者が、配偶者のない女子又はこれに準ずる事情にある女子であって、その者の監護すべき児童の福祉に欠けるところがある場合において、その保護者から申込みがあったときは、その保護者及び児童を母子生活支援施設において保護しなければならない」としている。母子の保護では児童の福祉を主眼とし、母子生活支援施設が社会的養護を担う施設であることを示している。したがって母子生活支援施設の対象者は、児童（一八歳未満）およびその保護者（配偶者のいない女子又はこれに準ずる事情にある女子）であり、児童が満二〇歳に達するまで在所することができる。

母子生活支援施設は、現在、「死別による母子」より「生別による母子」の利用が多くなり、DV被害や児童虐待、さまざまな障がいなど、重い課題のある世帯の利用が多数を占めている。だが、低所得対策・住宅対策を前提にした現行の最低基準では、職員配置の不足などもあり利用者のニーズに対応しきれていない。母子生活支援施設では、入所者中約半数をＤＶ被害者が占め（二〇一一年度）、ＤＶ被害者支援の重要な役割を担っており、マンパワーの質・量の早急な確保が必要である（兜森他、二〇〇七：八〜九）。

第六に、女性センター（男女共同参画センター）はＤＶセンター機能の有無や暴力専門の相談窓口の有無など自治体によって異なる。女性センターの中でもＤＶセンター機能を持つ所では、被害者が直接支援に繋がる仕組みがある。ＤＶセンター機能を持つ女性センターには、相談員が配置されている。相談が業務の中心となるため、ＤＶ被害者とのやりとりの中で、精神科医の診断や弁護士との相談が必要な場合など被害者のニーズに即して社会資源や専門家に繋げたり、保護命令制度や一時保護の情報提供を行っている。一時保護が必要なＤＶ被害者がいる場合は、婦人相談所や婦人相談員へと繋いでいる。その他には、保護命令、被害者の自立支援、住居、就労などに関して情報の提供、助言、関係機関への連絡調整などを行っている。

女性センターでは、ＤＶ防止法上の直接的な福祉的支援は行われていないが、女性総合相談や自助グループ、就労支援講座、離婚講座など、間接的にＤＶ被害者を支援するような特色あるプログラムを行っている所もある。

以上の通り、ＤＶ被害者支援の枠組みと関係機関を概観してきたが、これらは、ＤＶの問題解決のための新しい総合的な法的枠組みや組織・機関ではない。ＤＶ防止法は、従来、通達によって事実上行われてきた婦人保護事業のＤＶ対応に法的根拠を与えるものであり、既存の制度を活用して対応をするにとどまった。しかも既存の制度は、ＤＶ対応に十分即したものではなく、ＤＶ防止法上の支援制度は十分に機能していない。

また、ＤＶ対策が男女共同参画行政であるのか、社会福祉行政の管轄であるのか、この点においても地域ごとに異なり、国でも自治体でも総合的な対応が取りにくい状況が続いている。この要因は、ＤＶ防止法上で、独立したＤＶセンターを規定しなかったことにある。ＤＶ防止法の不備が、ＤＶ対応を行う機関・組織に混乱を生じさせ、ＤＶ被害者支援が効果的に行われていない要因の一つとなっている。ＤＶセンターの設置は、ＤＶセンターがなぜ必要なのか、どのような機能・役割が求められるのかなど本来あるべきＤＶセンター像の議論から出発して規定されたのではない。ＤＶ防止法では、従来行われてきた婦人相談員および婦人保護施設に法的根拠を与え、民間シェルターを一時保護委託先として活用するために法的存在化する必要からＤＶセンター規定を置いたといえるのである（戒能編、二〇〇一：六三）。

他方、民間シェルターは、ＤＶ被害者支援の分野で長年経験を積み重ね、ノウハウを蓄積してきた。また、公的機関がＤＶ被害者支援において機能不全に陥ったり、支援が不十分であるなどの問題点を見出して改善を求める役割を担ってきた。民間シェルターがどのような支援活動を行ってきたのかについては次章以降で明らかにしていく。

なお、ここで提示した、ＤＶ被害者支援制度の中心的役割を担う婦人相談所とシェルター施設を持つ婦人保護施設、母子生活支援施設、民間シェルターに関して、その機能を表にまとめた（表1、表2（1）（2）、表3参照）。

	婦人相談所内付設の配偶者暴力相談支援センター
人身取引 対策行動計画	ＤＶ防止法３条
2004年より人身取引被害者の保護を行う。	2002年４月より婦人相談所に配偶者暴力相談支援センター（DVセンター）機能が付与され、ＤＶ被害者の支援を義務付けた。
相談、一時保護、関係機関への連絡調整、帰国手続きを行う。	ＤＶ被害者に関する問題につき相談に応じたり、婦人相談員又は相談機関を紹介、医学的又は心理学的な指導その他の必要な指導を行う。
婦人相談所が入所判定を行い、人身取引被害女性の一時保護を行う。	ＤＶ被害者（及び同伴する家族）の一時保護を行うための入所判定、手続きを行うが、ＤＶセンターには一時保護所はないので、保護はしていない。一時保護は、婦人相談所が自ら行うか、婦人相談所が一定の基準を満たす施設へ委託する。
規定された期間はない。一時保護期間は約１カ月。	—
人身取引被害女性	配偶者からの暴力被害女性
—	ＤＶ被害者の就業の促進、住宅の確保、援護等に関する制度の利用について情報提供、助言、関係機関との連絡調整を行う。
—	ＤＶ被害者への保護命令制度の情報提供、助言、関係機関への連絡調整を行う。
—	DV被害者支援の中枢機関
—	各都道府県の婦人相談所に機能付与
—	49（2013）
—	専門職員（行政職員・常勤） 婦人相談員（非常勤）

表１　婦人相談所の機能

	婦人相談所	
	婦人相談所	婦人相談所一時保護所
設置の根拠となる法律	売春防止法 34 条	売春防止法 34 条
設置目的と機能	性行又は環境に照らして売春を行うおそれのある女子（要保護女子）の保護更生を行う（売春防止法 34 条）。要保護女子の転落未然防止と保護更生（婦人保護事業実施要領）。	婦人相談所あるいはＤＶセンターが入所を決定したＤＶ被害者を一時保護する。すべての婦人相談所には、一時保護所を設置することが義務付けられている。
○相談 ○調査 ○心理学的判定 ○職能的判定	1957 年より要保護女子に関する問題につき相談に応じ、要保護女子およびその家庭に、相談、必要な調査、医学的、心理学的及び職能的判定を行い、必要な指導・援助、啓発活動、婦人保護施設への収容保護及びその廃止の決定、被服等の支給、一時保護、移送等を行う。	1957 年より要保護女子に関する問題につき相談に応じ、要保護女子及びその家庭に、相談、必要な調査、医学的、心理学的及び職能的判定を行い、必要な指導・援助、啓発活動、婦人保護施設への収容保護及びその廃止の決定、被服等の支給、一時保護、移送等を行う。
○一時保護の入所判定 ○一時保護機能	一時保護の入所判定を行う。	売春防止法に基づき、緊急に保護することが必要な女性に対して、もっとも適切な支援策を決定し、婦人保護施設や関係機関への移送等の措置が取られるまでの間、あるいは短期間の更生指導を必要とする場合等に行われ、入所した女性、及び同伴家族に衣食、その他の日常生活に必要な物を給付すると共に、性行生活態度、心身の健康状態などの観察を通して必要な指導を行う。2002 年からＤＶ防止法３条により、婦人相談所一時保護所ではＤＶ被害者及び同伴家族の一時保護を行う。
一時保護期間	—	規定された期間はない。各施設で異なるが一時保護期間は約２週間。
対象者の定義	要保護女子とは、売春経歴を有する者で保護、援助が必要と認められる者、売春経歴は有しないが、生活歴、性向又は生活環境から判断して売春を行う恐れのある者、配偶者からの暴力を受けた者、家庭関係の破綻、生活の困窮等正常な生活を営む上で困難な問題を有しており、かつ、その問題を解決すべき機関が他にないために、保護、援助を必要とする者。	
自立支援	ＤＶ被害者の援助等に関する制度の利用について情報提供、助言、関係機関との連絡調整を行う。	
保護命令	ＤＶ被害者への保護命令制度の情報提供、助言、を行う。	
設置の位置づけ	婦人保護事業の中枢機関	婦人相談所併設の一時保護施設
設置経営主体	国、地方公共団体	
設置場所	各都道府県に設置義務	
設置数	49（2013）	
職員＊1	専門職員（行政職員・常勤） 婦人相談員（非常勤）	ケースワーカー（非常勤）

＊１＝調査結果より提示。（筆者作成）

表２-（１） 婦人保護施設、母子生活支援施設、婦人相談所以外の公的施設に付設された配偶者暴力相談支援センターの機能

	婦人保護施設			母子生活支援施設（1997年の児童福祉法改正時までは「母子寮」の名称）	婦人相談所以外の公的施設（男女共同参画センター等）に付設された配偶者暴力相談支援センター
	公設公営（婦人相談所一時保護＋婦人保護施設一体型）	公設公営	民設民営		
設置の根拠となる法律	売春防止法34、36条	売春防止法36条	売春防止法36条	児童福祉法38条	ＤＶ防止法３条
設置目的と機能	都道府県は、要保護女子を収容保護するための施設を設置することができる（売春防止法36条）。2002年４月から、都道府県は、婦人保護施設において被害者の保護を行うことができる（ＤＶ防止法５条）。			配偶者のない女子又はこれに準ずる事情にある女子及びその者の監護すべき児童を入所させて保護すると共に、自立の促進のため生活を支援する。2002年からＤＶ被害者及びその同伴児の一時保護委託先となる。	都道府県が設置する婦人相談所その他の適切な施設において、配偶者暴力相談支援センターの機能を追加。市町村も自らが設置する適切な施設において、配偶者暴力相談支援センターの機能を果たすよう努める。
○相談 ○調査 ○心理学的判定	カウンセリング、弁護士などの情報提供、同行支援等を行う。			相談、自立して生活することを促進するための情報提供その他の援助を行う。	ＤＶ被害者の相談や相談機関の紹介、カウンセリング、自立して生活することを促進する為の情報提供その他の援助、被害者を居住させ保護する施設の利用について情報提供その他の援助を行う。
○一時保護の入所判定 ○一時保護機能	婦人保護施設には、入所決定・拒否の権限はなく、それは、婦人相談所長が行う。また、婦人保護施設は、子どもと一緒の利用はできず、原則「母子分離」での入所となる*1。			婦人相談所が入所判定及び委託を行う。	ＤＶ被害者（及び同伴する家族）の一時保護を行うための入所判定、手続きを行うが、ＤＶセンターには一時保護所はないので、保護はしていない。一時保護は、婦人相談所が自ら行うか、婦人相談所が一定の基準を満たす施設へ委託する。
○一時保護期間	規定された期間はない。一時保護期間は原則約２週間。		規定された期間はない。一時保護期間は原則約２週間だが、公設公営、公設民営よりも一時保護期間が長い現象が見られる。	一時保護期間は、原則２週間。	一時保護をする施設は用意していないので、婦人相談所へ入所判定を依頼する。
○対象者の定義	▶現在の婦人保護施設の対象者は、要保護女子及び暴力被害女性。要保護女子（売春防止法）とは、売春経歴を有する者で保護、援助が必要と認められる者、売春経歴は有しないが、生活歴、性向又は生活環境から判断して売春を行う恐れのある者、家庭関係の破綻、生活の困窮等正常な生活を営む上で困難な問題を有しており、かつ、その問題を解決すべき機関が他にないために、保護、援助を必要とする者である。▶暴力被害女性（ＤＶ防止法）とは、配偶者からの暴力を受けた者（但し、配偶者であった者から引き続き生命又は身体に危害を受ける恐れがある者を含み、身体的暴力を受けた者に限らず、心身に有害な影響を及ぼす影響を受けた者を含む）である。			児童（18歳未満）及びその保護者（配偶者のない女子またはこれに準ずる事情にある女子）が対象であるが、児童が満20歳に達するまで在所させることができる。	配偶者から暴力被害を受けた女性

表２-（２） 婦人保護施設、母子生活支援施設、婦人相談所以外の公的施設に付設された配偶者暴力相談支援センターの機能

<table>
<tr><td rowspan="2"></td><td colspan="3">婦人保護施設</td><td rowspan="2">母子生活支援施設
(1997 年の児童福祉法改定時までは「母子寮」の名称)</td><td rowspan="2">婦人相談所以外の公的施設（男女共同参画センター等）に付設された配偶者暴力相談支援センター</td></tr>
<tr><td>公設公営
(婦人相談所一時保護＋婦人保護施設一体型)</td><td>公設民営</td><td>民設民営</td></tr>
<tr><td>自立支援</td><td colspan="3">婦人保護施設では、入所者の自立を支援するため、入所者の就労、生活に関する指導および援助を行う。
婦人保護施設では、要保護女子の自立支援が主となるため、母子分離となることが多い。子どもの養育については先の見通しが立てられないのが理由である。母子分離を決定するのは主に児童相談所であり、児童相談所は子どもの権利を守るため、かなりの権限が委譲されている。</td><td>生活指導、就労支援等を行う。</td><td>ＤＶ被害者の就業の促進、住宅の確保、援護等に関する制度の利用について情報提供、助言、関係機関との連絡調整を行う</td></tr>
<tr><td>保護命令</td><td colspan="3">保護命令制度の利用についての情報提供等を行っている。</td><td>保護命令制度の利用についての情報提供、同行支援等を行っている。</td><td>保護命令制度の利用についての情報提供その他の援助を行っている。</td></tr>
<tr><td>施設の位置づけ</td><td colspan="2">第１種社会福祉事業に位置づけられる（社会福祉法第２条）要保護女子を収容保護し自立を支援する施設</td><td></td><td>配偶者のいない女子とその者の児童を保護・支援する施設</td><td>DV 被害者への相談、情報提供を行う</td></tr>
<tr><td>設置経営主体</td><td colspan="2">国、地方公共団体</td><td>社会福祉法人</td><td>国、地方公共団体、社会福祉法人</td><td>国、地方公共団体</td></tr>
<tr><td>設置場所</td><td colspan="3">全国（40 都道府県）に設置</td><td>全国に設置</td><td>各都道府県の婦人相談所の他に適切な公的施設に機能を設置</td></tr>
<tr><td>設置数</td><td>49（2013）</td><td></td><td></td><td>256（2013）</td><td>189（2014）</td></tr>
<tr><td>職員</td><td></td><td></td><td></td><td>常勤５名＊2　全国平均 9.26 人（Ｈ 20）</td><td></td></tr>
<tr><td>備考</td><td>売春防止法に基づき、ＤＶ被害者は関係機関への移送等の措置が取られるまでの間一時保護されるが、婦人保護施設と一時保護施設が一体になっているため、婦人保護施設の措置入所者と同一建物で生活することになるので、支援上に困難がある場合がある。</td><td>—</td><td>—</td><td>▶ＤＶ被害者保護においても、改正ＤＶ防止法（2004）による一時保護施設としては、母子生活支援施設が最も多くなっており、ＤＶ被害者の保護から自立支援を進めるための重要な施設となっている。▶ 2002（平成 14）年に厚生労働省から出された「母子家庭等自立支援対策大綱」では、「母子生活支援施設や住宅等自立に向けた生活の場の整備」のもと、母子生活支援施設は、地域で生活する母子への子育て相談・支援や、保育機能の強化、サテライト型などの機能強化が求められ、施策が進められている。</td><td>—</td></tr>
</table>

＊１＝全国に１カ所（東京都）に周産期から出産・出産後のケア（概ね３カ月）をする婦人保護施設が整備されている。＊２＝調査結果から提示。（筆者作成）

表３　民間シェルターの機能

	民間シェルター
設置の根拠となる法律	法的根拠はなし
設置目的と機能	主に夫や恋人などの暴力から逃れてきた女性を避難させ一時保護し支援する場として民間の女性たちにより1990年代初めに設立された。
○相談 ○調査 ○心理学的支援	相談、情報提供、相談機関や関係機関への紹介、一時保護、保護後の生活再建支援、同行支援、裁判支援、通訳の確保等を行う他、調査、啓発活動、自助グループ、自治体へのDV関連研修講師の派遣等も行う。
○一時保護の入所判定 ○一時保護機能	民間シェルターが運営するシェルター施設への入所判定は民間シェルターが行う。自治体と一時保護委託契約を締結した民間シェルターは、婦人相談所が入所判定を行ったDV被害者の一時保護の委託を依頼される場合がある。
一時保護期間	各民間シェルターにより異なるが、生活再建の目途がつくまで入所可能な所が多い（平均１カ月～３カ月の入所）
対象者の定義	各民間シェルターによって若干異なるが共通しているのは、DVから逃れてきた緊急性の高い女性、また、その女性の同伴児。スタッフが対応できる限りにおいて国籍・年齢・障害による制限なしで受け入れる。病気の女性、介護・看護が必要な女性、依存症や人格障害のみを抱えている女性は利用できない。DV被害者の同伴児に関して、中学生以上の男子も母親と一緒に入所できるよう配慮している所もある。
自立支援	住居の確保、引越し、就労支援、裁判支援、同行支援、その他支援等に関する制度の利用（生活保護等）について情報提供、関係機関との連絡調整等を行う。
保護命令	保護命令の申立について書類の書き方、申請の仕方等をサポートする。
施設の位置づけ	DV被害者を一時保護･支援するための民間の施設（運営資金の７割が寄付、会員費、事業収入等。行政からの補助金は、運営資金の平均3.2割）
設置経営主体	民間ボランティア
設置場所	全国
設置数	108（2010）
職員・スタッフ	正規スタッフ、非正規スタッフ、ボランティア*1
備　　考	スタッフは、正規スタッフ＝専従であっても有償／無償ボランティアであったり、非正規スタッフ、ボランティアが中心となって運営している民間シェルターもあり、一概に正規、非正規、ボランティアに明確な線引きはできない。

＊１＝調査結果から内容を示している。（筆者作成）

第1章 民間シェルター研究

本章では、第1節で日本におけるDVに関する研究、第2節で海外のシェルター運動とDV被害者論も含む民間シェルター研究の概況、第3節で日本における民間シェルターの研究について検討し、これらの先行研究を踏まえ、本研究の研究課題を提示する。第4節では本研究の方法について述べる。

1 日本のドメスティック・バイオレンス研究

日本のDV研究は、前章で示した一九九二年のDV全国調査を契機に始まり、DVの実態が次々に明らかにされることで、DV防止法立法化への機運を高める一役を担った。DV防止法制定前後は、海外のDV防止法制度に関する研究やDV防止法を批判的に検討する研究など、法学的研究が中心であったが、徐々にテーマやDVを研究対象とする学問領域が広がってきている。日本におけるDV研究を類型化すると、①実態・意識調査研究、②DV防止法・政策研究、③国際人権研究、④被害者支援論、⑤支援制度・事業研究、⑥被害者および子どもの健康への影響研究、⑦加害者論、⑧マイノリティ女性のDV研究、⑨高齢者のDV研究、⑩理論的研究、⑪民間シェルター研究などに分類されるが、社会学、政治学、社会福祉学、精神医学、保健学、男性学、ジェンダー研究などの学問分野からも取り組みがみられるようになった。しかしながら、ＤＶ防止法が制定後に三度改正されたこともあり、それへの対応の必要から、ＤＶ研究は、依然として、法制度・政策研究が中心に行われている。特にＤＶ被害者研究に必要な社会福祉学、精神医学などの領域の研究には、まだそれほどの蓄積はみられない。

さて、わが国のＤＶ研究の中心となっている、法学的研究において、ＤＶの総合的研究の先駆けと位置づけられるのが、戒能民江の一連のＤＶ防止法研究である（戒能編、二〇〇一、二〇〇六／戒能、二〇〇二）。戒能は、ジェンダー法学の視点からＤＶ防止法を批判的に検討するとともに、当事者や支援者の立場からＤＶ防止法改正の政策提言を行っている。これらの提言のいくつかは、実際に第二次改正法（二〇〇七年）に反映されている。また、戒能の研究は法学研究にとどまらず、ジェンダー視点からのＤＶ構造分析にも踏み込み、ＤＶを総合的に研究している。

この他の法学的研究としては、加害者逮捕における適正手続き（デュープロセス）の保障と被害者保護の衝突と調整についてアメリカ法を対象に論じた吉川真美子の研究（吉川、二〇〇七）と、アメリカ法と日本法の比較を行った小島妙子の研究がある（小島、二〇〇二）。また、理論研究としては、公私二分論の視点からＤＶ被害者にとっての「個的領域」の必要性について宮地尚子が研究している（宮地、二〇〇五ａ）。この宮地の議論を援用し、公私二元論を前提とした議論は、フェミニズムの課題を困難にしていると説くのが山根純佳の論文である（山根、二〇一〇ｂ）。ジェンダー法学の立場からは、総合的紛争解決においては、双方当事者の対等性、合意が不可欠の要素であるが、ＤＶケースでは、双方当事者の関係が非対称になることを論じた井上匡子の研究がある（井上、二〇〇二）。被害者支援に関する研究では、精神科医の立場でＤＶ被害者に接してきた研究者による臨床研究がある（小西、二〇〇一／宮地、二〇〇七）。

日本におけるＤＶ研究の蓄積は決して多いとは言えない。その中で法制度・政策研究を中心に徐々に蓄積されつつあるが、これらの研究は、実際の支援や法制度と密接に結びついている。法制度研究が、被害者支援制度の構築のために、あるいは、制度の不備を補うために蓄積されてきていることを考えると、現場の支援と研究は相互に影響を与えあいながら前進してきたといえる。

法学研究では、DV防止法制度の構築や公的機関のDV対応の整備などが研究の中心となるが、民間シェルターをDV被害者支援体制の中に位置づけるべきかなどについては検討されていない。これは、民間シェルターが「公的機関」でないこともあり、法学領域で扱うことが難しい研究対象であると考えられる。それゆえ、本書では、民間シェルターを実証的に検証していくことが必要であると考える。DV被害者支援の中心的存在として位置づけられる民間シェルターの研究は、DV被害者支援そのものを前進させることにも繋がる。そこで、次に、国内外の民間シェルター研究を取り上げ、先行研究を検討していく。

2 欧米のシェルター運動と民間シェルター研究

各国の民間シェルターの研究動向をみると、民間シェルターそのものの研究は少なく[1]、シェルター運動との関連で研究している先行研究が欧米を中心に多くみられる。ここでは、研究蓄積が比較的多いアメリカ、カナダ、イギリス、スウェーデンの四カ国を取り上げる。また、これらの国では、ジェンダー視点からのシェルター運動分析が行われていることもあり検討することにしたい。

まず、イギリスにおける先行研究では、シェルター運動を含む女性運動が、いかに立法化やDV政策に影響を与えてきたのかを考察している研究が多くみられる (Abrar, 1996 ; Bryson, 1999=二〇〇四)[2]。イギリスにおいては、民間DV被害者支援団体の連合体である「ウィメンズ・エイド」(Women's Aid)[3]のような強力なシェルター組織が、独立した政策提言機関として機能しており (Hague & Malos, 2005=二〇〇九)[4]、シェルター運営は民間NGOが行い、政府、自治体は財政支援を行うというように (戒能、二〇〇二)、民間と政府・自治体が機能分化している。しかしながら、民間シェルターの財政は決して安定しているわけではない。民間シェルターは、支援事業の資金確保をするために資金提供者の意向を尊重することと自分たちの理想の活動との間にジレンマを抱えていると把握されている（Hague & Malos, 2005＝二〇〇九）。ウィメンズ・エイドのような全国規模のネットワーク組織が運動と支援事業をどのように両立させるかという点は、イギリスのシェルター運動にとって、大きな課題となっていることも指摘されている（Hague & Malos, 2005＝二〇〇九）。

次に、スウェーデンの研究からは以下の点が明らかにされている。一九七九年にゴーゼンバーグに最初の民間シェルターが設立された。それと同時に、シェルター運動も始まったのだが、イギリスなどのように女性運動がその背景にあったわけではない[5]。スウェーデンの女性たちは、暴力を受けた女性のための民間シェルターやホットライン設立のために、国家に対して公的な住居や財源を要求した。そうした経緯からもわかるように、スウェーデンのシェルターは行政が運営しており、民間シェルターは非常に少ない。したがって、ほとんどの民間シェルターやＤＶ関連プロジェクトは、シェルターの運営費用も含め、十分な公的サービスをすべて行政が担うべきとする傾向が顕著である。スウェーデンでは、税金が累進的で非常に高いため、他国より寄付が少なくボランティアは稀な存在となっている[6]。このような点からすると、ボランティアに大きく依存している民間シェルターは、スウェーデンでは非常に珍しい存在であると言われている[7]（Elman, 1996＝二〇〇二：七一～七三）。

カナダのシェルター運動研究では、女性運動との関係や民間シェルターと行政との連携関係に関する研究がみられた[8]。カナダにおいても、民間シェルターは、女性解放運動の影響を受けて草の根の女性たちの活動の中から設立されている[9]。フェミニスト研究者がＤＶ施策に寄与したことを分析した研究では、フェミニスト活動家は自治体レベルで組織を形成し、大学の女性組織や女性クラブ、国の女性審議会などが中心となり、女性の政治進出のためにシェルター運動を展開したことが述べられている。その結果として、立法化の実現、ＤＶ専門法廷の設置などＤＶが国家の最優先課題として位置づけられた過程を分析している（Eliasson & Lundy, 1999）。一方、Ｇ・ハーグ（G.

Hague）らによる、カナダの民間シェルターの構造に関する研究では、民間シェルターの内部構造において、コレクティブな構造から次第にヒエラルキーな構造へと移行する現象が見られることが明らかにされた（Hague, Kelly & Mullernder, 2001）[10]。その背景については、民間シェルターの担い手がボランティアや草の根の女性から大学教育を受けた女性へと変化してきたことと、組織が労働組合化しているという見解が示されている（Hague, Kelly & Mullernder, 2001）。いずれにせよ、このような変化により民間シェルターの支援が専門職化され、かつ、制度化されていった結果、DV被害女性は、闘いを共にする仲間から研究対象や援助プログラムの対象へと変化してしまったため、民間シェルター内で働く女性とDV被害女性との間に大きな乖離が生じていることが指摘されている（Hague, Kelly & Mullernder, 2001）。

最後に、アメリカにおける先行研究を検討することとする。アメリカでは、一九七〇年代半ば頃から研修を受けたボランティアが運営するさまざまなホットラインが全米の主要都市で始まり、その中にはレイプの被害者のためのホットラインも含まれていた。一九七二年にアメリカ初の「レイプ・クライシス・センター」[11]（rape crisis center）が反レイプ活動家の手によってワシントンD・Cに設立された（Campbell & Martin, 2001）。女性運動との関連を分析した研究によれば、このような動きは、Battered Women's Movementと同様にフェミニズム運動から生まれたものであり、コンシャスネス・レイジング（意識覚醒）グループから誕生したものであるとされる。シェルターやホットラインを核として始まった運動は、地域レベルから州レベルの運動へと発展した。一九七〇年代後半には、全国各地のシェルタースタッフや夫・恋人から暴力を受けた女性たちが全国運動の中心的役割を果たす「全米ドメスティック・バイオレンス阻止連合」（National Coalition Against Domestic Violence：NCADV）を設立しており、これら一連の過程が分析されている（ドメスティック・バイオレンス国際比較研究会編、二〇〇〇：一七五～一七六）。

また、S・ウルマン（S. Ullman）とS・タウンセンド（S. Townsend）は、アメリカの大都市圏に位置するレイプ・クライシス・センターで働くスタッフにインタビュー調査を行い研究成果をまとめた。それによれば、レイプ・クライシス・センターの組織の抱える困難について同センタースタッフが、財源の不足、設備問題、同センターの理念と専門職化のジレンマなどの問題の存在について言及していることから、ウルマンとタウンセンドは、これらが支援に影響を与えていると結論づけた(12)。スタッフは、同センターにおける専門職化が、利用者に質の高いサービスを提供できるという点でメリットがある反面、伝統的なフェミニストの視点や社会変革の視点を最小限にしてしまうため、レイプの被害者のニーズを満たす制度改革を行うという理念が薄れてしまうと指摘している（Ullman & Townsend, 2007：421-425）。

以上みてきたように、イギリスやスウェーデンでは、民間から始まったシェルター運動であるが、やがて国や行政がＤＶへの取り組みに関与するに至った。イギリスではＤＶ対策は政府全体の取り組みとなっており、各地方自治体にＤＶ対応機構が設置され、政策の検討や関係諸機関の連携、ネットワーク形成が重視されている。このネットワークで重視されているのがウィメンズ・エイドなど女性ＮＧＯの経験である。他方、アメリカやカナダでは、個人の権利や個人の問題が重視され、民間が主導してＤＶへの取り組みが行われている。また、アメリカ、カナダにおいては、民間シェルターなどの組織化、専門職化が進んでいることが特色である。アメリカでは、約三〇年以上のＤＶ被害者支援の歴史があり、民間シェルターに関する先駆的な研究の蓄積がある。また、民間シェルターは組織を維持するために行政などから財政支援を取りつけているが、常に行政に取り込まれること（cooptation）と組織の自律性との間でせめぎあいがあり、その点に関する研究が多い。たとえば、行政からの財政支援を受けることにより、行政が望む組織体制や援助方法を取り入れなければならないことに対して、民間シェルターがジレンマを抱えている研究がある（Rodriguez, 1988：Tierney, 1982）。日本の民間シェルターが、行政のＤＶ被害者支援制度の枠外に位置づけられていること、財政支援をめぐり行政との関係に葛藤状況があることを踏まえると、アメリカの研究における議論は我が国の民間シェルターの今後の方向性を考える際に参考になるものと考える。したがって、本書にとって示唆的である民間シェルターの議論が行われているアメリカの研究を掘り下げてみていくことにする。

アメリカの民間シェルター研究は一九八〇年代に最も多く、民間シェルターがBattered Women's Movementを起源とすることを強調している研究（Schechter, 1982 : Tierney, 1982 : Loseke, 1989 : Rodriguez, 1988 : Srinivasan & Davis, 1991）[13]や精神医学や臨床心理の専門職がDV被害者の診療・対応を民間シェルターで行うことに関する研究などがある（Ferraro, 1983）。民間シェルターの組織に関する研究では、これまで民間シェルターを①ソーシャル・サービス型（social service agencies）、②フェミニスト型（women's organization）[14]、③宗教団体型（religion-based group）の三つに類型化している（Ferraro, 1981 : Tierney, 1982 : Shostack, 2000）。ソーシャル・サービス型シェルターは、精神科医など有資格の専門職がDV被害者に対応する方針をとっており、官僚制の組織構造の特徴がみられると分析されている（Srinivasan & Davis, 1991）。また、ソーシャル・サービス型シェルターは従来型の社会事業機関と深く関わっており、コミュニティの臨床心理センター、ホームレスのシェルター、薬物・アルコール依存症の対応機関などが設立主体となっている。ソーシャル・サービス型シェルターについて、フェミニスト研究者による研究では、暴力の問題を個人的資質や家族病理だけに原因を求める傾向があると批判している。

他方で、フェミニスト型のシェルターは、DV被害者を保護し、暴力および男性支配の社会に立ち向かえるよう被害者をエンパワーすることを目的とする研究が複数見られた（Johnson, 1981 : Ferraro, 1983 : Rodriguez, 1988 : Srinivasan & Davis, 1991）。たとえば、妻への殴打（Wife battering）は、「個人的な男女の関係における不平等な力関係によって維持され、無力なものを抑圧し、序列的な構造を許容する家父長制に深く根付いている」(Dobash, R. E. & Dobash, R. P., 1979 : Schechter, 1982）という考えが、フェミニスト型シェルターでは共有されていること、それゆえ、民間シェルターはDV被害者をエンパワーするだけでなく、民間シェルター内においても平等な価値とすべてのメンバーが参加できるような組織環境整備をめざしていることが明らかにされた（Dobash, R. E. & Dobash, R. P., 1979 : Ferraro, 1983 : Rodriguez, 1988）。だがその一方で、このようなフェミニストの理念が民間シェルターの組織構造や支援に適合的かどうかは常に議論の的にもなっていた。

宗教団体型シェルターは、カトリック教などの宗教団体が設立したシェルターであり、キリスト教の精神に基づき、支援を行っていた。

アメリカでは、Battered Women's Movementから民間シェルターが誕生しているが、具体的な支援の場面では、専門職による臨床心理的なアプローチや医療的なアプローチなどによるＤＶ被害者への対応が行われることが多く、それゆえソーシャル・サービス型シェルターが発達したと言われている。しかし、フェミニスト研究者は、民間シェルターのソーシャル・サービス型シェルターへの移行が公的機関への民間の取り込みであると分析している(Rodriguez, 1988)。

一九九〇年代半ばに入ると、民間シェルターの組織・運営の研究が行われるようになった。どのようにしたらＤＶ被害者へ効果的な支援を行うことができるのか、あるいは、どのように民間シェルターを効率的に運営できるのかという点に着目している。一九七〇年代の民間シェルター創成期の頃の小規模でインフォーマルな組織とは異なり、一九九〇年代の民間シェルターは、さまざまな機能を持ったフォーマルな組織として機能していた(Shostack, 2000 : v-viii)(15)。フェミニスト型シェルターとソーシャル・サービス型シェルターでは、民間シェルター内の規則や支援の方法、スタッフと入所者との関係など、ＤＶ被害者へのアプローチが大きく異なっている(Shostack, 2000 : 5-7)。しかしながら、両者は、ＤＶ被害者のエンパワーメントを目的としている点において共通している。

ところで、両者のＤＶ被害者へのアプローチは、民間シェルターの規則の決定過程において顕著な相違として表れる。フェミニスト型シェルターでは、民間シェルターの規則をＤＶ被害者と相談して決めるなど被害者の意見を尊重するものであったが、それに対してソーシャル・サービス型シェルターでは、スタッフと利用者の合意による取り決めはなく、運営者(管理者)が規則を決定していた。ただし、いずれの民間シェルターが利用者にとって効果的なのかを評価することは困難であった。なぜなら、シェルターにおいて何を成功とし何を失敗とするのかの基準を設けることが困難であるからであり、民間シェルターの退所者のその後を追った信用性のあるデータが不足しているからであった（Shostack, 2000：225-226）。

一方、M・スリニバサン（M. Srinivasan）とL・デイビス（L. Davis）は、シェルターの組織構造を共同体組織と官僚組織の視点から考察し、フェミニスト型シェルターがなぜ共同体的な組織構造を維持するのかについて言及している。彼らは、フェミニスト型シェルターでは、共同体組織の構造が、民間シェルター内に平等的価値を息づかせることを可能にすると考えられていたからであるとしている（Srinivasan & Davis, 1991）。フェミニスト型シェルターでは、組織内の決定は合意によってなされシェルター内の規則や決定事項は、その都度個人の状況を考慮した上で決められていた。また、シェルターの理念を共有できる者をスタッフとし、スタッフは仕事を共有することなどについて共通の理解をえていた。

二〇〇八年に、全米八州の二一五の民間シェルターについて大規模な調査研究が行われた(16)。アメリカで複数の州に位置する民間シェルター調査を実施したのは初めてのことであり、貴重な研究成果がえられたとされている。調査結果によると、シェルター利用者の民間シェルターに対する評価は全体として肯定的であり、その支援活動は非常に重要であると捉えていた。他方、民間シェルターの課題も多く示された。シェルターの課題は、まずシェルター規則の見直しであった(17)。その他には、利用者間のトラブルに対する対応、精神的サポートやカウンセリングの拡充、人種や在留資格による支援の格差があげられた。これらのことから民間シェルターには、利用者の多文化性や多様性への対応が不可欠であることが示唆された。また、民間シェルターの資金づくりについても議論が必要であることが示された（Lyon, Lane & Menard, 2008）。二〇〇八年の大規模調査は、近年の民間シェルター研究を一歩前進させるものであった。しかし、それは民間シェルターが利用者のニーズに適った支援を提供しているか、という視点からの研究であり、組織・運営などの視点では考察していない。ただし、二一五の民間シェルターのシェルタースタッフの平均人数が一六・五人、ボランティアの平均人数が一五人という調査結果は、日本の民間シェルターとは大きく異なる。アメリカの民間シェルターの組織体制の充実ぶりが把握できる。また、この研究では、民間シェルターの支援の方向性が提示された。白人スタッフ中心の多くの民間シェルターが、今後、人種や言語が異なる女性や移民女性、在留資格のない外国人女性などのニーズにどのように対応していくべきか、という点について、多文化対応が可能である、多様なバックグラウンドを持つスタッフを配置し研修を行うことの必要性が示された。さらに、民間シェルターは、コミュニティの社会資源を活用して被害者を長期的な視点で社会的に支援することの必要性についても提起されている。

別途、フェミニスト研究者による研究では、心理学者のA・ラーナー（A. Lehrner）とN・アレン（N. Allen）が、「反DV運動」（Anti-domestic violence movement）(18)の立場から推進されてきた民間シェルターなどの担い手の認識の変化、および、事業内容の変化を分析している。ちなみに、Battered Women's Movementは、社会変革と支援の提供を目的としてスタートしたが、現在では、非政治的で実際的な支援の提供が活動の中心になっているために社会変革運動の側面から現在の反DV運動を考察する研究はほとんど見られない。ラーナーとアレンは、調査結果から、新たに加わった民間シェルターのスタッフなどと運動に初期から携わってきたベテラン支援者のDV被害者支援に対する認識の差を浮き彫りにした。その上で、ラーナーとアレンは、ベテランの支援者の主張する反DV運動の再活性化を支持する考えを明らかにした。反DV運動を再活性化することは、反DV運動の誕生の背景と理念などフェミニズムの政治的な分析アプローチを継承することである。運動をベースにした支援は、DV被害者支援の現場において、個別の問題解決型のアプローチへとシフトすることを防ぐことができる。それにより、制度化された現在のDV被害者支援が、再びDV被害者のニーズに適うものに生まれ変わり、DVの背景にある社会構造の変革への展望が開けると結論づけた（Lehrner & Allen, 2009：656-676）。

アメリカの民間シェルター研究は、一九七〇年代初期から最近に至るまで、民間シェルターがDV被害女性のエンパワーメントにとって重要な役割を果たしていることを主張してきた。他方で、政府などからの財政援助は受け入れるべきではないという批判がみられた。ラーナーとアレンは、民間シェルターが、その設立背景にある運動的志向を取り戻すことが肝要であり、新たな支援者にもフェミニズムの理念を伝える必要があることを強調している。同時に、民間シェルターとフェミニズムの関係は不可分なものであると捉えており、その重要性を主張している。しかしながら、ラーナーとアレンの見解には、フェミニズムに違和感を抱く者など支援者の多様性への配慮はみられない。ラーナーとアレンに限らず、アメリカの民間シェルター研究では、民間シェルターにはフェミニズムの理念が受け継がれていることを前提として議論が行われる傾向が強い。これはアメリカだけでなく、数は少ないもののカナダの民間シェルター研究にもみられる傾向である。

しかし、民間シェルターが専門職化することはフェミニズムの理念を阻害するという議論や、財政援助を行う政府や機関に民間シェルターが取り込まれるという議論は、重要な論点を含んでいる。アメリカで民間シェルターが「専門職化しがち」(Hague & Malos, 2005＝二〇〇九：八〇)であるのは、DV被害者対応の際に、医療的、臨床心理的な知識が実際の支援の中で必要となり、それに対応する専門職がいないと適切な対応ができない、という背景があったと考えられる。同様に、民間シェルターが社会事業化しているのは、DV被害女性のニーズがまず住居の確保や職探しであり、社会福祉的な支援が切実であったために社会事業化が進んだと考えられる。さらに言えば、民間シェルターはもともとボランティアから始まった組織であるが、民間シェルターが政府からの財政援助を受けてまで有償のフルタイムスタッフを雇用するようになったのは、ボランティア組織の条件である「(1)自発性、(2)先進性、(3)無償性」(田中・浅川・安立、二〇〇三：一八六)のうち、(3)の無償性では、民間シェルターの運営も支援活動も成り立たないという状況を転換させるためであったと考えられる。先行研究では、このような側面についてはふれられていない。

欧米のフェミニスト研究者による研究では、親密な関係における女性に対する暴力の理論化および被害者論が進んでいる。民間シェルターとフェミニズムとの関連を理解する上で重要な視点を与えてくれるため検討していきたい。

フェミニスト法理論の基礎を築いた研究者の一人であるキャサリン・マッキノン(Catharine Mackinnon)(19)の理論はBattered Women's Movementにおいて大きな影響力を持っており、ジェンダーが権力関係であるという分析は高く評価されてきた。だが、被害者を捉える視点には疑問が呈された。九〇年代に入ると、女性を脆弱な「被害者」と捉える視点については、女性を従属的な立場と不可分なものとして捉えることになるとしてマッキノンは批判を受けるようになったのである（Cornell, 1995＝二〇〇六：二九〜三八／Wolf, 1993：148）。他方、被害者と表明することによって得られる補償や支援は、被害者を守る防御策として重要であるという研究もある（Kaminer, 1992；Dunn, 2005）。これに対して、マーサ・ミノウ（Martha Minow）は、被害者という位置づけは被害者の持つ複雑なアイデンティティを否定してしまうと指摘した（Minow, 1993）。

このような被害者の位置づけに関しては、エリザベス・M・シュナイダー（Elizabeth M. Schneider）らフェミニスト法学者が九〇年代に議論を展開している。シュナイダーによれば、battered women という表現は、殴打という被害を受けた女性というだけではなく、その女性のすべてを表す言葉として使用される。だが、女性が殴打されたのは一時のことであり、いつまでも女性が battered women であり続けることはない。battered women という言葉は、女性を限定的に論じ、battering がその女性の全人生を通しての経験であるかのように示すと批判した（Schneider, 2000：61-62）。また、キャサリン・アブラムズ（Kathryn Abrams）は、女性を被害者に還元する危険性を指摘した。女性は絶えず受動的な存在ではなく拒絶、抵抗など多くの戦術を取っているのであり、惨めな被害者の像は多くの女性の体験を反映していないとする（Abrams, 1996：348）。アブラムズらによる批判は、victimization-agency 議論(20)において展開されている。アブラムズは、女性の行動をエージェンシーと被害者のどちらかから派生したものとして説明するより、女性の選択を多元的に説明することがフェミニズムに要請されているという。この議論で展開されているエージェンシー(21)は、自律性という意味合いが強く、被害者の持つエージェンシーという意味で用いている（Abrams, 1995：306）。エージェンシーの観点は、男女二項対立の図式において女性を被害者とみなす従来のフェミニズム的思考とは異なるものである。既存の秩序の中で生き延びてきたＤＶ被害者は、エージェンシーであり、能動的な存在といえる。すなわち、エージェンシーと認識することは、自分自身も既存の秩序を維持するために関わってきた存在であることを自覚することであり、それにより、被害者は被害者のままではなく変化の主体となる可能性を持つ存在となる。

さらに、Battering の研究をしているS・ショクター（S. Schechter）によれば、民間シェルターや病院の緊急避難室で battered women と一緒に支援者が過ごしたとき、ほとんどの女性は、自分たちを battered women と呼ばれることに抵抗を示したことを明らかにした(22)。そのため、ショクターは、彼女たちを battered women という言葉で呼ぶことを拒絶した（Schechter, 1982）。シュナイダーは、ショクターの分析に関して、女性たちが拒絶した理由は、battered women という言葉が女性を殴打された経験だけで排他的に定義づけてしまうからだと指摘した。

フェミニズム法理論においては、七〇年代後半からＤＶ被害者をめぐる議論が展開されてきたが、その後、ＤＶ被害者を被害者としての側面のみに注目して分析する傾向はみられなくなっている。

フェミニスト研究者によるＤＶ被害者に関する研究は、一九八〇年代に活発になった。だが、当初アメリカにおける夫婦間暴力に関する研究は、性格や成育歴など個人的な問題のレベルで夫婦間における暴力を捉えていた（Gelles, 1987 : Steinmetz, 1987）。その一方で、夫婦間暴力と社会経済的地位、年齢、結婚期間、失業などとの関連性があると分析した重要な研究成果も残されている（Straus et al., 1980 : Gelles & Straus, 1988）。また、フェミニストの視点から夫婦間暴力を分析した研究もこの時期多く発表されている（Schechter, 1982 : Stets, 1988）。

サリー・ロイド（Sally Lloyd）とベス・エメリー（Beth Emery）は、親密な関係における女性に対する暴力（intimate aggression against women）について、愛する者に暴力を振るう文化的な影響力から、強制と支配における個人間のダイナミックスに至るまで、量的調査および質的調査を用いて暴力の文脈を理解することを試みた（Lloyd & Emery, 2000 : 503-504）。その結果、「支配」こそが、親密な関係における女性に対する暴力のダイナミックスのキー概念であることを調査結果から指摘した（Lloyd & Emery, 2000 : 513-516）(23)。

ＤＶ被害者とＤＶ加害者との関係は、「支配」をキー概念として解釈されている。当初は、個人的問題と考えられていた夫婦間の暴力の根底には、フェミニズムの視点が入ることにより男／女間における支配／服従関係があることが明確になった。フェミニストが支配をキー概念とするのは、DV加害者によるDV被害者の関係性の背景には、社会においてジェンダー秩序が支配的であり、その秩序を基盤としてDVが発生する構造があるからである。DV被害者が暴力から逃れないのは、その秩序に適応することを内面化しており、そうしなければ生き延びることが困難であると考えているといえる。

Battered Women's Movementにおいてフェミニスト活動家は、「妻への殴打」を個人的な問題や家庭の中で起こる問題として捉えるのではなく、制度的、社会的な問題と捉えることを主張した。なぜなら、それまで、「妻への殴打」は、家庭の中で起こる子どもや召使いへの躾と同じ様なものとして政治的な問題の対極にある家庭の問題として捉えられていたからである（Schneider, 2000：5）。このような公私の「伝統的な領域の分離」（Fraser, 1990：213）を乗り越えるために、フェミニスト活動家はBattered Women's Movementを開始した。同時に、被害者の緊急避難のためのシェルターを開設したのである。シェルターに辿りつく前のDV被害者は、暴力被害を受け心身ともに傷つき、自分自身を責めていた。だが、シェルターという安全な場と仲間をえて、徐々に彼女たちを殴打していた男性よりも、同じ仲間の女性たちに対して一体感を持つようになった。女性たちは加害者から自由になるためには、家族を養えるだけの賃金がもらえる仕事や保育所、ずっと住むことができる住居が必要だということに気づいていった。職業や住居をえて自立して生きていくという意識が女性たちの間で共有されたとき、Battered Women's Movementは、政治的な運動へと変化した（Schneider, 2000）。その際、被害女性は、もはや弱い存在としての「被害者」とみられることはなくなり、「被害者」からエージェンシーへと変化したとされる。フェミニスト研究者によるDV被害者論とシェルターの設立には、密接な関係がある。DVによる「支配」から逃れ、惨めな被害者像から自由になるために、シェルターという場が、いかにDV被害者にとって重要なものであるかを理解することができる。それゆえ、DV被害女性および支援者の自発的な活動の中から民間シェルターが生まれたこと、および、民間シェルターが女性たちの無償の支援活動によって長く維持されてきたことは、民間シェルターの淵源として常に確認しておくことが必要である。

3 日本の民間シェルター研究

日本の民間シェルター研究は、海外の研究に比べて蓄積は少ないが、以下の四つの研究に分類される。①民間シェルターに関する実態調査研究、②民間による初の民間シェルターに関する研究、③日本の反DV運動をシェルター開設の動きと関連して考察した研究、④シェルター利用者に関する研究、であるが、それぞれについて検討する。

まず民間シェルターに関する実態調査研究では、日本で初めて民間シェルターの実態調査を全国的に行った、横浜市女性協会による民間シェルター実態調査がある(24)。第一回目の一九九四年調査時には、全国に民間シェルターは七カ所確認された。だが、当時の民間シェルターの多くは、国籍、年齢などを問わず、公的機関で受け入れられていなかった暴力被害の女性や外国人女性などへの支援を行っている。本調査では、行政の取り組みとは別に独自の視点からDVへの取り組みを行う民間シェルターの実態を調査した。しかし、民間シェルターへの初の調査ということもあり、内容は調査結果の報告にとどまり詳しい分析は行われていない（桜井他、一九九五）。五年後に、同じく横浜市女性協会によって民間シェルター実態調査（調査対象一七カ所）が実施された。一九九五年第四回世界女性会議（北京女性会議）から四年を経て日本でもDVへの社会的関心が高まり人権侵害という認識が広がり始めた頃であった。民間シェルターは全国で約二〇カ所に増加していた。一九九九年時調査では、民間シェルターを「女性たちの手による市民活動」（国広他、二〇〇〇：三）と位置づけ、民間シェルターの支援活動の広がりをその地域の社会資源との関係から考察している。一九九九年時調査では、民間シェルターの設立の経緯を設立年（シェルター施設を設立した年）、設立の主体（シェルターの必要性を認識し、開設の準備を主体的に始めた個人やグループ）、設立時の状況（利用者、地域、社会的背景）に着目し、次の三つの時代に区分してその変遷を追った（国広他、二〇〇〇：六九〜七〇）。

(1) 一九八〇年代後半から一九九〇年代初めにかけて開設されたシェルター
(2) 一九九〇年代前半にできたシェルター
(3) 一九九五年以降に設立されたシェルター

それぞれの時期の民間シェルターの特色は、以下のような概要である。

(1)のグループの民間シェルターが開設された背景には、一九八〇年代後半から一九九〇年代前半にかけて社会問題化した人身売買の被害者や海外からの花嫁など外国籍女性（母子）の問題があった（女性への暴力　駆け込みシェルターネットワーキング、一九九八）。設立主体は、キリスト教法人および社会福祉法人など運営母体による財政基盤が比較的強固であるという特徴を持つ。

(2)のグループに属する民間シェルターは、相談・自助グループ活動など女性への援助活動を行っていたグループによって設立された。九〇年代前半、外国籍女性を支援したことを契機に民間シェルターを設立したり(25)、一九九二年には、新たに一時保護の対象を外国籍女性またはその子どもに限定した民間シェルターが開設された(26)。一九九三年には、ＤＶ被害者支援という明確な目的のもと、民間女性グループによって民間シェルターが開設されている(27)。また、別の「民間女性グループの取り組みは、フェミニズムの視点に立つメンタル・ヘルスの専門家たちと、被害を体験した当事者たちの合同グループが、独自にシェルター活動を実践することから始まった」と分析されている（波田・高畠・亀田、二〇〇三：一〇六）。

(3)のグループは、一九九五年の北京女性会議以降設立された民間シェルターである。設立者の多くが、北京女性会議に参加、あるいは、その後に行われた米国のシェルター視察や札幌で開かれた国際シンポジウムへ参加している。設立の主体も地域で活動してきた小さなグループがネットワーク化してできた団体である。開設にあたっては、ＤＶ

被害を受けた日本人女性の相談が続出したことが共通の経験になっている（国広他、二〇〇〇）。

北京女性会議を境にして、夫の暴力の問題は、日本の女性運動の主要な課題に浮上し、全国的に女性の関心を集めた。同時に、全国的な民間シェルター開設の動きは、日本の女性運動の歴史からみると、画期的な出来事であったと分析されている（波田・高畠・亀田、二〇〇三：一〇六）。

これらの二つの実態調査は、DV防止法成立以前に行われた調査であることが特徴的である。二つの調査では、個々の民間シェルターの抱える問題点が共通しており、法制度や支援システムが整わない中での民間シェルターの支援活動の困難や各地域でのシェルターの必要性や運営上の問題（財源や人材の不足）があげられた。また、行政との「連携」は一部の民間シェルターで始まったばかりであり、「連携」を重視しながらも「連携」関係の構築にまで至っていないことが課題として明らかにされている（国広他、二〇〇〇：一九～六六）。

第二に、民間による民間シェルター研究としては、臨床社会学者の波田あい子とフェミニスト・セラピスト（心理療法士）の平川和子による研究があげられる。波田と平川の編著『シェルター』（一九九八年）は、DV被害者の支援を行ってきた民間シェルターの立場から書かれた貴重な研究書である。著書の一人である平川は、一九九〇年代後半の民間シェルター設立の動きを第二波フェミニズムの始まりとして捉え、本書の中でアメリカの民間シェルター誕生の経緯を紹介している。だが、日本の民間シェルター開設の動きとの比較など具体的な考察はしていない。また、同研究では、臨床心理学的な支援を中心に行う民間シェルターの機能とプログラムを紹介し、民間シェルターのプログラム評価を利用者のフォローアップ調査を通して行っている。プログラム評価の指標の一つは、民間シェルター利用者が民間シェルター退所後に夫の元に戻ったか否かであった。同研究によれば、三八事例中一九例が「自立自尊」（波田・平川編、一九九八）の方向を選択していることにより夫からの暴力問題の解決にとって民間シェルターが有効であることを証明している。他方、類似のデータや調査がないため比較検討ができず、相対的な評価は難しいと分析している。さらに、アメリカにおける民間シェルターの介入プログラムや民間シェルターの基準を紹介している。本研究は、本格的な日本の民間シェルター研究書として位置づけられるが、臨床心理学的なアプローチからの考察を中心としているため、社会科学的なアプローチから研究することにより民間シェルターを多角的に捉えることが可能になると考える。

第三に、日本の反ＤＶ運動とシェルター開設に関する先駆的な研究として、日本の反ＤＶ運動を第一次（一九七五年から一九八〇年代初期）と第二次（一九九〇年代初め以降）に区分して考察を試みたゆのまえ知子の論考がある。ゆのまえによると、夫の暴力からの避難を目的とする公営駆け込み寺開設を要求したウーマン・リブ運動により、東京都は一九七七年、条例によって婦人相談所を「東京都婦人相談センター」へと改組し、緊急保護のための婦人相談所一時保護所を開設した。第一次反ＤＶ運動はＤＶ被害の「当事者」が声をあげて生まれたが、日本では、英米のBattered Women's Movement のように運動が継続せず、一九八〇年代初めに第一次反ＤＶ運動は収束したとされる。次にＤＶ問題への取り組みが本格化するのは、一九九二年であった。第一次反ＤＶ運動から第二次反ＤＶ運動までの一〇年間の断絶の理由をゆのまえは、次のように指摘する。一つには、運動を引き継ぐものがおらず、公設「駆け込み寺」を設立する運動が東京以外に広がらなかった。また、運動の当事者が「離婚の当事者」であり、「経済的、精神的余裕」がなく「運動を普遍化するというより、個人の問題解決に迫られていた」（ゆのまえ、二〇〇一：一七五～一七六）ことがある。さらに、当時、「国際婦人年をきっかけとして行動を起こす女たちの会」（以下、「行動を起こす会」と記す）(28)が緊急課題としたのが、雇用平等法を成立させることであり一九八二年から一九八三年には優生保護法改悪阻止にも取り組んだが、女性運動の枠組みからいえば、第一次反ＤＶ運動は、雇用平等法や優生保護法改悪阻止といった、緊急性の高いこれらの女性運動における優先順位の認識により、あまり重視して取り上げられなくなったと分析している。

したがって、日本における第二次反ＤＶ運動は、一九九二年の「夫（恋人）からの暴力」調査研究会が日本初のＤＶ全国調査を実施したことから始まり、民間シェルターを中心として立法化を含むＤＶ防止を目的として継続したとゆのまえは分析している。九〇年代における民間シェルター設立の要因を分析した高井葉子によれば、民間シェルターの設立主体は、学生運動や女性運動を経験した女性、職業的地位や経済基盤など社会的地位を獲得してきた女性の存在があったこと、また、知的資源として、相談の経験や海外からのノウハウ、先発民間シェルターの存在がある。その他に忘れてはならないのは、DVを経験し、DVと対峙してきた女性の存在があったことを指摘している（高井、二〇〇〇）。

ゆのまえは、日本にも先駆的な反DV運動が存在したということを第二波フェミニズムの関係資料などから発見している。反DV運動研究は、夫の暴力を受けた「当事者」や離婚問題に関わる「当事者」グループが婦人相談所一時保護所の開設運動を起こしたこと、第一次と第二次反DV運動の継続が困難だったことの理由を明らかにした点で大きな功績を残した研究である。

第四に、民間シェルターの利用者に関する研究を行った木下直子（二〇〇九）は、民間シェルター利用者に「シェルター利用満足度調査」とインタビュー調査を実施し、これまで見過ごされがちだった民間シェルターの支援者が与える二次被害の問題を取り上げ考察している(29)。満足度調査結果では、全員が「民間シェルターを利用してよかった」、「スタッフの対応に感謝している」と回答したが、利用者からは違和感の表明もみられたという(30)。

木下は、民間シェルター利用者の民間シェルターへの評価について肯定的側面と否定的側面の両面を分析した上で、支援／被支援の権力関係の是正のために、民間シェルターによる苦情処理制度の構築を課題としてあげた（木下、二〇〇九：四三〜六三）。これまでは行政や関係機関による二次被害についての指摘が多かったが、民間シェルターによる二次被害について取り上げたのは本研究が初めてであり、利用者側の視点からみた民間シェルターの支援を考察した意義は大きい。民間シェルターの支援者と被支援者の関係性は、十分に留意されるべきであるが、民間シェルター側が支援をどのように捉え、スタッフ同士でどのような支援のあり方や支援方法を共有しているのかなど民間シェルターの支援者からみた被支援者との関係についても考察することが必要である。

以上の通り、先行研究を検討してきたが、本書で民間シェルターを論じるにあたり重要な論点について確認し、本論の分析課題としたい。

諸外国、特にアメリカの民間シェルター研究では、女性運動やジェンダーとの関係、組織のあり方と被害者支援との関係、公的財政支援と組織の自律性確保のジレンマ、臨床心理的および社会福祉的な流れから民間シェルターを検討する研究などがみられた。したがって、本研究を進めるにあたって、次のような点に留意していく必要があるであろう。①民間シェルターの設立とフェミニズム・女性運動との関係、②民間シェルターの組織構造とDV被害者の位置づけと被害者との関係性、③アメリカの議論に見られた、民間シェルターの専門職化などに関するメリットとデメリット、④行政との関係と民間シェルターの自律性、⑤DV被害者とシェルターとの関係、などの点である。

日本の民間シェルター研究では、民間シェルターが女性たちにより自発的に設立され維持されていること、一部の民間シェルターでは、行政との「連携」を重視し関係構築に動き出しているという二つの側面がみられた。

なお、日本の民間シェルター研究は、一九九八年の波田と平川による民間シェルター研究以降、ほとんど進んでおらず民間シェルターの実態もほとんど把握されていない。民間シェルターの研究が少ない理由は、民間シェルターが秘匿性の高い研究対象であるため、研究自体が難しいということ、したがって、研究対象として取り上げられる機会が非常に少ないことが考えられる。最近の研究動向では、DV被害を受けた女性のトラウマに関する臨床心理学的研究や精神医学的研究、DV被害を受けた女性の権利擁護に関する制度的研究、あるいは、DV被害女性の援助に着目した女性福祉の研究が先行しているといえる（戒能編、二〇〇一／信田、二〇〇二、二〇〇八／ゆのまえ、二〇〇四／平川、二〇〇四／吉浜・釜野編、二〇〇六／吉川、二〇〇七）。しかし、これらの分野においてもジェンダーの視点からの先行研究は決して多くはない。DV防止法の制定過程において民間女性NGOは、DV被害者とともに政策提言を行っていた。その中で、DV防止法制定時の議論で中心となったのは、保護命令制度の導入やDV被害者を支援するための法的な枠組みをいかにつくり上げるかであった。DV防止法制定過程では民間シェルターについてはほとんど議論の俎上に上がることはなかった。民間シェルター研究は、アメリカの民間シェルター研究よりも約二〇年遅れていると考えられるが、その理由は、このような日本の研究動向とも無関係とはいえない。

日本の民間シェルター研究は、シェルター設立初期に限定されているが、以下のような分析課題があげられる。DV防止法成立前に実施された二つの実態調査は、国や社会におけるDV認識の低さ、それに伴う行政はじめ周囲による民間シェルターの支援活動に対する無理解、運営上の困難を明らかにした。しかし、DV防止法施行後の民間シェルター開設の広がりや支援活動、運営、行政との関係などは把握されておらず、よって被害者支援の観点から検討することが必要である。

波田と平川の研究もDV防止法施行以前のもので時期的な制約とともに研究の視点も限定的であることから、これ以降の民間シェルターの動きについて社会科学的観点から考察する必要がある。たとえば、シェルターの設立と支援活動との関係、シェルターの支援機能などについて明らかにすることが残された研究課題といえる。

反DV運動に関する先行研究は、独自の展開を遂げた日本の反DV運動を再検討することで、第一次反DV運動と第二次反DV運動の「断絶」の理由を明らかにした。女性運動との関連で日本の反DV運動の再評価を試みたものとして貴重な研究である。だが、先行研究で対象とした第二次反DV運動の初期以降、特に、その時期以降創設された特定非営利活動法人全国女性シェルターネット（以下、「シェルターネット」と記す）についての分析が必要になる。

民間シェルターと被害者の二次被害に関しては、利用者側の考察に焦点が当てられていたため、利用者の視点を考慮しながら、支援者側の支援姿勢や利用者との関係について考察を深めることが、重要な観点といえる。

民間シェルターが、どのように設立、組織され、機能しているのかという視点は、民間シェルターと利用者の関係を考察する上で重要なものになる。本書では、前記の先行研究の検討から示された分析課題を考慮しながら、日本の民間シェルターの現状を検証していくこととする。

4　研究方法

本書の研究方法は、民間シェルターの組織・運営、活動などの実態と課題を把握するために、民間シェルター調査を実施することとした。民間シェルターを考察することは、民間シェルターに内在する問題の解明と解決の道を拓くことでもある。また、行政・公的機関と民間シェルターのＤＶ被害者支援における連携・協働状況を把握するために、補完的ではあるが行政・公的機関への調査を実施した。調査の概要は以下の通りである。

調査参加シェルターは、シェルターネットに加盟する民間シェルター六三カ所（二〇〇九年当時）とシェルターネットに加盟していない民間シェルター一カ所とした。シェルターネットに無加盟の民間シェルターで、連絡先が明らかなのは一カ所であったからである。また、自治体のＤＶ担当者、婦人相談所、婦人相談員、母子生活支援施設、女性センターの相談員、公設民営シェルターへの調査も行い、公的機関と民間の施設による相違を把握することを試みることとした。

調査方法は、質問紙調査とインタビュー調査の二つの方法を組み合わせた。その意図は、まず質問紙調査において、民間シェルターの組織・運営、支援活動などの全体的な傾向を把握し、その上で、質問紙調査にどのような意味を付与したのかをインタビュー調査で明らかにすることを試みた。

【質問紙調査】

質問紙調査では、二〇〇九年シェルターネットに加盟する民間シェルター六三カ所に質問紙調査票を郵送した。シェルターネットに加盟していない民間シェルター一カ所は、インタビュー調査を希望したため、インタビュー調査を行った。また、既に閉鎖した民間シェルター一カ所から質問紙で閉鎖理由を聞いた。調査票の配布数は、計六三票となった。調査票の回収数は計四〇票で、そのうち、有効回答票数は計三四票であり、有効回答票率は五三・九％になった。調査票の配布・回収方法は、郵送あるいはインターネットを使って行った。質問紙調査の実施期間は、二〇〇九年八月で、同年九月を調査票回収の締切りとしたが、その後も調査票が数票ではあるが返送されてきたため、これらも有効票とした。回答した三四カ所のうち、NPO法人が一四カ所、任意団体が二〇カ所であった。

民間シェルターに対する調査は、一九九九年の先行研究（国広他、二〇〇〇）以来実施されていなかったが、二〇〇六年に筆者がDV防止法施行以降に初めて民間シェルターの実態調査を行い、さらに三年後の二〇〇九年に本調査を行った。二〇〇六年時調査以降の法制度では、二〇〇七年に市町村におけるDV基本計画策定およびDVセンター設置の努力義務化など(31)、第二次DV防止法改正が行われていることにより、法改正とシェルターの活動の関係性を把握することを意図した。質問紙調査の質問項目は、以下の通りである（質問紙調査票は巻末に掲載）。

〈質問項目〉

●基本属性……民間シェルターの名称、連絡先、設立日、スタッフ構成など

●全国女性シェルターネットについて……全国女性シェルターネットの加盟理由、同ネットに加盟して役立ったことなど

●全国シェルター・シンポジウムについて……全国シェルター・シンポジウムへの参加目的、同シンポジウム開催による行政への影響

●「シェルター運動」について……「シェルター運動」の認識、課題、DV被害者支援と「シェルター運動」の関係

●民間シェルターについて……民間シェルターの強み、課題など

●民間シェルターと婦人相談所一時保護所の違いについて……婦人相談所一時保護所の課題など

●行政との連携……行政・関係機関との連携の改善点・困難な点、困難の克服法
●支援者について……民間シェルターの活動に参入した理由、活動をする中での葛藤や達成感など

質問紙調査票の書式は、回答を複数の選択肢から選ぶ選択式および自由記述とした。質問紙調査では、先行研究の調査結果での疑問点や残された課題を追加して調査を設計した。また、多忙な日々を送る民間シェルターには、各方面からさまざまな調査の依頼があると聞く。民間シェルターは、忙しい支援活動の合間をぬって質問紙調査やインタビュー調査に対応している状況があるので、設問の数はできる限り短くした。質問紙調査票は、二〇〇六年時の調査よりも七票多く回答を得て、三四票が有効票となった。質問紙調査票には連絡先を記入する欄があるが、すべての民間シェルターが連絡先を記していた。

民間シェルターの中には、シェルターを一時休止している所や閉鎖予定の所、また、支援活動はほとんど行っておらず、相談活動および啓発活動に移行していた民間シェルターもあった。このうち、一時休止をしている民間シェルターと連絡をとることができたため、一時休止の理由を質問紙で聞いた。

民間シェルターの質問紙調査の回答者は計三四名であった。質問紙調査の回答者の属性を示した（表1参照）。三四名のうち、民間シェルターの代表は二一名、専従スタッフが五名、非専従スタッフが四名、ボランティアが二名、未回答二名であった。回答者の年代は四〇代~七〇代であった。七〇代が三名、六〇代が一八名、五〇代が七名、四〇代が五名、未回答が一名、平均は五五・八歳であった。回答者のシェルターの活動歴は、一年から一七年で、平均活動歴は、八・八年であった。

なお、筆者は、二〇〇九年に第一回目の質問紙調査に回答した三四カ所の民間シェルターに対して、二〇一〇年九月に補足の質問紙調査を行った。調査票の配布数は計三四票、そのうち有効回答票数は計二一票であり、有効回答票率は六一・八％になった。調査票の配布・回収方法は、郵送あるいはインターネットを使って行った。質問紙調査の

実施期間は、二〇一〇年九月であったが、その後も調査票が数票ではあるが返送されてきたため、これらも有効票とした。

質問項目については、第一回目に加え、以下の点につき行っている。


〈質問項目〉
●民間シェルターの設立資金
●民間シェルターの運営について……設立者、運営上の意思決定、運営資金、補助金、運営費に占める補助金の割合など
●シェルタースタッフ　スタッフの働き方、専門職のスタッフなど
●支援に関わるスタッフおよび専門職
●援助項目
●支援に関する意思決定
●民間シェルターの受入基準
●民間シェルターの規則

【インタビュー調査】
本研究でインタビュー調査を用いた理由は、次の通りである。インタビュー調査は、質的調査の一つの技法である。

質的調査は、特別な社会的体験をしている（した）限定的な小数の事例について、多数の側面を全体的に把握し、洞察的に普遍化して解釈する調査である。また、質的調査の利点の一つとして、時間を遡り順を追って尋ねることがで

表1　質問紙調査の回答者の属性

	回答者の属性			回答者の所属シェルターの属性		
	民間シェルター内の立場	年代	シェルター活動歴	組　織	2009年度の運営資金（円）	運営資金に占める補助金の割合
1	代表	60代	16年	専：6 非：5 ボラ：10	—	—
2	代表	60代	9年	専：6 ボラ：9	100万以上300万円以下	3割
3	代表	60代	13年	専：2 非：5	301万以上999万円以下	6割
4	専従スタッフ	40代	7年	専：4 非：2	301万以上999万円以下	3割
5	専従スタッフ	50代	6年	専：2 非：20	301万以上999万円以下	8割
6	代表	60代	4年	専：1 非：11	—	—
7	代表	60代	10年	専：3 非：2 ボラ：3	—	—
8	非専従スタッフ	50代	1年	—	—	—
9	代表	50代	12年	非：7 ボラ：7	301万以上999万円以下	6割
10	代表	60代	14年	専：3 ボラ：10	1千万以上	3割
11	代表	40代	4年	専：1 非：1	—	—
12	代表	60代	11年	非：2 ボラ：5	100万以上300万円以下	4割
13	代表	60代	10年	ボラ兼非：8	100万以上300万円以下	6割
14	—	70代	10年	ボラ：15	—	—
15	専従スタッフ	50代		専：2 ボラ：26	—	—
16	非専従スタッフ	40代	5年	専：5 非：6 ボラ：多数	1千万以上	2割
17	代表	60代	10年	専：2 非：1 ボラ：6	—	—
18	ボランティア	50代	2年	専兼ボラ：27 事務パート：1	—	5割
19	代表	60代	10年	非：9	301万以上999万円以下	5割
20	代表	70代	10年	ボラ：5	—	—
21	代表	60代	17年	専：5 非：3 ボラ：18	301万以上999万円以下	3割
22	ボランティア	60代	8年	ボラ：10	100万以上300万円以下	1割
23	専従スタッフ	60代	11年	専：3 非：1 ボラ：9	1千万以上	—

24	代表	60代	10年	専：2 非：11 ボラ：多	—	—
25	代表	60代	7年	専：3 ボラ：2	—	—
26	代表	60代	5年	専：2 非：10 ボラ：3	301万以上999万円以下	5割
27	非専従スタッフ	50代	11年	非：6 ボラ：1	301万以上999万円以下	1.8割
28	代表	60代	5年	専：4 非4 ボラ：3	100万以上300万円以下	3割
29	非専従スタッフ	70代	6年	非：6	—	—
30	代表	50代	8年	非：8 ボラ：3	301万以上999万円以下	0.5割
31	代表	40代	8年	専：2 非：2	100万以上300万円以下	0割
32	専従スタッフ	40代	10年	専：2 非：4 ボラ：12	1千万以上	0.02割
33	代表	60代	8年	専6：非1 ボラ：3 その他：1	—	—
34	—	—	—	—	100万以上300万円以下	0.1割
35	—	—	—	専：7 非：3 ボラ：10	1千万以上	2割

きるため、変化のプロセスと因果を動態的に把握できることがある（岩永・大塚・高橋編、二〇〇一：三一〜三二）。さらに、質的調査では、まだほとんど知られていないような現象についてその背後にある何かを明らかにし、それを理解するために用いることが可能である。質的調査は、数量的方法では伝えることが難しい、現象の持つ複雑で難解な中身を詳細に記述することも可能である（Strauss & Corbin, 1998＝一九九九：一二〜一四）。

ここで、民間シェルターへのインタビュー調査の概要について述べておく。

本調査では、活動歴の長い民間シェルターや活動歴の短い、いわゆる設立間もない民間シェルターの代表およびスタッフにインタビュー調査を実施し、質問紙調査でえられた結果に調査回答者がどのような意味を付与しているのかを考察した。質問紙調査に回答した民間シェルター三四カ所のうち、インタビュー調査への協力を事前に筆者が打診し、了承をえた一部の民間シェルターにインタビュー調査を行った。民間シェルターへのインタビュー調査は、質問紙調査では調査参加者が自由に話を展開できないことや調査参加者の非言語コミュニケーションを同時に把握することができないなど、多面的で多層的な調査を実施することを可能にした。なお、質問紙調査の回答者のうち、インタビュー調査に参加したのは一三名であった。

●インタビュー調査の実施時期……二〇〇九年七月～二〇一〇年八月
●インタビュー所要時間……約三〇分～二時間半程度
●インタビューの場所……民間シェルターの運営事務所、民間シェルター施設、公的施設
●インタビュー調査参加者……一三名〈一〇団体：内訳・全国女性シェルターネット加盟の民間シェルター一二名（九団体）、全国女性シェルターネット非加盟の民間シェルター一名（一団体）〉
●インタビュー調査の方法……個別面接聴取法、半構造化面接方式

大部分のシェルターではスタッフ全員が女性であるところが多く、民間シェルターの代表者やスタッフは通常女性であると考えてよい。

インタビュー参加者の基本属性は、民間シェルターの代表が七名、理事が三名、専従スタッフが二名、非専従スタッフが一名であった。また、インタビュー参加者の年代は、六〇代が九名、五〇代が二名、三〇代が二名で平均五三・八歳であった。民間シェルターでの活動歴は四年から一七年と幅があるが、平均一〇・一年で比較的長い活動歴となった。なお、民間シェルターへ打診した結果、基本的に民間シェルターの代表、あるいは、理事がインタビューを受けることになったが、シェルタースタッフへのインタビューを受諾してくれた民間シェルターには、スタッフへのインタビューを実施した。

インタビュー調査の方法については、予めどのようなことをインタビューで聞くのか調査の目的や質問項目を調査

参加者に渡し、直接面接による、聞き取り調査を行った。面接の際は、比較的緩やかな質問項目に関して、インタビュー参加者に自由に語ってもらう半構造化面接方式の聞き取りを行った。

〈民間シェルターの代表への質問項目〉

●全国女性シェルターネットについて……全国女性シェルターネットに加盟した理由、同ネットに加盟して役立ったことなど

●全国シェルター・シンポジウムについて……全国シェルター・シンポジウムへの参加目的、同シンポジウム開催による行政への影響

●「シェルター運動」について……「シェルター運動」の認識、課題、DV被害者支援と「シェルター運動」の関係

●民間シェルターについて……民間シェルターの運営や課題など

●民間シェルターと婦人相談所一時保護所の違いについて　民間シェルターの強みなど

●行政との連携……行政・関係機関との連携について改善点・困難な点、困難の克服法

●支援者について……民間シェルターの活動に参入した理由、活動をする中での葛藤や達成感など

〈民間シェルタースタッフへの質問項目〉

●民間シェルターの活動に参加しようと思った理由

●民間シェルター内の役割

●シェルタースタッフとして、支援してきたこと、これから支援しようと思うこと

●所属する民間シェルターに望むこと

●所属する民間シェルターの課題

なお、インタビュー調査の参加者は、質問紙調査に回答をしていただいた民間シェルターにインタビューの依頼をして実現した。質問紙調査票に連絡先が記載してある民間シェルターで、かつ、連絡を取ることができ、インタビュー調査への協力に同意してくれた民間シェルターである。

次に、自治体のDV担当者・関係機関へのインタビュー調査の概要を述べておく。

本調査では、DV被害者支援に関わっている自治体のDV担当者、関係諸機関（婦人相談所、母子生活支援施設、婦人相談員、女性センター）にインタビューを行った。自治体のDV担当者ならびに関係機関へのインタビューの目的としては、各自治体ならびに関係機関のDV被害者支援への取り組み状況の把握やDV被害者支援に携わる関係機関や民間シェルターとの連携関係、また、今後の課題などについて聞いた。民間シェルターの役割、貢献をどのように捉えているのかについても聞いた。

●インタビュー調査の実施時期……二〇〇九年八月〜二〇一〇年八月
●インタビュー所要時間……約一時間程度
●インタビューの場所……各自治体のオフィス、各関係機関の事務所や施設
●インタビュー調査参加者……二三名
●インタビュー調査の方法……個別面接聴取法、半構造化面接方式

本調査では、四つの自治体のDV担当者（計四名）、婦人相談所三カ所（計三名）、母子生活支援施設一カ所（計四名）、女性センター一カ所（一名）、婦人相談員三名、女性センター相談員（計四名）にインタビュー調査を行った。

基本属性を〔表2〕に示した。なお、行政、関係機関のインタビューでは、民間シェルターの支援者へのインタビューのように、一対一でインタビューを行うことは少なく、たとえば、DV担当者と婦人相談員が同席するというように一度に複数の職員から話を聞く機会が多かった。

本調査結果の分析手法は次の通りに行った。すべての調査参加者のインタビュー内容は、調査参加者の許可をえて録音し、これを逐語的に起こしたものを一次資料とした。インタビュー時間は、約三〇分から二時間三〇分で、記録文書は、三ページから二二ページになった。インタビューの内容は、データを切片化せずにテーマ別にインタビュー内容から抽出して全体のテキストとしてまとめ、分析した。

また、民間シェルターへの調査をする際に、質問紙調査とインタビュー調査を採用したのは、以下のような理由による。

表2　行政・関係機関のインタビュー調査参加者の基本属性

1	P自治体（都道府県）	DV担当者	女性
2	Q自治体（都道府県）	DV担当者	女性
3	X自治体（都道府県）	DV担当者	女性
4	X自治体（都道府県）	DV担当者	女性
5	Z自治体（市町村）	DV担当者	男性
6	P婦人相談所	職員	女性
7	Q婦人相談所	職員	女性
8	X婦人相談所	職員	女性
9	P婦人相談所	婦人相談員	女性
10	Q婦人相談所	婦人相談員	女性
11	X婦人相談所	婦人相談員	女性
12	P母子生活支援施設	職員1	女性
13	P母子生活支援施設	職員2	女性
14	P母子生活支援施設	職員3	女性
15	P母子生活支援施設	職員4	女性
16	V自治体・女性センター	相談担当職員	女性
17	V自治体・女性センター	相談員1	女性
18	V自治体・女性センター	相談員2	女性
19	V自治体・女性センター	相談員3	女性
20	V自治体・女性センター	相談員4	女性
21	Z公設民営シェルター	民間ボランティア1	女性
22	Z公設民営シェルター	民間ボランティア2	女性
23	Z公設民営シェルター	民間ボランティア3	女性

本来であれば、各地の民間シェルターにインタビュー調査をし、丁寧に実態を把握するべきと考えるが、全国各地に点在し、場所を非公開にしている民間シェルターすべてにアクセスすることは難しいため、多くの民間シェルターが登録するシェルターネットに調査依頼を打診した。シェルターネットからは次のような提案があった。シェルターネットに登録している六三カ所の民間シェルターの住所を筆者に渡すことはできないので、まず質問紙調査

票をシェルターネット経由でそれぞれの民間シェルターに郵送し、返送された質問紙調査票の中で連絡先を記してきた民間シェルターにのみアクセスをするというものだった。質問紙調査というのは、通常は、量的調査の際に使われるものであるが、今回は、民間シェルターと連絡をとること、また、インタビュー調査の代わりに質問紙調査を用いたという経緯がある。そのため、質問紙調査には、自由回答記述欄を比較的多く設けており、質問紙調査という名称を使っているが、実質的には、質的調査の一形態として質問紙調査を採用している。

1　倫理的配慮

ＤＶ被害者支援を行う民間シェルターをテーマとする本書では、いくつかの倫理的配慮をしている。本書では、調査に協力いただいた民間シェルターのプライバシーと安全を守るため、個人や団体が特定されるおそれのある情報については公表しない方針をとっている。民間シェルターは、ＤＶの被害を受けた女性とその子どもを緊急一時保護し、生活再建までを支援するため、シェルターの場所は通常公開せず極秘にしている。なぜなら、加害者がシェルターの場所を突き止めて被害者の元へ来る危険があること、また、もしシェルター利用者の関係者に場所がわかってしまった場合には他の入所者への危険が予想されるからである。

それゆえ、質問紙調査では、民間シェルターや回答者が特定されるような情報は使用しないこととした。また、インタビュー調査では、事前準備として、調査参加者に調査に協力をしていただけるか確認をして、インタビュー調査の日時を決め、インタビューは相手の指定した場所、あるいは、こちらから相手が話しやすい場所を提示した。

インタビュー調査をする前に、再度、調査の目的、守秘義務、調査結果の扱い方などを記述した同意書（巻末資料参照）を調査参加者に読んでもらった上で、調査協力の同意をえてから調査を始めた。インタビューの内容は、調査参加者にテープレコーダーの使用を断ってから録音し、同時にメモをとることとした。調査参加者に打診した上で、インタビューの録音内容をテープ起こしした原稿を調査参加者に渡し、修正点などの確認をしてもらった。

調査参加者には、本調査を実施するにあたり、民間シェルターが特定されないよう名称を使わない旨を伝えてデータを収集した。したがって、インタビュー調査のデータには、個人の属性を示すような記述はしていない。インタビュー参加者の言葉は、個人情報などにかかる部分は伏せた上で、インタビュー参加者の話した通りの言葉を引用した。同様の理由からインタビュー参加者が特定できないようにするために細かい地域などの表現は使用しないこととした。その結果、民間シェルターの組織・運営・支援などのデータを第2章末尾で示しているが、これらの民間シェルターに付記した記号をインタビュー参加者と関連づけて使うことはしていない。また、書籍にする過程で、あらためて調査に協力いただいた民間シェルターに連絡を取り、出版することを伝えて不適切な表現などないか草稿を確認していただいた。

調査に協力いただいた行政のDV担当者、関係機関職員に関して本書では、今後の職務への影響を配慮し、ともに個人が特定されるおそれのある情報については公表しない方針をとっている。表2で行政・関係機関のインタビュー参加者の基本属性を示しているが、これらに付記した番号を本文中では使用していない。ただし、どの自治体に属するのかを示すために、同じ自治体にはアルファベット（P、Q、X、V、Z）を表記し統一した。一般にDV被害者に関する取扱いに関しては、DV加害者に悪用されることを防ぐため、細心の注意が要求される。

2　フェミニスト・リサーチ――調査者と調査参加者

調査者と調査参加者の関係については、本調査では、フェミニスト・リサーチの手法を取り入れた。フェミニスト・リサーチは、一九七〇年代に欧米の第二波フェミニズムが高まる中で登場し、実践されてきた研究手法である。具体的には、フェミニスト・リサーチとは、性差別の根絶を目的とし、女性が女性であるがゆえに直面する問題やそれによって生じる経験を女性の視点で分析し記録する調査研究のことをいう（吉浜・ゆのまえ、二〇〇〇：一一五）。

フェミニスト・リサーチには、多様な調査方法論があるが、杉本貴代栄によれば、あえてフェミニスト・リサーチを規定するとすれば、フェミニスト・リサーチが合意している目的または視点とは、①女性に関することを、（多くの場合）女性の手によって、そして女性の利益のために行う調査のこと。②それは女性の状況を変えることに貢献するものでなければならない。そのため、調査方法論が多様であったとしても、③調査研究者が、自らをフェミニストであるという認識のもとに行う調査であることが基本とされる（杉本、一九九七a：一五四）。また、杉本は、フェミニスト・リサーチの具体的な調査方法として共通する点を次のように示している。

(1) 調査研究者と調査対象者とが対等な関係であること。調査研究者と調査対象者との関係は上から下ではなく、むしろ下から上であること、調査対象者自身が調査に参加し、共に問題を考察することが必要である。

(2) 調査研究者は、自分の個人的経験を考察に用いること。女性であるという経験が、考察に不可欠とされているからである。

(3) 多くの場合、量的調査より質的調査を重視する。しかし必ずしも質的調査のみを調査方法として採用するわけではなく、上記の視点に立った量的調査も、充分フェミニスト・リサーチの範疇である。

(4) 従来の用語に代えて、新しい用語を使用する。例えば、調査の「対象者」に代えて、「参加者」を、「彼ら」または「私」ではなく「私たちを」を使用する例をあげておく（杉本、一九九七a：一五六）。

本書では、基本的に杉本が提示したようなフェミニスト・リサーチの調査方法に即して調査を行った。(1)については、調査研究者と調査参加者の間にある力関係の差はなくせないことを十分認識した上で、より対等な関係を保つことを心がけた。調査研究者と調査参加者（従来の被調査者）の間には、まなざす側とまなざされる側といった非対称な権力関係がある。D・ウォルフ（D. Wolf）は、女性と女性の間の重層的な、すなわち社会的地位の、調査プロセス上の、そして調査結果にまつわる権力関係があることを「フェミニストのジレンマ」と呼んだ（Wolf, 1996）が、研究調査者は、調査参加者とのやりとりの中で観察する、分析する、表象するという行為を前提としていること、また、それを調査や研究として発表するという立場にある（北村（文）、二〇〇九：五四）ことに自覚的でなければならない。そして、そこには、常に「ズレ」があることを知ることが必要である。DV被害を受けた女性を支援する民間シェルターと調査研究者である筆者との間にも「ズレ」は生じるだろう。フェミニズム的視点からDV被害者支援を行っている民間シェルターを調査するということからも、「ズレ」に自覚的であるべきであろう。また、「ズレ」を最小限に抑えるために、本研究では、可能な限り上記のことを配慮しながら調査を行った。

(2)については、(1)の調査研究者と調査参加者の間の「ズレ」に自覚的であることを念頭に置きながらも、調査結果の考察の際には、女性としての自分の経験も含めるということだが、私は、これをフェミニスト・リサーチが従来の社会学的調査法のパラダイムで強調されてきた、客観的で、調査参加者と距離を保ち、科学的な、男性的価値を反映する方法に対抗するという意味で用いられていると解釈している。A・オークレー（A. Oakley）は、次のようなフェミニストの方法論を提示した。

> フェミニストの方法論に必要なことは、調査者と被調査者をともにデータ生産のための客観的道具とみなす「衛生的な」リサーチの神話を棄て、人間的な関わりあいは危険なバイアスなどではなく、人と人が知り合い、互いの人生を認め合うための条件であると考えなおすことだ（Oakley, 1981：58）。

フェミニスト・エスノグラフィーの調査方法を取り入れ「日本女性」のインタビューを行った北村文によれば、「男性的パラダイムにおいては忌避されてきた双方向なコミュニケーション、感情的反応、連帯、共感を調査のあらゆる段階に組み込むことで、フェミニストたちは既存の学問的価値体系をラディカルに翻す新しい視座を開拓し、そして女性たちのエンパワーメントを目指したのである」（北村（文）、二〇〇九：五〇）という。このような意味で、フェミニスト・リサーチにおいては、主観性を重視する立場をとる。また、S・ラインハーツ（S. Reinharz）は、フェミニスト・リサーチとは何かということに対して、「自分がフェミニストであるか、または女性解放運動の一部であると認める人によって行われるリサーチであること」と述べている（Reinharz, 1992）。

(3)について、本研究では、質的調査に重点をおいた調査になった。これは、日本におけるアクセス可能な民間シェルターが量的調査を可能にするだけの数に及ばないということ、また、DV被害者支援を行う民間シェルターの研究というとき、民間シェルターの置かれた位置や社会的資源など地域的な特性、独自の支援方法など質的調査を通して民間シェルターの現状についてより深く把握することが調査方法としては、有効であると考えたからである。

(4)については、本調査では、民間シェルターの行うDV被害者支援に役立ててもらうために、調査の過程や調査結果について調査参加者にフィードバックし、また、民間シェルターからの意見を調査に反映させ、その相互作用の中から日本のDV被害者支援やDV施策への貢献をともに考えていくという姿勢を持っている。そのため、従来の調査対象者ではなく、調査参加者と呼ぶこととする。

第2章 民間シェルターの組織と運営

本章では、第1節で民間シェルターのDV防止法上の規定を検討し、民間シェルターの組織・運営が、婦人相談所一時保護所や公設民営シェルターとどのように区別されているのか説明する。さらに、民間シェルターの支援内容について述べる。次に、民間シェルターが実際に行っているDV対応について、民間シェルターに行った質問紙調査結果に基づいて検証する（ただし、未回答については割合には含めていない）。第2、3節では、民間シェルターの組織・運営（設立時期と背景、地域分布、組織運営、財政）について示し、第4、5節では、民間シェルターの支援（支援内容、専門職の関与、受入基準とルール）について示す。第6節では、民間シェルターの抱える問題と閉鎖あるいは休止した民間シェルターの課題について検討する。第7節では、調査結果を通してみた民間シェルターの特徴と課題について整理する。

なお、本章の末尾には、質問紙調査に回答した三四カ所の民間シェルターとインタビュー調査のみを行った民間シェルター一カ所の合計三五カ所における設立の経緯、組織、運営、支援を〔表10〕に、民間シェルターの支援、専門職、行政との「連携」を〔表11〕に示した。

1　シェルターの規定と組織

1　シェルターの規定

ＤＶ防止法には目的規定がないが、代わりに前文を置いて立法目的を示している。ＤＶ防止法では、保護命令という刑罰法規について、一方の性のみを処罰の対象とするのは憲法違反の疑いが強いために、両性を対象とする「配偶者」（事実上婚姻関係と同様の事情がある者を含む）とすることになった。しかし、ＤＶ防止法は本来、女性に対する暴力を対象としているため、そのことを冒頭で示す必要があった（戒能編、二〇〇一：二五〜二六）。

前文のポイントを整理すると、第一に、ＤＶ防止法が本来は「女性に対する暴力」のＤＶ防止を目的としていること、第二に、女性の人権保障を課題としていること、第三に、ＤＶは犯罪となる行為であることの三点である(1)。さらに、女性の経済的自立がＤＶ防止に不可欠であるという認識が示されている。そして暴力の概念を「暴力その他の心身に有害な影響を及ぼす言動」として、広く捉えるべきことが指摘されている。

民間シェルターは、ＤＶ防止法上では、一時保護委託先（三条三項）として規定されている。しかし、民間シェルターが一時保護委託先となるためには、「厚生労働大臣が定める基準」を満たさなければならない。厚生労働省では民間シェルターの実態調査を実施し、以下の通り「基準」を公表している。

配偶者からの暴力の防止及び被害者の保護に関する法律第三条第四項の規定に基づき厚生労働大臣が定める基準

一　地方公共団体、社会福祉法人その他の法人又は被害者の保護の実績に関し相当の活動実績を有する者であること

二　被害者の一時保護の用に供する施設として特定した施設（以下「委託一時保護所」という）が、不特定多数の

者に開放されておらず、かつ、委託一時保護所に入所した被害者（以下「入所者」という）の安全及び衛生の確保並びにプライバシーの保護に配慮した設備を有していること

三　次に掲げる運営が可能な体制にあること

イ　入所者を二週間以上継続して入所させること

ロ　入所者に対して食事（調理のための設備を有する委託一時保護所にあっては、食材を含む）及び被服を提供すること

ハ　入所者の処遇について、婦人相談所と連携を図ること

ニ　夜間を含め、速やかに入所者と連絡を取ること

四　事前に都道府県と報告徴収等について定めた委託契約を締結していること

（厚生労働省告示第二百五十四号、平成十三年七月二十三日）

民間シェルターが一時保護の委託先となるためには、まず都道府県と委託契約を締結する必要がある。その上で、配偶者暴力相談支援センターを通して委託業務の連絡が来ることになる。委託内容および一時保護を委託された民間シェルターへの委託費は、一人七六五〇円（二〇〇九年当時）と定められている(2)。

また、DV防止と被害者保護を行う民間団体への援助に関してDV防止法では以下のように規定している。

第二六条　国及び地方公共団体は、配偶者からの暴力の防止及び被害者の保護を図るための活動を行う民間の団体に対し、必要な援助を行うよう努めるものとする

戒能は、第二六条は努力義務にとどまっており「必要な援助」について何をさすのかは明らかでないとする。だが、

衆院法務委員会での立法者の答弁によれば、民間団体への必要な援助とは、DV防止および被害者保護の情報提供と「財政的な援助を行うこと」が考えられるとしている（戒能編、二〇〇一：三六）。

また、第一次改正DV防止法（二〇〇四年）において、DV防止と被害者保護をする民間団体との「連携」に関して以下の規定が新たに設けられた。

第三条5　配偶者暴力相談支援センターは、その業務を行うに当たっては、必要に応じ、配偶者からの暴力の防止及び被害者の保護を図るための活動を行う民間の団体との連携に努めるものとする。

だが、この規定では「連携」の内容や仕組みについては明らかではない。二〇〇一年のDV防止法では、被害者保護のための関係機関の連携協力を義務付けた（九条）ため、DV対応に欠かせない関係機関の「連携」による被害者の支援体制づくりへの足がかりができた（戒能編、二〇〇六：一〇二〜一〇三）。他方、DV防止法の問題点として、関係機関の連携協力による対応システムを制度化しないままDV対応が進められてきたこと、また、DV施策の立案・施策の責任機関が設置されず、中央省庁間の連携協力が不十分なまま同法が施行されたことにより、都道府県レベルで男女共同参画行政と福祉行政との関係に齟齬をきたしたことが指摘された（戒能編、二〇〇六：一一二）。こうした中、参議院共生社会調査会「DV防止法改正プロジェクト・チーム」とNGOとの連携・協力の下に、DV防止法の第一次改正が行われた。二〇〇四年の改正DV防止法は、DVセンターが民間団体との「連携」に努め（三条5）、関係機関との連携調整を行うことを規定した（三条3）。国は都道府県のDV「基本計画」の指針となるべき「基本方針」を定め、都道府県には「基本計画」策定が義務づけられた。二〇〇四年一二月の国の「基本方針」では、関係機関の連携協力に関して、被害者の保護および自立支援を図るためには、DV防止法に掲げられた機関をはじめ関係機関が共通認識を持ち、さまざまな段階において緊密に「連携」して取り組む必要があるとした。また、被害者と身近に接する立場にある市町村の主体的な取り組みの重要性にふれ、市町村と関係機関は「連携」を図り協力するとした。第二次改正DV防止法は、市町村の基本計画策定を努力義務化した。同時に政府は「基本方針」の改定を行い、DV被害者支援の都道府県・市町村の役割の明確化を図った。

DV防止法成立当初から指摘されてきたことだが、DV防止法には不十分な点が多くある。DV防止法の前文で示されたような理念と実際のDV防止法の内容には、ギャップがある。DV防止法前文からは、DVの背景には男女間の経済的に不平等な関係性や性差別構造が前提としてあると考えられるが、DV防止法の内容に前文の理念は反映されていない。DV防止法前文に示された女性の経済的自立が必要であることまで考慮して支援を行っているのは、主として民間シェルターであり、多くの婦人相談所一時保護所では（一部の例外的なところを除いて）、女性の経済的自立までを含んだ支援は行われていない。これらを踏まえ、次節では、婦人相談所一時保護所や公設民営・民間それぞれのシェルターについてみていく。

2　シェルターの組織形態と支援

現在、日本には、婦人相談所一時保護所、公設民営、民間の三つのタイプの一時避難所（シェルター）がある。公設民営シェルターは、自治体が独自に設立しているシェルターである。行政と民間の協働により成り立っているが、まだ全国的に僅かに設立されているのみである。ここでは、婦人相談所一時保護所、公設民営、民間の三つのタイプの一時避難所（シェルター）の組織や運営がどのように区別されているかみていく。①一時避難所（シェルター）の運営費はどこから支出されているのか（財源）、②一時避難所（シェルター）の職員やスタッフなどの人員がどこに所属しているのか（組織）、という二点から一時避難所（シェルター）の区別を試みた。たとえば、「婦人相談所一時保護所」では、運営費は行政の予算から支出されている。また、一時保護所の人員は、行政・関係機関に所属している公的機関と雇用契約を結んでいる職員である。したがって、公的機関による運営であり、職員も公的機関職員である。

ただし、婦人相談所一時保護所の職員の多く（たとえば婦人相談員など）は非常勤職員である。次に、「公設民営シェルター」をみてみると、シェルターの運営費は行政の予算から支出されているが、シェルターの人員は、民間団体に所属しているスタッフである。財源は、公的機関から支出されているが、所属は民間になるので、このような区別がなされている。民間シェルターでは、運営費は民間の資金で賄い、シェルターの人員も民間団体所属である。また民間シェルターでは、運営費を寄附や会員費、バザーなどの売り上げで賄うほか、行政からの補助金、財団や企業からの助成金を受けていることもある。他方、行政からの補助金をまったく受けていない民間シェルターもある。運営費に行政からの補助金が入っている場合もあるが、多くの場合、補助金は継続的に受け取れる保証はなく、また、運営費に占める補助金の割合も高くはないので、実質的には民間シェルターの運営費は民間団体がさまざまな努力をしながら資金確保を行っているといえる。

婦人相談所一時保護所、公設民営シェルター、民間シェルターの組織形態の違いは、シェルター利用者への支援サービスに影響を与えるものと考えられる。この点についての分析は、本論の大きな課題といえる。

さて、民間シェルターの研究からは、民間シェルターの支援の内容については、マニュアル化された援助プログラムを持つ場合は少なく、利用者のニーズに合わせて柔軟な対応をすることの重要性が指摘されている（国広他、二〇〇〇）。本書では、多くの民間シェルターに共通する支援としてあげられる項目を六つに分類して整理することを試みた。なお、これらの支援内容は、婦人相談所一時保護所でも一部行われているが、その点については序章で述べた。

まず、第一にあげられるのが、臨床心理的な支援である。主としてカウンセリングのことをいう。多くの民間シェルターでは、電話相談や面接相談を通して、あるいは、行政からの委託を受けてＤＶ被害者と接する。民間シェルターで一時保護をしたＤＶ被害者の中には、ＤＶ被害の衝撃のあまり、被害時のことになかなかふれることができなかったり、また、精神的なダメージが大きく心が安定しない場合もある。このような場合に、カウンセリングによる臨床心理的な支援の必要性が高くなる。

第二には、医学的な支援である。民間シェルターでは、身体的暴力を受けたＤＶ被害者を医療機関へ紹介したり、また、医療機関へ同行したりしている。また、精神科での治療を要する場合には対応に苦慮する場合もあるが、精神科医へ繋いだり、福祉事務所を通して検査を受けてもらうこともあるという。その他に、婦人科医や小児科医に協力を依頼している民間シェルターもある。

第三には、社会福祉的な支援である。生活保護申請のために福祉事務所や福祉課と交渉したり、シェルター退所後に住む母子生活支援施設などへの入居手続きを行う。また、ＤＶ加害者である夫からの追跡から逃れるために、住民票が移せない事情を担当課へ説明し、国民健康保険証の発行手続きをしたり、子どもの転校について夫から連絡があっても知らせないように学校に依頼したりするなど、社会資源の活用を促し支援することを、ほとんどの民間シェルターが行っている。

第四には、司法的な支援である。ＤＶ被害者が保護命令の申請をする際に、民間シェルターでは手続きに慣れていないＤＶ被害者と一緒に手続きを進め、保護命令申請のために裁判所への同行を行っている。また、ＤＶ被害者がＤＶ加害者との離婚調停や離婚裁判、子どもの親権問題、慰謝料などについて十分な知識をえられるよう民間シェルターでは、弁護士の紹介や弁護士事務所への同行、裁判所への付き添い、裁判や調停費用の援助など、裁判や調停の支援も行っている。裁判や調停では、夫が離婚に同意せず、子どもの親権を争う場合も多いため、長期化することもある。民間シェルターは、ＤＶ被害者の精神的なサポートにも気を配りながら支援をしている。

第五には、同行支援である。民間シェルターがＤＶ被害者のニーズを捉えて開始した支援の一つである。ＤＶ被害を受けて心身ともにダメージを受けているＤＶ被害者が一時保護後に、市役所での手続きなどで外出する際に、民間シェルターのスタッフが同行する。一人で移動することに対して不安な気持ちのあるＤＶ被害者の心理をくみ取り、ＤＶ被害者に同行するのが同行支援であるが、被害者の安全確保という目的もある。

第六には、女性の「自立」のための支援である。第一〜第五の支援内容に加えて、多くの民間シェルターの支援を特徴づけているのが、被害女性に対する「自立」のための支援である。DV防止法前文で示されたように、DV防止法が本来は「女性に対する暴力」防止としてDV防止を目的としていること、また、女性の人権保障を課題としていること、さらに、女性の経済的自立がDV防止に不可欠であるという視点を重視している。シェルターは本来、DV被害者を緊急に一時保護する場であるが、民間シェルターの支援者は、DV被害者がシェルターを出た後の支援の必要性を感じている。シェルター入所中はそばに寄り添うスタッフがいるが、シェルター退所後は、生活の不安とDV加害者からの追跡による危険性が大きい。少なくとも数年程度は見守りを必要とする。具体的な支援としては、就労支援や住居の確保がこれにあたる。民間シェルターのスタッフは、ハローワークや不動産屋にDV被害者と同行するだけにとどまらず、新聞の求人欄でDV被害者の仕事を探したり、個人的なネットワークから仕事を紹介したりすることもある。このような場合、男性一般に比べて女性は不利な状況がある。DV被害者は幼い子どもとともに逃げてくる場合が多く、仕事探しは一層不利な状況になるからである。また、親戚や近所などに一切を知らせず逃れてきているために、アパートを借りる場合の保証人問題をクリアできない場合も多い。女性性の問題を抱えるDV被害者の不利な状況を認識しているからこそ、民間シェルターの支援者はDV被害者の「自立」支援を重視するのである。なお、「自立」支援は、「生活再建」支援とも言いかえられる。これは、一般に「自立支援」という言葉が、自己責任で自立をするという意味が含まれるためであり、あえて「生活再建」という言葉を選んで使う支援者もいる。

以上の通り、民間シェルターの支援活動は、あくまでDV被害者のニーズをはかり、それに対応することから出発している。他方、売春防止法に基づき設立された婦人相談所一時保護所は、DV防止法の規定によりDV被害者を保護する機能も付与されたことにより、それに対応した支援を行うことが求められるようになった。このように民間シェルターおよび婦人相談所一時保護所の支援活動の実施に関しては、その出発点はまったく異なるといってもよい。しかもDV防止法では、婦人相談所一時保護所および民間シェルターの組織と運営、支援などを具体的に示した規定はない。DV防止法制定時には、明確には想定していなかった民間シェルターの組織と運営について次節以降で調査を通して明らかにしたい。

2　設立時期とその背景、地域分布

本節では、質問紙調査結果を基に、民間シェルターの組織と運営、支援について本調査における全体的な傾向を把握する。

これまでの民間シェルター誕生の背景について概観すると、一九八五年、カトリックの修道女会が運営する更生事業として、女性のための一時保護事業を開始した「社会福祉法人礼拝会・ミカエラ寮」（神奈川県）が民間シェルターの始まりである。翌一九八六年には、就労あるいは日本人男性との結婚で来日し、その後搾取や監禁で逃げ出したり、妊娠や病気で行き場を失ったアジア人女性の支援を掲げて出発した、日本キリスト教婦人矯風会を設立母体とする「女性の家ＨＥＬＰ」（東京都）が開設された。しかし、開設当初から日本人女性の利用も半数に上っていた。

一九九〇年代に入ると、女性たちが夫や恋人から受ける暴力がＤＶという言葉によって示されるようになった。ＤＶ問題に対する関心が高まり、一九九〇年代初めには、アジアからの移住女性とその子どもの援助を目的とした「ＦＡＨこすもす」（千葉県）が設立された。同時に、女性たちに避難所と必要な支援を提供する民間シェルターが各地に設立されるようになる。続いて、一九九四年以降に設立された民間シェルターは、ほとんどすべてが地方都市にあり、民間シェルターの全国化ともいえる現象を生んだ(3)。

1　設立時期とその背景

本調査における民間シェルター設立の経緯を、設立年（シェルター施設を設立した年）、設立の主体（シェルターの必要性を認識し、開設の準備を主体的に始めた個人やグループ）、設立時の状況（利用者、地域、社会的背景）に着目して概

表１　民間シェルターの設立の経緯（時期区分別）

		時期・（　）内は該当のシェルター数	特　　徴
第Ⅰ期	創成期	1985年～1990年設立の民間シェルター（1）	外国籍女性の移住問題が顕在化し、特にアジア女性の保護・支援のニーズの対応としてシェルターが開設された。DV 被害者支援を通じて、具体的な政策要求運動の必要性が認識される。
第Ⅱ期	全国化	1990年代前半～2000年設立の民間シェルター（13）	国際社会における女性の人権運動との連動により、DV 問題解決の気運が高まる。経済力や社会的地位をえた女性たちが、シェルター開設に関わりシェルターの政治的な発言力も増した。DV 被害者がシェルター運営や運動に参入した。民間シェルターが、全国的に開設された時期である。
第Ⅲ期	ポストDV防止法期	2001年以降に設立された民間シェルター（21）	全国的なシェルターネットワークが形成され、DV 防止法制定という最も大きな成果が結実した時期である。DV 防止法制定により、行政のＤＶ被害者支援ボランティア講座などが各地域で開催されたり、社会において DV への関心が高まってきたこともありシェルター開設に拍車がかかり、民間シェルターの数は大幅に増加した。

観すると、以下の三つに分けられる。

第Ⅰ期は一九八五年から一九九〇年まで、第Ⅱ期は一九九〇年代前半から二〇〇〇年まで、そして第Ⅲ期は二〇〇一年以降とした(4)。本章末尾の〔表10・11〕の左側に示したⅠからⅢは以下のような区分で分けている。この時期区分を基に、調査結果を示していく（表１参照）。

なお、本調査は、民間シェルター三四カ所への質問紙調査を中心としている。質問紙調査が実施できなかった民間シェルター一カ所にはインタビュー調査を行っている。本調査は、断りのない限りこれら三五カ所の民間シェルターへの調査を示すこととする。

第Ⅰ期　創成期――一九八五年から一九九〇年に開設された民間シェルター

この時期に区分された民間シェルターは一カ所である。

この民間シェルターは、一九八六年に日本で最初に設立されたシェルターの一つでキリスト教系の運営母体が主体となっている。他の民間シェルターに比べて、設立時の資金や場所の確保がスムーズに進み、建物の規模や運営スタッフの層の厚さという点でも恵まれていた。そもそもこのシェルター（その後いくつか開設された民間シェルターも含めて）の設立目的は、当時激増したアジア人女性の人身売買による人権侵害状況からの脱出の支援であった。その後、外国籍被害者の定住化に伴い、外国籍のDV被害者の支援も一体として行うようになったのである。実は、このような外国籍女性の支援を目的としてできた民間シェルターは九〇年代初めまでに複数存在し、いずれも首都圏および関東圏に集中していた。また、一九九五年以降には、地方都市部に外国籍女性の支援を目的とした民間シェルターが設立されているが、少数にとどまる。

このシェルターでは、運営母体のキリスト教系の信者や会員からの献金を主たる資金源として設立された。また、運営母体が既に場所を確保してあり、そこから提供を受けたため場所の確保にかかる費用はかかっていない。

第Ⅱ期　全国化——一九九〇年代前半から二〇〇〇年に開設された民間シェルター

一九九五年に第四回世界女性会議（北京女性会議）が開催された。それと前後して、女性のための相談活動を始めた民間女性グループなど(5)が、相次いで北海道、愛知、新潟など地方都市に民間シェルターを開設する動きが見られた。これらの民間シェルターの多くは、夫など身近な男性からの暴力からの緊急避難、という目的を明確にして開設された。

また、この第Ⅱ期に設立された民間シェルター一三カ所のうち五カ所が女性運動の中から生まれたシェルターという特徴を持つ。したがって、女性運動志向の民間シェルターが第Ⅱ期に最も多い。これら民間シェルターの設立の中心人物の多くが、九五年の北京女性会議への参加、米国、オーストラリアなどへの民間シェルター視察、札幌で開催されたシェルター国際シンポジウムへ参加している。

設立の経緯としては、女性相談や自助グループなどの活動の一部あるいは、その延長として民間シェルターを設立している場合もある（三カ所）。教員や弁護士が中心となって設立した所（一カ所）、元婦人保護施設職員や元婦人相談員などの元自治体職員が設立した所（二カ所）、高齢者介護に携わっていた設立主体がDV被害者支援へと移行したケース（一カ所）や外国籍女性への支援から民間シェルターを設立したケース（一カ所）もみられる。

以上のように、第Ⅱ期は、北海道から九州まで各地にシェルター設立の動きが広がり民間シェルター開設の全国化ともいえる現象が起こったことが、この時期を特徴づける現象であるといえる。

第Ⅱ期に分類された民間シェルターでは、設立資金を賛同者や発起人の資金提供からえたケース（七カ所）が最も多い。また、個人や団体に一定の寄付額を設定し（個人一口三千円や団体一口一万円など）、資金提供を受けているケースが多い。個人や病院からの寄付金（六カ所）を受けたケースもある。その他、広く一般にシェルター資金を募り、集まったお金をもとに設立したケース（二カ所）やバザー・リサイクルなどの売上金を設立資金にしたケース（二カ所）もあった(6)。さらに、設立当初より自治体からの補助金をえて設立したケース（一カ所）や個人の資金のみを投入して設立した所（一カ所）もある。このようにしてえた設立資金の使途は、多くの民間シェルターが、シェルター施設の確保や維持のために使用し、シェルターを運営しているのである(7)。

第Ⅲ期　ポストDV防止法期――二〇〇一年以降に開設された民間シェルター

二〇〇一年以降にシェルター施設が開設された民間シェルターに見られる特徴は、自治体の職員や元職員が民間シェルターを設立するケースであり、二一カ所中六カ所と他の時期区分より突出して多いことである。ただし、第Ⅱ期のように北京会議へ参加するなど女性運動の流れから民間シェルターを設立した場合もある（三カ所）。

第Ⅲ期の特徴を示す典型的な例として、設立者が自治体職員として働いていたときに、DV問題やDV被害者に接する機会があり、その際DV被害者の立場に立って十分な支援が行えないことに葛藤を感じ、行政のDV被害者支援のあり方に疑問を持ったところから、民間シェルター設立に至っている。また、二〇〇二年に誕生した官民連携のシェルター（一カ所）は、自治体主導で設立されている。これらの現象の背景にはDV防止法成立によって行政におけるDV対応が開始されたことがある。

その他には、カウンセリングや相談を行っている専門職や相談員が設立したケース（三カ所）、介護職に携わっていたケース（一カ所）、医療関係の仕事に携わっていた設立主体がＤＶへの問題意識を持ち設立したケース（一カ所）、身近な人がＤＶ被害にあったことからＤＶ問題について考えるようになり設立したケース（一カ所）、ＤＶ防止法成立をきっかけに設立したケース（一カ所）、男女共同参画に関連する活動からＤＶ被害者支援に移行し民間シェルターを設立したケース（一カ所）、自治体のＤＶ研修をきっかけに設立したケース（一カ所）、保育士や介護士の資格を持つ設立主体が子どもや高齢者の居場所づくりの一環として、ＤＶ被害者のシェルターを設立したケース（一カ所）などがある。

第Ⅲ期の民間シェルターでは、設立資金を賛同者や発起人からの資金提供によってえたケースが最も多い（一六カ所）。また、個人や団体に一定の寄付額を設定し（個人一口千円から三千円や団体一口一万円など）、資金提供を受けているケースが多く、その他に、賛同者の設立資金に加えて、発起人や代表者個人が設立資金を出資しているケース（二カ所）、借入金をしているケース（一カ所）や寄付金（八カ所）により設立したケースもある。

ところで、第Ⅲ期の民間シェルターでは、財団からの助成金や行政からの補助金を設立資金にあてているケース（六カ所）があったが、これは、ＤＶ防止法の制定により、財団や行政のＤＶの認知が高まり、財政援助が受けやすくなったためといえる。賛同者からの資金提供や寄付金、バザーの売り上げなどを組みあわせて資金調達をして設立しているケースが複数みられる一方で、寄付金やカンパのみで設立している場合も少数だがあった。この時期も、これまでと同様に、多くの民間シェルターが、資金の主な使途は、シェルター施設の確保や維持に向けられている。

今回の調査結果からは、二〇〇六年時の調査時よりもさらに多様な設立主体と設立の経緯の傾向が確認された。このことは、ＤＶ防止法が成立したことにより、ＤＶが広く認知されるようになりＤＶに対する問題意識、そして被害者支援の必要性が社会全体に徐々に浸透してきたことを物語るものである。

表２　民間シェルターの地域分布

	都道府県	都道府県当たりの民間シェルター数
1	神奈川	12
2	東京	10
3	北海道	8
4	沖縄	6
5	福岡、静岡、千葉、大阪	5
6	愛知、京都、広島、熊本	4
7	埼玉、新潟、兵庫	3
8	岩手、栃木、群馬、鳥取、高知	2
9	青森、宮城、茨城、石川、滋賀、島根、岡山、山口、長崎、宮崎、鹿児島	1
10	秋田、山形、福島、富山、福井、山梨、長野、岐阜、三重、奈良、和歌山、徳島、香川、愛媛、佐賀、大分	0
	合　計	102

出典　『民間シェルター把握状況』男女共同参画会議・女性に対する暴力に関する専門調査会、2007年より作成。

２　地域分布

本調査は、民間シェルターに注目してその設立時期を把握した。ただし、既に内閣府調査によって『民間シェルター把握状況』に関する調査が、ＤＶ防止法が施行された二〇〇一年から開始されている。それによると民間シェルターの数は、二〇〇一年で三五カ所、二〇〇二年には五五カ所、二〇〇三年には七七カ所、二〇〇四年には八一カ所、二〇〇五年には九三カ所、二〇〇六年一〇二カ所（男女共同参画会議・女性に対する暴力に関する専門調査会、二〇〇七：四三）、二〇〇七年一〇五カ所（内閣府男女共同参画局編、二〇〇八：九八）、二〇〇八年一〇八カ所と増加している（内閣府男女共同参画局編、二〇〇九：九〇）。

全国的には、神奈川県が一番多く一二カ所、東京都が一〇カ所、北海道が八カ所、沖縄県が六カ所、福岡県、千葉県、静岡県、大阪府が五カ所、愛知県、京都府、広島県、熊本県が四カ所、埼玉県および新潟県、兵庫県に三カ所、岩手県および栃木県、群馬県、鳥取県、高知県に三カ所、その他の各県、青森県、宮城県、茨城県、石川県、滋賀県、島根県、岡山県、山口県、長崎県、宮崎県、鹿児島県が各一カ所である。民間シェルターが存在しない都道府県は一六県ある（男女共同参画会議・女性に対する暴力に関する専門調査会、二〇〇七）。全国的に民間シェルターの数は増加してきているが、東北地方、中部地方、四国地方の一部には全く設立されておらず、地域的に偏在していることが確認できる（表２参照）。

一方、本調査に参加した民間シェルターは、地域別では、北海道が一番多く七カ所、東京都が五カ所、栃木県、新潟県、愛知県、大阪府がそれぞれ二カ所、その他の一五カ所は各県から一カ所ずつの回答である。それらは、青森県、宮城県、埼玉県、千葉県、神奈川県、石川県、京都府、兵庫県、徳島県、岡山県、広島県、島根県、山口県、福岡県、宮崎県である。本調査では、結果として、二府、一都、一道、一七県から回答をえた（表3参照）。

こうしてみると、本調査における民間シェルターの多くは、地方都市あるいは都市部近郊（二九カ所）に設置されていることが把握できる。大都市圏に運営団体（運営母体）の事務所を構えている民間シェルター（六カ所）もあるが、これら大都市圏に設置されている運営団体は活動歴が長く、かつ大規模なシェルターが比較的多いといえる。それに対して、地方都市圏では、小規模シェルターが多く、地域の小さな女性グループが母体となって設立する傾向がある。また、DV問題の特質上、運営団体の住所のみを公開したり、住所を郵便局留にしている民間シェルターもある。さらに、以前は事務所の住所を公開していたが現在は非公開にしている場合もある。それは、DV加害者の追跡からシェルターの安全を守るために非公開にしていると考えられる。むしろ、場所を公開していないこと自体が、民間シェルターが他の民間団体とは異なる役割や特色を担っていることの証である。すなわち、DV被害者が逃れたとき（または、逃れた後）にDV加害者からの追跡が最も厳しくなる、あるいは、最も危険な状態になるという、DVの特殊な状況に応えることを重視していることの反映である。

表3　本調査に回答したシェルターの地域分布

都道府県	民間シェルター数
北海道	7
東京都	5
栃木、新潟、愛知、大阪	2
青森、宮城、埼玉、千葉、石川、京都、兵庫、徳島、岡山、広島、島根、山口、福岡、宮崎、神奈川	1

ところで、前述の内閣府調査から全国的な民間シェルター設立の傾向を見ると、調査の初期段階（二〇〇一年度）においては、北海道および東京都、神奈川県、福岡県での民間シェルター設立数が多い。いずれも首都圏および大都市圏に中心となる民間シェルターが一カ所あるいは数カ所設立されている。北海道では、札幌市に中心的な役割を果たす民間

シェルターが設立され、この民間シェルターを中心にして北海道内の各地方都市に民間シェルターが設立されて道内のネットワークが生まれた。また、神奈川県や東京都ではキリスト教系の法人が最初に運営団体となってシェルターを設立している。これらの運営団体は、民間シェルターを設立する以前にも長く福祉的な活動を行ってきた歴史がある。

地域においてこのようにしっかりとした基盤を持ち、中心的な役割を果たす民間シェルターが存在することは、新しく民間シェルターを設立する際にも大きな影響を与える。なぜなら、先発シェルターの存在は、後発シェルターにとって、設立や運営のノウハウ、支援のスキルなどを学べる貴重な存在になるからである。

最後に、地方都市圏に民間シェルターが多いことは、それだけ民間シェルターが地域に密着した存在だということがいえる。このことは、設立主体が地元で築いてきた人脈や信頼関係、地元に根づいた社会的支援が背景にあることを物語っている。地方都市にあるシェルターの中には、保守的な風土、運営資金の調達、場所やスタッフの確保の難しさなど大都市とは異なる困難に直面する所もある。だが、地方都市ならではの、その場所で長く生活しているからこそえられる資源があること、また、地域の実情に精通しているからこそできる支援があることは、地域に密着した民間シェルターの存在が重要であることを示している。

3 組織・運営

1 運営団体と活動年数

民間シェルターは、運営団体とシェルター施設を別々に設立していることが多い。「運営団体」とは、シェルター施設の運営および事務的な手続きなどを行う民間シェルターの運営母体のことである。本調査による運営団体の設立年は、一八八六年から二〇〇八年まで幅が広い。運営母体の設立年を年代別にみると、一八八〇年代が一カ所(8)、一九九〇年代が一三カ所、二〇〇〇年代が二一カ所であった。本調査には、筆者の二〇〇六年時の質問紙調査に回答した民間シェルター一九カ所が含まれており、約半数以上の民間シェルターが運営を継続していることがわかる。

「シェルター施設」とは、本調査においては運営団体のある事務所などとは別の場所にある独立した宿泊施設のことをさす。一九九九年の実態調査（国広他、二〇〇〇）では、シェルターを「独立した宿泊施設はもたなくとも宿泊機能を持つ活動体」であることを基準とし、場所が個人宅であるか独立した施設であるかを問わないことにして調査が行われた。だが、一九九九年時の調査の結果では、「すべてのシェルターが何らかのスペースを女性のための場所として確保」していたため、「設立」という言葉は、「施設の開始」を意味する言葉となった。

一般的に運営団体の設立はシェルター施設の開設よりも早い傾向にある。本調査によると、運営団体とシェルター施設を同時に開設しているところが全体の三分の一みられたが、それ以外は、運営団体を設立した後、およそ一年程度の準備期間を経て、シェルター施設を開設している。一九九九年時には、暴力から逃れてきた女性を突然かくまうことになり、運営団体の事務所などに宿泊してもらった経緯があった。しかし、現在では、すべてのシェルターが、支援活動を開始する前に、必要な場所、人、モノ、資金を集め、シェルター施設を確保した上で活動を開始している。こうしてみると、まず組織としての形を整えた上でシェルター施設運営に乗り出しており、運営団体の存在は、シェルター設立にとって以前にも増して重要な存在になっているといえる。

表４　民間シェルターの活動年数（N＝35）

活動年数	民間シェルター数
１～２年	1
２～３年	1
４～５年	3
６～７年	4
８～９年	9
10～11年	5
12～13年	8
14～15年	1
16～17年	2
18年以上	1

次に、民間シェルターの活動年数をみていく（表4参照）。全三五カ所のシェルターの活動年数は、一年から二四年と幅があった。最も多いのは、八年から九年（九カ所）、次に一二年から一三年（八カ所）、一〇年から一一年（五カ所）、六年から七年（四カ所）と続く。平均活動年数は、九・六年であった。本調査結果によれば、二〇〇一年のＤＶ防止法施行以降に設立された民間シェルターが、三五カ所中、二一カ所と、Ｄ

V防止法制定前に設立された一四カ所を大きく上回り、全体の六割を占めている。この結果は、DV防止法制定が民間シェルター設立を促した要因であるといえる。

2 スタッフ構成と男女比

多くの場合、民間シェルターの設立者は、専従スタッフを兼務し、民間シェルターの運営全般にわたって中心的な役割を果たしている(9)。

民間シェルターの先行研究(国広他、二〇〇〇)によると、民間シェルターの運営を中心となって担うスタッフの働き方や処遇といった位置づけは、それぞれの民間シェルターにおいて呼称も含め異なっていた。たとえば、専従/非専従、常勤/非常勤、有償(賃金が支払われていること)/無償(賃金が支払われていない。ボランティアと呼ばれる)などである。しかし、一口に「常勤」といっても、その言葉の持つ意味は、組織に一定時間、たとえば、九時から一七時の間勤めていて賃金が支払われている状態とは異なる。専従といっても賃金は支払われていない状態であるとか、それぞれの民間シェルターによってスタッフの処遇や解釈は異なり、統一されていない。そこで、本調査では、シェルター全体の運営に責任を持ち、シェルターの活動のみに従事している者を「専従スタッフ」、シェルター以外に仕事をもち、定期的ではないがシェルターの活動に従事する者を「非専従スタッフ」、無償で一時的にシェルターの活動に携わる「ボランティア」と「その他」の四つに分けて、回答をえた。

本調査では、シェルタースタッフとは専従スタッフ、あるいは、非専従スタッフをさす。本調査におけるシェルタースタッフの傾向は、専従スタッフを擁する民間シェルターの割合が約六・六割を占めている。専従スタッフが三名以上確保されているシェルターは一三カ所で活動歴は七年以上であった。専従スタッフが一~二名のシェルターは、八カ所で開設間もないシェルターから活動歴の長いシェルターまで幅がある。また、非専従スタッフやボランティアを中心としたシェルターは、一〇カ所ある。

図1　民間シェルターのスタッフ数（N＝35）[10]

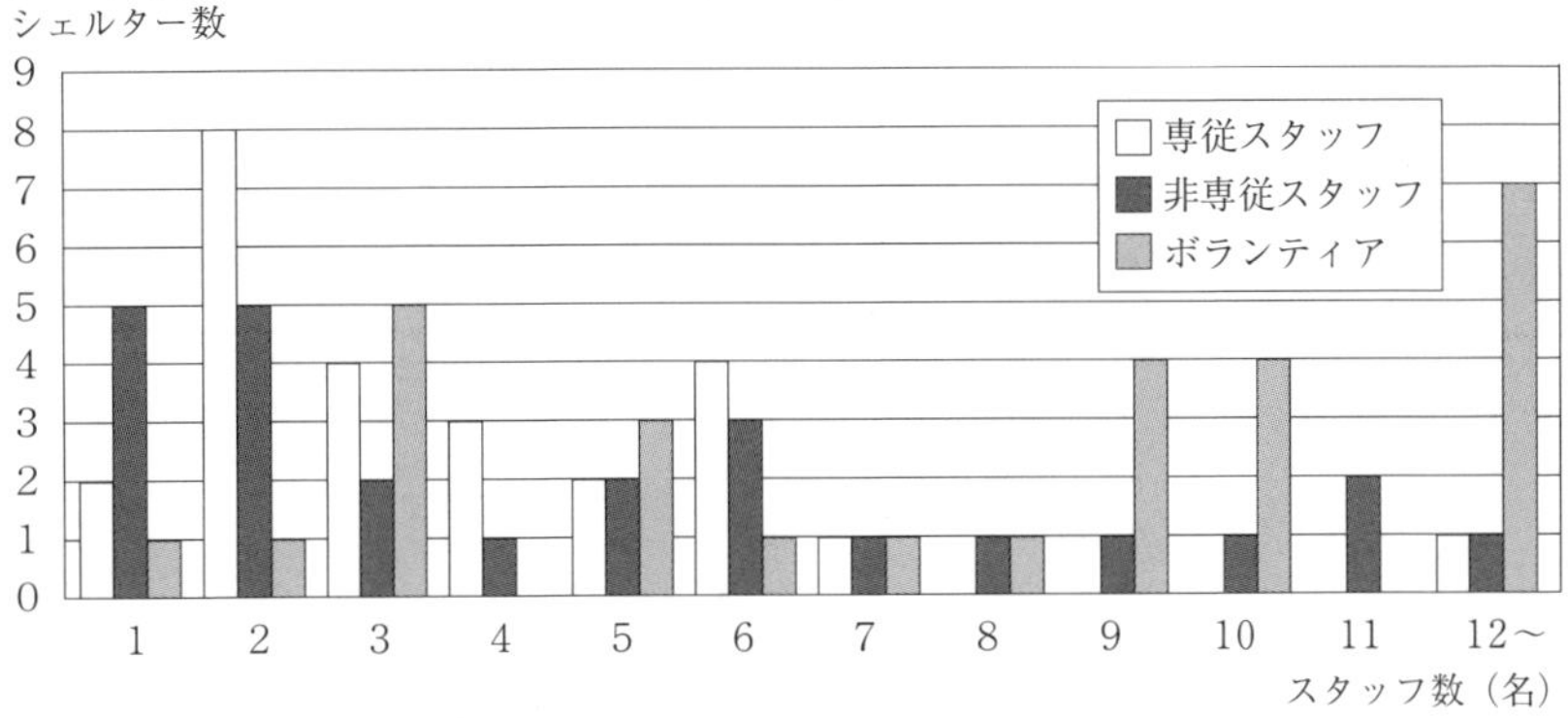

民間シェルターの先行研究では、専従スタッフが三名確保されることが理想であるとされていた。しかし、二〇〇六年の調査時における全民間シェルター二七カ所に占める専従スタッフの平均は一名であった。この調査結果からも明らかなように、民間シェルターは三名という理想の数のスタッフを確保できておらず、そのこと自体が当時の過酷な運営実態を如実に表しているともいえる。しかし、二〇〇九年に行った本調査の専従スタッフの平均は二・七名と、理想の数に近づいてきている。また、前回の調査では非専従スタッフやボランティアが運営の中心となっている民間シェルターは八カ所であったが、本調査では五カ所に減少している。さらに、ボランティアの数も二〇〇六年時の調査より大幅に増加している。専従スタッフ、あるいは、非専従スタッフを擁し、さらに五名以上ボランティアを確保している民間シェルターは二一カ所確認できた。このようなプラス方向への変化の背景には、DV防止法成立や行政のDV被害者支援ボランティア講座開催、民間シェルターの地道な活動などがあり、女性たちの支援活動参加への動機づけとなったものと考えられる（図1参照）。

　民間シェルターの先行研究では、民間シェルターの援助形態は、「女性が女性を直接援助する」（国広他、二〇〇〇：三）ものと位置づけており、シェルタースタッフは女性に限られていた。しかし、シェルタースタッフは女性だけであるという仮説は、二〇〇六年時調査で翻され、今回の調査でも仮説とは異なっていることを裏づける結果がえられた。専従スタッフおよび非専従スタッフには、少数だが男性スタッフが存在する。本質問紙調査では、三五カ所中七カ

表５　民間シェルタースタッフの男女の構成（N＝35）[12]

構　成	民間シェルター数	構　成	民間シェルター数
女性スタッフ（専従）	23	男性スタッフ（専従）	1
女性スタッフ（非専従）	25	男性スタッフ（非専従）	3
女性ボランティア	25	男性ボランティア	3

図２　民間シェルタースタッフの男女比（N＝35）[11]

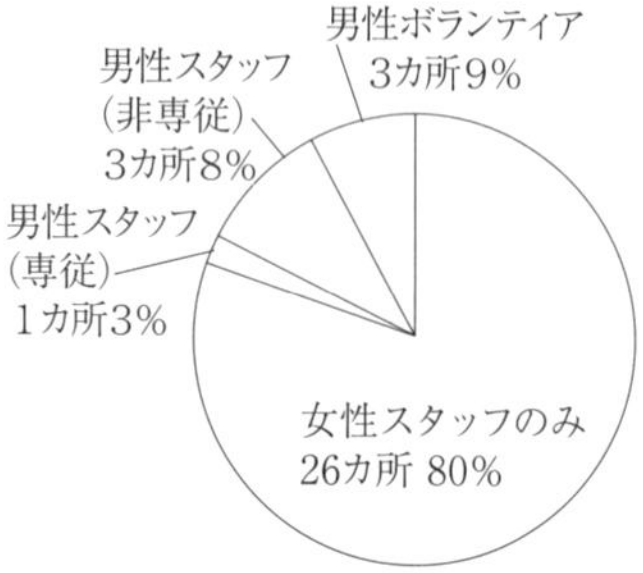

所の民間シェルターにおいて男性の専従スタッフや非専従スタッフ、あるいは、男性ボランティアが支援活動に携わっていることが確認できた（図2、表5参照）。

二〇〇〇年以前の民間シェルターでは、ＤＶ被害者の女性は男性を見ると恐怖を感じるので男性スタッフは考えられないというのが通説になっていた。だが、一概に、男性はＤＶ被害女性にとってＤＶを想起させるからシェルタースタッフとして好ましくないとはいえない。なぜなら、ＤＶについて学習している男性スタッフの存在が、暴力を振るわない男性像としてプラスに働く場合もあると考えられるからである。さらに言えば、運営・財政面で、高い能力を発揮する男性が多いため、彼らの力を借り、より円滑に維持・運営することも可能となる側面もある。実際、男性スタッフが、女性スタッフとまったく同じ業務をしている民間シェルター（一カ所）、事務の仕事をしている民間シェルター（二カ所）もある。

しかしながら、実態としては、このようなシェルターはまだ一部に過ぎないともいえる。男性スタッフが存在するシェルターは依然として少数であり、存在しているとしても、ＤＶ被害女性に配慮していることが見受けられる。たとえば、男性の非専従スタッフのいる民間シェルターは三カ所あったが、これらの民間シェルターではＤＶ被害を受けた女性が男性を見ると恐怖心をいだくことに配慮している。男性スタッフには自宅で、書類作成や書類管理をしてもらったり、ボランティアで参加している男性には、荷物の搬送や倉庫の整理などをしてもらい、ＤＶ被害女性の前には姿を見せないよう工夫をしている。また、男性スタッフには、力仕事や長距離の運転、セキュリティ管理などについて協力してもらいたいが、男性がそばに居るだけで恐怖を感じるというＤＶ被害者の心理を考えると、小規模な狭い空間しかないシェルターでは配置できないという意見もみられた。

最後に、男性スタッフのあり方に関して、一つ指摘しなければならない。事務や経理、会計など民間シェルターの運営面の重要なポジションに男性を配置することであるが、従来の性別役割分業体制が民間シェルター内でも起こるのではないかという懸念が残る。民間シェルターの実態からは、男性のシェルター運営への参加に関しては、さらに熟考の余地があると言わねばならない。

３　運営形態

今回の調査では、三五カ所中一五カ所の民間シェルターがＮＰＯ法人を取得していた。これは、二〇〇六年時調査で二七カ所中一四カ所であったことに比して、ほぼ横ばい状態であり、ＮＰＯ法人取得が民間シェルターの間で必ずしも拡がっているわけではないことを示している。ちなみに、その他は、任意団体が一九カ所、官民連携が一カ所となっている。民間シェルターの運営形態を(1)ＮＰＯ法人型、(2)任意団体型、(3)官民連携型に分類し、それぞれの特徴を示すと、以下の違いがみられる（図３参照）。

図３　民間シェルターのＮＰＯ法人取得率（Ｎ＝35）

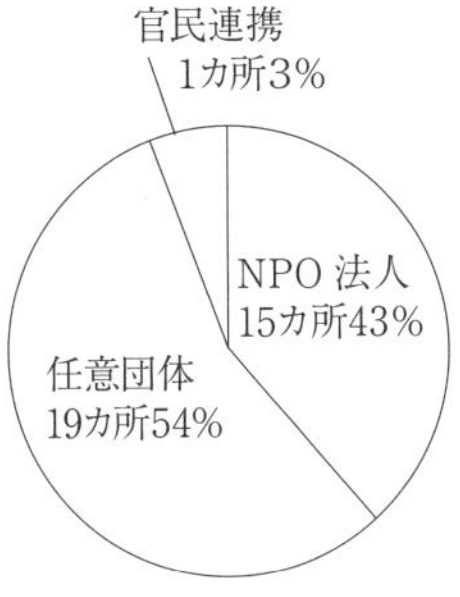

【ＮＰＯ法人型】

ＮＰＯ法人を取得している民間シェルターは、大規模なものから小規模、活動歴の長短、大都市圏から地方都市圏に位置しているものまでさまざまである。ＮＰＯ法人化した民間シェルターでは、専従スタッフ二名以上が一三カ所中九カ所あり、そのうち七カ所が専従スタッフを三名以上擁している。このことから組織の形態が一定程度整えられていることがうかがわれる。また、運営母体がＮＰＯ法人を取得し、民間シェルターはＮＰＯ法人を取得していない所も複数ある。このような場合、運営母体は男女共同参画に関わるような活動を幅広く行っており、民間シェルターはその活動の一部という位置づけである。ＮＰＯ法人取得による情報公開に伴い、民間シェルターの存在が外部に漏れることに配慮して運営団体と民間シェルターを分けているためと考えられる。

ところで、ＮＰＯ法人型では、法人取得にあたって組織の運営、意思決定のあり方などが定められており、組織規程にのっとった運営主体が形成されている。また、組織の最高意思決定機関としての外部のメンバーを中心とした理事会、あるいは運営会議（運営委員会）が設置されており、事務局は執行機関として機能するという役割分担になっている。これらのことが、次に取り上げる他の二つの型の民間シェルターとの違い、あるいは特徴としてあげられる。ＮＰＯ法人型民間シェルターの、このような組織的運営からは、シェルターの維持・運営を考えた場合、ＮＰＯ法人を取得することの利点が看取される。

【任意団体型】

民間シェルター三五カ所中一九カ所がＮＰＯ法人を取得しておらず、任意団体の形で組織・運営されていた。ＮＰＯ法人型と同様に大規模・小規模の別、活動歴の長短、大都市圏・地方都市圏の別などさまざまである。また、このうち九カ所が二名以上の専従スタッフを擁しており、そのうち三カ所が三名以上の専従スタッフを擁している。任意団体型においては、ＮＰＯ法人型のように理事会や運営会議、執行機関というように意思決定のあり方が決まっているわけではない。だが、大規模な民間シェルターにおいては、ＮＰＯ法人型のように運営会議と執行機関が別個に設置された形になっている所もある。ただし、ここに属するほとんどの民間シェルターには、運営会議や運営委員会が設置されている。その位置づけは、事務局やスタッフ会議としているところと、そうした執行機関とは別の外部メンバーを加えた意思決定機関としているところなどさまざまで、全体的に、ＮＰＯ法人型のような組織立った特徴はみられない。

【官民連携型】

調査結果からは、三五カ所中一カ所が官民連携型に該当した。官＝行政がシェルターの運営・経理など全般に関して責任を負い、民＝民間シェルターにシェルター業務を一部委託する形で連携している。シェルターの業務としては、相談は行政職員が担当し、民間シェルタースタッフは、ボランティアとしてシェルター入所中の利用者への支援などを全般的に行っている。官民連携型のシェルターは、「公設民営シェルター」と呼ばれているが、「公設」という言葉からもわかるように、行政が運営資金や施設を提供している。したがって、意思決定のあり方は、必然的に行政から民間に伝えるという一方向的な命令系統になる。それは、シェルター運営においても、一時保護の決定においても同様である。ただし、一時保護後のシェルター利用者への支援において、民間側が利用者のニーズを捉えて、要望を行政に伝えて実現させるという形の意思決定は行われている。

図4　民間シェルターの運営会議の開催頻度（N＝35）(13)

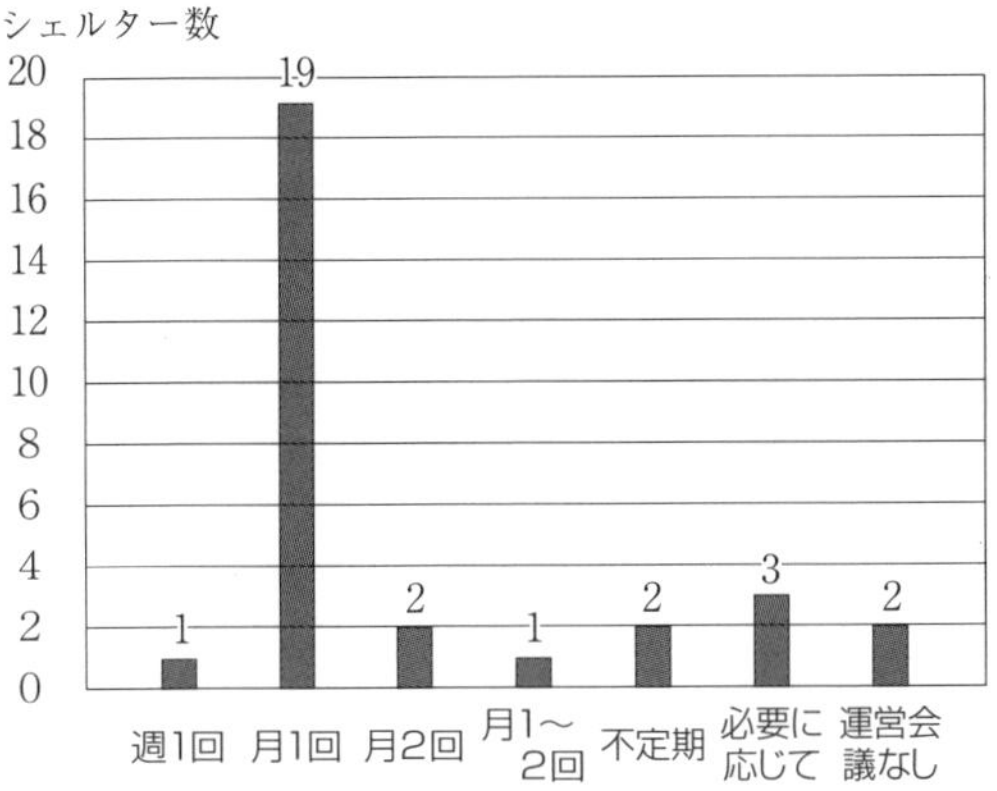

官民連携型は、運営基盤が比較的安定していること、また、行政職員では対応しにくいこと（たとえば、住居探しの手伝いや同行支援など）を、民間シェルタースタッフが柔軟に対応することによって、ＤＶ被害者へのニーズを踏まえた支援を行うことが可能になる。

以上の通り、民間シェルターには三つの運営形態がみられた。これらに共通しているのは、運営会議を一定の頻度で開催しており、これが実質的な運営の意思決定機関となっていることである。運営会議には、民間シェルターの代表者、専従スタッフ、非専従スタッフ、運営委員など民間シェルターの運営を中心となって担うメンバーが参加する。月一回の割合で運営会議を開く民間シェルターは一九カ所で最も多かった。運営会議の内容は、資金の調達など運営に関することだけでなく、ケースの支援方針など民間シェルターに関わるほぼすべてのことが協議されている（図４参照）。

４　財政

民間シェルターの財政面について、運営資金および運営費に占める補助金の割合を通して検討する。民間シェルターの運営資金について質問紙調査結果を示した（図５参照）。

図５　2009年度の民間シェルターの運営資金（N=22）[14]

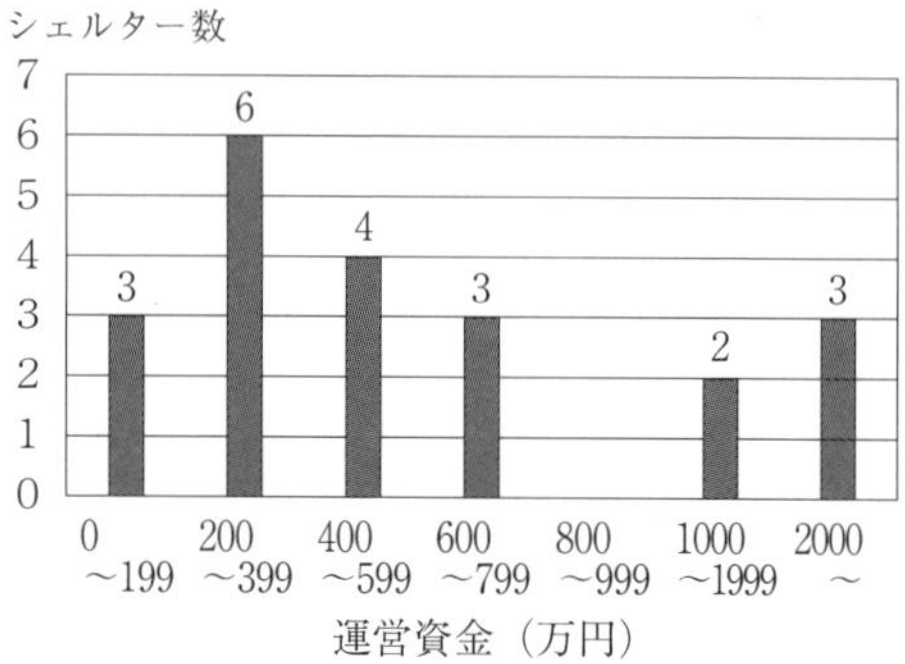

二〇〇九年度の民間シェルターの運営資金は、大規模の民間シェルターと小・中規模の民間シェルターで大きく分かれた。二〇〇六年時調査と同様に、少ない運営資金で民間シェルターは活動を行っている。

民間シェルターの運営資金は、一〇〇万円代から四〇〇〇万円以上まで大きな開きがあった。運営資金が一〇〇〇万以上の民間シェルター（五カ所）は、活動歴が長く、大規模および中規模民間シェルターであった。次に、運営資金が六〇〇万円から七九九万円の民間シェルター（三カ所）は、比較的活動歴が長く中規模な民間シェルターであった。運営資金が五九九万円以下の民間シェルター（一三カ所）は、比較的活動歴が短く、小規模な民間シェルターであった。以上の結果から、活動歴の長さと運営資金が比例する関係が見られた。

民間シェルターの運営資金（財源）の内容は、会費、事業収入、寄付金、補助金、助成金、一時保護委託費などとなっている。ほとんどの民間シェルターが会員組織を持っており、会費を財源の柱としている。会費の額は、年間二〇〇〇円から一万円台まで差がある。また、個人会員と団体会員に分けて、会費の額に差をつけている民間シェルターもある。たとえば、個人の会費を二〇〇〇円として、団体の会費を五〇〇〇円と設定するなどである。会員数は、少ない所で二〇〜三〇人、多い所で三〇〇人を越えている。さらに、事業収入や寄付金も大きな収入源となっている。事業収入の内容は、民間シェルターの利用料、バザーの売り上げや研修会・イベントなどの参加料収入などとなっている。寄付金は、民間シェルターの設立者自らがさまざまな所へ出かけ、民間シェルターの活動趣旨を説明し寄付を募ることが多い(15)。

DV防止法施行以降、行政からの補助金・助成金を申請・受給する民間シェルターが増加傾向にあるため、民間シェルターの運営費に占める補助金・助成金の割合を示すこととする（図6参照）。

補助金は、行政（都道府県、市町村）から支出されるが、その額は、数十万円から数百万円まであり自治体によって大きな開きがある。行政からの補助金・助成金が二〇〇九年度の民間シェルターの運営費に占める割合は、〇割から八割まで幅広く、割合の平均値は、二〇〇六年時調査時の四・二割より一・〇割減少し三・二割であった。

補助金の割合が比較的高い民間シェルターは、複数の自治体から補助金・助成金を受給する傾向があった(17)。補助金・助成金が運営費に占める割合が減少している理由は、第一に、行政からの補助金の額が横ばいであること、第二に、助成金を申請する際には申請書類を記入するなどの手続きがあるため、支援活動などの合間にそのような時間を取るのが難しいので申請を見送らざるをえないこと、第三に、財団や企業などの助成金に関しては、一度申請した所には二度申請することができないので申請自体ができないことがある。

補助金は、継続的に支出されるわけではない。毎年行政へ申請手続きをする必要があり、ほとんどの民間シェルターでは安定した財源確保までは至っていない。だが、それでも補助金が受給できることは運営上プラスに働くと肯定的に捉えるシェルターが多い。近年では、実際にかかった経費の二分の

図6　行政からの補助金・助成金が運営費に占める割合（N=22）(16)

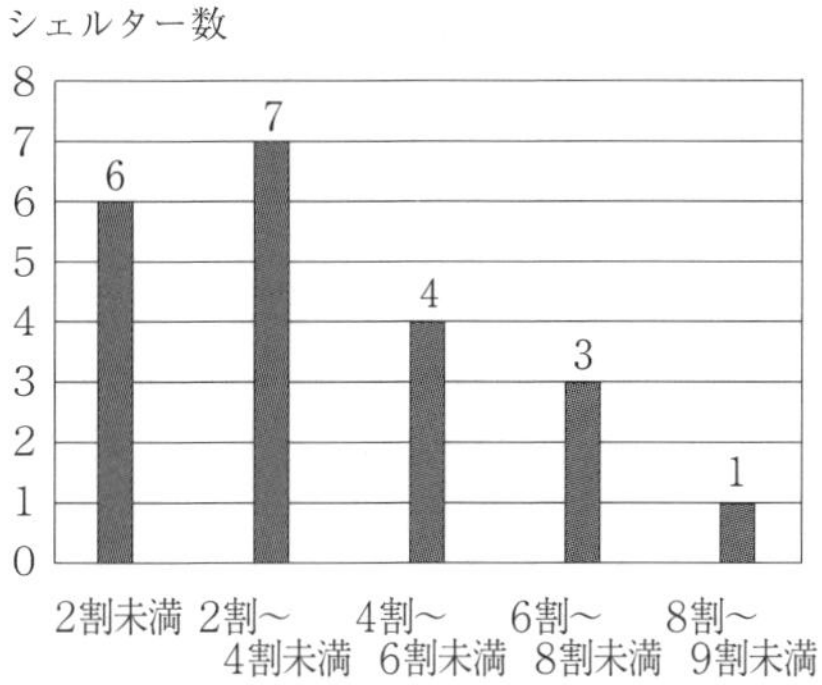

一を補助金として支出する形がみられる(18)。その場合、民間シェルターが経費を自分たちの資金から持ち出して前払いするため、まずは自分たちでやりくりしてお金をつくりださねばならず、その負担は大きい。

助成金には、行政からの助成金と民間企業や財団法人からの助成金の主として二つの種類がある。行政からの助成金は、たとえば、少額であるが市から民間シェルターの家賃補助の助成金が市議会を通して認められたケースがあり、これは毎年議会の承認をえる必要がある。一方、民間企業や財団法人の助成金は、年間二〇万円程度から数百万円もある。しかし、助成金も通常年間単位で公募があり、一度、企業や財団から助成金を獲得すると二度目からはえることが難しくなる。また、助成金を支出している企業や財団は限られているので、申請が集中し、助成金の獲得が難しい状況がある。

補助金の受給額は、自治体財政とも関連している。自治体の厳しい財政状況の中、継続して受給できるかの見通しが立たないことは民間シェルターにとって大きな問題である。

以上のように、運営資金に占める補助金の割合は、全般的に多いとはいえない。だが、民間シェルターが補助金をえるために費やす労力と時間は相当なものである。補助金は、申請手続きが煩雑な上に、安定した財源確保に至らない。それ以上に問題なのは、使用目的が限定されており人件費や家賃などに使うことができない場合が多いことである。民間シェルターは、補助金の使途が限定されていることについて不満の声をあげている。補助金は、シェルターの光熱費、研修費、旅費などに使途が限定されている。団体運営費や人件費にはほとんど使えない。ある民間シェルターの支援者は、一度行政が人件費を出してしまうと、毎年人件費を予算に組み込まなくてはならなくなるため極力出さないと指摘する。それゆえ、多くの民間シェルターでは、スタッフを少ない賃金で「自前で」雇っている。大きなウエートを占める人件費や家賃などに使用できないのでは、民間シェルターの運営のための補助金たりえないといえよう。

また、民間シェルターの運営規模でいえば、小規模なシェルターでは、スタッフの人数も限られてくる。そのため、補助金獲得に割ける時間も制限されることになる。運営資金の違いからみると、運営資金が五〇〇万円以上の民間シェルターでは、専従スタッフを最低二名は確保していた。一方で、運営資金が五〇〇万円未満の民間シェルターは、若干の例外はあるが、非専従スタッフ、あるいはボランティアが中心となっていた。これは、運営資金の多少が組織構成にも影響を与えていることを示している。当然、非専従スタッフやボランティア中心の小規模シェルターは、補助金獲得に向けての準備が十分行えず、ますます資金力をえることが難しくなることが予想される。今後、資金面で民間シェルターをバックアップする体制を整えることを検討する必要があるといえる。

4　支援内容と専門職の関与

1　支援内容

民間シェルターによる支援内容は〔表6〕に示した通りである。最も多い支援内容の項目は、安心のできる場所の提供、福祉事務所、病院、裁判所への同行支援であった（一八カ所）。同行支援は、DV被害者の精神的負担を考慮して民間シェルターによって編み出された支援であり、DV被害者のニーズを捉えたものといえる。上位を占めた項目は、DV被害者の生活再建に関する項目（住居探し、職探し、引っ越しの手伝いなど）や同行支援、暴力に関する情報提供や弁護士の紹介、カウンセリングなどである。また、子どもに関する項目（保育、子どもへのカウンセリング、児童相談所への同行など）、教育プログラムやレクリエーション、ステップハウスの紹介は、二〇〇六年時と同様に比較的少なかった。このことは、民間シェルターでは、子どもへの支援などの必要性を感じているが、人材が少なく、依然として思い描くような支援が実現していない、という問題が横たわっていることを示している。

次に、民間シェルターが支援の強みと考えている点について自由回答記述を提示する(19)。最も多い回答は、「きめ細かにサポートしている」「柔軟な対応」「臨機応変な対応」など丁寧な支援に関するものであった。次に、「規則

表6　民間シェルターの援助項目（複数回答）（N=21）[20]

	援助項目	回答数	%
1	安心できる場所の提供	18	85.7
2	福祉事務所への同行（生活保護の申請）	18	85.7
3	病院への同行	18	85.7
4	裁判所への同行（離婚調停など）	18	85.7
5	買い物の代行	17	81.0
6	日用品の提供	17	81.0
7	生活の再建のための支援	17	81.0
8	引越しの手伝い	17	81.0
9	暴力についての情報提供	16	76.2
10	法律相談・弁護士の紹介	16	76.2
11	住居の確保	16	76.2
12	警察への同行	16	76.2
13	子どもの保育園・学校などの手配	15	71.4
14	仕事探しの手伝い	15	71.4
15	ＤＶの経験をした女性へのカウンセリング	14	66.7
16	役所の手続きなどの代行	13	61.9
17	児童相談所への同行	13	61.9
18	保育	12	57.1
19	教育プログラムの紹介（育児・料理など）	12	57.1
20	行事・レクリエーション（遠足など）	11	52.4
21	生活費の立替え	10	47.6
22	子どもへのカウンセリング	10	47.6
23	ステップハウスの紹介	9	42.9
24	暴力被害からの回復の為の精神科プログラムの紹介	7	33.3
25	帰国の手配	5	23.8
26	相手（夫・元夫など）との交渉	2	9.5

に縛られずに被害者のニーズに応えられる」「個々のニーズに応えられる」など被害者のニーズに沿った支援の提供と続いた。「小回りが利く」「フットワークの軽さ」など機敏に対応する支援姿勢、「当事者の再出発を長く支えられる安心なサポート」「自立まであらゆる社会福祉資源を活用している」「退所後のアフターケア」など長期的な視野にたった支援などの回答が多くみられた。また、少数ではあるが、「他機関との横断的ネットワーク」を駆使しての支援、「ＤＶ被害者支援に関する専門的知識を持って」対応する、「支援者と被害者の力の差に留意しようとしている」など対等な関係性を持つことをあげている。さらに、「ジェンダー視点の支援」という回答もみられたが、これは、回答者がＤＶを「ジェンダーの問題」あるいは「女性への人権侵害」として捉えており、「社会の性差別構造の中で容認されてきた暴力を根絶する」ためには、「ジェンダーの視点」を持って支援することを重視していると考えられる。

民間シェルター内の立場の違いや活動歴の長短、組織の規模にかかわらず、「きめ細やかで柔軟な支援」「長期的な視野にたった自立支援」を重視していた(21)。

また、民間では「自立」支援を行っていることを強みとして捉えていることがわかる。さらに、「きめ細やかで柔軟な支援」や「被害者のニーズに沿った支援」を実際に行うためには、「法規約〔法律〕をつくりかえたり」、「運動に繋げていく」ことが必要であると認識している回答者もいた。「ジェンダー視点の支援」と記述した回答者は少数であったが、先にふれた通り、民間シェルターの援助項目の多くは、社会における女性の置かれた困難な立場を考慮して創り出されたものであり、ジェンダー視点の支援内容と繋がるものであるといえる。たとえば、ある回答者は、DV被害女性の「経済力の無さ」を目の当たりにし、「男性中心の社会や地域、家庭の中でDV被害者はどのように生き抜き、力を発揮するのか、誠に困難なことである」と記している。DV被害者の置かれた立場を理解しているからこそ、援助項目の第一にあげられた「安心できる場所の提供」はじめ、シェルター退所後の「生活の自立のための支援」に至るまで、民間シェルターは、きめの細かい支援、長期的な支援を行うことを重視していると考えられる。男女間における経済力の格差、その背景にある性差別の社会構造の上にDVが発生している。このような構造的問題であることを踏まえたジェンダー視点での支援が重要になってくる。

2　専門職の関与

専門職は、民間シェルターの支援活動の時間的経過とともにその重要性が認識されてきた。民間シェルターの内部の専門職とは、シェルターの運営委員やスタッフとしてシェルター運営や支援に携わる者をさしている。専門職として身につけた専門性を支援活動などの場面で活かしていくことが可能な民間シェルターもあるが、専門職という肩書と専門性をあえてシェルター内で示さず、「ふつうの」スタッフとしてDV被害者と接することを実践している民間シェルターもある。内部の専門職を〔図7〕に示した。

民間シェルター内部の専門職は、カウンセラーが最も多く（一四カ所）、次にソーシャルワーカー（八カ所）、看護

図7　民間シェルター内部の専門職（N＝22）(22)

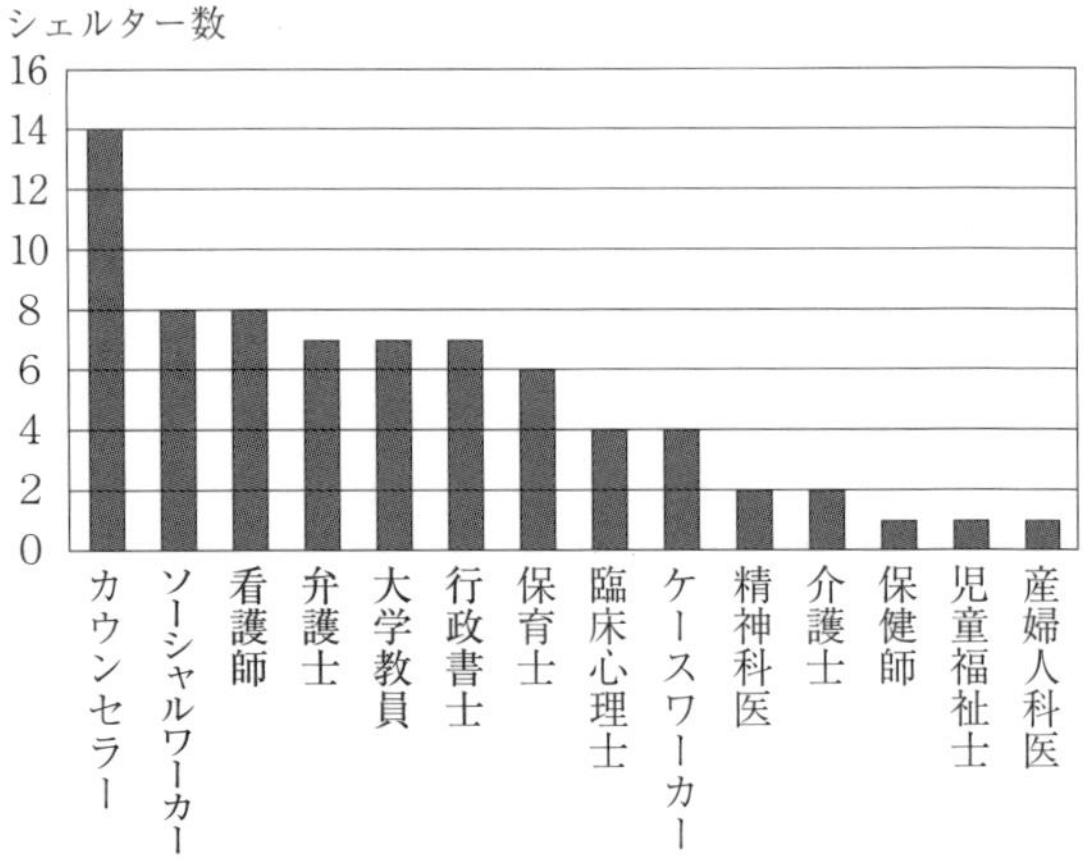

図8　民間シェルターの外部の専門職（N＝22）(23)

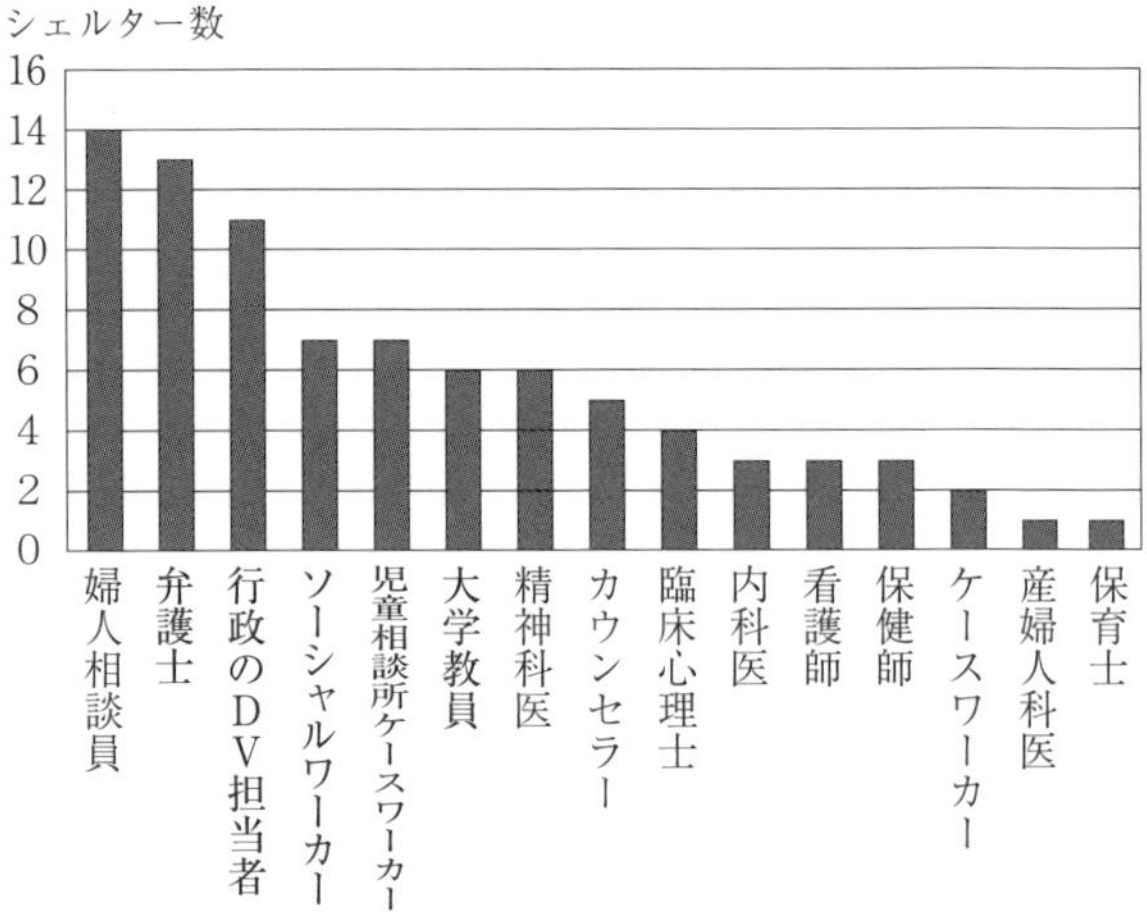

師（八カ所）、弁護士、大学教員、行政書士（いずれも七カ所）、保育士（六カ所）と続く。専門職がいない民間シェルターは、四カ所であった。二〇〇六年時の調査と比べると、弁護士、大学教員、行政書士、保育士などの専門職を有する民間シェルターの増加が変化として捉えられる。ちなみに、カウンセラー、ソーシャルワーカーは前回も最も多かった。

民間シェルターでは、シェルタースタッフ以外に外部の専門職とのネットワークをつくり、DV被害者への支援への協力を依頼する場合も多い（図8参照）。本調査結果からは、外部の専門職では、婦人相談員が最も多く（一四カ所）、次に弁護士（一三カ所）、行政のDV担当者（一一カ所）が続く。これらに続いてソーシャルワーカー、児童相談所ケースワーカーが七カ所、大学教員、精神科医がそれぞれ六カ所である。二〇〇六年時の調査では、弁護士が最も多く、婦人相談員がそれに続いた。今回もほぼ同様の結果となった。また、前回調査時と同様に、民間シェルターに関わる外部の専門職は、心理職、医療職、福祉職、教育職などさまざまであった。今回の調査結果から注目されるのは、行政のDV担当者が前回よりも大幅に増加していることである。これは、行政が民間シェルターと「連携」してDV被害者のケース検討会議を行うようになってきたからであると考えられる。これは、これまでに比べて大きな変化である。

ところで、専門職が関わっていない民間シェルターは一カ所にすぎない。その理由としては、その民間シェルターの所在する場所から考えると、地理的条件が影響していると考えられる。また、地域にDVへの理解がある専門職が多くないということも考えられるが、この点は今後の調査において確認をする必要がある。いずれにせよ、専門職が関わっていない場合は、シェルタースタッフが、直接支援をするが、他の民間シェルターとのネットワークを駆使して、情報や支援のノウハウをえながら支援にあたっている。

5　受入基準とシェルター内のルール

支援内容と同様に民間シェルターを特徴づけるものとして、受入基準とルールに着目したい。まず多くの民間シェルターにおいて設けている、DV被害者の入所の際の受入基準である。具体的には次のような基準となっている（表7参照）。

1　受入基準

二〇〇六年時調査と同様に、「自分の身の回りのことができる女性」が受入基準の最初にあげられた。民間シェルターでは、人材面の不足などから二四時間つきっきりでDV被害者を保護・支援することはできないところが多いので、基本的に、身辺的な自立をしていることが受入基準となる。そのため、このような基準が、受入れ時に最も重要視されるものといえる。次いで二番目に多くあげられた受入基準は、「DVから逃れてきた女性の緊急一時保護」である。これは二〇〇六年時と同様であるが、本調査では、これと並んで「スタッフが対応できる限りにおいて、国

表7　民間シェルターの受入基準（複数回答）（N＝21）[24]

	受入基準	回答数	%
1	自炊など自分の身の回りのことができる女性	13	61.9
2	スタッフが対応できる限りにおいて、国籍・年齢・障がいによる制限無で受入れる	10	47.6
3	ＤＶから逃れてきた女性の緊急一時保護	10	47.6
4	病気の女性、介護・看護が必要な女性、依存症や人格障害のみをかかえている女性は利用できない	7	33.3
5	共同生活ができること	6	28.6
6	ＤＶから逃れてきた女性が暴力的な関係を絶ち人生の再出発の決意が明確であること	5	23.8
7	複数のスタッフと面談して決める	4	19.0
8	回答なし	1	4.8

表8　民間シェルター内のルール（複数回答）（N＝21）[25]

	シェルター内のルール	回答数	%
1	日常的な親族・友人・男性などの訪問の禁止	19	90.5
2	秘密の厳守	15	71.4
3	利用料について	14	66.7
4	外出先を明らかにする	14	66.7
5	無断外泊の禁止	13	61.9
6	通勤・通学について	12	57.1
7	スタッフの許可なく人を部屋に入れない	10	47.6
8	携帯電話は預かる	10	47.6
9	禁煙・禁酒	10	47.6
10	他の利用者への差別的発言の禁止	9	42.8
11	仕事の禁止	8	38.1
12	食事の準備について	7	33.3
13	集団生活のルールを守れること	6	28.6
14	シェルター利用は１回だけ	4	19.0
15	公的手続きは自分で行う	3	14.3
16	施設内の公衆電話は許可がないと使えない	3	14.3
17	掃除を毎日行う	2	9.5
18	その他（動物との同居不可）	1	4.8

籍・年齢・障がいによる制限無」が二番目にあげられている。この項目は、二〇〇六年時は五番目に多かったが、実際には、精神障がいや薬物中毒などの利用者に対する支援は限界があるので、やむをえず断るケースもある。このような難しいケースは、行政から委託を打診されることが少なくない。国籍、年齢、障がいなどにより婦人相談所一時保護所の利用制限を受けた場合は、民間シェルターが受け入れ先になっていることが考えられる。

ところで、二〇〇六年時調査において上位であった項目が、本調査では下位になってしまったものもある。たとえば、「暴力的な関係を絶ち、人生の再出発の決意が明確である」は、三番目から六番目になった。このことは、暴力から逃れるというＤＶ被害者の強固な意志が入所時に明確であることを重視するよりも、緊急性の高いことを重視し、幅広く受け入れているのが現在の状況であり、民間シェルターの受け入れ姿勢の表れだと考えられる。さらに付け加えるならば、利用者に一時保護委託制度が適用されるかどうかも受入の際の判断基準になるが、むしろ、一時保護委託が利用者に適用されるように行政に働きかけて、手続きを済ませてから入所してもらうようにしている。このような対応をするのは、一時保護委託費が適用されれば、シェルター利用料や生活に係る費用などもその中から支払われるので利用者に負担をかけなくてすむからである。二〇〇六年時との項目の変化、あるいは、一時保護委託制度に関する受け入れ体制からみえてくることは、被害者の立場に則した円滑な対応の必要性が共有され、実践されるようになった点であるといえる。

次に、シェルター内のルールを提示する。民間シェルターが他の施設と異なるのは、場所を非公開にしており、内部の様子がわからないという点である。このような特異な性質をもつシェルター内のルールからは、民間シェルターがどのような点に最も留意しているのかがうかがえる（表8参照）。

2　シェルター内のルール

シェルター内のルール一八項目のうち、実に一〇項目が、シェルターの場所を教えないなどの秘密の厳守や親族・友人・男性のシェルター訪問の禁止などシェルターの安全性と秘匿性を確保することに関連したルールであり、シェルターの特質が表れる結果となった。民間シェルターが、シェルターの使命である「安全で安心な場所の提供」をいかに重視しているかがわかる。

ちなみに、共同生活をする上でのトラブルが生じないように、他の利用者への差別的発言の禁止も設けているシェルターや、この他、食事の準備は原則自分ですることなど利用者が自活することを前提としているシェルターもある。

受入基準とルールは、支援の経験や先発シェルターからのノウハウを通して設けていると考えられる。一方、民間シェルターの対応可能人数は、施設規模やスタッフ数などによって変わってくる。そこで、民間シェルターの利用者数と申込者数について検討する(26)。本調査によると、二〇〇九年度の「民間シェルターの利用者数」は、二名から二九名までで幅がある。平均利用者数は、約一三人であった。利用者数が前年度に比べて増加したと回答した民間シェルターは四カ所、減少したと回答した民間シェルターは六カ所、変わらないと回答した民間シェルターは五カ所であった(27)。二〇〇九年度中に「二〇人以上」の利用者を受け入れた民間シェルターは四カ所ある。これらは活動歴が長く実績のある中・大規模のシェルターであるが、地域分布はさまざまであり、地方都市から大都市圏まで幅広い。このうち三カ所は、九割近い入所者が行政からの依頼によるものであり、うち二カ所は、申込者数が利用者数を大幅に上回っていた(28)。「二名から一九名」の利用者を受け入れたシェルターでは、申込者数が利用者数を上回ったシェルター（一カ所）、申込者数が利用者数と同数のシェルター（七カ所）がみられた(29)。これらのシェルターは、小・中規模であり、地方都市に位置していた。

全体的な傾向としては、行政からの依頼を受けて入所する利用者が増加しており、DVセンターを経由して民間シェルターへ入所するという仕組みはできている。一方で、実際の一時保護委託件数は、地域によって差が生じている。完全とは言えないまでも、行政と民間シェルターとの「連携」が構築されてきた地域もあるが、実際に「連携」をほとんど行っていない地域もあり、地域の関係機関との「連携」による「DV被害者支援制度」が十全に構築されてきたとは言い難いのが現状である。

6　民間シェルターの抱える問題と閉鎖、あるいは休止したシェルターの課題

民間シェルターの運営・支援などを見てきたが、民間シェルターが抱える問題について回答者は、①民間シェルターの「運営上の問題（財政難・人材の不足）」と②「次世代スタッフの養成」の二点を最も多くあげていた（各三二カ所）。次いで、③「スタッフの専門性の確保」（二二カ所）、④民間シェルターの「安全体制の確保」（一八カ所）、⑤

「地域におけるDVの認識不足」（一三カ所）と続く（表9参照）。

①と②、これら二つの問題は、常に民間シェルターが頭を悩ませてきた問題である。そして何より、「運営上の問題」と「次世代スタッフの養成」は密接に繋がっている。運営資金がえられればスタッフを養成する講座を開催したり、スタッフに賃金を支払えるため、より多くの人材を確保できるが、現状では難しく実現していない。

③と④の問題は、「運営上の問題」と密接に関連している。③のシェルタースタッフには、専門性を身につけてもらいたいが、訓練や研修の機会をつくることが財政上難しい。④の安全体制も、③とともに財政上の問題からくる問題である。⑤の「地域におけるDVへの認識の不足」の問題は、地域の行政担当者、関係諸機関の職員、そして地域住民のDVへの理解の低さがあげられている。地域でのDVへの理解が高まれば、行政からの財政援助、地域住民からの寄付やスタッフ確保などに繋がる可能性があり、①と②と関連づけて考えられる問題である。

回答者の属性別にみると、民間シェルター内の立場、年代、活動歴、シェルターの規模と民間シェルターの抱える問題についての認識は、明確な関連はみられなかった。ただし、六〇代の回答者の多くは、運営上の問題と次世代スタッフの養成を課題としてあげていた(31)。

このように、「運営上の問題」が、民間シェルターにとっていかに重大な問題であるか、逆にいえば、この問題を解決する道筋をつけることが、民間シェルターの存続ひいてはDV被害者支援にとっても最も重要であるといえるだろう。

質問紙調査では、シェルターネットに加盟している民間シェルターのうち、支援活動を一時休止している民間シェルター（一カ所）や閉鎖した民間シェルター（一カ所）にも調査を行った(32)。その理由は、休止・閉鎖した民間シェルターの抱える問題や支援者の認識が、他の民間シェルターの抱える問題に共通の課題として捉える必要があると考えたからである。

表9　民間シェルターの抱える問題（複数回答）(N＝34)[30]

	項　目	回答数	%
1	運営上の問題（財政・人材）	32	94.1
2	次世代スタッフの養成	32	94.1
3	スタッフの専門性の確保	22	64.7
4	安全性の確保	18	52.9
5	地域におけるDVの認識不足	13	38.2

休止・閉鎖した民間シェルターの理由は、それぞれ対照的なものであった。その理由は、民間シェルターを取り巻く問題と支援者の認識の多様性という民間シェルターの特徴がはっきりと表れていた。二〇〇八年から支援活動を一時休止している民間シェルターは、二〇〇二年にシェルターを設立した。休止の理由は、①支援スタッフの不足、②シェルター施設のセキュリティに対する不安、③シェルター施設の維持経費の不足、④県の婦人相談所からの一時保護の委託実績がまったくなかったこと、⑤民間シェルターをステップハウスとしても使っているが、二〇〇九年度は、自治体からの補助金がゼロであったことがある。この補助金は、シェルター施設の設置のための補助金（上限五〇万円）であり、シェルター運営費の補助金ではないため該当しなかった。民間シェルター設立当初から、財源や人材の不足という問題はあった。だが、設立初期の頃は補助金を受けていたが、数年後から補助金はなくなり運営状況は厳しくなった。シェルター施設の一時休止後も、DV被害者支援のための相談、DV関連事業、講演などを実施している。特に、デートDV防止セミナーに力を注いでいる。また、やむをえず休止した形となったが、民間シェルターの再開のために、スタッフの養成や会員の増加など現在準備をしている(33)。

この民間シェルターは、地方都市に位置し、その地域でDV被害者支援を牽引してきた。民間シェルターの中心人物であった設立主体が急逝したことも、休止の一つの理由と考えられる。現在は、元自治体職員が非正規スタッフとして活動を支えている(34)。

他方で、閉鎖した民間シェルターは、二〇〇二年に民間シェルターを開設、六年間シェルターを運営し、二〇〇八年に閉鎖した。民間シェルターの支援者兼設立者は、民間シェルターを運営していた期間について、二四時間ボランティアでDV被害者の支援をすることの難しさを痛感する年月だったとし、このような支援を、果たして民間がボランティアでやるべきことなのか、考え込んだ。閉鎖した民間シェルターは、地方都市に位置している。設立主体は、ミニ・メディアを発行する出版社を経営しながら支援活動に携わっていた。スタッフは設立主体を入れて二名であった。民間シェルターを運営する中で、この支援者はさまざまな葛藤を抱えていた。たとえば、この支援者は、仕事と支援の両立の難しさを感じていた。同時に、一時保護は公的機関で行う方がよいと考えるようになっていた。また、民間シェルターは、行政を補完しているという気持ちが大きくなった。さらに、この支援者は自らを何の専門性もないとし、あるとしたらフェミニズムの視点だが、そのことと被害者の状況の乖離はとてつもなく大きいと感じていた。このように思いながら、目の前にいる被害者と向き合うことは難しく葛藤を感じ続けた。シェルター閉鎖は一年位悩んだ末に決めた。最終的に、この支援者は、DVは犯罪であり、命に関わる暴力から避難する安全地帯である「緊急一時避難所」は公的責任の下において確保することであると結論を出した。したがって、公設民営化への移行運動も必要であり、その上で、「自立」支援への同行者としての民間シェルターの役割、たとえば、セカンドハウス、自助グループ、カウンセリングなどの必要性を感じていた。

他方で、この支援者は、民間シェルター内部の困難について、スタッフ同士のDV被害者支援における温度差について徹底的な議論が必要だと考えていた。また、DVの根絶という目標を達成するために、民間シェルターが行うべき活動については、自分ができることとできないこと、やりたいことをきちんと整理することだとした。

この支援者は、今後民間シェルターを再開する予定はない。ただし、今も現場で支援をしている方に敬意を表するとともに、シェルターを閉鎖し、直接支援をしなくなった者として、自分の持っている課題を追求していきたいとしている(35)。

以上の通り、休止した民間シェルターと閉鎖した民間シェルターの休止と閉鎖に至る理由はそれぞれ異なる。閉鎖した民間シェルターは、外的な要因よりも、支援者のDV被害者支援をめぐる考え方が閉鎖の大きな理由となっていた。一方、休止した民間シェルターは、外的な要因が休止の大きな理由であった。民間シェルターの抱える問題は、財源難や人材の不足が多く、民間シェルターが休止あるいは閉鎖する理由として、まず思い浮かぶのはこれらの理由だといえる。休止を余儀なくされた民間シェルターは、複数の問題が重層的に起こり、休止せざるをえない状況に追い込まれたといえる。運営上の問題や人材不足については、多くの民間シェルターが常に直面している問題であり、運営者は常に閉鎖の危機にさらされていると言っても過言ではない。ここでは、休止あるいは閉鎖した民間シェルターを考察することにより、民間シェルターの抱えさせられた問題の一端を明らかにすることができた。これら二つのシェルターの課題や支援者の認識は、民間シェルターの今後の方向性を考える上で示唆的であると考える。

7　民間シェルターの特徴と課題

本調査では、DV防止法施行以降の民間シェルターの実態が、限定的ではあるが確認することができた。

本質問紙調査では、三四カ所の民間シェルターから回答をえた。これは、二〇〇六年時の民間シェルター調査の調査参加シェルターを八カ所上回るものである。シェルターネットによると、加盟団体の六三カ所のうち、シェルター機能を有する活動体は約五〇カ所前後ある。本質問紙調査では同シェルターネット加盟の民間シェルターの傾向が高い割合で把握できたといえる(36)。また、三四カ所中一九カ所が前回調査に続いて回答しており、民間シェルターの実態の継続的な把握も可能になった。ここでは、本調査からみた民間シェルターの特徴と課題についてみていく。

全体的な特徴として、民間シェルターが、多様な支援活動を行っていることが確認された。民間シェルターは、DV防止法上の支援枠組みの中に位置づけられていない。にもかかわらず、自発的に、公的機関の行う支援とは異なる形で、創意工夫を凝らした支援を行っている。また、地域の専門職や関係機関などのネットワークを駆使して、独自の支援システムを創り出していることは特筆に値する。

民間シェルターの設立時期では、二〇〇一年以降に設立された民間シェルターからの回答が全体の約三分の二（二一カ所）を占めた。また、二〇〇六年時に調査に参加した民間シェルター一九カ所が、前回とほぼ同様の人数のシェルタースタッフやボランティアを確保あるいは、増員させていた。これらのことは、DV防止法施行以降の各地域におけるDVへの認識の高まりや行政および民間による支援の輪の広がりを示していると考えられる。

最初に、本調査における民間シェルターの特徴を設立者の職業別からみていきたい。

相談員や元相談員などの相談職が運営するシェルターは、カウンセラーや精神科医とのネットワークを持つシェルターが多い傾向がみられた。これは、相談員が職務上心理職とのネットワークを構築しやすいことが考えられるが、このようなシェルターではカウンセリングや相談を比較的重視している。また、元自治体職員が設立したシェルターは、ソーシャルワーカーや婦人相談員とのネットワークを持っており、行政の制度を活かした支援の方法を熟知していることから生活再建を重視する傾向がある。教員や弁護士などが中心となって設立したシェルターでは、積極的に行政に働きかけ、行政におけるＤＶ対応の窓口の一元化などを実現している。女性相談グループや女性運動に携わっていた女性が運営するシェルターは、支援活動と並行して他の民間団体とのネットワークをづくり、制度の改善や立法化の活動に積極的に関わるという特徴がみられる。また、保育士が運営する民間シェルターは、当初、ＤＶ被害者と子どものためのシェルターを設立したが、保育士の資格や経験を活かして、現在は子どものためのシェルターを運営しているという特徴がみられる。このように一口に民間シェルターといっても、多様であり、支援活動にも特色があることがわかる。さらにＤＶ防止法施行後、民間シェルターの支援は、全般的には多岐にわたっている。これは民間シェルターが個々の利用者のニーズを的確に捉え、対応してきた結果であると考えられる。また、多様なバックラウンドを持つ設立主体が関わることで、ＤＶ被害者の新たなニーズの掘り起こしにも繋がっていると考えられる。

次に、民間シェルターの特徴としては、支援に関わる専門職が、二〇〇六年時調査より大幅に増加しており支援ネットワークの拡充の傾向がみられた(37)。運営資金の多少に関係なく、多くの専門職が人的資源として確保されている。民間シェルターの地道な支援活動と率先して支援にあたる姿が、専門職の賛同をえているものと考えられる(38)。その一方で、専門職に関わる問題点は、依然としてＤＶに理解を示す医師や弁護士が少ないことがある。シェルターに協力している専門職は、無償や低額の報酬で支援を行っている場合が多いが、このような専門職は数が限られている。しかし、一部の専門職の好意の上に支援が成り立っている現状は、支援の継続性の観点からしても好ましいものではない。さらに、近年、民間シェルター利用者はＤＶ被害者だけでなく、デートＤＶ、家族による暴力や高齢者間のＤＶの被害者など多岐にわたっている。各分野における専門性が必要とされている。民間シェルターは、ＤＶ被害者支援における専門職の必要性を国や行政に訴え、専門職への報酬を予算化してもらうことを検討する必要がある。このことは、民間シェルターのスタッフの専門性の確保にも連なる問題である。

本調査によれば、民間シェルターの財政基盤は、会員として活動に協力する女性たちや篤志家、賛同者などによって支えられている。しかしながら、補助金・助成金の獲得は困難であり、民間シェルターの多くは必要な運営資金を確保できていない。財政基盤の脆弱さは、スタッフ不足に繋がり、利用者のニーズに適った支援を思うように提供できないという形で表れている。シェルター運営の維持の危うさという問題や十分な研修を積んだ専門のスタッフを確保できないという問題の背後には、民間シェルターにおける慢性的な資金不足の問題が横たわっているのである。

民間シェルターが地域において果たす役割を考えるとき、補助金のあり方を再検討することが必要である。たとえば、継続的に補助金を確保できるようにする、補助金申請の手続きを簡素化するなど、利用しやすい形に整備することが望ましい。

最後に、民間シェルターの組織づくりについてみると、都市部、非都市部に関係なく、運営資金が比較的多く、スタッフ構成も恵まれているシェルターでは、組織内の役割分担は明確であった。一方で、そのようなシェルターは少数であり、多くは小・中規模のシェルターで、代表や数少ないスタッフに役割が集中している様子がうかがわれた。また、現在、農村や漁村など都市部から離れた地域に民間シェルターはあまり設立されていない。このような地域ではＤＶ被害が潜在化している可能性が大きく、一層注意が必要であるといえる。

民間シェルターの支援に対する認識や具体的な支援の方法、組織・運営、「シェルター運動」、行政との「連携」について回答者がどのような認識を持っているかについては、インタビュー調査を通して明らかなってきたことを次章以降で述べていく。

表10　本調査における民間シェルターの設立の経緯、運営・組織（計35カ所：質問紙調査34カ所とインタビュー調査1カ所）

設立時期		設立資金	組織	運営	2009年度の運営資金（円）	運営資金の内容	運営資金に占める補助金の割合	行政からの補助金の増減	補助金の使途	NPO法人
I	1	寄付金	専：5 非：6 ボラ：多数	会計、事務、広報など役割分担。	約1千万以上	年会費、寄付金、事業収入、行政からの補助金	2割	—	—	
II	2	賛同者からの設立提供資金、寄付金	専：7 非：3 ボラ：10	運営委員会で決定したことを、実施機関が遂行する。週1回のミーティングで活動などについてスタッフで共有。会計担当など役割分担をしている。	約1千万以上	年会費、寄付金、事業収入、行政からの補助金、利用者負担金	2割	—	—	○
	3	借入金、賛同者からの設立提供資金、寄付金	専：3 ボラ：10	運営会議は月1回。全体会が2月に1回、担当部会は適宜。代表、専従スタッフ・非専従スタッフ、運営委員が運営の中心。	約1千万以上	年会費、寄付金、事業収入、行政からの補助金、利用者負担金、カンパ、民間からの助成金	3割	1999年より電話委託料として受けていた。増加傾向	シェルター運営費	○
	4	—	専：2 非：11 ボラ：多	運営会議は不定期。	—	—	—	—	—	
	5	—	専：6 非：5 ボラ：10	運営会議は月1回。代表は、講演、広報や行政との交渉の他、シェルターネットワークの中心人物でもあるため、専従スタッフが中心となり活動。決定は代表の判断を聞いてから。	—	—	—	—	—	○
	6	—	専：2 ボラ：26	運営会議は月1回でスタッフの情報共有と学習。	—	—	—	—	—	
	7	寄付金、賛同者からの設立提供資金、バザー売上金、広く一般にシェルター設立資金を募り開設	専：2 非：4 ボラ：12	運営会議は設けていない。運営の中心は民間シェルターの設立者、専従・非専従スタッフ。	約1千万以上	年会費、寄付金、事業収入、行政からの補助金・助成金、利用者負担金、カンパ、民間からの助成金、業務委託	0.02割	2002年より受ける。金額はほぼ変わらない	家賃	

設立時期		設立資金	組　織	運　営	2009年度の運営資金（円）	運営資金の内容	運営資金に占める補助金の割合	行政からの補助金の増減	補助金の使途	NPO法人
Ⅱ	8	寄付金、賛同者からの設立資金提供	非：7 ボラ：7	運営会議は月1〜2回。ML会議（意見交換）。民間シェルターの設立者、非専従スタッフ	301万円以上999万円以下	年会費、寄付金、行政からの助成金	6割	1999年より受ける。電話委託を受けて1時増加したが、その後は同じ	シェルターのボランティア活動に対して週5回の電話相談（一回3000円）支払う	
	9	—	専兼 ボラ：27 事務 パート：1	スタッフ会議は月1回。運営の中心は民間シェルター代表	—	年会費、行政からの補助金、利用者負担金	5割	1998年より受ける。補助金額はほぼ変わらない	シェルターの維持費	○
	10	賛同者・発起人からの設立提供資金、寄付金、カンパ、バザーの売上金、広く一般にシェルター設立支援金を募り開設	専：2 非：5	運営会議は月1回。運営の中心は、民間シェルター代表、専従・非専従スタッフ、運営委員	—	年会費、寄付金、事業収入、行政からの補助金・助成金、民間からの助成金、カンパ	6割	1999年より受ける。金額は減少傾向	シェルター家賃、DV被害当事者の諸経費	
	11	賛同者・発起人からの設立提供資金	専：2 非：20	運営会議は月1回。ML会議も実施（ML上で意見交換）。運営の中心は、専従・非専従スタッフ、運営委員	301万円以上999万円以下	年会費、寄付金、行政からの補助金、民間からの助成金、カンパ、一時保護委託費	8割	1997年より受ける。補助金はなくなり、代わりに、一時保護委託契約を結び委託金（出来高払い）を受給	シェルターの光熱費、食費、雑費、事務所家賃、研修費、会議費、スタッフの給与、自助グループ活動費など	
	12	寄付金、カンパ	専：3 非：1 ボラ：9	運営会議は月1回。スタッフ会議は週1回。	約1千万以上	年会費、寄付金、事業収入、利用者負担金、カンパ、民間からの助成金	—	—	—	○

Ⅲ	13	—	専3 非:2 ボラ:3	—	—	—	—	—	—	
	14	借入金、賛同者からの設立提供資金、寄付金、カンパ	非:6 ボラ:1	運営会議は月2回。運営の中心は専従スタッフと運営委員。	301万円以上999万円以下	年会費、寄付金、事業収入、行政からの補助金、助成金、利用者負担金、カンパ、民間からの助成金	1.8割	2005年より受ける。減少傾向	シェルター家賃、同行交通費（補助金の使途が指定されているため）	
	15	—	ボラ:5	運営会議はなし。	—	—	—	—	—	
	16	—	専:6 ボラ:9	運営会議は月1回。	100万円以上300万円以下	—	3割	—	—	
	17	賛同者からの設立提供資金、寄付金、カンパ、バザー、	非:9	運営会議は月1回。日々の業務の中で意見交換をしている。運営の中心は、民間シェルターの代表、非専従スタッフ。	301万円以上999万円以下	年会費、寄付金、行政からの助成金	5割	2003年より受ける。当初より増加したが横ばい	施設維持・管理費（家賃、電気、水道、電話など）	○
	18	アパート経営者から部屋提供	ボラ:10	必要に応じて運営会議をする。運営の中心は、民間シェルターの代表、非専従スタッフ	100万円以上300万円以下	寄付金、行政からの補助金、利用者負担金、民間からの助成金、バザー売上金	1割	2003年より受ける。金額はほぼ変わらない	家賃の2分の1が補助	
	19	賛同者からの設立提供資金、カンパ	専:5 非:3 ボラ:18	運営会議は月1回。運営の中心は、民間シェルターの設立者、非専従スタッフ、DV被害当事者	301万円以上999万円以下	年会費、寄付金、事業収入、行政からの補助金、利用者負担金、カンパ	3割	2003年より受ける。金額はほぼ変わらない	運営資金、人件費	○
	20	カンパ	—	運営会議は月1回。	100万円以上300万円以下	年会費、寄付金、行政からの補助金、利用者負担金、民間からの助成金	0.1割	2007年より受ける。金額はほぼ変わらない	家賃補助	
	21	—	ボラ:15	運営会議は月1回。	—	—	—	—	—	

設立時期		設立資金	組織	運営	2009年度の運営資金（円）	運営資金の内容	運営資金に占める補助金の割合	行政からの補助金の増減	補助金の使途	NPO法人
Ⅲ	22	自己資金	ボラ兼非:8	運営会議（何か問題が起きたとき開く）。運営の中心は非専従スタッフ	100万円以上300万円以下	行政からの助成金、自己負担	6割	2003年より受ける。ほぼ変わらない	シェルター家賃、光熱費	○
	23	—	専:6 非:1 ボラ:3 その他:1	スタッフの間で平等な関係を保てるよう、会議、役割分担において配慮。	—	—	—	—	—	○
	24	寄付金、賛同者からの設立提供資金	非:8 ボ ラ:3 （顧問:2）	運営会議は月1回。ML会議を実施。	301万円以上999万円以下	年会費、寄付金、事業収入、行政からの補助金、利用者負担金、民間からの助成金	0.5割	2006年より受ける	—	○
	25	—	—	運営会議（理事会）は月に2回。普段は、事務局で決定し、緊急の時は、シェルター担当理事が決定。	—	—	—	—	—	○
	26	—	専:3 ボラ:2	運営会議は月2回。	—	—	—	—	—	○
	27	—	専:2 非:1 ボラ:6	—	—	—	—	—	—	
	28	寄付金、賛同者からの設立提供資金	専:4 非:2	運営会議は月1回。週1回スタッフ・ミーティング。運営の中心は、専従・非専従スタッフ、運営委員。	301万円以上999万円以下	年会費、寄付金、事業収入、行政からの補助金、委託事業費	3割	2005年より受ける。増加傾向	シェルター家賃など維持費、人件費	
	29	—	非:6	運営会議は月1回。	—	—	—	—	—	
	30	寄付金、行政からの補助金・助成金	専:4 非:4 ボラ:3	運営会議は月1回。ML会議も実施。運営の中心は、民間シェルター代表、運営委員。	100万円以上300万円以下	寄付金、行政からの補助金・助成金、民間からの助成金	3割	2004年より受ける。ほぼ変わらない	DV被害者の食事、生活費、支援者のスタッフ料（人件費）	○

Ⅲ	31	寄付金、バザーなどの売上金、行政からの補助金、助成金	専：2 非：10 ボラ：3	運営会議は月1回。ML会議を実施。	301万円以上999万円以下	年会費、寄付金、行政からの補助金・助成金、利用者負担金	5割	2003年より受ける。増加傾向（市によって異なる）	シェルター運営費、家賃、光熱費、自立支援費	○
	32	—	専：1 非：1	—	—	—	—	補助金は受けたことがない	—	
	33	—	専：1 非：11	必要に応じて運営会議をする。	—	—	—	—	—	○
	34	借入金、賛同者からの設立提供資金、寄付金、カンパ、行政からの補助金・助成金	非：2 ボラ：5	運営会議は月1回。運営の中心は、民間シェルター代表、非専従スタッフ。	100万円以上300万円以下	年会費、寄付金、事業収入、行政からの補助金、民間からの助成金、利用者負担金	4割	2007年より受けているが、金額はほぼ変わらない	事業費	
	35	寄付金（その他：不動産の無償提供、支援物資など）	専：2 非：2 （運委：14）	運営会議は月1回。運営の中心は、民間シェルター代表、非専従スタッフ、運営委員。	100万円以上300万円以下	年会費、寄付金、利用者負担金、行政からの補助金、民間からの助成金	0割	2010年に初めて受けた	警備保障導入	

表11　本調査における民間シェルターの支援、専門性、行政との連携（計35カ所：質問紙調査34カ所とインタビュー調査1カ所）

設立時期		支援に関する意思決定	支援項目	内部の専門職	外部の専門職	シェルター内の規則	2009年度の利用者数	行政との連携
Ⅰ	1	ケース検討はスタッフ間で協議。女性のケア担当、子どものケア担当。専従スタッフの指示でボランティアは食事づくり、掃除など。	—	ソーシャルワーカー	弁護士、婦人相談員	—	—	行政との連携は一時保護委託を受ける時。
Ⅱ	2	シェルター内で毎週ミーティングを行っている。ケース毎に自治体担当者などと検討会議を行う。フルタイムスタッフの指示のもとボランティアスタッフが入所者のケアをする。毎年養成講座でスタッフを育成。	—	臨床心理士などの資格をもつスタッフはいるが、日常的には、他のスタッフと同じボランティアとして支援に関わる	弁護士、精神科医、臨床心理士、婦人相談員、自治体のDV担当者	—	—	行政とは連携・協働して支援にあたっている。
	3	緊急時のケース対応は個別で判断し、後で報告。支援に関することはほぼスタッフ全員で話し合い共有する。	24	カウンセラー	弁護士、精神科医、カウンセラー、内科医、保健師、大学の教員、婦人相談員、自治体のDV担当者	9	11人	婦人相談所との関係が密接とはいえず、行政との連携はあまりない。
	4	ケース会議はその都度。緊急時のケース対応は個別で判断し、後で報告。	—	—	—	—	—	行政との連携は一時保護委託を受けたときのみ。委託ケースは行政の指示で動く。婦人相談所が委託の決定権をもっているが、こちらの意向に配慮がない。
	5	ケースが持ち込まれた時毎に会議。	—	—	—	—	—	行政民間でケース検討会議を行う。民間の意見を尊重するようになった。行政に会議で要望を伝える。警察、医療機関との連携は緊密。
	6	—	—	—	—	—	—	一部の行政では、DV被害者の退所先について非協力な所もあった。

Ⅱ	7	ケース会議は週1回。ケースが持ち込まれた時毎に会議。	28	弁護士、ソーシャルワーカー、臨床心理士、カウンセラー、大学教員、児童福祉士	弁護士、臨床心理士、カウンセラー、大学教員、婦人相談員	10	22人	民間を、対立する所ではなく協働できるパートナーをしてみてくれるようになった。県外から委託を依頼されるが、財政面のサポートはなし。
	8	ケースが持込まれた時毎に会議	23	カウンセラー、看護師	弁護士、カウンセラー	16	7人	警察の対応が改善。
	9	ケース会議は週1回。	13	—	—	11	—	2次被害が起きないよう「DV相談受付票」を共有するようになり、連携は改善。
	10	ケース会議は月1回。緊急の場合は個別に判断し後で報告。	21	看護師	弁護士、精神科医、内科医、保健師	12	19人	行政全体の中で連携が位置付けられていない。人によって対応に開きがある。
	11	会議は平均月1回。ケースが持ち込まれた時毎に会議。緊急の場合は個別で判断、後で報告。	24	弁護士、カウンセラー、看護師、ソーシャルワーカー	弁護士、ソーシャルワーカー、臨床心理士、保健師、婦人相談員、児童相談所ケースワーカー、自治体のDV担当者、警察署	8	50人	2007年以降、連携は改善。相談は行政、一時保護は民間、自立支援は協働。
	12	会議は平均週1回。ケースが持ち込まれた時毎に会議。緊急の場合は個別で判断、後で報告。	30	弁護士、ソーシャルワーカー、ケースワーカー、臨床心理士、精神科医、カウンセラー、看護師、保健士、保育士、大学教員、司法書士、パタンナー	弁護士、精神科医、カウンセラー、内科医、産婦人科医、大学教員、婦人相談員、ソーシャルワーカー、児童相談所ケースワーカー、自治体のDV担当者	3	47人	民間シェルターへの直接入所も委託ケースとして認めてもらう。
	13	ケースが持ち込まれた時毎にケース会議	—	—	—	—	—	民間シェルターへの理解は深まり、委託ケースも増えた。
	14	ケース会議は月2回。緊急の場合は個別に判断し、後で報告。	18	看護師、助産師、保育士	弁護士、カウンセラー、保育士、婦人相談員、ソーシャルワーカー、自治体のDV担当者、外国人支援機関、通訳・翻訳者、母子家庭の支援に関わるNPO団体	14	12人	行政から連携のために民間の実績を問われ、時間がかかった。
Ⅲ	15	—	—	—	—	—	—	—

設立時期		支援に関する意思決定	支援項目	内部の専門職	外部の専門職	シェルター内の規則	2009年度の利用者数	行政との連携
Ⅲ	16	ケースは緊急の場合は個別に判断し、後で報告。		大学教員	行政機関のDV担当者	—	—	DV連絡会議を設置させ、行政民間共催で研修会を開催した。
	17	—	14	カウンセラー	婦人相談員、男女共同平等推進センター相談員	12	30人	DV防止法の成立により支援活動がしやすくなった。行政と対等の立場になった。法の枠に入らない人のシェルターへの入所が困難。
	18	ケースが持ち込まれたとき毎に会議	19	—	自治体のDV担当者	11	5人	定期的なDV連絡会の開催や関係各課とのケース会議を行う。
	19	ケースが持ち込まれたとき毎に会議。緊急の場合は個別に判断し後で報告。	25	弁護士、ケースワーカー、精神科医、カウンセラー、大学教員	弁護士、精神科医、産婦人科医、大学教員、婦人相談員、ソーシャルワーカー、児童相談所ケースワーカー、自治体のDV担当者	11	9人	民間の意見を求められる事が多くなった。婦人相談所所長は、民間の安全面に不安があり、民間シェルターに一時保護委託を出さない。
	20	緊急の場合は個別に判断し後で報告。	18	ソーシャルワーカー	自治体のDV担当者	9	12人	警察生活安全課との連携は改善。行政は委託の際、当事者の情報を一部しか伝えないので支援が難しい。
	21	ケースが持ち込まれたとき毎に会議。緊急の場合は個別に判断し後で報告。	—	—	—	—	—	改善されていない。
	22	ケース検討に関する会議などの場は設けていない	16	弁護士、ケースワーカー	—	12	6人	警察の対応が改善。
	23	—	—	—	—	—	—	行政との関係は改善。行政と対等の関係になった。DV基本計画のヒアリングに参加。法の枠におさまらない人達の公的一時保護施設への入所が難しくなった。

Ⅲ	24	ケース会議は月1回。緊急の時は個別に判断し後で報告。	22	カウンセラー、臨床心理士、保育士、大学教員	弁護士、臨床心理士、精神科医、婦人相談員、児童相談所ケースワーカー	10	2人	行政のDV相談員が行政機関での手続きをしてくれるので安心。行政は民間シェルターを重要視していないので、支援が十分できていない。
	25	ケースは、緊急の時は個別に判断し後で報告。	—	—	—	—	—	民間への直接入所は委託ケースとして認めない。行政からの委託ケースでは処遇方針を行政が決めて民間には任せない。
	26	ケースが持ち込まれたとき毎に会議。緊急の場合は個別に判断し後で報告。	—	—	—	—	—	意思疎通がし易くなった。システムで動いている行政と少人数で動いている民間シェルターの調整が難しい。
	27	—	—	—	—	—	—	—
	28	ケース検討会議は週平均1回。運営委員2人以上の判断で意思決定する。	16	看護師	婦人相談員	10	19人	行政と民間の連携はできつつある。DV連絡会議は2年に1度。協働でDV防止研修実施。DV担当者のDVへの認識が不足。
	29	ケースが持ち込まれたとき毎に会議。緊急の場合は個別に判断し後で報告。	—	弁護士、臨床心理士、産婦人科医、大学教員（いずれも役員）	—	—	—	制度面で困難がある。
	30	ケースが持ち込まれた時毎に会議。緊急の場合は個別で判断、後で報告。	18	ソーシャルワーカー、カウンセラー	外部の専門職はいない	11	14人	行政と意見交換が少しはできるようになった。連携を行わない公的関係機関もある。
	31	生活再建の最終責任は福祉事務所にある。	15	カウンセラー、保育士、大学教員	弁護士、ソーシャルワーカー、カウンセラー、大学教員、婦人相談員、児童相談所ケースワーカー、自治体のDV担当者、女性施策担当経験者	2	40人	行政とは連携・協働して支援にあたっている。

Ⅲ	32	—	16	保育士	婦人相談員、児童相談所ケースワーカー、自治体のDV担当者、内科医	3	—	—
	33	緊急のケースの場合は個別に判断して後で報告する。	—	—	—	—	—	ケース検討会議を行政・民間で行う。民間シェルターが同行することにより関係機関の対応が改善されてきている。
	34	ケース会議は月平均1回。緊急時のケース対応は個別で判断し、後で報告。	22	ソーシャルワーカー、カウンセラー、ケースワーカー、臨床心理士	弁護士、内科医、大学教員、カウンセラー、婦人相談員、ソーシャルワーカー、児童相談所ケースワーカー、自治体のDV担当者	12	—	行政・関係機関は連携を行わない。
	35	ケースが持ち込まれた時毎に会議	24	弁護士、カウンセラー、保育士、大学教員、市議会議員	ソーシャルワーカー	7	11人	行政・関係機関は連携を行わない。

第3章 民間シェルターによる支援

本章では、二〇〇九年七月から二〇一〇年八月に民間シェルター一〇カ所の代表およびスタッフ、計一三名を対象に行ったインタビュー調査および質問紙調査結果も一部提示しながら、民間シェルターの支援に関連する語りを中心に考察していく。

インタビューに応じた一三名の支援者の約四分の三がDV防止法施行前後から支援活動を行ってきたベテランの支援者である。調査時の平均年齢は五三・八歳、平均活動歴が一〇・一年であった。また、一三名のうち九名は関東圏、その他の四名は、北海道、中部、近畿、中国地方の民間シェルターに属している。

第1節では、DV被害者を支援する際の姿勢について、第2、3節では、支援の過程の中で、支援者がDV被害者と関係を築く際に、どのような点に留意しているのかについて考察する。第4、5節では、DV被害者支援と「シェルター運動」との関係に対する支援者の認識について特定非営利活動法人全国女性シェルターネット（以下、「シェルターネット」と記す）の運動も含めて検討する。第6節では、民間シェルターの理念と組織の柔軟性について婦人相談所一時保護所との比較から考察する。第7節では、ニーズと当事者性の視点からDV被害者のニーズを引き出す支援について、第8節では民間シェルターという「場」の必要性について論じる。

本章では、主に筆者が行ったインタビュー調査から明らかになった具体的な語りを取り上げて考察する。なお、以下の支援者の発言の引用は原文のままであるが、わかりにくい部分については、筆者が［ ］に補足している。また、インタビューの発言で本編とあまり関係のない内容については省略している。インタビュー参加者はアルファベットで表記し、個人を特定できないように配慮した。

1　DV被害者支援の基本姿勢とエンパワーメント

1　基本姿勢とエンパワーメント

ここでは、インタビュー調査で支援者が、支援をする際にどのような姿勢で取り組んでいるのか、を尋ねた結果を整理してみる。いずれの支援者も、まずはDV被害者に安全な場を提供することが最も重要である、という考えを示している。

「民間シェルターの仕事は表に出ない仕事です。DV被害女性が安心できる環境をつくるのが一番大事なこと」（Iさん）

「DV被害者の方がうちのシェルターへ入ってこられる。そして、安全の確保をします」（Bさん）

「その［シェルターにいる］中で、一番大事なことは、今までの危険な環境からとにもかくにも逃れることができたわけだから、ゆっくり心身を休めて、自分の持っている力を回復することが大事です」（Jさん）

「安心」や「安全」を確保するという姿勢あるいは考え方は、基本的に民間シェルターの間で共有されているといえる。「安心できる環境をつくることが一番大事」と語るIさんは、これまで夫に怯えて生活していた環境から逃れてきたDV被害者には、安全で安心のできる場であるシェルターが必要なのだということを強調していた。この言葉は、支援の第一は、「安心できる環境」（Iさん）を被害者に提供し、「安全の確保」（Bさん）をすることにあり、そのためにシェルターの存在意義があると考えていることを端的に示している。

このように安全で安心な場の提供が、シェルターにとって第一義としてある。だが、単に「場」を提供しただけでは「安心できる環境」が整備されているとは言い難い。「場」の確保と同時に、支援者は、被害者が日常生活を滞りなく送れるように細心の注意をも払っている。

次にあげるMさん(1)の語る「雑々とした仕事」とは、その重要性を表す象徴的な表現である。

Mさんは、シェルターの仕事について、被害者がシェルターで出したゴミを片づけること、疲れている被害者の買い物を一緒に手伝ってあげること、子どもの世話をすることなどを例にあげ、シェルターの仕事は「雑々とした仕事」だという。

「日常は、［DV被害者が］気持ちよく過ごせるために、シェルターのお部屋を点検したり、地道な仕事の積み重ねで、粛々とやっているものなんです」（Mさん）

民間シェルターの日々の支援活動とは、DV被害者の生活を支援していくことであり、このようないわば淡々とした対応が支援活動の中心であるといえる。Mさんは、「粛々と」支援活動をすることが、被害者の日常の回復に繋がっていくという。そういう意味において一見「雑々とした仕事」であるが、それが実は、被害者が安心して生活することが可能な環境づくりに欠かせない支援であるといえる。

民間シェルターにおいて、心と体を休めることが最初のDV被害者への支援だとすれば、次の段階の支援とは、D

V被害者のエンパワーメントであると支援者の多くは述べている。

エンパワーメントという言葉、概念については、インドの「DWAM」(2)がempowerment(できないと思われていたことを可能にする)といった意味合いで使い始めたと言われているが、その後、女性学の中で広がって行った(村松(安)・村松(泰)編、一九九五)。他方で、一九八〇年代後半、心理学者のジーン・B・ミラー(J. B. Miller)(3)は、女性にとっての力を「実現能力」——女性が既に持っている諸能力の実現——であり、また、女性が開発しつつある新しい能力の実現という意味で使用した(4)。これは、既存の力の概念——自分自身のための力と他人の力を支配し制限すること——とは異なる意味のものであった(Miller, 1978＝一九八九：二二一～二二二)。平川和子は、ミラーの「力」の概念を「変化を生み出す能力」として解釈し、女性たちの繋がりの中でこの力をえることをエンパワーメントと定義した(波田・平川編、一九九八：一〇)。

さて、Mさんは支援の過程でDV被害者が徐々に本来の「自分を取り戻していく」ことを実感していた。


「DV被害を受けていたときの彼女たちは、夫のコントロールのもとで、自分の好みを忘れ、夫の好みの料理、洋服を着て暮らしていた。自分を失っているわけです。自分で暮らすようになったら自分の好きなものを思い出したと言うのです。自分を取り戻していくのですね」(Mさん)

また、Mさんは、「彼女たち[DV被害者]は夫のコントロールのもとで」、本来の自分の人生を生きてこなかったため(5)、「彼女たちの人生を取り戻すお手伝い」をすれば、彼女たちは自分の人生を取り戻す、と話した。そして、被害者は、本来の力をDVによってそがれていたが、本当は「すごい力を持っている」(Mさん)と語った。

Bさんは、民間シェルターの支援の独自性とは、このように支援の過程を通してDV被害者をエンパワーメントすることであり、支援者もそこに支援活動を行う意義を見出していくことであるという。

「［DV被害者が］家を出てきたときは、自分と夫の問題だと思って悔しいという思いだったけれど、出てきてしばらくしたら、DV関連の本や新聞記事などを見たりして、自分が思っていたのと違うストーリーができるわけなのです。だから、自分が［家を］出てきたときから、ストーリーを書き換えることができます。それが、エンパワーメントだと思っています」（Bさん）

調査参加者によれば、DV被害者が自分の人生を取り戻すこと、それが、被害者がエンパワーメントしていくことである。

Bさんは、具体的な支援におけるエンパワーメントの形を述べている。たとえば、保護命令などを申請する際、支援者は、申請書の書き方に戸惑う被害者と一緒に作業をする。被害者にとって申請書を書くことは大変な作業である。それは単に書式にそった形式的な書き方がわからないということだけではない。書き方一つで申請が通らないこともあるため、被害者は自分が受けたDV被害について彼女たち自身が気づいていない「被害性」（Bさん）をも明確にしていかなければならない。長い間夫から抑圧的な態度を取られていた被害者にとって自分自身の「被害性」（Bさん）を明確にすることは容易ではない。ゆえに支援者は、被害者とともに保護命令などの申請書を書く作業を通じて彼女たちの中に深くしまいこまれてしまった体験や日常化されてしまったDV被害を丁寧に聞き、解きほぐしていくことを支援の第一義と考えている。

被害者が、自分の言葉で、DV被害の体験を語り、状況を説明できるようになることには、大きな意味がある。なぜなら、被害者が自分の言葉を使ってDV被害を言語化できたとき、それは彼女たちが自分の言葉を獲得したときであると同時に、自分の言葉を取り戻したときでもあるからだ。

DV被害者の場合、まず必要なのは生命の維持であり、そのための安全な場所の確保であるが、これらのニーズが満たされると、自分がどこに所属しているかという集団帰属や自分は認められているという自己承認の段階へと移る。特にDV被害者の場合は、DV加害者から否定されたり、認めてもらえなかったりという抑圧的な状況下にいたため、自己を尊重することができなくなっている。したがって、民間シェルターでは、自分の感情を抑えてDV加害者の求める役割を演じていたDV被害者の真のニーズを見出すために、徹底的に被害者を尊重しながら話を聞く姿勢を貫いている。そのような対応や支援をしていくうちに、被害者は自らの言葉を語り出し、自分を取り戻していくことができるようになるのである。支援者は、被害者の苦しみや悩みに共感する過程で、被害者への理解を深めている。このような支援姿勢は支援者が共通して身につけているものといえる。

さらに、民間シェルターでは、DV被害者の話を聞きながら、あるいは、シェルター滞在中の何気ない会話の中で、被害者の心の状態を推し量り、被害者のニーズを把握する。民間シェルターには「マニュアル化された援助プログラムは存在しない」（Bさん）というが、それは、「被害者の置かれた状況がそれぞれ異なるので、共通のマニュアルがあっても役に立たない」（Bさん）という理由からである。このように、一人ひとりのニーズにそった支援を行うのが民間シェルターの基本姿勢となっている。

2 「自立」支援についての認識

民間シェルターでの生活はDV被害者にとって一つの通過点に過ぎない。それゆえ、民間シェルターでは、被害者がシェルターに入所後一定期間が過ぎ、ある程度気持ちが落ち着いてきたことを確認すると、次の段階の支援へと移行する。なぜなら、どの支援者も、被害者がシェルターを退所して地域社会へ戻り生活を再建していくことが支援の最終目標と考えているからである。

では、DV被害者の「自立」について、支援者はどのような認識を持っているのだろうか。

「［DV被害者を］助けるっていうよりは、［DV被害］女性が自分らしく自立してほしい。［DV被害］女性が自分らしい人生を取り戻してほしい。そういう視点なのです。その人がその人らしく自立していく。DVを受けようが受けまいが、［その］女性が自立していく」（Hさん）

Hさんの考えるDV被害者の「自立」とは、「自分らしい人生を取り戻す」ことである。したがって、支援する側にとっては、これまで夫の圧力のもとにいて「自分らしさ」を失っていた被害者が、本来持っている「能力を発揮できるようにするための支援をしていくことが大事」（Hさん）であるという。

では、「本来持っている能力の発揮」とはどのような意味だろうか。

被害者は、DV被害を受けたために自分がしたかったことができず、家庭の中で夫であるDV加害者の秩序に従って暮らしていた。Hさんは、そのような被害者であっても、夫の支配から離れることで、「能力を発揮する」ことができるようになると考えているといえる。Hさんの言葉は、DV被害者がDV加害者の秩序の中で、自分を押し殺して生きることを余儀なくされてきたことに思いを馳せ、被害者がそこから退出することを示唆している。

またIさんは、DV被害者が社会の中で「自由」に生きていくこと、被害者の「好きなこと」を実現することを「自立」と意味づけている。「自由」の反対語は、束縛であり、「好きなこと」の反対は嫌いなことである。DV被害者は、シェルターに逃れてくるまでにDV加害者によって束縛され、加害者の「好きなこと」＝被害者の嫌いなことをさせられてきたという状況がある。そのような状況を踏まえ、Iさんは、このような言葉を使ったのではないかと考える。

「『関わる自立』を大切にしています。DV被害女性と一緒にやっていくのです。一人の女性が社会の中で自由に生きてくれたら、それが喜び。たとえば、DV被害女性が好きなこと、興味のあることを実現する［ことができ

れば」」（Iさん）

一方、Cさんは、DV被害者を「力のある方」と表現している。

「DV被害女性が自立していくにあたって、最初は支援していかないと。力のある方［DV被害者］だけれども、しばらくの間は支援が必要なのですよね。その間は支援していきたいです」（Cさん）

Cさんのいう「力」とは、HさんやIさんの使っている本来持っている「能力」や「自由」に生きることという言葉と同じ意味合いであると考えられる。Cさんは「DV被害女性が自立するにあたって」と話しており、「力」とは、被害者が「自立する力」や「回復する力」を持っているという意味と解釈できる。

DV被害者が「自立」するということ、それは、生活面では、民間シェルターなどを退所した後に、新たな住居を見つけて地域で暮らしていくことや職業を見つけて就労することであり、精神面では、夫の元を離れ新たな生活をスタートさせることを意味する(6)。

インタビュー調査から明らかになったことは、いずれの支援者も、DV被害者の「自立」に向けて支援することの重要性を強調することである。しかし、支援者らが被害者の「自立」支援を重視する背景には、被害者が、支援を受けたからといって、簡単に「自立」できない現状があるからともいえる。

DV被害者はシェルター退所後も夫との間に裁判が続いていたり、夫から身を隠して生活することを余儀なくされたり、また、PTSDの症状があるなどの理由からカウンセリングを受けたりする中で、生活再建が思うように進まない場合も多い。そのような状況であっても、被害者は、見知らぬ土地で新たな生活をスタートさせなければならない。このような被害者の置かれた状況が困難の連続であることは容易に想像できる。支援者は、このような生身の被害者と接し、被害者の苦悩を間近で感じてきた。

本インタビューの調査結果では、DV被害者が新たな生活をスタートさせる際に直面する困難の背景にある構造的な問題について、支援者がどのような考えを持っているのかについては明確に浮かび上がらなかった。だが、支援者が被害者の「自立」支援を重視していることこそが、被害者が社会で生き延びていくこと、すなわち「自立」して生きていくことがいかに難しいことなのかを認識している証左である。調査参加者のいう「自立」とは、今日の社会福祉領域で使われている「自立」概念とほぼ同義の意味で用いられていると考えられる。

「自立」とは、他者の力を借りず、自分の生活を自分の責任や努力で行うという意味の「自助」的なものではなく、たとえば、障がい者が他者の力を借りて、自分が希望し選択した生活を送るという意味での「自立」である。同様にこの「自立」支援は、地域生活の基盤確保を前提としつつ当事者の自己決定権を基礎に社会福祉サービスを提供するための多様な方法という(7)、社会福祉の一般概念である「自立支援」の考え方と近いものであると考えられる。ただし、DV被害者支援における「自立」の過程では、暴力の影響の重視、たとえば、精神的ダメージの大きさがさらに「自立」を困難にするため、被害の回復から生きる力の回復まで時間をかけて丁寧に支援していく必要があることと、その中でのエンパワーメントが重視される。

本調査では、いずれの支援者も、DVの背景に性差別構造があるとは、明言していない。だが、支援者は、DV被害者が夫の元に居たときの支配／服従の関係性やシェルター退所後の生活再建の難しさを間近で見てきたことにより、婚姻関係にある夫の元から逃れることがいかに女性を不利な状況に追いやるのかを実感している。したがって、支援者は、DV被害者の「自立」の困難は、単に個人の能力や個人の問題によるものだけではないと思い知らされているのではないだろうか。であるからこそ、支援者は、「自立」への道には、DV被害者に関わりながら、長期的なスパンで支援していく必要があると考えているのではないだろうか。

3　シェルター退所後の地域における支援についての認識

地域における支援はＤＶ被害者支援の新たな課題である、とインタビューに応じた支援者の多くが認識していた。それは、生活を再建するという物理的な支援だけでなく、ＤＶ被害者が新しい生活に戸惑い、精神的な不安を抱くことも視野に入れての支援を意味する。ここでは、支援者の多くが着目する、地域における支援に対する認識について検討する。

「ＤＶ被害女性たちのスタートは、新しい地域に移ってからが本当のスタートだと思うのですね」（Ｌさん）

民間シェルターは、基本的には一時的に保護をする施設であり、いずれは退所する場所である。Ｌさんのいうように、退所後の地域における生活が、ＤＶ被害者にとって「本当のスタート」になると考えられる。ＤＶ被害者の多くは住み慣れた住居を後にして、ＤＶ加害者から離れた土地に移り生活を始める。その場所は、初めて住む土地であり、知り合いのいない土地であることが多い。ＤＶ加害者と遭遇しないようにするために、あえて親戚や知り合いがいない場所を選択せざるをえないからであるが、それは被害者にとって想像以上に過酷な状況である。

「ＤＶ被害者にとっても、子どもにとっても。全然知らない場所へ、『ぽつっ、ぽつっ』と入り込んでくる。そんな勇気としんどさを考えると、不安定になるのは無理がない」（Ｈさん）

このような状況の中で、ＤＶ被害者の中には、一緒に逃れてきた子どもが思うように育ってくれないというジレンマを感じる者も多い。

「ＤＶ被害者は、子どもたちが問題を起こしたりしたときに、『父親がいないからこんなに暴力的になったのかしら』『父親がいたときは、おとなしくていい子だったのに』『父親と同じ言葉で［DV被害者を］なじったりするのは、［父親という］重石がなくなったから』と言って、自分［DV被害者］自身を責めるのですね」（Bさん）

このようなケースの場合、支援者はどのように対応しているのだろうか。

シェルター退所後のDV被害者へのアフターケアとカウンセリングの重要性を痛感しているBさんは、被害者が悩みを抱えてシェルターを訪れたり、電話をかけてきたりするときには、まずじっくり話を聞く。子どもが乱暴になったという悩みには、「子どもは、［DV加害者の］拳骨が自分に飛んでこないようにいい子にしていた。でも今は自由だから、解放されたから。今はちょっとタガが外れているけど、この先、二人が安心できる生活になっていけば、そういうこともなくなるはずだ」（Bさん）と話し、被害者の不安を少しでも取り除くよう配慮するという。

DV被害者は、暴力を振るう夫の元から逃れてきたという自分の選択は間違っていなかっただろうかと迷ったり、見知らぬ土地で暮らす孤立感を感じたり、夫が追ってくるのではないかという恐怖感に襲われたりと数えきれない程の不安を抱え、それが自信をなくす一因にもなっている。その他にも、経済的に「自立」しなければならないというプレッシャーや将来の不安など、多くの重荷を背負わざるをえない状況に追い込まれる。このような多くの不安や過酷な負荷を一人で抱えてしまい、悩んだ末に夫のもとに戻るDV被害者もいるほどである。このような被害者の状況を少しでも改善するためにも、地域にある民間シェルターや関係諸機関の存在が重要視されるのである(8)。

このように地域における支援が重視される中で、地域性と支援の関係における問題点も明らかにされている。たとえば、非都市部では、支援との関係において、安全性、情報の少なさ、人材不足の問題があげられた。安全性の問題は特に深刻である。中でも、民間シェルターの場所を非公開にしていても、利用者がシェルター退所後に誰かにシェルターのことを話してしまう場合がある。非都市部の場合、特にコミュニティが狭いため、シェルターの場所が開示されてしまう危険性が高い。それゆえ、利用者によって何らかの形で場所が開示される度に、「シェルター施設を移動しなければならない」と非都市部の民間シェルターの支援者のBさんは語った。

「これは地方のシェルターみんな抱えていると思うのですけれど、自分たちの安全の問題です。コミュニティが非常に狭いですよね。たとえば、これが『東京で民間シェルターをやっています』と言っても、東京は、紛れ込むことができるのです。ところが、地方は紛れ込むことができないのです」（Bさん）

「遠く（地方）へ行けば行くほど情報が薄くなる」（Dさん）

「地域性としてまず［民間シェルターの］活動を始める人が少ない」（Kさん）

これらの支援者の認識に共通するのは、非都市部特有のDV被害者支援の難しさである。安全面の問題や情報が十分に届かないなどの問題点は、非都市部における地域住民にDVへの認識が十分に浸透していないことを端的に示している。したがって、Kさんの言葉にあるように、非都市部ではDVや民間シェルター自体を知らない、関心が低いなど傍観者的な立場の人が相対的に多いということになるだろう。

さらに地域における支援を困難にしているのが、被害者の生活再建の問題である。Mさんの所属する民間シェルターは地方都市にあることもあり、被害者の職探しに苦労をしていた。

「［DV被害者が］具体的に仕事を探したことがないと難しい……。とりあえず食べていかないといけないので、ファミレスでもスーパーでも時間勤務なので数時間しか働かせてもらえない。ワークシェアリングとはこういう使い方をするのだなと。雇う側が簡単に人を補充できるので、一日働くということができないのです。だから［DV被害者は］一日に二つ仕事をかけもちすることが多かったですね。大変です……。二つもね。パートですか

ら。子育て［と仕事をするのは］は大変です」（Mさん）

不況が続いていることも大きな影響を与えているが、就職すること自体が難しく、また、たとえ就職できたとしても好条件で就職できることはほとんどない状況がみうけられる。就職問題は、被害者全般に共通する困難であると考えられるが、非都市部地域では、問題は一層深刻化しているといえる。非都市部における支援者は、ＤＶ被害者の生活再建の場面で、都市部に比較にならないほど、被害者が住まいをみつけることの大変さ、仕事をみつけることの難しさを思い知らされているのである。

非都市部といわれる地域にいくほど、民間シェルターの数は多くはない。支援者の多くは、被害者の身近に民間シェルターの存在が必要であり、地域において民間シェルターを増やしていくことが重要であると考えている。だが、現状では、民間シェルターは地域に偏在している。これまで民間シェルターは、それぞれの地域におけるＤＶ被害者支援のネットワークづくりを積極的に行ってきた。なぜなら、民間シェルターは、地域における息の長い支援がＤＶ被害者の生活再建、すなわち「自立」のために必要であると考えているからである。それゆえ、地域に偏在しているとはいえ、それぞれの地域における民間シェルター同士のネットワークがＤＶ被害者支援に果たす役割は大きいといえる。

ＤＶ被害者支援の地域間格差を埋めるために、今後、民間シェルターは積極的かつ広範なネットワークづくりと、相互にサポートし合う支援体制を構築することが肝要であると考える。それは何より「安心できる環境」をＤＶ被害者に提供し、被害者の「安全の確保」をし、そして被害者自身が「本来持っている能力の発揮」をできるようにすることに繋がるからに他ならないからである。

2　支援者の立ち位置と被害者との関係性

前節で述べたように、支援者は、DV被害者の支援においてエンパワーメントを重要視する。そのような姿勢を持つ支援者は、被害者支援を行う際に、DV被害者との間にどのような関係性を築いているのだろうか。本節では、支援者が被害者と接する際に留意していることや被害者との関係性に対する考え方などについて支援者の言葉を読み解いていく。

支援者の多くは、DV被害者と接する際に、被害者に共感する姿勢を持っていたり、被害者と同じ目線になることを意識しながら関係性を構築したりすることがDV被害者支援にとって重要である、と認識していた。

「DV被害女性のすべてを受け止め、否定をしない。柔軟に対応する。『彼女［DV被害者］にこうしてあげて……』ではなくて、『彼女がしたいことを引き出すように支援する』。彼女が納得することが大事」（Iさん）

このように、Iさんは DV被害者をありのままに受け止め、被害者が「納得」する支援を心がけていることがみてとれる。要するに、支援者は、支援するにおいて、決して支援者の考えを押しつけることなく、被害者の気持ちや言葉を共感的に受け止め、あくまで被害者の気持ちを尊重する姿勢を示すことが必要かつ重要であるということになる。

このような支援者と被害者の関係性の構築は、次のDさんの言葉に如実に表れている。

「［DV被害の］当事者の所へいくと、［DV被害の］当事者は、私のこと誰だか［初対面で最初は］わからないから、私のことを先生と呼ぶの。私は［DV被害者に対して］、『先生と呼ぶのはやめてね。先生じゃないから、同じ女

として、あなたと一緒に考えたいと思っているだけの人だから』って伝えている」（Dさん）

Dさんだけではなく、全体的な傾向として、一〇年以上支援活動を続けているベテランの支援者らは、「DV被害女性に寄り添って」（Iさん）、「[DV被害女性は] 力がある方だけれどもしばらくの間は支援が必要」（Cさん）など被害者の置かれた立場や状況を理解した上での支援を重視している。支援者は、支配／服従関係の中で、自分の気持ちを抑え込んできたDV被害者の気持ちを解きほぐし、DV加害者による抑圧的な関係性とは異なる関係性を創り出そうとしているといえる。

このような被害者との関係性を構築しようとするベテランの支援者らは、DV被害者の置かれた立場を示しながら、被害者に対する支援のあり方を次のように語っている。

「とりあえず、[DV被害女性は] 行く所がない、家に帰りたくない、お金も持っていない。総合的 [な支援] というのはそういう意味。当時はなかったから」（Dさん）

Dさん(9)のいう「当時」は、DV防止法制定以前のことをさしている。

Dさんは、相談活動などを通してDV被害者に接してきたが、相談だけでは被害者に十分な支援が行えないと考え、民間シェルターを設立した。「当時」とは全国的にようやく民間シェルターが設立されはじめ、一時保護が行われるようになった頃である。この「当時」、DさんはDV被害者とともに警察へ行った際に、警察がDVについてまったく理解を示さない態度に愕然としたという。だが逆に、警察の理解のない態度に奮起し、「やる気になった」という。

Cさん(10)もまた、DV防止法制定以前から外国籍の被害女性を支援してきた経験を持つ。

「[外国籍のＤＶ被害者と]一緒に同行して、役所や入管、警察、裁判所に行かないといけない。そういう所で私は学んだのです。ＤＶ被害者の人たちに対してどういう風なことをするのが一番ベストなのかということを」（Ｃさん）

Ｃさんの言葉には、ＤＶ被害者の支援には何が必要かについて、経験を通して感得してきたという自負が示されている。また、Ｄさんと同様に、夫からの暴力が行政や社会に認められていないこと、ＤＶ被害者がいかに制度の枠の外におかれ、守られない存在であることを痛感した様子がうかがわれる。そのような体験が、ＤＶ被害者に対して何をするのが「一番ベスト」かを考えさせ、支援者として被害者と「一緒に」制度の壁を乗り越えていくことを決心したと考えられる。

この二人の支援者にみられるような姿勢は、ＤＶ防止法制定以前から支援活動に携わってきたＡさんにもみてとれる。Ａさんは、「当事者性」という言葉を使ってＤＶ被害当事者と共に闘う支援について次のように語っている。

「当事者性というのは、すごく大事だと思っています。（中略）志のある女たちが専門性を駆使して[ＤＶ被害の]当事者と一緒に闘い抜いていくという支援の仕方の方が、結局、意味のある仕事になるのではないか、と私たちは思っています」（Ａさん）

Ａさんが、「当事者性」をどのように意味づけしているのかはこの言葉だけでは不明である。しかし、Ａさんの「闘い抜いていく」という言葉は、ＤＶ被害者の立場から社会を「つくり変える変革」（Ａさん）を起こすために闘うことを意味しており、どこかの時点で被害者と「一緒に闘い抜いていく」と決意したことがうかがわれる。

こうしてみると、Ｄさん、Ｃさん、Ａさんの言葉からは、実際の支援を通して、ＤＶ被害者が置かれた厳しい現実を目の当たりにし、DVについて学びながら被害者と「一緒に」生活を再建していくために行動していこうという姿勢に変化していったことがうかがえる(11)。

これに対して、活動歴五年未満のいわゆる新規の支援者には、次のような語りがみられた。

「DVという言葉は知っていました。DVは、女性問題というよりは、ごく少数の人に起こる特別なことだと考えていました。実態をよく知らなかった」(Kさん)

ベテラン支援者らがDV被害者とともにDVについて学びながら支援を行ってきたことを考えると、民間シェルターの支援者といえども最初からDVの実態について熟知していたわけではないことがわかる。新規の支援者は、DV被害の当事者やベテランの支援者、実際の支援の現場を通してDVの実態を学んでいることが看取される。

活動歴五年から九年の中堅の支援者には、支援をする際にどのようにDV被害者と距離をとったらよいのか、被害者との関係性について考える様子がみられた。Mさんは、これまで何人ものDV被害者を担当してきており、被害者に細やかな支援を行っている(12)。たとえば、Mさんは、民間シェルターへ物品やお米の寄付があった場合に、シェルター入所中のDV被害者に届けている。その際、「[DV被害者を]傷つけないように、利用していただけるように、心づかいをしながら届けます」(Mさん)という。「心づかい」という言葉には、被害者に押しつけたり、被害者が施しを受たりしているような感覚に陥らないように、という意味が含まれていると考えられる。被害者の立場を理解し被害者にできるだけ寄り添った支援である。

また、シェルター退所後も、Mさんは、個々の被害者といろいろな関わりをしてきた。たとえば、シェルター利用者が、仕事の見習いを始めると個人的にその店を訪れるなど、一過性ではなく継続的な関わりを行っている。その中で「本当に難しい」と思うのは、シェルター退所後に被害者が「立ち直っていく心のプロセスや職業への取り組み方」であるという。

「［DV被害女性が新しい職場で心細くなり、職場で知り合った男性との交際が広がっていくことに対して］『これはいかがなものかしら』ということは、やっぱり立ち入れないです。［DV被害者が新しい職場などに入っていく際は］見守るだけです。民間シェルターを出てからが本当の自立の支援です」（Mさん）

Mさんは、個人的に被害者へアプローチをとり、被害者の行動に対して心配のあまり気をもむ様子がうかがえる。新規から中堅の過程にある支援者の中には、シェルター退所後の被害者のことを慮る気持ちと被害者のことが気がかりで自分の考えが前面に出そうになってしまう時があると聞く。このような気持ちの葛藤は、多くのベテランの支援者が経験してきたことでもある。

DV被害者支援において、被害者に共感する姿勢を持ち、被害者と同じ目線で関係性を構築することが重要であったとしても、支援者がその姿勢を貫徹することがいかに難しいことであるかを象徴するものといえよう。

では、このような気持ちの葛藤をどのように克服したらよいのであろうか。

それについては、次のHさんの示す認識が非常に示唆的である。Hさん自身も被害者に向き合うことの難しさ、とりわけ、「精神的に病んでいる」（Hさん）被害者への支援の難しさを感じている。

「［DV被害者支援をしていると］常識……以上のことが結構あるのですね。精神的に病んでいる方［DV被害者］がいらして……」（Hさん）

精神疾患を抱えたDV被害者への対応の難しさは、多くの支援者が感じていることである。このような場合、支援者の精神的な消耗は激しく、バーンアウトに繋がる可能性もある。ベテラン支援者のHさんは、自分の経験を振り返り、シェルターのスタッフがDV被害者にどう対応したらよいかわからないときには、「答えを出さなくてもいい」という。「［スタッフは］DV被害を受けたわけじゃないので、どういうふうに［支援］したらよいかわからなかったら、反対に［DV被害者に］教えてもらう」（Hさん）ことを話している。Hさんは、DV被害を受けた人とDV被害を受けてない人という立場ではなく、お互いに教えあっていくような関係性もDV被害者支援に必要なのではないかと考えている。この考え方は、被害者と接する際の葛藤あるいは困難を克服する上において、さらに言えば、支援者と被害者が互いに補い助け合う新たな関係性を築けるという意味において示唆的である。

このように「お互いに教えあっていくような関係性」を築くとして、DV被害者側から支援者との関係性みると、どのように認識しているものだろうか。

民間シェルターの組織の中には、DV被害を経験した「当事者」が存在し、スタッフやボランティアとして支援を行っている。それが民間シェルターの最大の特徴でもある。家族にDVがあったことを語る支援者の経験(13)が、どのように支援に影響があるのか、DVの「当事者」と「非当事者」の支援に対する認識の違いについて検討する。

「要するに私が［フェミニスト・カウンセリングを］勉強してわかったことは、私の両親がDV関係だったのです。（中略）私は自分の原家族体験として［DVについて］容易に理解できると実感いたしました」（Mさん）

このように、ベテランの支援者が長い歳月をかけて支援活動で見出したDV被害者への接し方や支援に必要なことを、DV被害家族は、すぐに「理解」できてしまうこともある。だが一方で、ベテラン支援者と同程度の理解を持ってDV被害者と接している場面と、共感的であり過ぎるために支援者と被害者の境界を越えてしまいそうな場面がみられた。

「［DV被害者支援は］難しいことだなと日々実感しています。［DV被害］の当事者の方と向き合って、普通に接していくことは簡単なようで難しいです」（Mさん）

Mさんのように DV被害の周辺にいた経験を持つ支援者にとっても、DV被害者と接することは難しいことであり、普段の生活では考えられないような被害者の経験に対して、支援者としてどう向き合っていったらよいのか常に考えていかざるをえないことがうかがわれる。DV被害の「当事者」が支援者となったとき、「当事者」としての経験がまったくない支援者よりは、被害者に共感する姿勢を持ちやすく、被害者と同じ目線で関係性を築くことへの困難も少ないように思われる。しかし、Mさんの認識からは、時に自分が「普通」だと思って支援していたことがDV被害女性に共感的でありすぎるなど支援者と被害者の立ち位置をあらためて考える必要性が示唆された。Mさんは、今後、支援者としてどうあるべきか支援活動を通して学んでいる過程にあるといえよう。

さて、DV被害を経験した支援者にとってさえ難しさを感じることなのであるから、DV被害経験のない多くの支援者にとって、おそらく最初はDV被害者の心情や言動、立場を理解することは相当困難なことに思えるのではないだろうか。Hさんは、そのような新規の支援者に対して次のようにアドバイスしている。

「DV被害者に『そんなこともわかんないの』と言われたら、［スタッフは］『その程度しかわからなくって』と言えばいい。能力以上のことはわからないのだから。普通でいいんじゃないの、と言うのですが。でも、その人［DV被害者］の言っていることはある程度繋がりがある。［DV被害者が何を伝えたいのか］そういうことを学んでいかないと本当の支援にはならないのです」（Hさん）

Hさんは、「DV被害者と一緒になって考える」ことの大切さを説く。困っているDV被害者をリードして、こうしたらよいとアドバイスするだけが支援者ではない。DV被害を受けていないけれども、同じ人間として被害者に共感することが重要なのだと言いたいのだろう。インタビューにおいて、支援者は経験がないなりにも、被害者と接する中で、常に被害者が求めていることを考えることが必要であり、学ぶ姿勢を持たなければならないとHさんは強調した。支援のあり方自体をDV被害者から学ぶ姿勢、つまりは「お互いに教えあっていくような関係性」を築くこと、それが、被害者に共感する姿勢を持ち、被害者と同じ目線で関係性を構築することを重視するDV被害者支援にとって、必要かつ重要なことであるといえる。

以上の通り、支援者の側からみたDV被害者と支援者の関係に対する認識は、支援者の経験、知識、活動年数など、さまざまな要因、状況によって異なっていた。しかし、共通しているのは、DV被害者を共感的に理解しようという姿勢であった。このようなDV被害などの「当事者」と支援者などの「非当事者」の関係性については、宮地尚子の「環状島モデル」(14)が示唆を与えてくれる。

宮地によれば、症状や被害、負担の軽重によって「当事者」の位置づけが変わってくる。また、「非当事者」の位置づけは、「当事者」ではない支援者や関心を持つ者、わずかながらでもコミットしようとする者、その中でもコミットメントの程度が強い者ほど、「当事者」の位置に近づく。「当事者」に関わっていくうちに、非当事者は、「当事者性」を帯び、「当事者」の位置に一層近づくことになる（宮地、二〇〇七：三～一二）。宮地の言葉を解釈すると、支援者はDV被害者に接し、相互作用を通して被害者との関係をつくらなければ、被害者を理解できないということになる。ここで留意しなければならないのは、宮地がいう当事者性を帯びることとは、「当事者」と「非当事者」が同一化するという意味ではない。精神科医である宮地は、日常的にDV被害者などさまざまなクライアントと接する機会がある。宮地のように訓練を受けた専門家が当事者性を帯びると言っても、それはすぐさま「当事者」と同一化することを意味するのではなく、「当事者」の抱える問題を、「当事者」の立場からみて、それをありのままに受け止めるという意味であると考えられる。それが「当事者」に共感するということである。以下、本書では、宮地のいう当事者性を帯びた支援者などの非当事者を「共感的な支援者」と呼ぶことにする。

これまでみてきた通り、支援者のインタビューでは、①「共感的な支援者」としての態度が、民間シェルターで支援活動を始めたからといってすぐに身につくものではなく、支援者としてDV被害者と接する中で経験を通して確保されること、②DV経験のある者は、DV被害者の経験を経験のない者よりもより深く理解することは可能であるが、当事者ゆえの支援の難しさがあることなどが確認された。次節では、DV被害者支援における支援者の専門性についてみていく。

3　支援者の「しろうと性」と「専門性」

1　支援者の「しろうと性」と「専門性」

多くの民間シェルターでは、支援者は直接被害者と関わり支援をしているが、支援内容にはシェルターの管理も含まれる。シェルターの管理には、シェルターの施設そのものの管理もあるが、シェルターに入所中のDV被害者の日常生活の支援や子どもの世話なども含まれる。Mさんは、インタビュー中に数回、自分のしている仕事を「誰にでもできる仕事」と表現した。

「[民間シェルターの仕事は]誰にでもできる仕事だけれど、人に任せられない仕事だなというのが、私自身の仕事に対するポジティブに取り組む動機ではあります」（Mさん）

筆者には、Mさんのしていることが「誰にでもできる仕事」とは思えなかったため、その点について聞いてみた。

Mさんはその質問に対して「誰にでもできることだけれど時間がね……。さっと帰れることが少ないし。［仕事を］休めることが少ないですね」と答えた。Mさんの所属する民間シェルターでは、MさんがDV被害者の「日常的なお世話」（Mさん）を中心的に行っており、Mさんへの信頼は厚い。そのことについてMさんの民間シェルターの運営側であるBさんは、次のように語った。

「［Mさんのいう］『誰にでもできる仕事』は誰にでもできない仕事です。なぜならゴミ捨ては誰にでもできるけれど、DV被害者の緊急なニーズに応えるために自分の時間を費やすことは誰にでもできることではないからです」（Bさん）

Bさんによれば、民間シェルターのボランティアをしたいとオファーしてくる人はたくさんいるが「DV被害者の話を聞いてあげたい」「相談を受けたい」という希望が多い。

「シェルターの仕事は、『DVについて』と語ることよりも、日々の生活の中で入所者の方に自分がシェルターで大切にされていると感じてもらうことが大切なのです。シェルターの仕事というのは、地道な仕事の積み重ねで、粛々とやっているもので、家を出た人がみじめにならないように部屋や台所を綺麗にして迎えることは言葉よりも大切で、シェルターとしての心意気がなくてはできません」（Bさん）

Mさんが本節の冒頭で「人に任せられない」と話しているが、この言葉は「誰にでもできない仕事」に通ずる。一見「誰にでもできる仕事」であるが、その実「誰にでもできない仕事」、それがMさんの行っている仕事なのであり、DV被害者支援にとって必要不可欠な仕事である。ここには、直接支援に関わるMさんのDV被害者支援の専門性があるのではないかと考える。次のJさんの語りにも、民間シェルターの支援者の仕事に対して、同じように意味づけしていることが見出せる。

「〔民間〕シェルター運営者の考えなのでしょうけど、〔民間シェルターの支援者の仕事は〕なかなか『ふっと』やってできる仕事ではないので段階をおった養成が必要ですので、なかなかそこは難しいと思います」（Jさん）

Jさんの「なかなか『ふっと』やってできる仕事ではない」という言葉からは、支援者は、DVに関する知識とDV被害者支援の経験とを併せ持った専門性を身につけていなければならないことを示唆している。

この専門性を考える上で、民間シェルターであるフェミニストサポートセンター・東海（以下、「FSC」と記す）[15]のスタッフは、重要な考えを示している。このスタッフは、「ある意味、専門職者ではなく、しろうと」（北仲、二〇〇六：二〇八）であることの重要性を次の通り語っている。少し長いが引用する。

私たちの当事者支援は、電話で相談を受けること、メールや人の紹介を通して、お会いすることからはじまったりもする。ほかの援助職と違うところは、多面的なサポートを丸ごと抱えているところ、といえるかもしれない。（中略）

私たちが警察や市役所、司法などの機関や地域の人びとに伝えたいことは、具体的には何だろうか。FSCで援助に関わるスタッフは、ある意味、専門職者ではなく、しろうとだ。そして、困難な現実の生活のなかで解決の方向を探している相談者、当事者と向き合い、一緒に弁護士を探して会いに行ったり、福祉事務所にSOSしたり、警察に行ったり、病院を探したり、不動産やハローワークに同行したり、一緒に途方に暮れたりする。そこで知るのは、それぞれの〈ギョウカイ〉の〝常識〟というものがなんとわかりにくいことか、なんと使いにくいことかということである。そして、機関のたらい回しの狭間で置き去りにされるという、おそまつな事態をみつけてしまうのである。私たちがしろうとだからこそ、「これは説明してもらわなければ普通わからないよ」とか、「ほかの市役所だったら、こんな配慮をしてくれたのに、某市の窓口では、こんなこと言われるなんて、なぜ⁉」「ここで受け付けてもらえなかったら、どこへ行けばいいの？」という声がでてくる（北仲、二〇〇六：二〇八。傍点引用者）。

FSCのスタッフがいう、「しろうと」であることは、DV被害者支援において重要な意味がある。専門職は、自分よりも自分のことを知っている専門家であり、権威を持つ者と考えられてきた。DV被害者は、夫との関係性において、本来の自分自身を見失っている状況にある。したがって、支援者の最も重要な役割とは、DV被害者の心を解きほぐし、安心する所で、DV被害者が本来の自分を取り戻すことである。専門職という権威を与えられた支援者ではなく、女性として同じ立場にいる、「しろうと」の支援者がそばにいることが重要であると考えられる。しかし、他方で、専門職と呼ばれる立場にいる人々がDV被害者の支援に貢献していることは忘れてはならない事実である。

臨床心理士の信田さよ子は、DVでは、被害者・加害者ともに「当事者性」を自覚していないことがあり、その場合、虐待だと判断し、定義した者（専門職なども含む）が「当事者性」を持つとする。信田の言うような定義する視点を持つ専門職は、確かにDV被害者支援にとって欠かせない存在であると考える（信田、二〇〇八）。本書では、専門職とDV被害者の関係性が上下関係になるという意味で権威的な専門職については批判的である。しかし、DV被害者に共感的な専門職は、被害者にとって必要な存在であると考える。このような共感的な専門職が、現に民間シェルターの支援活動を支えているからである。

ではなぜ、FSCスタッフは、わざわざ「しろうと」とひらがなを用いて、「しろうと」の重要性を強調しているのだろうか。それには理由があると考える。これはMさんが「誰にでもできる仕事」と語ることと共通している。同様のことは、Jさんのシェルターにおける専門職の被害者に対する対応にも見出せる。それは、たとえスタッフがカウンセラーや臨床心理士などの専門職の資格を持っていても、被害者に接するときは、そのことを表には出さず、一人のスタッフ、一人の女性として接するという態度である。このことからも明らかなように、DV被害者支援では、DV被害者と同じ位置にたち、女性として同じような目線をもつ、そういう意味での「しろうと」であることが、同じ目線で関係性を構築するうえで重要となってくるものといえる。

Mさんが「誰にでもできるが、人には任せられない仕事」というのは、Mさんがこれまでの支援活動の中で体得してきた、民間シェルターの支援者としてのMさんの「専門性」である。それは、住まいを整えたり、職を探したりして生活の基盤をつくるなど、DV被害者が自己決定をできるような環境をつくることであり、被害者が必要としているときに、タイミングを見計らって適切な支援を提供することである。DV被害者支援の「専門性」を身につけている支援者が、あえて被害者の前では、「しろうと」として接する。このような「専門性」を持つ支援者が「しろうと性」を併せ持つことの重要性を支援者は自覚している。すなわち、「しろうと性」と「専門性」は決して両極に位置するものではなく、「しろうと性」こそが民間シェルターの支援者の「専門性」であり、両者は互いに重なりあうものとして考えられる。「しろうと性」と「専門性」、そこにDV被害の「当事者性」が複雑に絡まり支援を形づくっていることこそが、民間シェルターの支援を最も特徴づけているものであると考える。

2　被害者と支援者の認識のズレと非対等性

前節まででみてきたように民間シェルターでは、DV被害者に対して、被害者に共感する姿勢を持ち、同じ目線で関係性を構築することを重視した支援が行われている。だが、支援者自身の心の内には支援に対する葛藤がある。それは被害者との認識のズレから生ずるものと思われる。ここでは、同じ目線で関係性を構築するために、DV被害者に接する際に、支援者がどのような点に留意しているのかを検討する。

民間シェルターの支援者の中には、民間シェルターで活動する前に、医療関係や福祉関係の仕事についていた者も少なくない。そのような経緯から、福祉的な視点――介助や支援が必要な人を「助ける」という視点――からDV被害者に接する姿勢を自然に身につけている支援者もいる。福祉的な支援についてKさんは、将来的に、DV被害者に接する際に、福祉的な視点とDV被害者支援の視点との「すみわけ」が自分の中にできるようになるといいと考えている。

「福祉的っていうのは、寄り添うってこととか、共に歩むことが「その前に」つい先まわりしてしまう。手を出してしまう。常にいい意味でやってあげる。その辺のすみわけが自分の中でもうちょっとできればなぁと思う」（Kさん）

「手を出してしまう」という言葉が表しているのは、被害者のニーズを先取りしまうことだと推察する。Kさんもそのことに自覚的である。KさんはDV被害者支援を始めて数年であるが、その前は障がい者福祉に関わる仕事をしていた。障がい者に接する際は、直接身体にふれて介助を行っていたため、このような認識を持っていると考えられる。Kさんは現在も女性問題やジェンダーについて日々学んでおり、支援活動の中で、DV被害者を尊重する支援と福祉的な支援との違いについても徐々に整理がついてきたと話す。DV被害者支援ではあくまで、DV被害者のニーズが優先されることが必要であり、DV被害者が自分自身のニーズを見出し、決定できるような環境を整えていくことが重要であると認識している。しかしそれでも、つい福祉的な支援をしてしまいそうになることがあり、それゆえ、「自分の中でのすみわけ」について自分自身への確認の意味もありここであらためて語ったものと考えれる。

一方、ベテラン支援者のDさんは、民間シェルターの支援者が、DV被害者との関係で留意しなければならない点について次のように指摘する。Dさんは、DV被害者と向き合うとき、これまで暴力による支配を強いられてきたD

V被害者と同じ目線にたって支援することを心がけてきた。それゆえ、支援者自身が意識的に、あるいは、無意識のうちに、DV被害者との間に力の不均衡が起こらないように、自制している。

「自分の立場を周りから持ち上げられていることに自覚的じゃない支援者は、［DV被害者と］対等な関係をつくろうとしたって、対等な関係はつくれないと思う」（Dさん）

Dさんは、支援者として「あなたはどんな支援者ですかと自分に問いなおすことができる力を支援者が持つこと」が重要であり、そうでなければDV被害者の「エンパワーメントなんて恥ずかしくていえないと思う」と指摘する。Dさんの意識の背景には、DVが、個人的な男女の間における不平等な関係によって維持され、女性を抑圧する序列的な構造を許すような家父長制の中に深く根づいている（Dobash, R. E. & Dobash, R. P., 1979；Schechter, 1982）という認識があると考えられる。多くの支援者はDV被害者との関係を対等なものにしようと考える。しかし、シェルター内において平等的な価値を重視しているのにもかかわらず、支援者とシェルター利用者の間に序列的な関係が構築されていた例を示す研究もあり（Ferraro, 1983；Rodriguez, 1988）、Dさんの言うように、支援の現場にはこのような問題が内包されていることに支援者は自覚的である必要がある。

それでは、支援者と当事者の間には、どのような関係性が構築されるべきであるのか。

この点について、臨床家である宮地の、当事者と支援者との関係性に対する考え方は非常に示唆的である。宮地は、支援者の当事者への接し方や当事者と支援者の関係性について次のように述べている。

まず〈支援してあげる・してもらう〉という繋がりは、微妙な権力関係をもたらす。当事者はどうしても引け目や負い目を感じるし、支援する側もどこかで「やってあげている」という意識が生まれてしまう。（中略）そういったことをお互いが意識して活動を進めないと、当事者は素直な気持ちや本音を言えなくなってしまうことが多い（宮地、二〇〇七：五二）。

支援者とは、当事者の味方であり、当事者を理解する立場に立つはずであると考えられているが、そう単純ではないと宮地は指摘する。支援にもさまざまな局面があり、たとえば、裁判支援や法制定を目的とした社会運動的な形の支援もあれば、当事者の傷を癒すことを目的としたカウンセリングのような支援もある。だが、当事者と支援者の間には微妙なズレが生じることに、支援者は常に留意する必要があるだろう。なぜならＤＶ被害者と支援者との関係は、ＤＶによる支配／服従構造を踏襲するものであってはならず、その構造を否定するという姿勢を、支援の空間においてＤＶ被害者が実感することが重要だからである（戒能編、二〇〇六）。

しかし、支援者が当事者の恐怖や被害感情を十分に理解することは難しい。本章の調査結果でも示されたように、被害経験のない支援者が当事者の痛みを実感して理解するのは容易ではない。被害経験があったとしても、微妙な差異に余計に違和を感じたり、当事者の気持ちに同調しすぎたりして自分の感情をコントロールできなくなるかもしれない（宮地、二〇〇七：五四）。このような前提が自明のものであるとしても、支援の現場において、当事者と支援者の間に権力関係が発生することは、支援に致命的な欠陥をもたらす。被害を受けた当事者は、支援者が「信用できる人間なのか」（宮地、二〇〇七：一三〇）などを吟味し、支援者を試すような行動をとることもある。だが、そこに力関係があるのならば、当事者が支援者に心を開く可能性は低い(16)。

当事者と支援者との間に生ずる権力関係は、ＤＶから逃れてきた被害者にとって、新たな権力関係における被害的状況を生み出すものと考えられる。このようなＤＶ被害者への二次被害の研究をした矢野裕子（二〇〇七）は、ＤＶ被害者（Ｎ＝一〇）への聞き取り調査を行い、二次被害の実態を明らかにした。矢野はＤＶ被害者に二次被害を与えた調停委員、弁護士、児童相談所相談員、警察、カウンセラー、婦人相談員、シェルタースタッフを「加害者」と呼ぶと同時に「支援者」と位置づけている。文中には「シェルター」での支援や二次被害についても記述があるが、民間・公営の表記はされていないためどちらをさしているのかは明らかでない。二次被害の内容は、①支援者が文献などでえた知識を通して「惨めな被害者像」などＤＶ被害者をモデル化して捉え、そのように振る舞うことを期待していること、②ＤＶ被害者への強制的な態度、③ＤＶ被害者が「支援者」との間で支配／被支配の関係性を強いられることなどがあげられた。

また、民間シェルター利用に関する研究をした木下直子（二〇〇九）は、民間シェルターを利用したＤＶ被害者（Ｎ＝七）の調査を行い、シェルター利用のメリットとデメリットについて分析している。ＤＶ被害者は、シェルターという場所の提供について「利用してよかった」「子どもと居住できる場所が与えられた」「生きる活気となった（安心感が得られた）」など一様に肯定的に評価する反面、「スタッフによる対応の違い」「声かけが不十分」「自分の気持ちがよくわかってもらえなかった」と支援に違和感を持つ意見もみられた（木下、二〇〇九）。木下は、支援／被支援の権力関係の是正のためにシェルターネット内に苦情処理機関を創設することを提案している。また、支援者（民間シェルタースタッフ）からみた支援の現実を述べる機会やサバイバーの異議申し立てに対する反論が必要であり、「支援者の応答が、対話が求められている」（木下、二〇〇九：六三）としている。

本調査において明らかとなった支援者の葛藤の背景には、当事者と支援者の間の微妙なズレがあるといえる。そこには、支援者自身の言葉が端的に示しているように、「やってあげる」という意識が存在する。その意識は、『やってあげている』という意識」（宮地、二〇〇七）に繋がりかねない。支援者は、たとえＤＶ被害などの「当事者」としての経験があったとしても、現に向き合っているその「当事者」自身にはなりえない。被害者と支援者は、あくまで非対等であり、両者の間の認識を完全に一致させることはできないだろう。であるからこそ、ＤＶ被害者支援において、被害者に共感する姿勢を持ち、同じ目線で関係性を構築することが重要な指針となってくる。

矢野、木下の研究は、支援者と当事者の関係性や支援のあり方について示唆的である。そのことを踏まえ、民間シェルターの支援者は、ＤＶ被害者のことを理解しているという思い込みに対して自覚的であることが重要である。また支援の現場において、支援者と当事者の間のズレや権力関係は、そもそも存在しており、それによって何らかの問題、さらにいえば新たな被害が起こってしまう。だからこそ支援者は、ズレや権力関係に対して自覚し、それでも起こってしまう事に関しては常に慎重な対応が必要である。

4　民間シェルターと「シェルター運動」のジレンマ

ここまで支援活動における民間シェルターの支援者とＤＶ被害者との関係性を中心にみてきた。本節では、ＤＶ被害者支援と「シェルター運動」との関係について質問紙調査とインタビュー調査の結果を踏まえて支援者の認識を中心にみていく。

本書では、「シェルター運動」を、ＤＶ防止法の立法化や運用の改善を含む、ＤＶの社会的認知とＤＶの防止を目的とした運動であると同時に、ＤＶ被害者のために必要なシェルターを開設・維持・発展させるための運動と定義する。さて、一九九八年、民間シェルターが中心となって主にＤＶ防止法の立法化などを目的として創設されたのが、シェルターネットである。「シェルター運動」とは、シェルターネットの創設以降、主にこのシェルターネットに加盟する民間シェルターによって担われてきた運動といえる。

本節では、民間シェルターを開設した女性たちが「シェルター運動」をどのように認識しているのか、また、ＤＶ被害者支援と「シェルター運動」、民間シェルターと「シェルター運動」の関係についてどのように捉えているのかについて、シェルターネットにも着目しながら検討する。

まず質問紙調査において、支援者に「シェルター運動」をどのように認識しているのかを、三つの選択肢を用いて聞いた。〔表1〕ような結果がえられた。

表1　「シェルター運動」についての認識（複数回答）（N＝34）[17]

	項　目	回答率	%
1	女性に対する暴力の根源を目指す運動	32	94.1
2	男性と女性の間の不平等をつくりかえていく社会変革運動	26	76.5
3	ＤＶ被害者を福祉的に救済支援するもの	16	47.1

三二カ所の民間シェルターの支援者が、１の「女性に対する暴力の根絶を目指す運動」と捉えていた。２「男性と女性の間の不平等をつくりかえていく社会変革運動」は二六カ所、３「ＤＶ被害者を福祉的に救済支援するもの」は一六カ所であった(18)。３の選択肢に、「福祉的に救済」という言葉を使ったが、回答者が「福祉的」をどのように捉えているのかについては後述する。

シェルター運動についての認識と、回答における民間シェルター内の立場、年代、活動歴の間には、明確な関連性はみられなかった。ただし、全体的な特徴としては、民間シェルターの設立者は六〇代が多く、これらの回答者は、１、２を選んでおり、運動を重視する者が他の回答者より若干高い傾向がみられた(19)。

次に、組織との関連でみた「シェルター運動」の認識を回答者の属性別にみていく(20)。全体として民間シェルターのスタッフ構成、運営規模と「シェルター運動」に対する認識には明確な関連はみられなかった。だが、比較的大規模なシェルターが三つの選択肢すべてを選択しているのに対し、中規模のシェルターは１と２を選択するという傾向がみられた。

さて、それぞれの支援者は、「シェルター運動」にどのような意味を付与しているのだろうか。インタビューで浮かび上がったより具体的な「シェルター運動」についての支援者らの認識は以下の通りである。まず「シェルター運動」をＤＶ被害者の支援を通してみえてきた女性に対する性差別構造を解消していくための運動、また、ＤＶ被害者の現状に直面し、彼女らを保護し、支援するという視点から「シェルター運動」を捉えている者、そして、法律をつくるための運動、またＤＶ被害者のケアをするシェルターを増やしていく運動、などの意見がみられた。

「女性に対する暴力の根絶についての女性運動がシェルター運動じゃないでしょうか。理念的な話じゃなくて。

被害者に財政的支援をというのが柱だから。だから運動が拡がりやすい」（Gさん）

「シェルター運動って、私は社会変革運動だと思っています。革命とまでは言わないけれど。これは、女性に対する暴力、差別、というジェンダー差別をつくり変える大きな変革。男性と女性との間にある不対等の関係がつくり変えられるっていうことは経済も含めて社会の仕組みが全部変わること」（Aさん）

「DV被害当事者がたくさんいる。この人たちをなんとか助けないと。（中略）［シェルター運動の目的は］女性に対する暴力の根絶。それに、日本の男女不平等社会を平等社会にしたい」（Eさん）

「ケアができる所（シェルター）をつくっていかなければならない［というのが「シェルター運動」］」（Cさん）

「私たちは、女性学やジェンダー・イクオリティの運動から始まっているから、法律とか政策とか提言をしながらこのDVの問題にぶつかって、それこそまさに女性の人権を根こそぎ奪う。そこに目覚めて、行動［運動］しなきゃと思った［それが、「シェルター運動」ということ］」（Fさん）

「法律がないと。勝手にやってということですよね。［DV被害者］が独り立ちできるような法律をつくる［ことが「シェルター運動」］」（Hさん）

以上、列挙した支援者の「シェルター運動」についての認識は多様であり、一見それぞれが異なる立場をとっているようにみえる。しかし、それぞれの見解を突き詰めてみれば、支援者に共通した認識が見出せる。それは、DV被害者をとりまく厳しい現状をなんとか変えたい、という思いである。このような強い思いが、支援活動の軸となって

表２　ＤＶ被害者支援と「シェルター運動」の関係（複数回答）（Ｎ＝34）(21)

	項　目	回答数	%
1	ＤＶ被害者支援と「シェルター運動」は切り離せない	23	67.6
2	ＤＶ被害者支援と「シェルター運動」は切り離して考えている	2	5.8
3	設問の趣旨がわからない	1	2.9

いることを改めて確認できる。

次に、民間シェルターでは、ＤＶ被害者支援と「シェルター運動」の二つの活動を平行して行っている所が多いように見受けられたため、双方について支援者がどのように認識しているのかを質問紙調査で聞いた（表2参照）。

ＤＶ被害者支援とシェルター運動は切り離せないものと回答している支援者は多い（二三カ所）。これらの支援者は、民間シェルターの支援活動は単に福祉的に弱い立場にいる人を助ける＝救済だけではなく、ＤＶ根絶のために変えていかねばならない社会制度や社会意識があるため「シェルター運動」は必要であると自由記述で回答している。一方、支援と運動を切り離して考えていると回答した民間シェルターの支援者（二カ所）は、「運動のための援助ではない」ので、「個別ケースと運動ははっきりと区別して支援していくべき」という意見と、民間シェルターを支えるボランティアには「困っている人を助けたい」という思いから支援をしている人もおり、「ジェンダー視点で考えれば全く相容れない」という意見が自由回答記述で示された(22)。

また、インタビュー調査においても、ほとんどの支援者がＤＶ被害者支援と「シェルター運動」は切り離せないものだという支援者がほとんどだった。

〔ＤＶ被害者支援とシェルター運動は切り離せないものですか〕

「やっぱりシェルターを維持運営するというのは、シェルター・サポート運動があって、ＤＶ被害者支援の総合的な形ができると思いますので。（中略）だからＤＶ被害者支援とシェルター運動は一つのものです」（Ａさん）

Aさんの言葉からは、DV被害者支援と「シェルター運動」が切り離せないものであるという認識がみてとれる。このような認識は、Bさんにも看取される。Bさんも、DV被害者支援とシェルター運動は「切り離せない」という一人である。公的機関で相談員として勤めていたBさんは、相談員の仕事と同時に「シェルター活動を続けてきた」。なぜなら公的機関ではDV被害者の保護と支援をすることはできるが、それは、「シェルター活動」(Bさん)とは異なるものであり、公的機関と民間の支援は一見似ているようでまったく違う側面を持つからである。

「公的機関には、シェルター活動はないのです。そこが民間と公的機関とが決定的に異なることです」(Bさん)

「シェルター活動」とはいわゆる「運動」であり、それは、「ジェンダー・バイアスを乗り越える」(Bさん)ことを意味するからである。

また、DV被害者支援と「シェルター運動」は切り離せないものだと捉える支援者らの中には、DV被害者支援と「シェルター運動」の二つの活動を行うことでDV被害者支援ができるという者がいた。また、公的機関の支援の現場では、DV被害者支援の体制に不備があったとしても運動には繋がらないので、支援と運動が直結している民間の支援を重視する者など、若干の見解の相違がみられる。だが、基本的にはDV被害者支援と「シェルター運動」は切り離せないものと考えていると思われる。Cさんが民間シェルターの支援活動をするうちに、支援者の意識は変化していくと語っていることにも表れているように、この認識の違いは、支援活動を通して何が必要かということを、それぞれの立場で体得した結果、微妙に意識が変化したことで表れてくるものといえよう。それでは、どのような要因が、このような意識の変化をもたらすのかに注目して次に考察する。

支援活動を通して変化する意識に関して、Cさんは次のように語っている。Cさんは、福祉的な視点から民間シェルターを始めた人でも、DV被害者を支援していくうちに「シェルター運動」に目覚めていくと語る。

〔DV被害者支援とシェルター運動は切り離せないものですか〕
「そう思いますね。はじめはきっと福祉的に、困っている人がいるからシェルターをつくったとしても、それではきっとおさまらないと思います。自分たちで気づいていかれると思います」（Cさん）

Cさんによれば、福祉的な考えからシェルターをやりたいと思って民間シェルターを設立した人であってもその意識は徐々に変化してくる。なぜなら、シェルターでの支援とは、DV被害者を保護した後、DV被害者がシェルターで「寝て食べて」（Cさん）というだけでは成り立たないからである。

たとえば、DV被害者は傷ついている、子どもも暴力を受けている、シェルターに居るだけでは回復しないとなったとき、支援者はどのように対応するのが適切かと考えることになる。

「〔DV被害者に対して〕精神的なケアをする機関へ繋げていくとか、身体のケアをするとかなど支援活動を始めていく中で、どうしても、ただただ〔シェルターに〕受入れるだけではすまなくなってくる」（Cさん）

Cさんの言うように、そういった支援活動を通してしかえられない本当に必要な支援のあり方を、それぞれがそれぞれの立場で体得していくしかない。そのことを踏まえ、Cさんは、支援者が自らに「支援者自身がどうしていくのか」と問いかけることが必要だと強調する。それは、DV被害を受けた女性が社会へ復帰し、「自立」することの難しさを認識しているからである。それゆえ、Cさんは、民間シェルターが、DV被害者が「自立」するまでの間支援を続けることが重要であり、そこに「シェルター運動」の必要性も出てくると指摘する。Cさんの言葉は、支援者が支援活動に従事することが、支援に対する意識をも変化させ、支援と「シェルター運動」が切り離せないものだと位置づけていくことを端的に示している。他の支援者も同様に、それぞれの立場で支援活動や「シェルター運動」に対する意識を変化させているのではないだろうか。

支援者は支援活動の中で、DV被害者の困難を間近にみてきた存在である。特に、シェルターでの保護後から社会復帰までの過程において、いかに被害者とその子どもが社会において不利な状況にあるのかを知ることになる。たとえば公的医療保険一つを取ってみても、DV被害者の多くは夫の扶養家族となっているため、夫のもとから逃れたら使えなくなってしまう。これにとどまらずいくつもの壁が被害者の前に立ちはだかっており、このような被害の状況を解決することが支援者の意識を変える一つのきっかけになっている。そして支援者の多くは支援活動を通して被害者の前に立ちはだかる困難の大きさを実感したり、体感して、また個々の民間シェルターの力だけでは限界を感じたりした経験を経て組織的な「シェルター運動」の形で国や行政に制度の改善などを働きかけるようになったのであろう。

5　全国女性シェルターネット

シェルターネット（全国女性シェルターネット）は、民間シェルターの全国的なネットワークであり、各地に点在する民間シェルターを結びつける接点となっている。シェルターネットが一九九八年に結成されてから一〇年以上が過ぎた。そもそも一九九七年に約八カ所の民間シェルターが東京で集会を開いたことが契機となり、翌一九九八年に第一回全国シェルター・シンポジウムが開催され、同年、シェルターネットが結成された。

本節では、二〇〇九年から二〇一〇年にシェルターネットの中心メンバーと周辺メンバーに対して行ったインタビュー調査を通して、シェルターネットと民間シェルターとの関係やシェルターネットの役割、課題などについて述べる。なお、適宜、シェルターネットおよび全国シェルター・シンポジウムに関する質問紙調査結果も示しながら、シェルターネットの活動内容の全体像を把握する。

図１　全国女性シェルターネット組織図

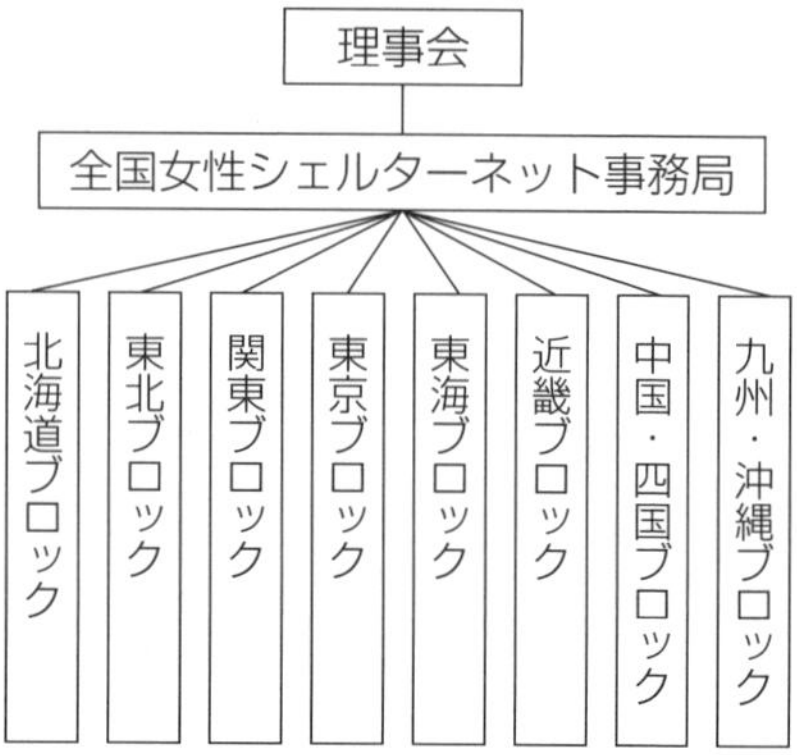

出典　「特定非営利活動法人全国女性シェルターネット定款」（2003年号）より作成。

1　シェルターネットの役割

シェルターネットは、全国の八つのブロックからなり、それぞれにブロック代表を置いている。北海道、東北、関東、東京、東海、近畿、中国・四国、九州・沖縄の各ブロックに地域ごとに加盟団体が所属し、各ブロックの代表者が一堂に集まるブロック代表者会議を定期的に開いている。シェルターネットの実質的な運営機関は、このブロック代表者会議であり、日常的な実務は、東京のシェルターネット事務局が対応する。日常的に議論しなければならない事項があるときは、メーリングリストで情報を流してブロック代表者会議で検討する。また、年に一回、全国シェルター・シンポジウム時に開催される「総会」が最終的な議決機関となっている。シェルターネットの組織は、次のように構成されている（図1参照）。

まず、それぞれの民間シェルターの支援者は、どのような理由からシェルターネットに加盟したのだろうか。

質問紙調査において、最も多かった加盟理由は、シェルターネット発足時の設立メンバーからの呼びかけに応じてシェルターネットに加盟したというものであった（一三カ所）。次に、全国シェルター・シンポジウムへの参加をきっかけに加盟（七カ所）、民間シェルター設立をきっかけに加盟（五カ所）と続く。なお、インタビュー調査に応じた民間シェルターのうち四カ所の支援者は、シェルターネットの設立メンバーである。設立メンバーによると、シェルターネットは設立当初非常にゆるやかなネットワークとして始まった。次に示すのは、設立メンバーに設立の経緯を聞いた際のインタビューにおける語りである。

「全国的なネットワークをつくっていろいろな意見交換・情報交換をして、シェルター活動を充実させるために

協力していこうという思いから始まった」（Bさん）

「女性への暴力に対する法システムをなんとしてもつくり上げないといけない。そのためのネットワークをつくらないといけないということでした」（Aさん）

このように設立メンバーはネットワークの必要性を感じ、シェルターネットを立ち上げた。その意図は情報共有や立法であった。

次に、質問紙調査は、シェルターネットへの加盟がどのような点で役立っているのか、「シェルターネットの有用性」について聞いた。最も多い回答が、「DV被害者支援のために必要な情報を共有できる」（三三カ所）、次に「DV被害者支援に必要な民間シェルター同士の連携をつくることができる」（三二カ所）である。この二つの回答からは、民間シェルターがシェルターネットに加盟して役立っていることは、DV被害者支援の質の向上であることがわかる。さらに、二つに次ぐのが、「行政・国などへ働きかけていくために有益」（二八カ所）である。これら三つで大半の回答数が占められている。このことから支援者が支援の質の向上とネットワークの力を活かした法制度の改善の両面においてシェルターネットが有用であると考えていることがわかる(23)。また、質問紙調査の回答者のどの属性(24)においてもシェルターネットの有用性を高く評価していることが看取された(25)。

さて、支援者へのインタビューによると、シェルターネットの有用性に関しては、これを民間シェルター同士のエンパワーメントのためのネットワークと捉えている者、DV被害者への支援に関わるネットワークという意味で評価する者、国などへ働きかけていくネットワークと位置づけている者、そして、支援ネットワークの構築と国への働きかけの両方の点において評価している者などに分かれた。

「［シェルターネットに加盟することで民間シェルターがえているのは］お互いのエンパワーメントと情報源だと思います」（Bさん）

Bさんがこのように述べる背景には、民間シェルターの置かれた特有の立場がある。民間シェルターは「地域で孤立しがち」とBさんはいう。DV防止法施行前、そして同法施行以降も、全国各地では民間シェルターの支援活動を充分に理解してもらえなかったという経緯がある。DV防止法施行前後は、地域でのDVへの認識が低く周囲からの理解がえられない中で、DV被害者支援について「かなり自分の意識を高めていかなければやっていけない」（Bさん）状態だった。そういう中で、同じ支援活動をしている民間シェルターは、「同志」（Bさん）であり、年に数回会うだけでも結束し合えたという。このことからも、情報を共有し連携することがいかに重要であるかが理解できる。

これに対してAさんは、シェルターネットが全国組織として行政などに交渉できるということが特に重要なことであると捉えている。実際、シェルターネットは、組織の力を活かして具体的な政策提言などを行っている。

「全国女性シェルターネットとして、省庁にかけ合うとか、具体的な個別のケースの場合は、県や市町村と交渉するとか、しています」（Aさん）

「シェルターネットという団体として［国や行政に］発言していくことが大切だと思います。DV被害者を取り巻く人たちが発言してもなかなか取り上げられない」（Bさん）

Bさんの言うように、シェルターネットは、たとえば、DV事案に関する地裁の判決が妥当かどうか情報収集をしたり、生活保護課の対応について情報共有をして実際に行政と交渉したり、国に提言をしたりするなど共通の課題解決に大きな効果をもたらしている。

　シェルターネット主催の全国シェルター・シンポジウムは、シェルターネットが発足した一九九八年から全国各地で年に一度開催されている。二〇一四年までに計一七回、札幌を皮切りに、新潟、東京、旭川、大阪、石川、鳥取、愛知、函館、千葉、岡山、栃木、福岡、宮城、大阪、岩手、山口において開催され、最近では約二〇〇〇名近くが集結している。そして、毎年地域の民間シェルターが中心となって一年がかりで行政や地域社会に働きかけ、広報をして開催に漕ぎつけている。全国シェルター・シンポジウムに参加すれば、ＤＶ被害者支援の最新の情報が入手できるとされ、行政や関係機関、関係団体などの参加者も多い。このことは、民間シェルターの全国シェルター・シンポジウムに参加すること、それ自体がＤＶ被害者支援活動にとって非常に重要な意味を持っていることを示唆している。支援者らはどのような目的を持って参加しているのであろうか。

　まず、民間シェルターの全国シェルター・シンポジウムの参加目的について質問紙調査の結果をみておこう（表３参照）。なお、自由記述の欄は、回答者の言葉をそのまま引用している。以下、同様の方法でデータの違いを明示する。

　全国シェルター・シンポジウムの参加目的は、ＤＶ被害者支援の情報を得るためという回答が最も多く（三四カ所）、民間シェルターとの「連携」を築

表３　全国シェルター・シンポジウムの参加目的（複数回答）（N＝34）[26]

	項　　目	回答数	%
1	ＤＶ被害者支援に関する情報を得るため	34	100
2	民間シェルターとの連携関係をつくるため	29	85.3
3	民間シェルターのかかえる問題を共有するため	29	85.3
4	行政・関係機関との連携関係をつくるため	14	41.2
5	その他		
	ＤＶに関する認識の新たな情報を得るため		
	助成金を提供してくれる企業が増えた		
	海外情報などの入手		
	活動する意欲を増すため		
	ＤＶ根絶を広く伝達するため		
	最新の知見を得るため		
	参加することで支援者がエンパワーメントする		
	ＤＶ被害者支援に関する好事例を知る。スキル向上		
	社会にＤＶについて理解を拡げる機会とする		
	通常、活動が地域的であるためグループとしてグローバルな視点を獲得できる		

くためと民間シェルターの問題を共有するためが同数（二九カ所）でそれに続く。行政・関係機関との連携構築を目的に参加する民間シェルターもあるが（一四カ所）、それよりも民間シェルター同士の「連携」を重要視していると ころが多い結果となった。質問調査結果は、「シェルターネットの有用性」でえられた結果をほぼ踏襲している。この結果からも、民間シェルターが情報を共有し「連携」することを最も重視していることがわかる。ただし、国や行政に意見を述べ、「連携」を構築することを重くみていないわけではない。そもそも行政・関係機関に意見を述べ、「連携」を構築することは、大きな組織である方が有利であると支援者が感じていることは、先にみた通りである。とすれば、まずは民間シェルター同士が「連携」すること、それがシンポジウム参加の第一義としてある。

また、全国シェルター・シンポジウムの開催が、DV被害者支援を行う上で行政・関係機関などへ影響を与えたと考えているかについて質問紙調査で聞いた（表4参照）。

調査結果からは、半数以上の民間シェルターは全国シェルター・シンポジウムが行政・関係機関のDV認識を向上させ、自治体のDV施策へも影響を与えたと回答している。しかし、福祉事務所、警察、女性センター、婦人相談所などの関係機関との「連携」がとりやすくなったと回答した民間シェルターは少数であり、依然として「連携」には問題があると考えられる。その他では、全国シェルター・シンポジウムの開催が行政や関係機関の認識の向上などに効果的とはいえないという回答が三カ所みられた。また、報道機関との「連携」も必要であるとの意見もみられた。

さて、インタビュー参加者の多くは、全国シェルター・シンポジウムを高く評価している。この年一回の民間シェルターの全国大会は、民間シェルターの支援者たちの重要なエンパワーメントの場となっている。同時に、同シンポジウムは、毎年、全国の民間シェルターが持ち寄った課題を互いに共有し、その課題を解決するためのアピールを国や行政へ向けて発信してきた。質問紙調査結果でも示されたように、全国シェルター・シンポジウムの行政・関係機関への影響は大きい。特に、開催地における影響力は絶大で、地域におけるDV認識も向上したとBさんは語っている。Dさんも、全国シェルター・シンポジウムとシェルターネットとの関係、そして行政への影響力について次のように語っている。

表４　全国シェルター・シンポジウムの行政・関係機関等への影響（複数回答）（N＝34）[27]

	項　　目	回答数	%
1	行政関係者や関係機関などがシンポジウムに参加するようになり、ＤＶに対する認識が向上した	25	73.5
2	国や自治体のＤＶ施策に影響を与えた	23	67.6
3	自治体のＤＶ担当者との交渉や連携がとりやすくなった	16	47.1
4	婦人相談員との連携がとりやすくなった	10	29.4
5	自治体の福祉課や福祉事務所との連携がとりやすくなった	10	29.4
6	警察との連携がとりやすくなった	8	23.5
7	婦人相談所との連携がとりやすくなった	7	20.5
8	女性センターとの連携がとりやすくなった	7	20.5
9	ＤＶセンターとの連携がとりやすくなった	7	20.5
10	弁護士・弁護士会との連携がとりやすくなった	6	17.6
11	学校・児童相談所との連携がとりやすくなった	6	17.6
12	医療・保健機関との連携がとりやすくなった	6	17.6
13	婦人保護施設との連携がとりやすくなった	5	14.7
14	家庭裁判所・地方裁判所との連携が取りやすくなった	5	14.7
15	その他		
	地域社会の認識が変わってきた		
	自治体の担当者や男女共同参画委員の参加で認識が深まった		
	影響はいまいち感じられない		
	開催地での開催期間の啓発はあると思うが、全国シェルター・シンポジウム開催の効果をその根本として位置づけるのは難しい		
	３～14についてはシンポジウムの結果として効果があったとは思いません。今まで通りでした		
	報道機関（マスコミ）との連携（行政⇔報道⇔シェルター運営関係）		
	全国シンポに対して行政がどんな考えを持っているか不明		

「シェルターネットは、全国大会［全国シェルター・シンポジウム］をしながら、段々認められていった。（中略）行政は［シェルターネットの］力を認めざるをえない。千人集める規模の大会［同シンポジウム］を毎回やり続けることのすごさを認めざるをえない」（Dさん）

シェルターネットは、「シェルター運動」を推進し、その集約点としての「全国シェルター・シンポジウム」を重視してきた。そして、全国シェルター・シンポジウムは、日本のDV被害者支援の方向性を提示し続けてきた。同シンポジウムで議論されることは、その時々のタイムリーなDV被害者支援の課題であった。シェルターネットが未だ脆弱でありながらも、ネットワーク組織として徐々に力をつけてきたことでこのような貢献が可能になった。

2 シェルターネットと「シェルター運動」の課題

シェルターネットは、発足時の少数の民間団体のネットワークから大きく変化してきた。だがその一方で、組織が大きくなることに伴い、シェルターネットに求められる役割は変化し、個々の民間シェルターとの関係性にはジレンマが生じている。ここでは、シェルターネットと「シェルター運動」の現状と課題を理解するために、シェルターネットの組織の変遷について質問調査とインタビュー調査を通してみていく。

シェルターネットの会議は、個人情報の問題を考慮して非公開としている。質問紙調査でどのようなことが議論の中心になるのか答えられる範囲で聞いたところ、次のような内容に大別された。①助成金の申請について、②調査・研究の経費について、③全国シェルター・シンポジウムの開催準備について、④国際会議や海外スタディーツアーへの参加について、⑤困難なDVケースについて問題を共有して対策を考える(28)、⑥個別のケースについて、国会議員への働きかけや行政交渉を行う、などがあげられた。これらの議題はすべて各ブロックの民間シェルターから吸い上げた意見であり、それらをブロック代表者会議で検討する。

インタビュー調査でAさんは、最終的に意見はまとまると話した。それはどのような理由からなのか。

「基本的に私たちは、DVサポート・シェルターのネットワークであり、女性に対する暴力を根絶するということを目的につくられたネットワークなので、問題が残されることはたくさんありますけれど、『ここでこうやる

ぞ！』ということになると、みんな『やろう！』ということになります」（Aさん）

シェルターネットでは、それぞれの民間シェルターのサポート（支援）理念をシェルターネットと一致させるという条件でネットワークを形成しているため、その点について議論になることはない。しかし、他の面では、それぞれの民間シェルターの特性があり、活動も異なるため、意見の齟齬や考え方の違いは起こる。その度に「侃々諤々の議論」をするが「立ち向かっていく課題に齟齬を生じたことはなく」、「組織が割れるような大議論になったことは今までない」（Aさん）という。その理由を次のように語る。

「私たちは本当にネットワークなので、たとえば、連合みたいな大きな組織のように全国組織として各民間シェルターのスタッフに人件費や事務費を払うとかはできないわけです。だから、みんな個人経営の独立企業が一緒に集まって、同じ仕事で力を合わせているという感じ」（Aさん）

シェルターネットの原動力は、それぞれの意見の齟齬が起こっても、最終的には一致団結することであり、それがシェルターネットの強みであろう。

シェルターネットの設立当初の目的は、情報交換や立法化であった。しかし、その後、その役割は徐々に変化した。全国シェルター・シンポジウムの開催、ロビー活動などを通して、シェルターネットは、全国的に女性の暴力に対応していくためのネットワークとして機能するようになった。また、一部の中心メンバーによれば、二〇〇三年頃から「圧力団体」に変化したという。そのきっかけは第一次DV防止法改正過程にシェルターネットが参入したことだった。Gさんは、シェルターネットは民間シェルター同士のネットワークというよりも、立法化を目的としたネットワークであると認識していた。なぜなら、シェルターネットの中心メンバーはロビー活動を学び、実践し、国会議員や省庁へ出向き、DV防止法改正過程において民間シェルターの要望を伝え、理解を求めてきたからである。
だが、こうしたロビー活動の一方で、現在のシェルターネットは大きな組織としての、また、団体としての役割があるとBさん（中心メンバー）は主張する。これは「連携」を重視した考えである。同様の認識にたつLさん（周辺メンバー）は、シェルターネットの役割は、民間シェルターの支援について、民間シェルター同士の理解と「連携」を促すことだと強調する。そして、「自分たち［各民間シェルター］でできることは限りがあって、財源も、労力も時間も」（Lさん）と、個々の民間シェルターは支援活動に忙殺されているので、シェルターネットには、組織の確立と強化を期待している(29)。

このように中心メンバーと周辺メンバーがシェルターネットの組織体制について共通の認識を持つ面は他にもみられる。たとえば、中心メンバーはシェルターネットを全国規模の組織として確立するために、財政援助を取りつけ、専門スタッフを配置したいと考えていた。そして周辺メンバーのHさんも、「シェルターネットが全国ネットワークの組織であるなら、専従スタッフを常勤で雇って」、個々の民間シェルターに「きちんと対応してもらいたい」という。だが、少数精鋭のシェルターネット事務局は多忙をきわめ、各シェルターと頻繁に連絡を取ることは難しく、シェルターネットと個々の民間シェルターの「連携」は十分に構築されていない。

「全国規模で仕事をしていけばいくほど、専門スタッフをおいて、もっと丁寧にちゃんとやりたいのですけれども、人を雇えないですから。そう考えるときちんとした財政的裏づけをなんとしても取りたいと思うのですけれど……」（Aさん）

「シェルターネットの専従の体制をとらなくちゃいけないと思うのですね。（中略）［シェルターネット内に］いろんな仕事をする人がいて、全国に発信したり調整したりするような人がいて。だから、どう全国組織の規模をど

う強化するか、というのが今の課題です」（Bさん）

「シェルターネットにいろいろ期待しても……。本当は、全国規模だったら、専従を国が出して、本当にDVをなくそうとしたら、それぐらい人がいないとできないのです」（Hさん）

中心メンバーも周辺メンバーもシェルターネットが、運営基盤が脆弱な民間シェルターの活路を切り拓くものであると考えている。しかし現実には、シェルターネットの運営は、中心メンバーの一部が担っており、シェルターネットの理想と現実が浮き彫りになった。

他方で、中心メンバーの一人であるDさんは、新しい加盟団体が増え、大所帯となってきたシェルターネットについて、これまでのように中心メンバーが全体を牽引していくようなスタイルでは、新たに加盟したメンバーや周辺メンバーから不満がでてくるのではないかと危惧していた。

「若い人や新しく［シェルターネットに］入った人たちにどう伝えていくかが私は課題だと思っている」（Dさん）

Dさんは、シェルターネットの加盟団体が年会費一万円で、権利として総会に出席するだけでは、それぞれのブロック会議で議論された内容や情報を民間シェルターに伝えきれないとする。現状では、ブロック会議に参加できるのはブロック会議の代表者のみで、その多くは設立当初からの中心メンバーが多い。それに対して、周辺メンバーは、ブロック会議の状況をそれぞれのブロック会議の代表者からメールなどで伝え聞くのみである。また、総会は年一回しかないため、シェルターネット全体の総意を図るのは難しい。しかし、このようなシェルターネットの組織・運営のあり方がNPO法人化により形づくられたとしても、Dさんの言うように、NPO法人化がメンバー間の意思疎通を困難にするような影響を与えるものとは考えにくい。Dさんは、おそらく二〇〇三年のNPO法人化の頃に、シェルターネットへの新しい加盟シェルターが増加したために、このような認識を持ったのだと考えられる。他方で、Cさんはシェルターネットは、「長く活動を続けてきたシェルターと新しく活動を始めたシェルターの間の意見を反映する場であり、共有する場である」と語った。一般的に、組織が存続していくためには、常に新しいメンバーの加入が必要である。同時に、新旧メンバー間の意思疎通の問題も当然起こりうる事態である。Cさんの思い描くシェルターネットを実現させるためにも、また、シェルターネットの組織を維持していくためにも、シェルターネット内部での新旧メンバーの意思疎通は、早急に解決されるべき課題といえる。

以上の通り、シェルターネットに対する認識は、中心メンバーと周辺メンバーでは異なる面と重なる面がみられた。周辺メンバーは、DV被害者支援の質の向上のためにシェルターネットが機能することを望んでいた（Hさん、Lさん）。調査結果ではこのような声は多くはみられなかったが、日々の支援活動に追われている地域の民間シェルターの声を代表しているのではないだろうか。他方で、中心メンバーは、ネットワークとして国へ働きかけていくことに関する声が強い（Aさん、Bさん、Cさん、Dさん、Eさん）。ただし、中心メンバーは、DV被害者支援を重視していないわけではなく、地域でDV被害者支援をしているだけでは、一向にDV被害者の支援が改善されない状況の打開策として、国への働きかけ＝立法化・政策化をシェルターネットの役割として位置づけていると考えられる。

シェルターネットは全国に点在する民間シェルターをネットワークで繋いでいる。であるからこそ、民間シェルター同士の「連携」が重要視され続けている。組織が大きくなればなるほど新たな課題も出てくるが、民間シェルターにとってシェルターネットの存在は大きく、重要な組織であるからこそ、ここで明らかになったメンバー同士の意思疎通という課題については今後も注視することが必要である。

最後に、シェルターネットが「圧力団体」に変化してきたとされる二〇〇三年に何があったのか、その時期に焦点を当て、今後のシェルターネットの果たす役割と課題を検討したい。二〇〇三年、シェルターネットはNPO法人格を取得した。中心メンバーはNPO法人化の経緯について「ある大企業がシェルターネットに財政支援をしたいけれど、受け皿がないから法人化するように」（Gさん）と要請してきたことがきっかけだという。多くの民間シェルターと同様にシェルターネットも外部からの要請によって法人格を取得した。だがGさんは、NPO法人化にはまったく重きを置いていない。

「シェルターネットワークに入っている大多数［の民間シェルター］は、NPO法人化することに重きをおいていない。それは男のつくったシステム」（Gさん）

Gさんは、まずシェルターネットの組織性について、シェルターネットの意思決定過程は明確ではないと話した。なぜなら、そもそも意思決定というのは「男的だから」（Gさん）であり、あえてそういう方法をとっていないと説明する。組織の代表を決めて、組織形態を整えることは、Gさんいわく「男的なこと」になる。しかしGさんは、対外的に組織としての形をつくらなければ、政府や企業、他の団体との交渉が円滑に進まないため、戦略的に表向きのものとして組織形態を整えていると語る。

また、シェルターネットの場合、NPO法人化のメリットは個々の民間シェルターのそれとは少し趣が異なる。シェルターネットのメリットとは、社会にDV被害者支援の団体があることを「知らしめた」（Gさん）ことであり、省庁にシェルターネットを窓口として認めさせたことであった。また、NPO法人として存在したことでマスコミからのアクセスの対応が楽になり、いろいろな場面でマスコミの協力をえることができるようになった。さらに、シェルターネットに関わる企業がDVについて理解するようになったことがある。NPO法人化はシェルターネットにとってはメリットの部分が多かった。

だが、Gさんからみると、NPO法人という組織形態やトップダウン式の意思決定過程は、男性的なものであった。シェルターネットは本来そのような形のネットワークではなく、そのような形をめざしているわけでもないと断言する。

ＮＰＯや市民活動は、たとえば、生協活動の中から女性たちが生み出したワーカーズ＝コレクティブのように、会社組織や男性社会への異議申し立てを意識した中で、オルタナティブな働き方の提案を行ってきた（佐藤・天野・那須、一九九五）。このようなＮＰＯの考え方からすると、Ｇさんのいう、ＮＰＯ法人化によりシェルターネットがすぐさま「男のつくったシステム」として組織化される、という見解には違和感がある。おそらくＧさんは、任意団体のままでは行政や企業から認めてもらえなかった経緯から、ＮＰＯ法人格を取得すること自体が、公的領域、男性社会への参入を意味することであり、「男のつくったシステム」に取り込まれることであると認識していると考えられる。

Ｇさんのこのような認識は尊重するとしても、他の支援者もこのような認識を共有しているかについては明確ではない。だが現実社会の中で、シェルターネットの組織を強化するためには、ＮＰＯ法人化は選択せざるをえない道であったといえよう。いずれにせよＮＰＯ法人化したことで、「圧力団体」に変化したと評されるまでに組織が強化されたのは事実である。

次に、質問紙調査において「シェルター運動」の課題について聞いた（表5参照）。これまでみてきた通り、「シェルター運動」はシェルターネットが中心となって牽引してきた。それゆえ、「シェルター運動」の課題とは、シェルターネットが中心となって担う運動が目標として掲げる課題をさしている。

表５　「シェルター運動」の課題（複数回答）（N＝34）[30]

	項　目	回答数	%
1	民間シェルターへの財政的支援の確保	30	88.2
2	地域間格差のないＤＶ被害者支援サービスの提供	24	70.6
3	ＤＶ被害者にとって使いやすい支援サービスの構築	20	58.8
4	シェルター運動を地域や国を越えて広めていくこと	19	55.9
5	ＤＶ被害者の声を反映したＤＶ被害者支援ネットワークの仕組みづくり	18	52.9

支援者の考える「シェルター運動」の課題は、民間シェルターへの財政的支援の確保が最も多く、次に、地域間格差のないＤＶ被害者支援サービスの提供、ＤＶ被害者にとって使いやすいサービスの構築、「シェルター運動」を広

めていくこと、ＤＶ被害者の声を反映したＤＶ被害者支援のネットワークの仕組みづくりと続いた(31)。回答者の属性からみると、まず民間シェルター内の立場に限らず、「シェルター運動」の課題については五つすべての選択肢を選んだ回答者が多かった。年代別と活動歴別では、五つすべてを選択する回答者と、別々の選択をする回答者とに分かれており、「シェルター運動」の課題に対する認識の違いが垣間見える。立場、年代、活動歴を通してみると、五つすべてを選択した回答者（それぞれの属性で最も多いのが）の属性は代表、六〇代、活動歴が一〇年以上という特徴がある。これは代表という立場や長い活動歴から「シェルター運動」の課題を幅広く捉えていると考えられる(32)。

全体として共通していたのは、「非専従・ボランティアのみ」および「三〇〇万円以下」のシェルターでは、4を選択する者はほとんどいなかった。これは、規模の小さな、あるいは予算の少ないシェルターにおいては「シェルター運動」を広めていくことよりも、まず目の前にあるＤＶ被害者への支援を充実させることを重視していると考えられる。

さて、シェルターネットの中心メンバーは、「シェルター運動」の課題について、主に財政的支援の確保などをあげた(33)。

「まとまったお金を、きちんとした財政的支援を受けたいと思います。困難なことはお金ですね」（Ａさん）

「シェルター運動」の最大の課題である財源を確保するために、シェルターネットは、企業や財団などから大口の助成金を獲得し、その助成金を財源が不足している民間シェルターへ分配する方法を数年前から行っている。また、個別シェルターの要望を受けて、助成金を活用して全国の民間シェルターを訪問し、支援の質を一定水準に保つ研修を実施している(34)。中心メンバーは、「早くこういうことをしたかったが、これまで資金のことや立法運動が先にありできなかった」（Ａさん）と述べている。このように、少しずつではあるが、シェルターネットは個々の民間シェルターをバックアップする活動を行っている。シェルターネットは、「シェルター運動」の課題を克服するべく、組織としての力を徐々に蓄えてきていると考えられる。

これまでみてきたように、シェルターネットは、他のＮＰＯがつくるネットワークと同様にゆるやかで横の繋がりを意識したネットワークである。それは、Ａ・トゥレーヌ（A. Touraine）のいう「新しい社会運動」にも繋がるようなものだと捉えることができる（Touraine, 1980＝一九八二）。しかし、シェルターネットには、もう一つの側面がある。それは、中心メンバーによる強力なリーダーシップである。周辺のメンバーからは、意思決定過程がわかりにくいなどの指摘もある。しかし、日々刻々と状況が変わる法制定過程や国会へ要望を伝える際には、メンバーへの確認事項が事後承諾になることも多い。個々の民間シェルターは、労力や時間の制限から「限り」（Ｌさん）があるため、シェルターネット執行部に一任している。シェルターネットが東京に事務局を置いたことで全国への発信力は強まったという支援者もいた（Ｄさん）。これまで、シェルターネットは少数の中心メンバーによるトップダウン式の意思決定を通じて、ＤＶ防止法の改正過程に大きな影響力を与えてきたが、ゆるやかなネットワークとトップダウン式の意思決定過程を併せ持つシェルターネットの組織形態は独自のものである。シェルターネットは、中心メンバーと周辺メンバーの間にシェルターネットの役割に対しての認識に齟齬もあるが、このようなネットワーク組織であることにより、国や行政を相手にわたり合い、ＤＶ被害者支援および「シェルター運動」を前進させてきたといえる。

6　民間シェルターの理念と組織の柔軟性

本節では、民間シェルターによる「当事者主義」の支援とその具体的な支援を検討し、次に民間シェルターの理念と組織の柔軟性について婦人相談所一時保護所との比較から考察する。

民間シェルターの支援者は「行政とは異なる支援ができる、行政では手の届かない支援ができる」（Ｂさん）、「ＤＶ被害者に寄り添ってきめの細かい支援ができる」（Ｉさん）と自分たちの支援が行政よりも、よりよい支援であると捉えている。DV被害者支援になぜ民間シェルターが必要なのかについて、民間シェルターが現場から学び、蓄積してきた支援を通して考察する。

民間シェルターは、DV被害者支援を通じて、支援の姿勢や方法をDV被害の「当事者」から学んできたといえる。Aさんは「当事者主義の支援とは、DV被害者と一緒に走る『伴走者』である」と位置づける。

「[DV被害者支援において]地域社会が必要としているニーズ――実態と数字――は、現場に溜め込まれているため、現場には外部に提供できるだけの素材があり、一人の女性が抱える問題は、社会全体が抱える問題であることがわかる」(Aさん)

不動産の確保の仕方や調停のやり方、弁護士に何を相談するのかなど現場でないとわからないことは多い。DV被害者と二四時間一緒にいればこそ、理解できることも多いといえよう。以下では、このような「当事者主義」の支援に関して、民間シェルターの意思決定、受入基準、シェルター内のルールを通して、具体的に検討する。

はじめに、民間シェルターのスタッフの意思決定についてであるが、基本的な方法として、ケース対応の方針を「一人で決めない」ことだとAさんは語る。なぜ「一人で決めない」ことが重要なのか。それはAさんによれば、一人のスタッフがあるケースのDV被害者からずっと話を聞いていると被害者と同じような恐怖心を持ち、その恐怖心をDV被害者と共有し過ぎてしまうことがあるからである。そのような場合、冷静な判断ができなくなる。

「二、三人のスタッフで必ずケースを共有して決定している。もちろん話を聞くときは、当事者最優先で聞くが、一対一では決めないようにしている。(中略)できる限り、一致団結して、チームでサポートしていく。どのようなサポートが適切なのかを常に探りながら当事者を守っています」(Aさん)

多くの民間シェルターでは、ケース対応の意思決定に関してケース検討会議を設置しており、複数のスタッフの意見が会議に反映される。緊急時は個別に判断する場合もあるが、必ず他のシェルタースタッフに伝え、コミュニケーションを図るとともに「少数のスタッフに負担が集中しないように」(Aさん)配慮している。また、民間シェルターの運営会議での意思決定においても、それは同様である。シェルターに関わる人が可能な限り参加し、全員の意見を反映するような開かれた場を保っているところが多い。このように、民間シェルターでは、多くのスタッフの意見が反映され、また情報が共有されるような意思決定のあり方を尊重していることがみてとれる。

なぜ民間シェルターはこのような意思決定のあり方を尊重しているのだろうか。

それは、Jさんの次のような言葉に端的に示されている。

「[民間シェルター内の]ボランティア活動でも、専門を持っている人はもちろんいますけれど、[この民間シェルターの]相談室の相談員やシェルターのケアスタッフとして、専門とは関係なく、人権意識を持った一人の女性として、ということで[DV被害者支援を行っています]」(Jさん)

Jさんは、日常の支援活動の中で必要なのは資格ではなく、同じ女性としてDV被害者と平等の立場で支援することであると語る(35)。民間シェルターでは、利用者と同じ目線で支援することに重点を置いている。また、スタッフ間の意思決定過程においても同様の考えを持って支援活動に従事しているのである。仮にスタッフ同士の間にも上下関係があったならば、DV被害者は、DV加害者との関係と同じ支配/被支配の関係性を民間シェルターで追体験することにもなりかねない。それゆえ、民間シェルター内において対等性が重視されるのである。会議でスタッフ会員の意見を聞くなど一見、非効率的なスタイルを続けている背景には、このような理由があるものと考えられる。これは、アメリカのフェミニスト型シェルターとも通じるものである。

これに対して、婦人相談所一時保護所では、関係者がケース検討会議で話し合い、DV被害者の支援方針を決定する方法をとっているものの、意思決定は、基本的に上から下への指揮命令系統になっている。それは入所の最終決定の権限を婦人相談所所長が持っているためである。この点が、フラットな意思決定方法を採用する民間シェルターとは大きく異なる点である。

次に、民間シェルターの受入基準とルールをみていく。受入基準やルールには、その民間シェルターが重視している援助対象や援助の内容、基本姿勢が反映されていると考えるからである。

第2章でみたように、質問紙調査における民間シェルターの受入基準には「自炊など自分の身の回りのことができる女性」が最も多くあげられていた。これは、DV被害者を監視するような体制を避け、DV被害者の主体性を尊重することを第一義とする観点から設けられた基準である。

このような観点からの基準とは対照的に、安全の確保ということを重視して、DV被害者を一定限度制限する基準がある。それは、多くのシェルターがあげている「DVから逃れてきた女性の緊急一時保護」に関する基準である。民間シェルターの中には、「DVから逃れてきた女性が暴力的な関係を絶ち人生の再出発の決意が明確であること」という方針を打ち出している所がある。こうした基準を設定する理由は、民間シェルターの安全確保にある。DV加害者との離別を決意していない被害者をシェルターに受け入れると、当該加害者と個別に連絡をとってしまうことがあり、シェルターの安全が危険に晒される。それゆえ、民間シェルターの規則では、「日常的な親族・友人・男性などの訪問禁止」「(シェルターの場所の) 秘密の厳守」「携帯電話を預かる」などの制限を設けている(36)。

また、多くの民間シェルターが、「国籍、年齢、障害などを問わずに可能な限り女性を受け入れ」ている。一方で介護が必要な女性、依存症などの病気を抱えている女性は受け入れられない、という基準を示すところもある。外国籍女性を受け入れてきた民間シェルターでは、出稼ぎ労働や人身取引で日本に来た女性などのいわゆる不法滞在の女性も受け入れてきた。そのような外国籍女性を受け入れない公的施設がある中で、民間シェルターは重要な役割を担ってきたのである。そのような民間シェルターにおいても、介護や看護が必要な女性、依存症や人格障害などの病気を抱えている女性の対応には苦慮してきたようであるが、実際には、過去にこのような女性たちを受け入れ、対応してきた。しかし、民間シェルターは無償のボランティアから成り立っており、二四時間の介助が必要な人に対する対応は現実問題としてきわめて困難であったのである。「自炊ができる」「共同生活ができる」という受入基準を設定した背景には、受け入れたくてもできない状況があった。

他方、婦人相談所一時保護所では、入所を判定する際、集団生活ができるかどうかが第一の基準となる。これは、婦人相談所一時保護所は、DV被害者だけではなく、ホームレスの女性や若い妊産婦などが利用していること、また、入所人数が比較的多いためである。婦人相談所一時保護所の「集団生活ができる」という受入基準と民間シェルターの「自炊など自分の身の回りのことができる女性」という受入基準は、同じことを意味しているように思われる。しかし、この意味するところは異なる。まず婦人相談所一時保護所では、入所判定の段階において、将来「自立」できる可能性が高いDV被害者を優先させることもあるという(37)。この「自立」の意味するところは、民間シェルターの支援者の考える「関わる自立」ではなく、「他に依存することなく自らの力で生活すること」を意味する。他方、民間シェルターが「自炊など身の回りのことができる女性」を受入基準にあげている背景には、マンパワーの関係上、利用者にずっと付き添うことが難しいという事情も考えられる。

以上述べたように、公的・民間の受入基準の背景にある考え方は異なっている。婦人相談所一時保護所と民間シェルターのルールの共通点は、シェルターの場所を秘密にするなどDV被害者とシェルターおよび一時保護所の安全を守ることである。相違点は、婦人相談所一時保護所が入所者に対して管理的な対応をせざるをえない点である。婦人相談所一時保護所では外出は禁止されているが、民間シェルターでは外出を禁止するところは少ない。また、婦人相談所一時保護所では、食事の時間から入浴の時間まで細かいルールが存在するが、民間シェルターでは、安全面に関する規則以外には規則を設けていないところも少なくない。また、婦人相談所一時保護所では入所者同士の交流が制限されているところもある。これらは、集団生活上のルールといえるが、入所者にとって管理的であることは否めない。婦人相談所一時保護所の支援のあり方は、DV被害者の主体性を尊重するという観点から基準を設ける民間シェルターの支援体制とは異なる点が多い。

さて、以上では、民間シェルターの支援の姿勢や方法などについて検討してきた。以下から、民間シェルターの理念とはどのようなものなのかについて、婦人相談所一時保護所との比較を通して検討する。戒能は婦人相談所一時保護所が本来のシェルター機能を有してこなかったと指摘しているが、支援者は本来のシェルター機能についてどのように考えているのだろうか。

> 従来、日本では各県に必置の婦人相談所の一時保護所が、唯一の公営シェルター機能を果たしてきた。だが、一時保護所は本来の意味でのシェルターとはいえない（戒能、二〇〇二：一〇六）。

一時保護の法的根拠は売春防止法にある。それゆえ、売春防止法の婦人保護事業の拡大解釈によって対象枠を拡大することでDV被害への対応が事実上行われてきた。しかし、一時保護所は、いつでも駆け込むことができる仕組みになっておらず、避難所としてのシェルター機能を果たしてこなかった。そして、この補完をしてきたのが民間の女性たちが運営する民間シェルターであった。

戒能がいう「本来のシェルター」とは、どのようなものだろうか。

以下では、「本来のシェルター」について、民間シェルターにおける支援者に対するインタビューにおける語りを手がかりに明確化を試みる。

婦人相談所一時保護所では、相談員や職員が数年で異動のため交替するので、その度に、個々の相談員や職員の力量により支援力が変動するという問題があると言われている。翻って、民間シェルターは、独自の理念とポリシーに支援者が賛同して活動を行っているので、スタッフが変わることが少ないことから、スタッフ間での理念の共有がより可能であると思われる。

「［DV被害者の］トラウマは長く続く場合が多いのですが、それでも原点［民間シェルター］に帰ってくれば、この場所［民間シェルター］に、同じ担当者がいる。同じ思想の同じ考え方のスピリッツを持った人がここに居るわけです」（Dさん）

民間シェルターがスタッフやボランティアに対して要望するのは、Dさんのいう「同じ思想」、「同じ考え方のスピリッツ」を持っていることだと考えられる。多くの民間シェルターでは、ボランティア養成講座を定期的に開き、ボランティアを確保することを試みている。その際、最も重視されるのが、その民間シェルターの理念を理解し、DV被害者に対して「ブレのない」（Kさん・Jさん）対応をすることである。

「民間シェルターの支援者の理念をあまりブレずに、ある程度共通のものを持っている人が［スタッフやボランティアに］集まることが望みです。人だけなら簡単に集めることはできるのですが、そこにズレがあると、活動が難しくなってしまうことがある」（Kさん）

Kさんの言葉に、さまざまな意味が含まれている。Kさんが求めているのは、民間シェルターの理念を理解して活動することが可能な支援者である。理念は、守秘義務を守るなど支援の基本姿勢を身につけることなども含まれていると考えられる。Kさんの言葉をより具体的に表しているのがJさんである。

「［DV被害者への］対応も［Jさんの所属する民間シェルターの名］としてブレのない対応をしなければなりませんので、そういう点で、いろいろと人数的なことは、いつも精一杯。［ボランティアを］お願いできる方にはしていきます。どなたでもいいというわけではなくて、ちゃんと［DV被害者のことを］理解してケアができる方ということです」（Jさん）

支援者によってDV被害者への対応が変わるようなことがあってはならない、というのが支援者の共通認識である。民間シェルターの支援者は、支援者が民間シェルターの理念を共有し、DV被害者支援に対して共通の認識を持ち、DV被害者に接することを重視している。それは民間シェルターにたどり着くまでに行政などの対応で二次被害を受けているDV被害者がおり、さらに民間シェルターにおいても支援者によって対応が変わることを避けるためである。DV被害者にさらなるダメージを与えてしまうことを回避するため、民間シェルターの支援者はこの点を最も重視している。

一方、民間シェルターの理念を共有した柔軟できめの細かい支援のあり方が、シェルタースタッフに大きく依存するものであるのなら、それは、民間シェルターにおける支援の限界をも意味する。なぜなら、長期的な支援をする中で、スタッフは必ず交替するからである。それゆえ、繰り返しになるが、民間シェルターにとって人材育成は大きな課題なのである。民間シェルターではこの問題にどのように対応しているのだろうか。たとえば、Jさんのシェルターでは、ボランティア養成講座を毎年定期的に開催している。講座修了者には、主に電話相談である程度の経験を積んだ者に、シェルターに夜間宿泊してもらうなどのボランティアを任せている。講座修了者は、オンザジョブトレーニングを通して民間シェルターの支援方法を学んでおり、体系的に支援者を育成している様子がうかがえる。各地域の民間シェルターでは、自治体との協働によりDV被害者の支援者養成講座を開催していたり、また、民間シェルター独自でボランティア講座を開催しているところがある。Jさんのシェルターでは、長年にわたりボランティア養成講座を開催し地域への周知をはかってきたこと、また、支援者となる人材の育成を組織的に行ってきたことなど学ぶべき点が多いといえよう(38)。

都市部や非都市部など地域性によって状況の違いはあるものの、このような人材育成のあり方は、民間シェルターの理念を受け継いだ人材を増やすためにも、ひいては、DVへの認識を浸透させるためにも非常に重要である。民間シェルターの支援を継続的に提供するために、今後、それぞれの民間シェルターでは、人材育成や組織のあり方を考えることが求められている。

次に、公的機関に相談員として勤めた経験があるBさん(39)の経験から公的・民間の違いについて具体的に検討する。Bさんは、公的機関でのDV被害者の保護と支援は、一見、民間シェルターのそれと同様にみえるが、実はまったく違うという。まず、婦人相談所一時保護所の場合、入所対象者の選定が行われる。たとえば、まったく身寄りがなく経済的に困窮しているなどの理由があった場合には、婦人相談所一時保護所への入所が決まる。続いて婦人相談所一時保護所では、入所基準をクリアしても、保護命令を申請するのか、次の施設へ行くのか、生活保護の手続きをするのかなどを原則二週間の一時保護期間中に次々と決めなければならない。このことについて民間シェルターの支援者はどのように感じているのだろうか。Bさんによれば、心身ともに疲れ切ったDV被害者にとって、このような短期間で一時保護の後どうするのかを決めていかなければならない状況は大変過酷なものとなる。婦人相談所一時保護所や公的機関におけるDV被害者への対応について具体例を示していきたい。

「婦人相談所［婦人相談所一時保護所］とか婦人保護施設などは、たくさんの入所者を受け入れるわけですから、万一何かがあったら困るので、あえていろんな制約を設けるわけです。それは、DV被害者にとってはとても拘束された生活になるわけです」（Bさん）

支援者の多くは、ある入所者の状況が安全だと判断された場合、本来なら家族と会うことが許されるはずだが、婦人相談所一時保護所では一人の入所者に家族との面会を許可した場合、他の入所者との扱いが同じでなくなるため面会を許可しないという。このような理由によりさまざまな背景にあるはずの入所者に対するルールが一律にされている。また、そもそも公的機関には、柔軟性がほとんどないと言われるが、それは一時保護所の施設内のルールだけにとどまらない。

たとえば、DV加害者の追跡からDV被害者の安全を守るためにどこかに移動させる際、民間シェルターでは、支援者が車を運転してDV被害者と移動することが多いという。しかし、公的な機関では、職員がDV被害者を乗せて事故にあったときのことを想定して、たとえ職員が車で移動する場合でもDV被害者を同乗させず、DV被害者は一人で電車で移動させている。これは、移動中にDV加害者に遭遇する可能性や、移動中のDV被害者の不安など、DV被害者の身の安全や気持ちに対する配慮に欠けていることを端的に表している。このような公的機関による支援のあり方に対して、「システマティックではあるが、DV被害支援は硬直化していく可能性がある」(Bさん)と指摘する。公的機関の支援は、DV被害者を中心にした支援をしている民間シェルターとは対照的である。繰り返しになるが、多くの民間シェルターが婦人相談所一時保護所での支援が不十分だと感じている。であるからこそ、民間シェルターによる支援の必要性が出てくる。

さらに付言するならば、婦人相談所一時保護所がDV被害者の支援において前提としているのは、「自立した個人」である。そのため、シェルター退所後DV被害者は「自立」していくもの、「自立」できるものと捉えられている。しかし、実際には、DV被害女性が短い一時保護期間内に新たな生活をスタートさせ「自立」していくことは難しい。婦人相談所一時保護所は、このようなDV被害女性の現実を理解し、「自立」についての捉え方を見直していくことが必要である(40)。

本節では、民間シェルターがDV被害当事者の立場に立った「当事者主義」の支援を行っていることを民間シェルターの意思決定過程や受入基準、シェルター内のルールを通して検討した。DV被害者とスタッフ、また、スタッフ同士の間で対等な関係が保たれるようにしているのは、DV加害者とDV被害者との上下関係、支配／服従関係を追体験しないように配慮しているためであった。また、民間シェルターの受入基準やシェルター内のルールは、DV被害者の主体性を尊重するような配慮がなされていた。婦人相談所一時保護所では、意思決定過程や受入基準、ルールに民間シェルターとの違いが表れていた。婦人相談所一時保護所と民間シェルターの最大の違いは、どのような視点や哲学を持って、設立、運営されているかという点である。婦人相談所一時保護所は、売春防止法を根拠とし、もともと「要保護女子」の「保護更生」や「転落防止」を目的として設立されている。他方、民間シェルターには、「同じ思想の同じ考え方のスピリッツを持った」支援者がいる。この言葉は、民間シェルターそのものを示すという意味において象徴的である。民間シェルターは「人権擁護の思想やフェミニズムに基づいて明確な問題意識を持って」設立されてきた（三井、一九九七）。公的機関や専門職だけでは対応できない問題に対して、その隙間を埋めるような支援をしてきたのが民間シェルターである。それゆえ、「本来のシェルター」機能とは、「同じ思想の同じ考えのスピリッツを持った」支援者によるDV被害者を尊重した支援を提供することであり、その支援を実現するための組織が形づくられていることといえよう。

7　DV被害「当事者」のニーズを引き出す支援

民間シェルターの支援者は、DV被害者の主体性を尊重することを重視し、DV被害者を中心とした支援を行うため柔軟な組織体制を構築している。では、民間シェルターの支援者は、DV被害者のニーズをどのように顕在化し、DV被害者のニーズに適った支援を提供しているのか。本節では、主に中西正司と上野千鶴子の議論を参考にしながらニーズと当事者性の視点からDV被害者のニーズを引き出す支援について検討を試みる。

DV被害者は、自分が受けた暴力被害について言語化することが難しかったり、DV被害を受けていることすらはっきりと認識していない場合がある。Bさんは、DV被害者とのカウンセリングの様子を次のように語る。

「[夫は]自分の思い通りにしたくて、[DV被害者に]暴力を振るうだけだから。問題は、夫にあって、あなたに問題はないと言うと、[支援者とDV被害者の]やりとりの中で、『そうだったんだ』と。彼女たち[DV被害者]自身の中で、『そうなんですよね。地雷がそこらじゅうに埋まっていて、自分がそれを踏んだら爆発するぐらいになっていた』と言うんです。だから、『地雷を踏まないようにどれだけ自分が気を使ってきたか』、という言葉が彼女たち[DV被害者]から出てくると、そうだよね、と[応じる]」(Bさん)

Bさんがカウンセリングをしていたある被害者は、夫から、あるときは子どもの躾がなっていないと言って怒鳴られ、また、あるときは、料理が下手だと言って暴力を振るわれていた。しかし、夫の暴力がどのようなときに振るわれるのかさえ、シェルターでのカウンセリングを受けるまで明確に認識していなかった。しかし、Bさんの「問題は夫にあって、あなたに問題はない」という言葉で、自分の置かれた立場を徐々に理解するようになる。このようにDV被害者は、なぜ自分に起こっている問題を認識するのが困難な心理状態にあるのだろうか。この点について中西・上野を参照しながら「当事者」と「ニーズ」という視点からみていきたい。

ある社会現象が起こったときに、その社会現象が誰かにとっての問題を含む状況である場合、その問題状況を誰が、どのように定義するのかによって、問題状況に関わる当事者のニーズの位置づけは変わってくる。たとえば、第三者の視点からその問題の当事者のニーズを定義すると、当事者のニーズは潜在化する。なぜなら第三者の視点というのは、「専門家、行政官、研究者」など従来の権威主義的なアクターのことをさすからである(上野・中西編、二〇〇八）。第三者の視点に基づいて問題の定義づけがなされることは、第三者のニーズを顕在化することを意味する。一方で、第三者に定義づけられた当事者のニーズは潜在化されるのである。

「当事者」に関する議論の中で、中西と上野は「当事者である」ことと「当事者になる」ことを区別して次のように記した。

誰でもはじめから「当事者である」わけではない。この世の中では現代のしくみにあわないために「問題をかかえた」ひとびとが「当事者になる」。社会のしくみやルールが変われば、いま問題であることも問題でなくなる可能性があるから、問題は「ある」のではなく「つくられる」（中西・上野、二〇〇三：九）。

中西と上野は、「当事者である」ことから「当事者になる」ことについて記しているが、これらはどちらも私的領域内で起こることである。その後、上野は、「ニーズが潜在化されている限り当事者は当事者とはならない」（上野・中西編、二〇〇八：一八）とし、「ニーズの帰属する主体」が「当事者になる」ことだと限定した。「当事者になる」ことは、次のようなことだと説明する(41)。

「当事者になる」ことは、みずからニーズの主体となり、社会がそれを満たす責任を要求するクレイム申し立て活動と不可分である。いまだ存在していないニーズを生成し、顕在化させるプロセスは、どういう社会が望ましいか、という社会構想力をともなう創造的な過程である（上野・中西編、二〇〇八：三六）。

「当事者になる」ことは、社会の仕組みを、当事者のニーズを反映させた形につくり変えることでもある。それは、「ニーズを社会化」することである。「ニーズの社会化」とは、ニーズが社会的承認をえること、そのニーズを満たす責任が社会にあるということを含む。

上野が「当事者ニーズ中心」を強調するのは、これまでニーズの当事者が「社会的弱者化」(minoritize) されてきた歴史があるからである。女性や高齢者、障害者、子どもや性的マイノリティなど社会的弱者と呼ばれてきた人たちのニーズは、これまで「主観的」「わがまま」と呼ばれ、自分の状態を自分で判定する当事者能力すら否認されてきたことがある(上野・中西編、二〇〇八:二二一〜二二三)。

このように、社会的弱者は、ニーズの主体となることを許されず、またそのための訓練をも受けてこなかった。しかし、上野の議論では、「当事者になる」ことが前提としてあり、それ以外の可能性についてはほとんど言及していない。つまり、「当事者」の中にも自らのニーズを把握することが非常に困難な者がいるという可能性やそのような「当事者」が「当事者になる」ために、何が必要かについてはほとんど論じていないのである。たとえば、DV被害者が自分のニーズを顕在化させるためには、夫のニーズと自分のニーズを分離して、本来の自分のニーズを意識化することが必要になる。なぜなら、家庭内の抑圧者は、弱者を自分の思うように定義することで支配しているからである(熱田、二〇〇八:二二三)。熱田敬子は、臨床心理士の信田がDV被害者へのカウンセリングの際に、今後どうするかを決められないDV被害者に対して、「夫のことばや行為が『DV』だ」(信田、二〇〇八:二二三)と伝えることについて言及し、「信田がしているのは、DVという言葉を用いた現状の定義である」(熱田、二〇〇八:二二〇〇三)と分析する。そして、「直接的には暴力をともなわない夫の主張が」、「耐え難いものとなるのは、それを別様に解釈し、再定義する可能性を」、妻が「奪われているから」であり、「この『状況の定義権』の独占こそが支配であり、抑圧である」とする。もしそうであるなら、妻はその状況に「抵抗する」ために「状況を定義しなおせばいい」と主張する。そして「信田のカウンセリング、信田の援助とは、この再定義を助けることに他ならない」(熱田、二〇〇八:二二三)とする。

夫による「状況の定義権」の独占は、夫のニーズを顕在化させることと同義であると考えられる。妻が夫に独占されていた「状況の定義権」を取り戻し、自分で状況を再定義することは、夫と同一化し一体化している関係性から自分自身を切り取る作業でもある。

しかし、このような作業を妻一人ですることは難しい。「家族という密室、あるいは加害者／被害者の二者関係の中だけでは、既存の関係に対して別の定義づけを行うことは難しい」（熱田、二〇〇八：二四）と熱田は強調する。それゆえ、DV被害者の立場に立って、DV被害者とともに状況や場を定義する「共感的な支援者」がいることは、大きな意味を持つといえよう。

さて、J・ブラッドショウ（J. Bradshaw）は、「感得されたニーズ」と「表出されたニーズ」を分類しているが、これは、「感得」から「表出」への過程がいかに困難であるかという当事者の顕在化のプロセスを細分化するものである（Bradshaw, 1972）(42)。

DVの場合は、DVの加害「当事者」である夫のニーズが優先され、DVの被害「当事者」である妻のニーズは潜在化することになる。なぜなら、第三者の視点とは、支配／被支配の関係にある支配者の位置にある者の視点でもあるからだ。他方で、第三者の対極にある自分の視点から問題状況を定義したとき、自分のニーズは顕在化し、第三者のニーズは潜在化する。これは「要求ニーズ」（上野・中西編、二〇〇八：一四）(43)と呼ばれているが、DVの場合には、妻のニーズが優先することになる。「当事者」が自分のニーズを自分で決定することができる状況、これが、「当事者になる」（中西・上野、二〇〇三）ということである。

しかし、ここで留意しなければならないのは、DVの場合、自分の視点とは、支配／被支配の関係のうち、被支配者に位置づけられていることである。すなわち、問題の背景には、状況や場の秩序が不均衡である状況があるのである。DVの場合は、家族や夫婦という場の構造がある。その構造は、家父長的な構造であり、ジェンダー規範が作用している場である。このような構造の中では、DV被害者は、夫が自分に暴力を振るったとしてもそれを「問題」と思わずに、逆に「自分が悪いから夫は暴力を振るうのだ」と夫の暴力の正当性を認め、「暴力を振るわれるのはいやだ」という自分のニーズを潜在化させてしまうこともある。また、「暴力を振るう夫が悪い」と「問題」を感じる「感得されたニーズ」を持つ場合でも、DV被害者は、「家族の幸せのためには自分が耐えればいい」と考え、夫からの暴力を「問題」であると訴える「表出されたニーズ」の主体とならない場合もある。その結果、夫から暴力を振るわれても、家父長的な構造のもと「夫の元にとどまる」ことが自分のニーズと考え、ジェンダー規範の中にある家庭内のDVサバイバーとして生き延びる場合もありうる。

DV被害者はどのようにして自らのニーズを顕在化させるのだろうか。DV被害者への豊富なカウンセリング経験を持つ信田は、次のようにいう。

カウンセリングとは、その体験の意味をともに探し、名前をつけていく協働作業（コラボレーション）のような気がしています（信田、二〇〇四：一〇八）。

信田の「ともに」という言葉は、DV被害者にとってもきわめて重要なことである。なぜなら、これまで夫の暴力は、第三者の立場からパターナリスティックに「定義される」ことが多かったからである。対照的に、民間シェルターの支援者は、「共感的な支援者」としてDV被害者に接してきた。そうすることにより、DV被害者は、「当事者である」から「当事者になる」へと移行し、DV被害者の本来のニーズも顕在化する可能性があるからである。たとえば、本調査では、自分の「被害性」（Bさん）を認識していないDV被害者が、民間シェルターの支援者との丁寧なやりとりを通して、自らのDV被害を認識したことを示した。

「保護命令の書き方一つをとっても［裁判所に申立しても］通らない場合もあるんです。彼女たち［DV被害者］自身が気づいていない被害性をも明確にする、ということを私たちはやっているのです」（Bさん）

DVの場合、DV被害「当事者」は、いわゆる近代家族規範(44)に取り込まれている可能性がある。近代家族とは、ここでは、子どもを中心として親子・夫婦が深い情緒的絆で結ばれた親密な家族を意味するものとする。だが、その一方で、民間シェルターの支援者もDV被害「当事者」とのやりとりの中で、近代家族規範に取り込まれている自分に気がつくことがある。支援者は、DV被害者の置かれている状況を「自分の痛み」(Aさん)として捉えていたからこそ、支援も運動も続けてこられたといえる。このことは、支援者が「しろうと」であることの意味を重視することにも繋がる。

「女性たちの受けている差別を共感しあって、[DV被害者が]受けた暴力の痛みを自分の痛みと感じられる女たちがこれ[民間シェルター]をやっている」(Aさん)

他方、「共感的な支援者」である民間シェルターの支援者が、近代家族規範から離れた視点からDVを捉えることで、DVケースでは、「共感的な支援者」が「当事者」に必要なニーズを認識することもありうる。それは、「共感的な支援者」が「当事者」より先に「当事者になる」こともありうるということだ。その場合、ニーズの帰属する主体は「当事者」ではなく「共感的な支援者」の方にある。

民間シェルターでは、近代家族規範やジェンダー秩序の上にDVが起こっていることを踏まえ、社会に問題提起してきた。また、信田の言うように、DVという「問題」について判定し、定義するという視点からみると、民間シェルターも、また、DV被害者支援に関わる行政・関係機関、地域や周囲の関係者もDVを定義する視点を持っていると考えられる。しかし、その際に留意しなければならないのは、これら周囲の関係者のDVを定義する視点が、第三者や傍観者的な立場からではなく、あくまで、共感性を基準にした定義する視点であることである。ここでいう「共感性」とは、一般的な共感性ではない。一般的な共感性とは、支援者が被支援者の話すことをあるがままに受け止め、自分と同一化しないという意味がある。これは、婦人相談所一時保護所でも行われていると考えられる。しかし、DV特有の共感性とは、これとは異なる。DVや暴力について被害者が語り表現した後に、男性優位社会のもとで、その秩序に適応することが前提の支援が行われると、結局、被害者は、その秩序に再適応することになる。それゆえ、DV被害者が男性優位社会の秩序に対する違和感を表明できるような共感性が必要になると思われる。これは、これまで民間シェルターが行ってきた共感であり、一般的な共感性とは異なるものではないだろうか。また、支援者や専門家にとっても、当事者の当事者性を抑圧しないように自らのニーズを認識し、調整を行うための訓練やサポートが必要であることは言うまでもない。

8　シェルターという「場」の必要性

民間シェルターの支援者は、DV被害「当事者」のニーズを引き出すような支援を行うためには、シェルターという「場」が必要であると考えている。それゆえ、支援者は、運営上の困難をかかえながらも、シェルターを維持しようとするのである。そこで、本節では、民間シェルターという「場」の必要性について論じる。次に、本章全体のまとめを述べる。

Aさんは、シェルターという「場」があって初めてDV被害者支援の「総合的な形」ができるという。

「シェルターという安全な受け皿がなければ相談もできなければ自立支援もできなければ、同行支援もできない」

（Aさん）

インタビュー調査では、支援者の共通認識として、DV被害者には、安全で安心のできる「場」であるシェルターが必要であるとの見解がみられた。

シェルターとは、夫から逃れてくるDV被害者の「安全な受け皿」であり、シェルターという「場」がなくてはDV被害者支援が成り立たないと支援者は認識していた。ここでいう「場」とは、単にシェルターという安全な「場所」のことだけを意味するのではない。「場」とは、一定の自律性を持った社会的空間であり、また、種別的であり、他の場に還元できない固有の論理を持つものでなければならない（小松田、二〇〇四：七九）。さらに、シェルターとは、「封建時代の駆け込み寺に似て、ときには『社会の規範や法律さえ超えて女たちを保護する』」場でもある（かながわ・女のスペース〝みずら〟編、二〇〇二：一三）。

シェルターという「場」の必要性を考える上で、臨床心理学的な側面からの、次のような見解は非常に示唆に富んでいる。

臨床心理の治療の場では、「当事者であるクライエントが、日常の生活の場で拘束されている複数の文脈からいったん離れ、新たな文脈を生む中で、隠された自分の声やもう一つの代わりになるストーリーを探していく」（森岡、二〇〇七：一九二～一九三）ために、自由で保護された「場」を用意しようとする。生活の文脈は複数存在するが、優勢な文脈と、潜在化して表には出にくい文脈とがある。つまり日常であるがゆえにそう容易には潜在的な文脈が前面に出ることはない。セラピーは、日常において優勢な生活文脈をいったん相対化し、潜在する別の文脈を浮かび上がらせ、新たな意味として、もう一つの現実を自由に体験するという固有の領域を持つ（森岡、二〇〇七：一九二～一九三）。

DVの場合、日常の生活の「場」とは、ミクロなレベルでは夫による「状況の定義権」（熱田、二〇〇八）が独占された状態であり、マクロなレベルでは、その夫との支配／服従関係を支えるような家父長的な家族制度や社会制度の存在といえる。DV被害者は、家族や夫婦の「場」の構造の中におり、夫のニーズが顕在化している生活の「場」で生きている。通常であれば、セラピーやカウンセリングの時間は、一、二時間といった、日常生活の中の一部分で行われる。ある程度の期限を設けて治療構造をつくるのがカウンセリングで普段用いられている方法であるが、DVの場合は、日常生活の空間から隔離された「場」を用意する必要がある。なぜなら、DVが起こっているのは、家族の空間、私的な空間であるからだ。夫＝DV加害者から離れて生活をしていかなければ、妻は、夫のニーズに一体化し、自分の本来のニーズがなんであるかに気がつかない恐れがある。したがって、潜在する別の文脈を浮かび上がらせるためには、シェルターという、夫のいる日常から分離された「場」が必要となってくるといえる。さらに、トラウマを抱える「当事者」に関する宮地の見解は、DV被害者の置かれた状況から、シェルターという「場」の必要性を考える上で有用な示唆をえることができる。

宮地は、「環状島モデル」(45)を用いてトラウマを抱える被害「当事者」をめぐる状況を分析した。環状島の真ん中にある〈内海〉という領域は、死者、犠牲者が沈んでおり、〈内海〉の真ん中の〈ゼロ地点〉に近づくほど、死体は形さえ残らないという。そして、〈波打ち際〉から、〈内海面〉の陸地に上がると、言葉を発することができる者たちになっていく（宮地、二〇〇七：一一〜一二）。

トラウマのまっただ中にいる者は声を出さないし、生き延びることのできなかった死者が証言することはできない（宮地、二〇〇七：九）。だからこそ、「被害当事者をめぐる言説空間は中空構造(46)になる」（宮内、二〇一〇：一八八）。DV被害者は、本来の自分を見失い、被害を証言することすらできない。DV被害者は、宮地のいう声も出せず証言もできない者に当てはまる。Bさんは、そのようなDV被害者とのやりとりの中で、何年も暴力を振るわれてきた被害者が、被害を言語化することの大変さ、そして、その重要性を強調する。

「［DV被害者は］夫の嫌なことを聞いたら暴力が出ると思ったから［何年も］聞かなかった。［夫との関係で］不平等な関係に置かれていたんだということに彼女［DV被害者］自身が気がつけば、言語化できる。言語化できたものが裁判でも、調停でも使える。［ＤＶ被害者は］被害を受けているけれども、［ＤＶ被害者が］言語化できないものを言語化していくというところを私たちは気をつけてやっています」（Ｂさん）

Ｂさんが指摘する「被害を言語化することの大変さ」に関して、臨床心理学者の宮内洋は、次のように説く。〈内海〉の中にいる生存者は「心理的な混乱の渦にある『当事者』の姿である」。宮地の「環状島モデル」において、「突然〈内海〉に引きりずりこまれて、息ができずにもがくといった姿は、ある〈当事者〉が当該の出来事についてまさに言語化できない様を表象している」（宮内、二〇一〇：一八八）。そして宮内は、〈内海〉の中にいる「当事者」がいかに自身の経験を言語化する作業が困難であるのかを指摘する。また、〈内海〉からようやく抜け出し、内斜面を這い上がっていこうとする者に対しても、〈内海〉に引き込もうとする〈重力〉がかかってくる。だが、そのような状況は、外斜面にいる者や島の外にいる者にはみえない。そのうち〈当事者〉も自分の能力を疑い始め、「自責の念を強め、中には自己の存在価値を疑う者もでてくる」（宮内、二〇一〇：一九一～一九二）(47)と説く。

以上のような宮地の「環状島モデル」やそれに関する宮内の分析は、ＤＶ被害の「当事者」の状況を説明する際にも援用可能である。なぜならＤＶ被害者もまた、被害を言語化できないでいる存在、すなわち〈内海〉に沈んでいる者であり、内斜面を〈重力〉に引きずられそうになりながらも必至に這い上がっている者だからである。したがって、内斜面を這い上がるＤＶ被害者には、ＤＶ特有の〈重力〉がかかると考えられる。〈重力〉は、ＤＶ被害によるトラウマとも考えられるが、自分自身でゼロ地点＝爆心地＝ＤＶ被害に近づいてしまった、あるいは、とどまってしまった、という自責の念もある。ＤＶの場合、ＤＶ被害者には、夫婦関係はこうあるべきという〈重力〉がかかっていると考えられる。それは、夫婦は一緒にいるべきであるとか、妻は夫に従うべきであるという夫婦像や規範である。ＤＶ被害者が、自責の念を強めたり、〈重力〉に耐えかねて内海に引きこまれそうになったとき、同じ環状島にいて、被害者の痛みに気づくことができるのが、シェルターの支援者であるといえる。

そして何より、DV被害者を〈内海〉から引き揚げるには、DV加害者から脅かされない安全な空間である「場」が、通常よりも長い期間確保される必要がある。シェルターの「場」とは、ケアをする空間としても必要なのである。DV被害者を、夫＝DV加害者から切り離すこと、夫が日常的に生活している家族空間から妻であるDV被害者を切り離すことが重要になる。DV被害者は、シェルターという「場」において、安全を確保し、心身を休めることにより、自分の抱えるさまざまな問題について環状島を想起することが可能になる。すなわち、シェルターという「場」は、DV被害者が環状島の内斜面に転げ落ちないように自らを守るための「空間」として必要なのである。

ここまでは、官民に共通したシェルターという「場」が必要な根拠と考えられるが、DV特有の〈重力〉をDV被害者に気づかせるには、ジェンダーの視点が必要になることを忘れてはならない。DVが男性優位社会の秩序の基に起こっており、被害者があるべき夫婦像に縛られなくてもよいと気づかせる支援を行ってきたのが、民間シェルターである。一方で、婦人相談所一時保護所では、ジェンダー視点からの支援は、ほとんど行われていないものと考えられる。なぜなら、婦人相談所一時保護所は、売春防止法を根拠にし、「要保護女子」を「保護更生」させる婦人保護事業制度内に位置づけられているため、ジェンダー視点からの支援は難しいのである。婦人相談所一時保護所においても、ジェンダーの知識を持った職員や相談員が、民間シェルターと同じ様な支援ができるかもしれない。だが、そのような行為は、公共性を損なうことに繋がるため、婦人相談所一時保護所で行うのは難しいと思われる。この点が、婦人相談所一時保護所との違いであり、民間シェルターという「場」が必要な根拠になると考えられる。

以下では、民間シェルターの支援者へのインタビュー調査結果を踏まえて本章のまとめを述べる。

本章では、民間シェルターの支援者の言葉をDV被害者支援と関連づけて読み解き、支援者の認識のあり方を確認した。

第一に、支援者は、概して民間シェルターが「安心で安全な場」であり、DV加害者から逃れたDV被害者が安心して毎日を送れるような環境づくりも重要な支援の一つだと認識していた。また、支援者は、DV被害女性が自らの力を取り戻すよう、カウンセリングなどを通して、被害者の中に深くしまいこまれてしまった体験や言葉を丁寧に聞き、解きほぐすことが重要だと考えていた。

第二に、支援者が、DV被害者支援において重視しているのは、シェルター退所後の生活再建であった。支援者は、被害女性が受けた暴力の影響を重視し、被害の回復から生活を再建するまで時間をかけて丁寧に支援することを心がけている。また、DV加害者の追跡を避け見知らぬ地域に移り住まなければならない被害女性と子どもを地域できめ細かくサポートしていくことを強調した。

第三に、民間シェルターを最も特徴づけているのがスタッフやボランティアの中にDV被害当事者が存在し、当事者の視点を活かしてDV被害女性の立場をより深く理解し支援を行っている点である。だが、当事者ゆえに、DV被害者に共感的すぎるなど支援を行う際は注意が必要な点も示唆された。

第四に、DV被害者支援においては、同じ女性としてDV被害者と同じ位置に立って支援する「しろうと性」が重視される。支配／被支配の関係に置かれていたDV被害者にとって専門職という権威を持った支援者ではなく、同じ目線から支援する「しろうと性」が大事である。「しろうと性」は民間シェルターの「専門性」の一つと考えられる。

第五に、支援者は、DV被害者との関係性に留意する必要があることがみてとれた。支援者は、DV被害者と接する際、対等な関係が保たれているように常に心がけていた。支援者と被害者の間に生じる権力関係は、DVを経験した被害者が二次被害を被る危険性があるからである。

第六に、DV被害者支援と「シェルター運動」との関連について、多くの支援者は、両者は車の両輪であり、どちらが欠けても支援活動は成り立たないと語った。支援者の多くは、日々の支援活動の中からDV被害者のニーズを汲み取り、そのニーズを充足するために、ときには制度自体を変えていくという発想を体現した「シェルター運動」を重要なものであると認識していた。こうしてみると、民間シェルターの支援や活動は、究極的には、DV被害者の立場からみて必要であれば、既存の社会システム自体を変革することを意味しており、ここに公的な支援とは異なる民間による支援の独自性があるといえる。

第七に、「シェルター運動」と個々の民間シェルターの結節点となってきたのが、シェルターネットであった。シェルターネットは、個々別々に活動するシェルターをネットワーク化することで、一つの大きなまとまりを持った力――対内的にも対外的にも支援を強化するという意味で――を創出する必要性からつくられたことが調査結果から推察される。また、シェルターネット事務局はロビー活動を通して、省庁や議員、関係機関に働きかけ、直接的にも間接的にもDVに関係していないような人々に、DVを理解してもらい立法化や制度改善の必要性を納得してもらうことが必要であった。そのために、説明能力や交渉の専門性を身につけなければならず、立法に関わる専門性を持つことが求められた。周辺メンバーからは、シェルターネットの意思決定過程が不透明であるとの意見もみられたが、シェルターネット事務局は、ある程度の決定権を持って民間シェルター全体をリードしてきた。シェルターネットの形態は、トップダウン式の指示系統と水平型のネットワークが絶妙なバランスで融合した形である。このようなシェルターネットの独自の形態が、全国シェルター・シンポジウムや「シェルター運動」を成功させた一つの要因であると考えられる。

第八に、民間シェルターの組織と支援は、既存の婦人保護事業の制度の枠内で支援を行う婦人相談所一時保護所の支援体制とは異なっていた。民間シェルターの組織の特徴は、緊急性を必要とするDV被害者支援に対応するための柔軟な組織体制が形づくられていることであった。また、DV被害者の主体性を尊重するために、同じ考え方の同じスピリッツを持った支援者がいること、さらに、シェルター内における利用者とスタッフだけでなくスタッフ同士の対等性にも配慮するなどの特徴がみられた。

第九に、民間シェルターにおけるDV被害者のニーズを引き出す支援とは、DVの影響のため自らのニーズを認識できなくなっている被害者のニーズを共感的な支援者が掬い上げることである。DV特有の共感性とはDV被害者が男性優位社会の秩序に対する違和を表明できるような共感性のことをさしている。

第十に、ＤＶ被害者にとってシェルターという「場」が必要であることがみてとれた。支援者は、行き場のないＤＶ被害者の居場所を確保することが重要だと考えており、それは、避難所としてのシェルター本来の機能である。また、婦人相談所一時保護所のシェルターの「場」と異なる点は、民間シェルターの「場」では、ジェンダーの視点から従来の夫婦のあるべき姿や規範に縛られなくてもよいとＤＶ被害者に気づかせるような支援を行っていることである。このような民間シェルターの「場」は、ＤＶから逃れてきた女性たちにとって、自分の身を守る「空間」として必要なものと考えられる。

＊

以上みてきたように、民間シェルターの支援とは、支援者とＤＶ被害者との関わりからつくられてきたものである。支援者の中には、支援者は常に被害者の立場に立ち被害者のことをすべて理解することが求められていると考える者もいるが、そうではなく、支援者は完璧な存在ではないことを支援者は知る必要がある。支援者は、被害者との間にズレがあることを自覚しながら、対等な関係性が保てるよう意識することが重要であることが調査から示唆された。

また、民間シェルターの専門性と機能についても検討したい。専門性とは、特定の領域に関する高度な知識と経験のことであり、職務遂行に必要とされる職能を意味すると一般的に理解されており、ここでは専門職(48)とは異なる意味で用いている。民間シェルターは、弁護士や精神科医など専門職による支援とは別に、ＤＶ被害者に接する中で、どのような専門職がＤＶ被害者の支援にとって有益であるのか、どのタイミングで、どのような支援が必要なのかを判断するという役割を担っている。ＤＶ被害は、複雑な背景、事情を含んでいるので、医療領域、心理領域、法学領域、行政領域などの幅広い分野の専門職の対応は欠かせない。それら既存の専門職の対応だけでは、もれ落ちてしまうＤＶ被害者のニーズを的確に捉え、全人格的な対応をしてきたのは民間シェルターであると考えられる。

民間シェルターは、専門職がその専門領域においてのみＤＶ被害者に対応するのとは異なり、ＤＶがジェンダーに基づく暴力問題であることなど社会構造や社会背景も視野にいれて対応している。さらに、民間シェルターの支援者は、女性の悩みや苦しみの原因は、その女性個人よりも、女性が置かれてきた社会的な位置に深く関係していると考えており、それゆえ、ＤＶ被害女性の生活再建を最終目標としている。このようなことから、民間シェルターは、ジェンダー視点に裏打ちされた、既存の専門職の支援とは異なるＤＶの特質を熟知した支援を行う専門性と機能を持つものと考えられる。

次章では、ＤＶ被害者を尊重する支援を行うために必要な、民間シェルターと行政、関係機関の「連携」について調査結果を提示しながらみていく。

第4章 民間シェルターと行政・関係機関との「連携」

第4章では、民間シェルターと行政・関係機関の「連携」について取り上げる。日本では、DV被害者への支援においては、既存の婦人保護事業や母子福祉制度といった行政の仕組みが利用されている。そのため、民間シェルターがDV被害者を支援する際、行政・関係機関との「連携」なくしてはDV被害者支援は成り立ち難い。

本章では、二〇〇九年から二〇一〇年に行った民間シェルターおよび行政・関係機関へのインタビュー調査を通して「連携」について検討するが、一部、民間シェルターへの質問紙調査結果も提示しながら考察する。

第1節では、DV被害者支援における「連携」の意義と日本における「連携」の問題点を提示し、第2節では、民間シェルターと各関係機関間の「連携」および関係機関のDV被害者支援の現状を横断的に考察する。第3節では、四つの自治体のDVへの取り組みを民間シェルターとの「連携」関係において類型化し考察する。第4節では、DV被害者支援における「連携」をスムーズに行うためにはどのようなことが必要なのかについて検討する。

なお、第2節では、民間シェルターへの調査および婦人相談所、婦人相談員、母子生活支援施設、女性センター（男女共同参画センター）のインタビュー調査を用いて民間シェルターと各関係機関の「連携」を考察する。第3節では、四つの自治体のDV担当者への調査結果をP、Q、X、Zの四つの自治体別に分類し、各自治体に位置する民間シェルター三カ所と民間団体一カ所で行った調査を用いて、民間シェルターと行政・関係機関における「連携」について考察した。

1 「連携」の意義とDV防止法施行後の「連携」の問題点

本節では、DV被害者支援における関係諸機関の「連携」の定義を確認した上で、DV防止取組先進国であるイギリスの「連携」がどのように発展してきたのかをみていき「連携」の意義について検討する。次に、「連携」のメリットとデメリットについて整理し、日本におけるDV対応機関の「連携」が行われるようになった経緯および「連携」の問題点について提示する。

はじめに、本節で検討する「連携」の定義について確認したい。一般的に「連携」や「協働」は、相互の特性を尊重した対等な関係に基づき、共通目標を達成させるための活動として理解されているが、「連携」(liaison)概念は、理論的には、主に医学領域や心理学領域などで発展してきた概念である。

とりわけ精神医学の領域で注目されたコンサルテーション・リエゾン(consultation liaison)概念(1)は、日本語では、専門家の協議・相談(consultation)および他機関、関係者との連携(liaison)と訳すことができる。コンサルテーション・リエゾンとは、医療の現場において、医師などが他の専門職や医療スタッフと協力システムをつくり、患者の抱える病理的問題だけでなく、患者をめぐるさまざまな治療関係、患者と主治医や他の医療スタッフ、患者をめぐる環境に働きかけることを通して、よりよい総合的な医療を実現することを目標としている(2)。このような「連携」が必要になったのは、心理的、社会的な側面に注目した全人的な包括医療が切実に要求されるようになってきたことに起因している(岩崎編、一九九一)。この「連携」を遂行するには、各専門職、関係者による役割分担が明確に行われることが必要になる。患者を治療する専門職や関係者が、お互いを尊重し、それぞれの専門性を理解しながら

「連携」関係をつくることが重要なのである。

一方、ＤＶ被害者支援をめぐる行政と民間シェルターの「連携」「協働」関係においては、「協働」概念が特に重視されている。日本語の「協働」概念は多義的であるが、日本語の「協働」は、partnership, collaboration, coproduction のような多様な用語からの翻訳だからである。Partnership, collaboration, coproduction など英語の用語の意味内容には若干の差異があるが、共通しているのは、いずれも社会的な課題の解決や公共サービスの提供を望ましい形で実現させるために、政府だけでなく民間のさまざまな主体が参加していくことを示唆する点である。

以上参照してきた「連携」「協働」概念を踏まえると、ＤＶ被害者支援の「連携」とは、ＤＶ被害者を保護・支援するという共通の目標を達成する際に、それぞれの領域の専門職や支援者、関係機関が対等な関係を保ちながら協力関係をつくることといえる。ＤＶ被害者が直面する困難に対応するには、医療、心理、福祉、法律、行政関係などさまざまな側面から支援することが必要になるが、その際、ＤＶ被害者の利益を最大限保障することが支援者、関係者に求められる共通の目標となる。効果的なＤＶ被害者支援を行うためには、民間シェルターや関係機関が実際にどのように関係形成をめざし、役割分担しているのかを「連携」「協働」をキーワードに明らかにすることが必要である。

さて、なぜＤＶ被害者支援において、「連携」が重要なのだろうか。ここではイギリスでの認識について参照しながら述べてみたい。ＤＶ被害者支援の「連携」に関する研究では、ＤＶ被害者支援に関わる関係機関による「連携」は不可欠だとされている。また、「連携」はＤＶ被害者支援を行う中で、その必要性に迫られたことから始まったと指摘されている（Hague, Kelly & Mullerder, 2001：14－15）。イギリスやカナダなどのＤＶ防止取組先進国では、関係機関が「連携」をしながらＤＶ被害者を包括的に支援する方法を multi-agency approach と呼んでおり、それは地域単位で包括的にＤＶケースに対応することを意味している。

イギリスにおけるＤＶ被害者支援では、一九八〇年代後半以降、まず自治体レベルでの関係機関による「連携」を通してのＤＶ被害者への multi-agency approach が展開された(3)。さらにその後、国によってイギリス全土の自治体での推進が奨励された結果、現在 multi-agency approach は、イギリス全土の数百の自治体において採用されている。また、イギリスにおけるＤＶ被害者を支援するための関係機関による「連携」型のネットワークのメンバーには、当初、民間シェルターが中心に位置づけられることはなかった。だが、民間シェルターやＤＶ被害女性の声が支援サービスや政策に反映され、それが関係機関の「連携」に活かされなければスムーズな「連携」体制の構築に繋がらないという認識が関係機関の間で共有されるようになり、「連携」ネットワークにおける民間シェルターの位置づけは変化した。イギリスでは各地にＤＶフォーラム（4）が設置され、ＤＶ被害者自らがＤＶ政策への提言を行い、民間シェルターがＤＶ対応機関の協議に参加する場が設けられ、ＤＶ被害女性の声がＤＶ対応のあり方に反映されるようになった（Hague, Kelly & Mullerder, 2001：16－17）。

以上のように、イギリスを通してみた「連携」の重要性とは、「連携」関係を持つことにより関係機関におけるＤＶ対応の認識の共有や地域におけるＤＶ対応の改善に繋がったことがあげられる。また、長年支援活動を行ってきた民間シェルターが「連携」ネットワークのメンバーに加わったことで、ＤＶ被害女性が支援に望むことが関係機関に届き、「連携」体制を見直すことになったことは重要である。

関係機関が「連携」するメリットは、関係機関の間に生じる対抗的関係や困難を克服できること、「連携」を通じて方針をたて実践することにより問題への対応の質をより向上することが可能になることである。このため、サービスの利用者はより効果的でニーズに適った支援サービスを享受できるようになる。逆にデメリットとしてあげられるのは、関係機関の「連携」は複雑な関係性をはらみ、ＤＶ対応についての認識や経験の違いなどがあり上手く機能しないことがある。それゆえ、本来、この「連携」の意図する所が前向きなものであったとしても、その効果が制限される場合がある。イギリスでは、「連携」が進まない要因として、ＤＶ被害者の保護・支援に必要な「連携」についての戦略的な計画の欠落、関係機関が対応できる範囲が法により制限されていること、財源の問題、そして各関係機関の役割と責任が明確になっていないことなどがあげられている。このように「連携」の効果には不安定要素がある。

しかし、各関係機関が一体となり連携体制を構築した際には、きわめて大きな効果をもたらすことができる（Hague, Kelly & Mullerder, 2001：14－15)。

このように「連携」のメリットとデメリットが示されているが、本章で検証する日本のＤＶ被害者支援における「連携」についてはどのようなことが検討されているのだろうか。

日本では、民間シェルターがＤＶ防止法施行前からいち早く「連携」の重要性を見出し、行政・関係機関へ「連携」を働きかけてきた。ＤＶ防止法では行政と関係機関との「連携・協力」（九条）について規定しているが、「連携」についての行政・民間の認識を政府の調査から具体的にみていく。

総務省の調査（二〇〇九）によると、ＤＶ被害者の「保護」を行う場面で行政と民間の「連携」が不十分だと答えた民間シェルターは七一・〇％を占めている。これに対して、同じく不十分だと答えた行政の相談、保護担当職員は三五・三％であったが、その理由は「被害者に対する様々な視点からの対応が進んでいないから」「関係機関の間で被害者の保護を行う為の必要な情報の共有化が進んでいないから」というものであった。行政は「連携」の必要性について「被害者が何度も説明しなくてもいいよう」に各関係機関間の情報の共有を求めており、他方、民間シェルターは行政に「連携をただ叫ぶのではなく、具体的に連携することをもう少し考えて欲しい」と要望していた。認識に若干の差はあるものの「連携」に問題があるという意識は行政・民間双方に共有されていた（総務省、二〇〇九）。

さらに、内閣府の調査（二〇一一）では、自治体が「連携」を行う関係機関は、都道府県では、「国の法務局・地方法務局」、「都道府県警察」が九五・三％と最も多く、次に「都道府県の配偶者暴力相談支援センター」が九〇・七％となっている。市では「都道府県警察」八二・四％、次に「市町村の男女共同参画センター」（七四・四％）、「市町村の福祉局」（七〇・二％）であった。町村では、「都道府県の福祉事務所」、「市町村の福祉部局」が六五・〇％と最も多くなっている。都道府県と市では警察と、町村では福祉事務所との「連携」が多かった（内閣府男女共同参画局、二〇一一）。

表1　自治体別「連携」に関するインタビュー参加者一覧表（2009、2010年調査）

自治体	自治体DV担当者	婦人相談所	婦人相談員	母子生活支援施設	女性センター	公設民営シェルター	民間シェルター
P（都道府県レベル）	○	○	○	○	—	—	—
Q（都道府県レベル）	○	○	○	○	—	—	○
X（都道府県レベル）	○	○	○	—	—	—	○
V（都道府県レベル）	×	×	×	—	○	—	○
Z（都道府県レベル）	○	—	—	—	—	○	—

広域連携の実施については、「個別の事案に応じて広域連携を行っている」としているのが、都道府県では六三・八％、市では四二・六％、町村では二七・八％となっている。しかしその一方で、「広域連携は行っていない」と回答したのは、都道府県では一二・八％、市では四五・〇％、町村では六五・五％を占めている。この調査結果からも基礎自治体において広域連携が十分に行われていないことが浮き彫りになった。

ＤＶ被害者支援における「連携」は、都道府県でのＤＶ連絡協議会の設置により情報共有の場が設けられ、形式的には整えられているはずである。しかし、実際には、ＤＶ被害者の行政手続きの場である基礎自治体における「連携」は立ち遅れている。日本においてＤＶ「連携」が進まない要因について、調査を通して明らかにすることは必須の課題といえる。

2　民間シェルターと関係機関との「連携」

前節では、ＤＶ被害者支援における「連携」の意義やＤＶ防止法施行後の「連携」の問題点について確認してきた。そこで本節では、民間シェルターと関係機関(5)との「連携」について、民間シェルターへの質問紙調査結果および民間シェルターと主要な連携先である関係機関へのインタビュー調査結果を提示しながら考察を試みる。インタビュー調査では、民間シェルターおよび主要な関係機関にＤＶ被害者支援における「連携」の現状や困難について回答を依頼した。インタビュー参加者を自治体毎に分類して〔表1〕に示した。なお、本節における民間シェルターのインタビュー参加者はアルフアベットで表記し、個人を特定できないようにした。

P、Q、Xの三つの自治体に関しては、自治体DV担当者と婦人相談所、婦人相談員にインタビュー調査を実施した。PとQの自治体DV担当者には、二〇〇六年時にもインタビュー調査を行ったので、その後の取り組みについてもうかがった。Vの自治体では、自治体DV担当者、婦人相談所、婦人相談員にインタビュー調査を依頼したが、前例がないという理由により応じられなかった(6)。また、PとQの女性センターは、婦人相談所が女性センターの分も含めてインタビューに応じるとの回答をいただき、それに従った。Qの民間シェルターは、二〇〇六年時にもインタビュー調査を行っている(7)。

1　民間シェルターにおける「連携」の解釈

DV防止法施行以降、都道府県ではDV連携・連絡協議会が設けられ、関係機関による意見交換、情報共有を行うようになった。また、民間シェルターの支援者は、DV被害者支援を行う際は、行政、関係機関との「連携」が必要であると感じ、「連携」関係の構築に努めてきた。

さて、前節で示した内閣府の調査（二〇一一年）では、行政、公的機関、民間機関などの「連携」について次のような調査結果が示されている(8)。まず、四七都道府県では、九一・五％がDV被害者支援における「連携」構築のために「関係機関、団体による協議会等を設置し、定期的に意見交換、情報共有を行っている」と回答している。次に、市では、「必要に応じて関係機関、団体による意見交換、情報共有の場を設けている」が三二・〇％であったのに対して、「特に行っていない」が四一・六％を占め、町村に至っては、六三・五％が「特に行っていない」との回答結果になっている。この結果からも明らかなように、ほとんどの都道府県では、DV連携・連絡協議会が設置され、「連携」の形は整えられているが、市町村においては「連携」が未だ十分に浸透していない。また、このような結果は「民間シェルター等を運営する民間支援団体」との「連携」に関しても表れている。「連携」を行っていると回答しているのは、都道府県で六七・四％を占めているのに対して、市で二五・五％、町村で一五・〇％にとどまり、やはり都道府県レベルでの「連携」が先行している。

行政により設置されているＤＶ連携・連絡協議会は、関係機関の管理者が参加する幹部レベルと実務者レベルの二つに分けてそれぞれ開催されている。幹部レベルの協議会は、幹部がＤＶ対応の理解を深めることにより、担当者が動きやすくなるという利点がある。この二つのレベルの協議会のうち、民間シェルターがメンバーとなっているのは、実務者レベルの協議会である。そこでは、意見交換や情報共有の他に、実際のＤＶケースを検討するケース・カンファレンスが行われる。民間シェルターの多くは、それぞれの地域でＤＶ連携・連絡協議会のメンバーとなっている。しかし、協議会の開催は年一～二回の所が多く、同協議会が民間シェルターと行政、関係機関との実質的な「連携」関係を構築するために十分機能しているかというと、決して十分とはいえない状況にある。

以上のような民間シェルターと行政、関係機関との「連携」の実態を踏まえて、次に、実際のＤＶ被害者支援の現場で、どのような「連携」が行われているのかをみていく。

ここでは「相談」「一時保護」「生活再建」の三つの場面から、民間シェルターがどのように「連携」を行うのか示すこととする。

第一に「相談」の場面であるが、民間シェルターでは、ＤＶ被害の相談を中心に相談業務を行っている。中には、相談業務を自治体からの委託という形で行っている所もある。自治体では、相談体制の充実のため、夜間や週末など公的機関で対応できない時間帯の相談を民間シェルターに委託している。また、民間シェルターで受けた相談は、緊急性などを考慮して、自ら対応したり、あるいは、適切な機関へ繋げるなどしている。

第二に、「一時保護」の場面である。民間シェルターには、直接保護する以外に、婦人相談所、福祉事務所、ＤＶセンターなどを経由して一時保護委託の依頼がくる。また、緊急一時保護が必要なときは深夜であっても警察署などへＤＶ被害者を迎えに行き、民間シェルターへ案内している。このような支援活動が、警察をはじめ関係機関の信頼をえることに繋がっている。

民間シェルターではDV被害者を受け入れた後、入所者の「自立支援」のサポートをしている。そのため、次のように関係機関との「連携」をとっている。

●DV被害者が民間シェルター入所後、婦人相談員、福祉事務所担当者とともに、入所が決定したDV被害者の支援方針を決めるためにケース・カンファレンスを開き、検討する。その際、DV被害者本人も協議に参加する。
●子どものケアが必要となれば、児童相談所にも参加してもらう。DV被害者が精神科の受診が必要になった場合は、「連携」している精神科医のクリニックへ繋げる。また、その精神科医が必要だと判断した場合は、そのクリニックのカウンセラーに繋げている。
●緊急一時保護を必要とするDV被害者と子どもは、多くの場合、十分な所持金がない。そのため、民間シェルター退所後の生活のために生活保護が必要になる。民間シェルターでは、そのようなDV被害者と子どものために、福祉事務所の生活保護課と「連携」をとり、利用者の生活保護の申請手続きを進める。利用者が福祉事務所へ一人で行く場合、利用者の状況などを生活保護担当へ申し送りする。また、利用者が一人で行くことが困難であると判断した場合は、スタッフが同行して手続きがスムーズに進むようにサポートする。
●DV被害者と話し合いながら、以下の手続きを行う。保護命令など被害者の安全確保のための方策と手続き、国民健康保険証の取得手続き、夫との関係に関する相談と離婚手続き、シェルター退所後の居所の選定、子どもの転校、転園手続きなどについて、民間シェルターは裁判所、弁護士、学校、教育委員会、市役所などとの「連携」を図りながら支援を行っている。
●民間シェルターで、DV被害者と一緒に保護命令の原案を作成し、弁護士に最終確認をしてもらっている。離婚手続きの際にも弁護士と協力して支援にあたっている。一部の弁護士は、民間シェルターの支援活動に全面的に協力している。

第三に、「生活再建」の場面である。DV被害者のシェルター退所が近づき、生活再建の目処がついてくると、民間シェルターでは、就労サポート、住居探し、保証人探しや引越しの手伝いなどの支援を行う。ある民間シェルターでは、シェルター退所後の住居探しについて、DV被害者本人、婦人相談員、民間シェルタースタッフの間で相談して決めている。その際、DV被害者の住んでいた地域の婦人相談員の意見を参考にし、支援に活かしている。

生活再建に向けての支援は、DV被害者の生活が落ちつけば終了するというわけではない。生活が落ち着いた後も民間シェルターが主催するイベントや研修に退所したDV被害者が参加できるよう連絡を取ったり、DV被害者が民間シェルターの事務所に寄ったときに相談を受けたりするなど長期にわたり支援が継続されている。

以上、あげてきたように、民間シェルターの支援活動においては、行政・関係機関との強力な連携協力体制が必要不可欠であることが看取される。民間シェルターと行政・関係機関が、相談、一時保護、生活再建の各場面で互いに協力して支援を行うことがDV被害者の安全と回復に繋がっていくのである。

なお、行政・関係機関との「連携」に関して、民間シェルターの質問紙調査では、DV防止法施行後、行政・関係機関との「連携」について改善された点があるかについて聞いている。二三箇所の民間シェルターが行政・関係機関との「連携」において改善されたと回答し、三カ所が「連携」は改善されていないと回答した(9)。改善されたと答えた回答者は次のようなことを例としてあげた。行政がケース検討会議を開いた際、民間シェルターの意見を尊重してくれるようになったこと、行政が連携会議を設置し意見交換ができるようになったこと、DV被害者の住民票の閲覧ブロックや転校手続き、児童手当支給などの手続きがスムーズにできるようになったなどの意見があげられている。

また、質問紙調査では、民間シェルターが行政・関係機関と「連携」する際に困難があるかについても聞いた。その結果から民間シェルターは、依然として行政・関係機関との「連携」について困難を感じていることがうかがえた。

特に、制度面で困難がある（一七カ所）ことが指摘されている(10)。具体的には、行政の中でＤＶ被害者支援への共通理解がえられていないので職員によって対応に開きがある、自治体独自のＤＶ施策制定に積極性がないため制度が未確立である、行政の連携会議は設置されたが機能していないなどの意見があげられている。さらに、行政・関係機関が「連携」を行わないと回答した民間シェルターも一一カ所みられた。

今回の質問紙調査では、半数以上の民間シェルターが行政・関係機関との「連携」において、改善がみられると前向きの評価をしている一方で、依然として「連携」にかなりの困難を感じている民間シェルターが多く存在した。事実、第２章の質問紙調査結果で示したように民間シェルターの抱える問題(11)にも行政・関係職員のＤＶ認識の低さがあげられていた。さらに言えば、民間シェルターの財政面に関する問題も、行政からの補助金がシェルター運営の役に立っていないことを踏まえれば、「連携」の困難を顕著に表すものといえよう。これらのことは、「連携」が改善されたといっても、それは「連携」が皆無であったときよりは評価できるといった程度の意味であり、その実、「連携」には改善すべき多くの困難が山積したままであることを意味している。

それでは、民間シェルターは「連携」の困難をどのように乗り越えてきたのか。今回の質問紙調査では民間シェルター二三カ所が行政・関係機関にＤＶ被害者支援制度の不備と改善を訴え、交渉してきたことで困難を乗り越えてきたと回答した。また、九カ所が行政・関係機関にＤＶ被害者支援に関する研修などを行ってきたと回答した(12)。質問紙調査の自由回答記述には、「連携」を乗り越えた具体例が示されていた。それらは民間シェルターが一時保護委託を行わない自治体に対して委託をするよう働きかけたり、ＤＶへの認識が低い自治体担当者には、ＤＶ対応の実情を話し訴えたりしたこと、また、都道府県レベルの担当機関に訴え対応してもらう方法をとっている民間シェルターもあった。

以上の通り、民間シェルターの多くは、「連携」が改善されたと一定程度評価しながらも、未だに「連携」には問題が多いと認識していた。また、「連携」の困難を乗り越えるために行政・関係機関へ働きかけ、ＤＶ被害者の立場に則した支援活動が行われている様子がうかがわれた。これらのことから民間シェルターと行政・関係機関との「連携」において、行政・関係機関の対応の立ち遅れこそが、根本的問題であることが、改めてここに看取できる。

それでは、どのような点が実際の「連携」の困難となっているのか。

民間シェルターへのインタビュー調査から示された「連携」における問題は次にあげる四点である。

第一の問題は、婦人相談所との「連携」がスムーズに行われないことである。インタビュー調査では長年の働きかけにもかかわらず、婦人相談所との「連携」が取れていない、ある民間シェルターの支援者から婦人相談所と「連携」関係を築くことに困難を感じていることが語られた。その民間シェルターの位置する自治体の当該婦人相談所所長は、民間には一時保護委託を出さないという方針であるらしく、したがって、その民間シェルターが一時保護委託を受けたことはほとんどない。

「[婦人相談所との「連携」に]困難が生じたときには、仕方ないから諦めて自分たちのやり方で支援してきました。(中略)行政との「連携」をしていかなければ、この仕事[DV被害者支援]をやっていけない。一緒にやれたらもっと都合がよくなるのですが。民間なりのやり方で進んでいくと……」(Bさん)

また、福祉事務所を経由したDV被害者が、民間シェルター入所を希望しても、婦人相談所の裁量により民間シェルターに入所できないこともあったという。

「うちに[Lさんの民間シェルターに一時保護の依頼が]くるのは、福祉事務所から。[この民間シェルターの位置する自治体の]婦人相談所からは全然こない。婦人相談所とは連携していない。公的なシェルター[婦人相談所一時保護所]が[DV被害者を]入れてくれないので、[Lさんの民間シェルターにDV被害者の一時保護を]お願いしま

す、とよく言われる」（Lさん）

「福祉事務所や保護施設をもたないDVセンターが、民間シェルターをDV被害者に利用させたいと思っても、婦人相談所がそれを認めないこと。保護の決定がすべて婦人相談所にあるのです。DV被害者が民間シェルターがよりよい支援ができると思っても、被害者はその利用を求めることができない」（Bさん）

他の民間シェルターでも、一時保護委託のときのみ婦人相談所と「連携」しているものの、一時保護委託自体が少なく、したがって「連携」はほとんど行われていないというのが実情のようだ。一方で、市町村から民間シェルターへの依頼が増えている。

「［市町村レベルの自治体が］婦人相談所で［DV被害者の入所を打診して］断られると、すぐに［Cさんの民間シェルターに一時保護の］依頼がきます。それこそさまざまな方が」（Cさん）

Cさんの民間シェルターは大都市圏にあり、比較的大きなシェルター施設であるため、他県からの入所依頼も多く、いくつかの自治体と一時保護委託契約を結んでいる(13)。Cさんの言葉からは、自治体が対応の困難なケースを民間シェルターに依頼している様子がうかがわれる。だが、こういった都市部の比較的大きなシェルターがあることによって、地方の市町村や非都市部のシェルターで解決できない問題が、一時的にでも解決されているともいえる。このことは、DV被害者支援をするにあたって、都市部と非都市部との「連携」が重要であることを示唆している。また、婦人相談所との「連携」問題を深刻にさせているのが、婦人相談所内部の人事異動である。

「婦人相談所は、［ＤＶ担当職員が］二、三年で変わっていかれる」（Ｃさん）

「連携」関係を築いていたとしても、婦人相談所のＤＶ担当行政職員は数年おきに異動するため、また一から関係を構築し直さねばならない(14)。

第二に、児童相談所との「連携」の問題点があげられている。児童相談所は「子ども」の安全を優先させる支援や「家族再統合」の視点を持っているため、母親であるＤＶ被害女性を優先させる民間シェルターとの間には、根本的な方針の違いがあり、両者が「連携」関係を築くことには相当の困難がある。ＤＶ被害者の「離婚」を視野にいれて女性の保護・支援を優先するのが民間シェルターの立場であるが、それに対して、児童相談所は、何より子どものために家族の再統合を優先する立場である。両者の支援アプローチの違いは、当然のことながら「連携」を困難にしている。

「児童相談所の方針は、家族再統合だから。それこそ、ＤＶ被害者支援の関係機関との連携では、フェミニズム、ジェンダーの視点に立たないと、離婚させよう［という考え］は、出てこないですよね。児童相談所は、女性より子どもや家族を優先させるので連携は難しいというのはあると思う」（Ｇさん）

「民間［シェルター］だけではやれない。シェルターというのはそこが出発点。［シェルターを］出られた後に生活していく。子どもさんがいろんな問題を持っていたら、学校・児童相談所といろんな人と関わっていかないといけない。いかに一緒に連携してやっていくかによって、その人［ＤＶ被害者］が安定して生活することに繋がっていく」（Ｃさん）

さらに、この民間シェルターと児童相談所の「連携」の困難に加え、問題をより複雑にするのは次に述べる婦人相談所一時保護所の方針である。婦人相談所一時保護所では、DV被害者の同伴児が小学校高学年以上の男児の場合などに対して、母子分離が事実上強制される(15)。同伴児が女児であれば年齢を問わず婦人相談所一時保護所にDV被害女性である母親と一緒に入所できるが、高学年以上の男児は児童相談所の一時保護所に入所させられる。このことは、子どもは児童相談所、母親は婦人相談所一時保護所という縦割り行政が生み出した弊害でもある(戒能編、二〇〇六)。他方、高学年以上の男児については、一時保護委託によりDV被害者とともに適切な施設で保護するなどの配慮を行う必要がある。民間シェルターでは、多くの場合、母子を一緒に保護してきた。その理由は、戒能(二〇〇六)が指摘するように母子分離をすることでDV被害者とその子どもが不安定な心理状態になることを防ぐためであった。DV被害者である母子を第一に考え、その立場に添った支援が行われねばならないにもかかわらず、DV被害者の子の年齢や性別によって母子がそれぞれ保護される場所が異なることがあり、それによって母子が不安定な心理状態に陥らざるをえない状況が生じている。これは「連携」の意義を阻害する、現行制度上の解決すべき問題であるといえよう。

第三の問題は、関係機関・担当部署間の横断的な「連携」が取られていない点である。DV防止法施行以前から、民間シェルターは福祉事務所や警察などの関係機関との「連携」の必要性を訴えてきた(16)。また、DV被害者の安全のためには、緊急時の危機介入の際、関連機関との「連携」が不可欠であり、介入ネットワークには多領域の機関が入る必要性があるとも指摘してきた(17)。これは、DV被害者は、精神的、体力的に弱められているので、「自立」するためには長い時間と多種多様な法的処理と行政との折衝が必要になるからである。DV被害者支援は「民間だけで成り立っているわけではない」(Cさん)という言葉にみられるように民間シェルターは、民間ができることの限界を痛感してきた。だからこそ「連携」が必要だという結論に達し、それを築こうとしてきたのである。

だが、DV被害者が生活保護を受ける際に行政の生活保護課へ行ったり、子どもの学校関係の手続きで教育担当課に行ったりすると、必ず各担当課職員から直接、本人の意思を聞きたいと言われ、その都度同じような話を繰り返さねばならず、それが被害者の大きな負担となっている。一部の自治体では、このような場合に備え「共通シート」を作成し、行政職員がＤＶ被害者から何度も事情を聞かなければならない状況を改善した事例がみられるが(18)、多くは関係機関、担当部署間の横断的な「連携」が十分整備されていない状況である。

「[連携は改善されて]いないですね。横の連絡は悪いんです。また、各場所[自治体の各担当窓口]で[ＤＶ被害者は]同じ話をしなければならないときが結構ある。(中略)これをなんとかできないかなと思う。辛いことをまた見ず知らずの人に話をしろというのは……」(Ｈさん)

「関係機関の連携というのは、対どこどこの窓口と上手く行かないという、そこの壁は乗り越えられないとしても、個々の婦人相談員たちとの繋がりはあるんですね。そういうところで連携することはできます」(Ｂさん)

民間シェルターと関係機関との間には、「連携」とは程遠い現状と問題が改善されぬままにあり、そのことが結果的には、ＤＶ被害者自身を追いこんでいるといえよう。だが、Ｂさんの最後の言葉にあるように、民間シェルターは、組織としての「連携」が困難であるときに、個人的な「繋がり」を通して、被害者支援の活路を見出してきた。このことは、民間シェルターからの働きかけだけでなく、ＤＶに理解のある協力的な婦人相談員の存在が大きい。このような個人的な「繋がり」がＤＶ被害者を支援へと繋げてきたことは特筆すべきことである。だが、このような個人的な婦人相談員との「繋がり」が今後、組織的な「繋がり」へと発展するためにも、行政・関係機関にはＤＶ被害者支援における「連携」の重要性について一層理解を深めることが求められている。

第四の問題は、地域における民間シェルターはじめ関係機関同士の「連携」関係である。

民間シェルターは地域に偏在しているため、地域における関係機関の支援ネットワークを構築することが必要であると考えている支援者もいる。

「そこの部分［新しい地域での支援］を私たち［Lさんの民間シェルター］はなかなかサポートできないので、やっぱり地域の婦人相談員やいろんな民間の団体とか、みんなのサポートが必要」（Lさん）

Lさんは、県外など遠方へ移動するDV被害者には、被害者が移り住む土地の近くにある他の民間シェルターを紹介する。また、Hさんは、新しい土地へ移動する被害者に、「こういう民間シェルターがあるのだけど、そこの支援者があなたの所に支援に行ってもいい？」と事前に伝えて了承をえてから、個々の民間シェルターや関係機関に繋げている。また、支援者の多くは、被害者が住む地域の婦人相談員などに連絡をとり、新しい地域においてもスムーズに支援が行えるよう働きかけている、という。

地域に偏在しているとはいえ、それぞれの地域における民間シェルター同士のネットワークはシェルター退所後の被害者にとって大きな拠り所となる。また、民間シェルターだけでなく、地域の関係機関同士が「連携」をして支援にあたることでDV被害者が新しい土地で孤立することを防ぐことができる。民間シェルターには、既に行っているように地域における「連携」関係を積極的に構築することが求められる。

2　主なDV被害者支援関係機関における「連携」の解釈

前項では、民間シェルターからみた関係機関との「連携」の現状と問題について検討してきた。ここでは、主なDV被害者支援の関係機関からみた民間シェルターおよび関係機関同士の「連携」について考察する。ここで取り上げる関係機関とは、婦人相談所、婦人相談員、母子生活支援施設、女性センター（男女共同参画センター）である。

(1)　婦人相談所

前項で示したように、民間シェルターの支援者によると婦人相談所はDV被害者の一時保護委託以外では、民間シェルターとの「連携」はあまり行っていない。婦人相談所が民間シェルターに一時保護委託をした場合は、民間シェルターと「連携」しながらDV被害者の支援を行うが、そうでなければ、ほとんど民間シェルターとの「連携」は行わない状況である。そうした状況であるにもかかわらず、以下の引用した発言にみられるように、婦人相談所の中にはDV研修の講師派遣を民間シェルターに依頼している所もある。また、反対に民間シェルターが婦人相談所に講師派遣を依頼したりするなどの関係もみられた。

「連携の一つとして、民間［シェルター］にDV研修の講師として来てもらったり、もしくは、民間の方から依頼があって、［婦人相談所が］お話をさせていただくことはあります」（P婦人相談所職員）

「［DV被害者支援関連の］研修の企画自体は、実施自体を民間に委託するという方法と、研修の講師をお願いすることがあります。（中略）［民間シェルターに］同行支援とかの［財政的な］補助をしていこうということにしています」（P・DV担当者）

他方、自治体Xの婦人相談所では、民間との「連携」はあまりなく、公的な関係機関との「連携」関係があることが婦人相談所職員の発言にみられた。

「公的な機関の方が、連携するとしたら多いですね」（X婦人相談所職員）

X婦人相談所では、民間シェルターとの「連携」よりも公的機関との「連携」が多いことがうかがわれる。他方、民間シェルターと「連携」を行っている婦人相談所もある。たとえば、Q婦人相談所の職員は、「［一時保護委託は］それぞれの特色にあった民間シェルターに割り振っています（中略）民間シェルターなくしては、Qの一時保護は回っていかない状況があります」と強調した。また、Q婦人相談所の職員は具体的な「連携」について以下のように語った。

「婦人相談所と各担当の市町村、委託している場合は、民間団体と連携しながら［DV被害者が］自立した生活ができるように支援しています（中略）生活保護課や児童相談所、行政の関係機関と必要に応じて連携していく。連携は個々の状況に応じて」（Q婦人相談所職員）

以上、本調査からみえてきたことは、婦人相談所における民間シェルターとの「連携」構築のあり方の二極化である。ただし二極化といっても、緊密な連携関係を維持している所は少数派に過ぎず、ほとんどは「連携」を行っていない。

だが、DV対応の中心的な公的機関である婦人相談所こそ、本来であれば地域で活動するDV被害者支援のノウハウを持つ民間シェルターと「連携」関係を構築することが望ましいのではないか。また、たとえ現在は少数にすぎなくとも、民間シェルターと緊密な連携関係を構築している婦人相談所が存在するということは、婦人相談所においてこのような連携関係が完全否定されているわけではないことを示唆している。少数派の婦人相談所が「連携」の必要性や意義について意見交換するなど婦人相談所同士が情報交換することを進めていくことが必要だろう(19)。

(2)　婦人相談員

婦人相談員は、概ね福祉事務所に所属する者と婦人相談所に所属する者の二つに分かれる。両者の業務は重なる部分もあるが、婦人相談所に所属する婦人相談員の中心業務は、電話相談と面接相談になる。一方、福祉事務所配置の婦人相談員は母子自立支援員と兼務している場合があり、電話相談、面接相談など女性相談一般の他に母子への支援費の貸付など母子支援も行う(20)。

ここから、三つの自治体の婦人相談員各三名にそれぞれ聞き取りを行った調査結果を踏まえながら、婦人相談員が民間シェルターや関係機関とどのように「連携」しているのか、また、婦人相談員の抱える問題について述べていく。

福祉事務所付きの自治体の婦人相談員は、当該自治体に位置する民間シェルターにDV被害者が一時保護で入所した場合、その民間シェルタースタッフとともに、DV被害者が以前居住していた自治体の婦人相談員と定期的にカンファレンスを行う場合がある。その際、婦人相談員は、民間シェルターのスタッフから、DV被害者のシェルターでの様子や同伴した子どもとの関わり方など生活全般について詳しく聞き、情報を共有する。その上で、DV被害者とその子どもの居住についてアパートか、それとも母子生活支援施設が適切かを決定する。このように福祉事務所付きの婦人相談員は、民間シェルターのスタッフと十分に意見交換をし、支援の方向性を決めている。支援方針が固まってきたら、DV被害者本人を交えて、今後の支援について再度話し合う形をとっている。また、福祉事務所付きの婦人相談員は、母子自立支援員も兼務しているため、必要であれば母子寡婦福祉資金の貸付なども行う。

一方、婦人相談所の婦人相談員への調査からわかったことは、民間シェルターと関わることはほとんどなく「連携」は図られていなかった。むしろ、以下に引用したように行政の関係機関同士で「連携」をとりDV被害者支援を行っている様子がうかがわれた。

「[一時保護委託] ケースのことくらいしか民間シェルターとの連携はないです。(中略) 実際 [民間シェルターが]、婦人相談所と一緒になって動くことはないです」(X婦人相談員)

「避難の希望をしているDV被害者は、具体的にどういう生活を希望されているかによって、たとえば、生活再建が厳しいとか、生活保護の窓口を紹介しています。まずは［支援制度に］繋がっていただいて、生活保護の支援を含めて市町村のDV窓口に繋げます」（P婦人相談員）

また、福祉事務所付きと婦人相談所双方の婦人相談員は、DV被害者の支援をするにあたって葛藤や困難を感じたり、DV被害者支援制度についての要望を持ったりしていた。

「［DV被害者の］相談を受ける場合、毎回同じ職員が受けられるわけではないので、そういう意味では、やりがいというか、［DV被害者に継続的に］繋がっていけないところが心に残ります」（P婦人相談員）

「婦人保護は、ご本人の同意があって、初めて成立することがあります。成人女性であるからこそ、自己決定が優先されますから。長年の経験から［DV被害者が夫の元に］戻れば、さらなる暴力があると思うと、そこで引き止めることができない。仕方のないことですけれども、限界を感じます。（中略）児童虐待と違いますから。危険性はきちんと話しますが」（Q婦人相談員）

「まだまだ［DV被害者支援は］未整備な部分が多いので。DV被害者支援を熱心にやってくださる所［関係機関］とそうでない所［関係機関］が。児童虐待にすごく力を入れていて、DV被害者支援だと、成人女性で本人の意思によるものじゃないと［行政・関係機関は］動けないところもあるので」（X婦人相談員）

婦人相談員全般は、現場での支援に精通している場合が多く、また高い専門性を必要とする職業であるにもかかわらず、身分は不安定である(21)。今回のインタビュー参加者からは、婦人相談員は、それだけでは生活が成り立たないため、他に職業を持ちながら仕事をしているという話が聞かれた。

「[婦人相談員の待遇が]非常勤であることもあるのですが、他の仕事と兼務している方もいらっしゃる」(X婦人相談員)

インタビュー調査に応じた自治体のDV担当者の中には、このような婦人相談員の状況を問題だとし、国への要望書の中で婦人相談員の待遇改善を求めていることにふれた者もいた。

「婦人相談員の[給料の]基準額を仕事に見合ったところで引き上げてもらいたい。内閣府と厚生労働省に要望書を提出しています」(Q・DV担当者)

婦人相談員はその働きに見合った待遇を保障されるべきであるという議論がこれまでにもされてきた。たとえば、社会福祉学者の堀千鶴子は、婦人相談員の労働条件は厳しく、社会福祉専門職として正当な位置づけをえられず、評価も低く研修などの養成システムも不足していると指摘している(堀、二〇〇八：一二三)。また、婦人相談員の待遇改善を主張してきた戒能は、婦人相談員の職場環境、組織の中での地位は、代理外傷などの心理的負担とともに考慮する必要があり、労働条件や権限が明確にされるとともに、適切な支援がじっくりと行えるような人員配置を検討しなければならないと強調する(戒能編、二〇〇六：一七七)。堀や戒能が指摘するように、婦人相談員のスキルアップのための研修の費用や時間を確保し、婦人相談員が専門性を培うことができるようなバックアップ体制をつくることが求められている。同時に、婦人相談員の雇用環境の改善は早急に検討されるべきである。婦人相談員の高い専門性と豊かな経験が、ＤＶ被害者を尊重する支援の実現に結びつくものと考えられる。

(3)　母子生活支援施設

ここでは、民営の母子生活支援施設一カ所に対するインタビュー調査結果を参照しながら、ＤＶ防止法制定前後における母子生活支援施設の関係機関との「連携」の変化、外国籍のＤＶ被害者や子どもへの対応、国や自治体への要望について述べる(22)。この施設は、もともとは民間シェルターであったが、運営面で立ち行かなくなったため、県に申請し母子生活支援施設として認可を受けた経緯がある(23)。

このＰ自治体の母子生活支援施設（以下、「Ｐ母子生活支援施設」と記す）は、民間シェルターから私立の母子生活支援施設へと移行しているため、公的機関というよりは民間に近い形で運営されているといえる。

Ｐ母子生活支援施設によれば、ＤＶ防止法施行以前に、ＤＶ被害者を直接一時保護する際、県や市は「Ｐ母子生活支援施設で勝手にやってください」と連携・協力する姿勢はまったくみられなかったという。

「ＤＶ防止法が制定される前は、婦人相談所一時保護所しかなかった。そのとき、民間のこういう［母子生活支援施設］施設とかＮＧＯがシェルター的な役割をしていたところがあって、そういうネットワークの中で、ここ［Ｐ母子生活支援施設］に支援の要請がきて、本人［ＤＶ被害者］が来所して、市役所が関わらずに泊めて保護したケースが多かった」（職員１）

ＤＶ防止法施行直後も、まだ市役所のＤＶ被害者の対応は十分ではなかった。当時、Ｐ母子生活支援施設は外国籍のＤＶ被害者を一時保護する度に、県や市に状況を説明し理解を求めなければならなかったという。

「［外国籍のＤＶ被害者の場合は］ビザがないと、市役所で門前払いの人が多かった。保護が念頭にない。ＤＶ被害者も念頭にない」（職員２）

「ＤＶ防止法が制定されてから、外国籍［のＤＶ被害者］で言葉ができなくても、ビザがなくても、お子さん連れて来ていて。お子さんが日本人［日本国籍を持っている］なら後からビザが出るとか。行政の方もよくわかるようになってきて。とりあえず、ＤＶ被害者だから、と積極的に動いてくれるようになった」（職員１）

Ｐ母子生活支援施設では、これまで地域に根ざした地道な活動を通して外国籍女性やＤＶ被害者を支援してきており、その結果として特に市役所と密接な「連携」関係を構築していることに特徴がある。

「私たち（Ｐ母子生活支援施設）だけではなくて、市役所も関与すれば十分機能すると思ったんです。官民協力してやるのがよいと」（職員１）

「地域の市役所に［ＤＶ被害者について］お話して［関係機関に］繋げてもらったり、保育園に［ＤＶ被害者の子どもを］通わせることになったら、［市役所の人に］保育園に見に来てもらったり」（職員２）

Ｐ母子生活支援施設では、民間シェルターの頃から市町村との「連携」を重視し、地域の民生委員や市役所、学校、保育園などと「連携」してＤＶ被害者とその子どもを支援するよう働きかけてきた。そのような積み重ねの結果、現在「連携」はスムーズに行われるようになった。

「こちら［P母子生活支援施設の職員］から行くと、近所の人も保育園も、『あっ、［職員が］ついてるんだな』って思って、安心があるんです。（中略）だから、できるだけ地域に繋げていく。民生委員や市役所、学校、保育園にもお願いしています」（職員1）

また、P母子生活支援施設では、外国籍のDV被害者を支援するという面においての困難もみられた。

「［仕事は］ハローワークへ行って探してもらう。でも［外国籍のDV被害者は日本語が］読めない、書けない。片言しか話せない。そうすると、私たち［職員］が探すしかない。でも、自分［外国籍DV被害者］が探してきたわけじゃないから［仕事が］続かない」（職員1）

「［外国籍のDV被害者のP母子生活支援施設の滞在期間は最長で］四年位ですね。いっぱい問題を抱えてたから、まだ裁判が続いてる。アフターケアはできる範囲はしていますが、問題の解決がある程度できたところでも、［外国籍のDV被害者は］独り立ちが怖い」（職員3）

こうした困難に対して職員は、どのような点に留意して外国籍のDV被害者に対応しているのだろうか。以下にその点に関する職員の語りを示していく。

「本人［外国籍のDV被害者］がどういうふうに自分で解決するのか。上手く折り合いをつけて押しつけにならずに、本人を尊重する形で助言していく。そこが難しいけれど気をつけています」（職員2）

ＤＶ被害者の多くは、ＤＶの影響で自尊心が傷ついている。こうした自尊心の傷つきに加え、さらに外国籍のＤＶ被害者の場合、日本に居るだけで自分が差別されていると思い悲観的になっていることもあるという。したがって、そうした外国籍のＤＶ被害者が何かを決めなくてはならないときは、不安や戸惑いの気持ちでいっぱいになり判断ができなくなってしまうこともあるため、Ｐ母子生活支援施設の職員は、ＤＶ被害者の気持ちに理解を示しながら助言をしているという。また外国籍のＤＶ被害者にとっては、言葉の問題が大きな壁となることがある。言葉の壁があるために、最初から自分で何かすることを諦めてひたすら職員に助けを求めるケースも多い。それゆえ、職員は、被害者が職員に依存することがないよう気を配っているという。

「本人［外国籍のＤＶ被害者］が『自分でやっている感』という場面を増やしていきながら、最初から［外国籍のＤＶ被害者が］依存の形を取らないようにしている。その辺のバランスがとても難しい」（職員３）

さて、既に述べた通り、ＤＶ防止法施行以降は、Ｐ母子生活支援施設の位置する自治体では、ＤＶ被害者支援制度の枠組みが急ピッチで整い自治体のＤＶに対する理解が急速に進んだためＰ母子生活支援施設と行政・関係機関との「連携」は大きく変化した。

「［行政・関係機関との連携は］大分改善されてきました。県もまったくわからない分野［ＤＶ被害者支援］をいきなりＤＶ防止法ができたから対応することになって。最初は全然知らない方［ＤＶ担当者］が対応してきたわけですから。（中略）最近は［県のＤＶ担当者も］よく理解してくださるし、連携もできるようになってきました」（職員１）

しかし、P母子生活支援施設では、「連携」の改善について評価しつつも、DV防止法施行以降、「[DV被害者支援]制度が」むしろ「面倒」(職員1)になった面があると指摘した。

「かえって[DV被害者支援の]手続きは大変になりました(中略)DVは外国籍を含めてすべて婦人相談所を通さなければならなくなった。言葉ができるスタッフがここ[P母子生活支援施設]にいるので、『ここにいたい』という外国籍のDV被害者もいるんです。でも婦人相談所を通さないと駄目なんですよね(職員1)

DV防止法施行以降、DV被害者はDVセンター機能を持つ近接の保健センターで面接を受けた上で、あらためて県の婦人相談所へ行き、一時保護委託手続きをしなければならなくなった。だが、保健センターと県の婦人相談所は必ずしも近い距離にあるわけでもなく、DV被害者がこの一連の手続きのために県内を遠距離移動しなければならない場合もある。このようにDV防止法施行以降の手続き上の変更は、DV被害者の負担を増幅させることとなった。それとともに、P母子生活支援施設では、一時保護後にDV被害者をさまざまな制度に結びつけるため、婦人相談所の手続きにも同行しなければならなくなった。

さて、子どもへの支援も、DV被害者と同じように本人を尊重する形は同じであると考えられるが、P母子生活支援施設では、次のようなことを心がけている。

「[DV被害者の]子どもは、知らなくてもいいことを目の当たりにして、みんな心に溜め込んで生活してて。[子どもへの支援は]やり過ぎても、やらなさ過ぎてもても難しい」(職員4)

DV被害を目の当たりにして不安定になっている子どもに対しては、専門職によるケアとサポートが必要である。

P母子生活支援施設では、子どもの支援を担当する職員がDV被害者の子に対する配慮を心がけながら接している様子がうかがわれる。公的施設における子どもへの支援はまだ十分ではなく、行われているところも少ない(24)。子どもの支援のための職員の研修やスキルアップは早急に行われるべきである。

最後に、インタビュー調査の中で、DV被害者支援について改善すべきこと、国や行政に要望することについていくつかの意見がみられた。以下その内容を示すとともに、こうした意見について考察する。

「[外国籍のDV被害者の]自立が難しい。一人親支援が必要。子育てやご飯のつくり方、生活手段の問題。子育ての相談の場所がないと、どうしていいかわからないとか、そういう理由で[夫のもとへ]戻ってしまう。その辺をクリアしてあげれば」(職員1)

「ここ[P母子生活支援施設]を[DV被害者が]出た後に入れるステップハウスを県がつくってくれれば。市営住宅もなかなか当たらないです」(職員3)

「[P母子生活支援施設の職員が]子どもを育てられるような給料を。家庭を持つのが大変。勤務の時間もバラバラ。(中略)DV防止法ができてから、DV被害者以外の人を婦人相談所一時保護所で受け入れていない。緊急性がないと言って」(職員2)

ここで取り上げてきたP母子生活支援施設は民間シェルターから出発した民営施設であることもあり、施設職員のDV被害者支援に対する意見は的確である。一人親支援やステップハウス設立の要望は被害者の「自立」支援を重視するものであるし、婦人相談所一時保護所での一時保護受け入れの難しさは、DV被害者支援の課題を浮き彫りにしている。さらに、職員の待遇問題は前掲の発言者だけでなく、他の職員からも指摘されている。せっかく若い職員が入ってきても生計を立てるのが困難なため、志半ばで辞めてしまう場合もある。だが現状では、自治体から支払われる措置費だけでは運営が成り立たないため、地域からの寄付金などに頼らざるをえず、職員の志によって支援が支えられている側面もあると施設運営側の職員はいう。

また、P母子生活支援施設は、自治体のDV連携・連絡協議会のメンバーであり、DV防止法施行以降は市役所を通しての入所が多く、公的機関との「連携」が多くなっている。民間シェルターとは実務レベルでの「連携」はあまりなく、協議会などを通して意見交換や情報共有を行うにとどまっている。

以上のように、DV防止法施行以降、P母子生活支援施設では、行政・関係機関との「連携」は大きく改善されたものの、その一方で、形式的な手続きの煩雑化によりDV被害者支援が円滑に進まない、という皮肉な結果ももたらされている。また、言葉の問題など外国籍特有のDV被害者支援の難しさや「自立」支援の問題もあげられた。

このような現場の声を吸い上げ、被害者の負担をより軽減する方向での制度上の改善を検討する必要があるものと考える。

(4) 女性センター（男女共同参画センター）

ここでは、女性センター（男女共同参画センター）一カ所に対するインタビュー調査結果を参照しながら以下について述べる。それらは、女性センターと民間シェルターや関係機関との「連携」、またDV被害者支援に携わる女性センター相談員と関係機関との「連携」、同相談員がDV被害者の相談を受ける際に留意している点、国や自治体への要望についてである(25)。

DVセンター機能を持った女性センターでは、DV被害者の相談や情報提供の他に、緊急一時保護が必要な場合は、警察や婦人相談員、福祉事務所へ連絡し、公的なルートに乗せることが業務に含まれる。V自治体の女性センター

（以下、「V女性センター」と記す）の相談担当職員へのインタビューによると、同センターの特徴は、相談業務およびDV被害者の自立支援講座があげられる。

「「V女性センター」特徴は、相談が充実していることです。毎日午前九時から午後九時まで、土日祝日も行っている。また、相談員による面接相談や精神科医との面接、DV被害者のための自立のための講座を行っていて、V自治体の中では一番充実しています」（V相談担当職員）

また各機関との「連携」に関しては、V女性センターが事務局となり、DV対策連携会議を開催している。婦人相談所、学校、教育長、警察、市町村の男女課、生活保護課、婦人相談員、保健所、民間シェルターなどの関係者総勢二〇名程がメンバーとして、DV事例を基に検討している。また、DV被害者の自立支援を強化するために、同連携会議に労働関係部局をメンバーとして入れるようにという国からの要請があるため、それも検討しているという。さらに同連携会議では、民間シェルターから関係機関の問題点が指摘されることもある。

「民間シェルターから、連携会議のケース検討の際、警察の不手際でスムーズな支援に繋がらなかった点について警察に対して厳しい指摘がありました」（V相談担当職員）

その事例における警察の担当者は異動してきたばかりであったため、DV被害者への適切な対応ができなかったという。その時の連絡協議会に出席した民間シェルター関係者は、今後このような対応を行わないように、と警察担当者へ非常に厳しい口調で伝えたという。「民間シェルターはDV被害者を守らなければならない」という認識があるため、民間シェルター関係者は会議においてそのような指摘の仕方をとったとV相談担当職員は理解している。

V相談担当職員によれば、この女性センターの相談体制は約一六名から構成され、そのうち四分の三が相談員で占められている。相談員は全員女性であり、三パターンのシフトを組み、三台の電話機で相談にあたっている。また、電話相談をする中で深刻なDV相談と判断した場合は、相談員による面接、弁護士による面接、精神科医による面接を予約制で行っている。

さらに、男女平等の視点から男性相談も週二回行っているが、女性相談員が男性からの相談には対応しきれない部分があるため、基本的に専門の機関に委託して行っている。

「男性相談がなぜ週二回しかないんだ、と苦情をいただくんですが、やはり、相談の九割以上が女性なんですね」(V相談担当職員)

近年では男性のDV被害者が増えているが、それでも女性からの相談件数が圧倒的に多いので、基本的には女性支援の姿勢は崩せないとこの相談担当職員はいう。しかし、実際に男性がDV被害者として電話をかけてきた際、V女性センターの相談員は相談を受けている。

「DV被害者であれば、男性でも女性でも電話相談を受けています。ただ、男性被害者の場合は、みんな仕事を持っているので、こちらとしては、『家を出て、別のところでお部屋を借りてください』と大体それ位しか言えない」(相談員4)

DVセンターは、「配偶者」暴力相談支援センターであるため、男女ともに相談・支援するという位置づけとなっている。V女性センターでは、男性に対しては電話相談のみで面接相談は行っていない。男性被害者の支援に対しては、女性被害者と同様にシェルターが必要なのかも含めて今後検討するとしている。

「経済的な面でも男性被害者より女性被害者の方が難しい面がある。男性被害者から、『男性のためのシェルターはあるんでしょうか』と質問された相談員もいる。既存の福祉制度の中で、男性ＤＶ被害者だけでなく、寝泊りすることに困っている人のための施設ということで対応できるところはあると思う」（Ｖ相談担当職員）

また、Ｖ女性センターでは一時保護措置権がないため、一時保護の措置をすることは皆無である。

「一時保護についての基本的な考え方は、福祉事務所で措置の処理をしなければならない。また、福祉事務所から婦人相談所に繋げたり。ここ［Ｖ女性センター］は、措置権はないので。夜間やお休みの日は、一時保護を求めている人は警察の生活安全課に繋げています」（Ｖ相談担当職員）

「一時保護の場合は、当センターとしては、基本的には、福祉事務所の婦人相談員にお繋ぎするのがほとんどです」（相談員２）

Ｖ女性センターでは相談員は、基本的に福祉事務所の婦人相談員へＤＶ被害者を繋いでいる。また、外国籍女性のケースでも基本的なルートである福祉事務所の婦人相談員へ繋いでいる。しかし、Ｖ女性センターが、外国籍女性専門の支援を行っている民間シェルターに直接依頼し一時保護の委託をする権限はない。

Ｖ女性センター相談員は、ＤＶ被害者を婦人相談員に繋げ、婦人相談員はＤＶ被害者の聞き取りを行い、適切な場所へ繋げることを心がけている。しかし、ＤＶ被害者の中には、婦人相談員との面接時間が短くて十分に話せなかっため、再びV女性センターに戻って相談をする者もいる。このようなときには、V女性センター相談員は、婦人相談員に連絡をしてDV被害者の詳しい事情を聴き、お互いにDV被害者の抱える問題の全体像を把握する。DV被害者の対応には、的確な情報を共有して適切な対応をすることが必要であると相談員は考えている。

「[DV被害者の]お話を聞くと、婦人相談員さんが忙しそうなのでそんなに話せなかったということで。だから[婦人相談員とこの女性センターの相談員が]連携しながら、こちらが見えているものをお伝えして、向こうが見えているものを伝えてもらうという連携が必要なのかなと思います」（相談員2）

また、電話相談を受ける中で相談員が留意していることについても聞いた。

「最初の[電話相談]の場面でも[DV被害者が]安全か安全でないか、相談を受けている最中も、それを押さえてお話を聞かないと。途中で電話が切れたり、男の人の声が聞こえたり、このことが[電話の]履歴に残るんじゃないかとか。（中略）[相談者が置かれた]場面の安全性をまず確認します」（相談員3）

「DV被害者のお話を受け止める。傾聴を基本にしています」（相談員2）

「大体DV被害を受けた方は、『自分が悪いからそうされる、暴力を振るわれるんだ』と考えるので、そうではなくて、これはDVの構造サイクルであるとか、そういうことについても説明します」（相談員4）

相談員は、DV被害者の安全面に気を配りながら被害者の声に耳を傾け、DVだと考える場合には、DVについて説明し、面接相談などに繋げることを心がけているのがうかがわれる。また、DV被害者への対応については、相談担当部署の月一回のカンファレンスで検討したり、相談員が対応に迷っているときは、相談担当職員なども参加し、随時ミニカンファレンスを開いている。

「［カンファレンスは、判断が］独りよがりにならないように、DV被害者さんの立場に立って、本当に安全なのかどうかということを、慎重な上にも慎重を重ねなくてはならないので、それ［カンファレンス］はやっています」（相談員3）

他方で、V女性センターの相談員としてのDV対応をする際の難しさについては多くの意見があげられた。

「婦人相談所や婦人相談員さんは、自立支援とか、かなり具体的に動けるし、実のあることができるんです。でも、私たちのような女性センター系のところで、DVセンター機能が付随したところでは、［根拠となる］法律はDV防止法だけになるので、かなりできることが制限されている。シェルターもないですし」（相談員3）

このように、V女性センターは、相談業務が中心であり、ケースワークなどの具体的な支援は行っていない。V女性センターの相談員は、女性センターのできることはかなり「制限」されていると考えている。だが、一方で、自立支援講座はこの女性センターを特徴づけるものとなっている。

「私は切実に［V女性センターの］意義は何なのかといつも問いかけられるような気がしている。自立支援講座がある市町村というのは財政的にあまりないので、いろんなメニューがあるというのは、かなり豊かに、いろいろな側面からDV被害者の支援をやっているつもりなんです」（相談員3）

相談員が言うように、V女性センターの特色の一つは、DV被害者の自立支援に力を入れていることである。V女性センターは、民間シェルターなどNPOと連携協働をして、キャリアカウンセリング、サポートグループ、アートセラピー、法律相談、子どものプログラムなどDV被害者の自立へ向けた講座を中心に実施している。DV被害者が自立をしていく過程で起こる心の問題にも留意し、DVの影響や回復のための人間関係のつくり方などニーズに即した講座を提供している。これらの自立支援講座にはV女性センターの相談員も関わり、講座の企画、立案、準備、民間シェルターなどNPOとの連絡調整、運営などを担っている。現場の実情に精通している女性センター相談員ならではのアイデアが活かされた講座となっている。このように、V女性センター相談員は、かなり制限された業務のなか、待遇の問題も抱えながら、それでもDV被害者が自立できるよう被害者支援に日々努力している様子がうかがわれる。

V女性センターの相談員は、電話相談を通してDV被害者の状況を把握し、適切な対応をとることが求められ、高い専門性を要求される職業である。しかし、その待遇には問題がある。「雇い止め制」が導入されたことにより相談員の専門性や質を確保することや二〇代、三〇代の若い世代の相談員の養成が困難となっている。相談員からは、次のような意見がみられた(26)。

「DVケースも複雑になっていて、(中略)いろんな知識や経験も必要になってきているところで、五年の雇い止め制が入りました。ある程度一人前になるのに三年から四年かかる。V自治体が相談員の専門性やDV相談の質をどの程度維持しようとしているか、すごく疑問です。生活が成り立たなくて、若い相談員たちがやむなく辞めていっているんですよね」(相談員2)

「国民の休日も関係ないですし。嘱託ってそういうものなんでしょうけど。（中略）相談員の［仕事］だけでは生計が立てていけない場合は、他のこと［仕事］も絡んでくるので、時間を見つけるのが大変」（相談員3）

「今どこもそうでしょうけど、非常勤・嘱託の相談員にかなりいろんなことが過重にかかっている現実がありま す。当センターも二年から三年で上司が変わっていきます。相談員には権限がないのですが、休日は、正規の職員がいらっしゃらないので、相談員だけでいろんなことを決断しなければいけないこともあって、そういう意味では、相談員にかなり負担がかかっている」（相談員2）(27)

V女性センター相談員が抱える問題としては、人材の不足、待遇問題、相談員の専門性の確立などがある。これらは民間シェルターの抱える問題と共通する部分が多い。加えて非常勤職であるにもかかわらず、職務内容において過重な負担がかかっていることがみてとれる。

また、インタビュー参加者である相談員からは、非常勤職員である女性センター相談員と管理職である自治体の正規職員との間の、DVに対する認識の差が大きく、DV被害者支援のネックになっていることも指摘された。

「ここで相談を受けて、DV施策に反映させていかなければならないと思うのですが、管理職に認識があまりないのか、とりあえず相談受けてと」（相談員2）

「相談員だけが、V女性センターの中でDVセンターみたいな意識しかないのです。上の方［上層部］はあまりDVセンターだという認識がないのです」（相談員4）

ＤＶ被害者支援への要望を上司である正規職員へ伝えても、正規職員のＤＶへの認識や男女共同参画の関連事業全般に対する意識が低いため中々理解が進まない。

最後に、ＤＶ被害者支援を行うにあたり、国やＶ自治体への要望について聞いた。

「［Ｖ女性センターの］相談員の数が少なすぎます。ステップハウスも足りない。外国籍のＤＶ被害者に対する言葉の支援や文化の理解が足りない」（相談員１）

「ＤＶ被害の件数が多いにもかかわらず、児童相談所に比べて、［Ｖ自治体には］ＤＶセンターが少なすぎる」（相談員４）

「一時保護所［婦人相談所一時保護所］での生活ができない［ＤＶ被害者を］受け入れないことが多い。障がい者や高齢者への対応もまだまだ」（相談員２）

今回インタビューに応じてくれた相談員四名は、過去に公的機関や民間シェルターなどで支援に関わっていた経験を持つベテラン相談員であった。ＤＶ防止法施行前からＤＶ被害者支援に関わってきた相談員もあり、経験を通してＤＶ対応の現状に異議を唱える発言が多くみられた。しかし、相談員がＤＶ被害者支援に対する問題意識を活かす手立てを持っておらず、相談員が持っている貴重な情報が埋もれた形になっている。

以上、本節では民間シェルターおよび関係機関の「連携」などについてみてきた。ＤＶ防止法施行により民間シェルターと関係機関の「連携」は一定程度前進した。しかし、「連携」体制づくりは、自治体や関係機関毎によって異なり、民間シェルターと「連携」が取れている場合と取れていない場合の二極化がみられた。また、「連携」体制の構築は各自治体で個別に行われており、総合的な「連携」体制の構築に繋がっていない。

婦人相談員や女性センター相談員は、現場に精通しているが、非常勤職員という立場であるために、DV施策などを決める行政の意思決定のプロセスに組み込まれていなかった。このことは、DV被害者に直接接している相談員の声がDV被害者支援の「連携」のシステムづくりに反映されにくいことを表している。民間シェルターは、さまざまな要望を行政のDV連携・連絡協議会や関係機関との「連携」の場で伝えている。だが、連携会議が形式的である場合には、DV施策やDV被害者支援制度に要望が反映されない場合もある。DV被害者支援の「連携」をスムーズに行うためには、現場で支援にあたる支援者の声が、行政の意思決定の場に届くシステムを構築することが必要である。

3　自治体の事例からみた行政と民間シェルターにおける「連携」の類型

前節では、民間シェルターと主要な「連携」先である関係機関へのインタビュー調査を基に、それぞれの立場からみたDV被害者支援における「連携」の現状と問題について各機関ごとに考察した。調査結果によると、それぞれの立場からみた「連携」についての認識は異なっており、関係機関との「連携」が上手くいっている場合とそうでない場合の二極化がみられた。前節の考察を踏まえて、本節では、行政と民間シェルターの「連携」について、実際の自治体の取り組みを詳細に取り上げて分析する。それぞれの自治体のDV被害者支援における「連携」の把握を通して、DV被害者を中心にした支援を実現するための「連携」の方向性について検討したい。

本節では、行政と民間シェルターがどのように「連携」「協働」して、DV被害者支援を行っているのかについて、四つの自治体（P、Q、X、Z）の取り組みを取り上げ、その特徴から行政主導型、民間主導型、官民競合型、官民連携型の四つに類型化した上で考察を行う。

本節の調査は、四つの自治体のDV担当者へのインタビュー調査結果とそれぞれの自治体に位置する民間シェルター三カ所と民間団体一カ所へのインタビュー調査に基づくものである。なお、本節では、民間シェルターの支援者の属性について、当該民間シェルターがどの自治体に位置するのか特定されることを避けるために、インタビュー参加者をアルファベットで表記せず、発言のみを引用している。

四つの自治体における「連携」の類型

(1) 行政主導型の「連携」――自治体P（都道府県レベル）のケース

自治体PのDV施策はDV法制定と同時に始まり、首長の強力なリーダーシップの下、DV施策を進めてきた。同自治体は、DV防止法の理念をより具体化した形でDV施策を展開してきたといえる。まずハード面では、婦人相談所をDVセンター機能のある女性サポートセンターとして改編し、一時保護の居室や職員数を大幅に増やし、二四時間体制の電話相談を開始した。だが、二〇〇二年開設当時は満室状態であった同女性サポートセンターの利用者は徐々に減少しているため、民間シェルターへの一時保護委託はきわめて少ない。

ソフト面では、裁判所から婦人相談員までを含むネットワーク会議を二〇〇一年に設立した。

「各関係機関の長と実務レベルの担当者の二つの連携会議があります。年一回程度実施しています。トップは、［DV被害者支援の］現状確認と情報の共有をしています。実務レベルでは、［DV被害者支援の］具体的なこと、研修のような形でそのときの共通する問題意識について話し合ったりしています」（P・DV担当者）

自治体Pでは、二〇〇一年、県内民間団体のネットワークを立ち上げ、同時にDV被害者を行う民間団体の連絡会議を開催し、民間団体と協議する場を設けている。

「連絡会議は、年に一回程度なのですが、情報交換などを行っています。民間シェルターからの要望は、特にないのですけれど。民間団体の補助［財政支援］という部分ですが、なかなかお答えできなくて。自治体Pは、民間シェルターへの財政支援は行っていないです。民間への研修委託や一時保護委託の部分になります」（P・DV担当者）

また、県が原資を提供して「DV被害者支援活動促進のための基金」というNPO法人を設立し、民間に運営を任せている。さらに、自治体Pには公設民営シェルターが一カ所あり、建物は自治体で管理し運営は民間団体に委託している。自治体PのDV防止・被害者支援の基本計画策定検討委員会では民間団体とも協議を重ね、DV被害者の声も施策に反映させている。

自治体Pが実施しているDV関連の職務研修では、新任者と実務経験者に分けて、新任者には、基本とフォローの二回の研修を行っている。実務経験者は、三年程度経験を積んだ職員を対象に行っているが、専門家や大学教員に講師を依頼し、事例に基づいてロールプレイを行うなど実践的な研修が行われている。この実務経験者対象の研修には、相談担当者、関係機関、市町村、民間団体が参加している。

自治体Pは、首長が積極的に支援体制づくりをしてきた「行政主導型」といえる。自治体Pの「連携」は、行政が主体的にDV施策を進め、民間が呼応する形で「連携」を維持しており、従来の行政と民間の「連携」の形に近い。

(2) 民間主導型の「連携」——自治体Q（都道府県レベル）のケース

自治体Qでは、民間が自治体のDVへの取り組みを強力に後押ししてきたといってよい。同自治体では、DV防止法施行前は福祉事務所から「婦人相談所」を通さずに、直接民間シェルターへ一時保護を依頼するという形をとってきた。その際、公営／民間の別、シェルターの規模や食事の形態などの違いを考慮し、福祉事務所が利用者に適した施設を選択して一時保護の依頼をしていた。

「民間シェルターもそれぞれ特徴があるので、DV被害者や子どもの状態に応じて一時保護をすることができるというのは、行政だけでは［要望に応じた民間シェルターを］揃えるのは無理ですから。［民間シェルターの］規模もありますし、自炊とか給食とか。同伴児の男の子を何歳まで受け入れられるのとかは各シェルターによって違います。それぞれ［民間シェルターは］いろんな形態でやっているので、［空き状況に］余裕があれば利用者に合った選択をしています」（Q・DV担当者）

自治体Qでは、DV防止法施行前から発生地主義、いわゆる「自治体Q方式」を導入している。発生地主義とは、一時保護の実施責任はDV被害者の一時保護の原因が発生した所、すなわち、自宅のある所や自宅での暴力であっても、被害女性が助けを求めて駆け込んだ警察署やその他相談機関の所在地を所管する福祉事務所が負うことを示す(28)。また「自治体Q方式」とは、一時保護だけでなく、市のDV担当者がDV被害者の生活再建まで責任を負う方式を取っている。

二〇〇一年には県、県内市町村およびNPOの三者協働事業としてシェルターが設立された。施設は県が県所有の建物を提供し、施設運営、スタッフなどの人材面の管理については民間シェルターが行い、施設運営経費は県と市町村が分担している。

「三者協働のシステムをとっていなければ、市町村と民間シェルターのトラブルも多くなったのかもしれません。市町村も部署によって［DV被害者支援に対して］温度差があるので。民間シェルターが、どこまで県内全体の市町村を見渡して、そういう状況をご理解いただけるか、それは難しいかもしれません。市町村でも地域差があり、できる所とできない所がある。そういう所を自治体Qは、市町村と民間の両方を知っている立場として間に入って、調整するという機能はできているのではないかと思います」（Q・DV担当者）

自治体Qでは、NPOの実績をベースに県が建物の提供、経費を負担するだけではなく、市町村を説得して不足経費を負担しあうという、全国でも画期的な「県・市町村・NPO協働によるシェルター」を県内市町村の参加と協力により設立した。これは全国に先駆けて官民協働方式のモデルケースを示したといえる。二〇〇二年以降は、DV被害者の一時保護を担当する部署が一部では福祉事務所以外(29)に移っているが、その市の担当部署が一時保護依頼書を婦人相談所に提出して一時保護を受けており、生活保護も必要な時には同じ市の福祉事務所が実施責任を負っている(30)。また、県レベルの連携会議への民間シェルター代表の参加やDV基本計画策定にも民間シェルターの声が大きく反映される仕組みを取り入れている。

「民間シェルターの代表にはDV基本計画に関する会議に参加していただいてますし、「DV被害者の関係機関」連絡会議にも集まっていただいています。［民間シェルターの］日々の取り組みの中でいろいろな意見が上がってきますし、共通の課題認識を持っているところもありますので、DV施策に反映しています」（Q・DV担当者）

また、DV被害者の「自立支援に関しては、既に二〇〇七年に自治体Q独自のステップハウスを設置している。さらに、「自立」支援を行う民間シェルターや民間のステップハウスなどへ補助金を支給している。ただし、それは、その民間団体が行っている「自立」支援事業の全額ではなく、自治体Qの予算の範囲内で対象事業の二分の一を補助する形となっている。その他には、民間団体の研修費用やセキュリティ保護の機材費などを補助している。また、「民間シェルターが安全性の問題から団体名を公表していないところが多いことに配慮して、自治体Qが企業と民間団体との間に入り、ワンクッション設けて企業から民間団体への寄付を募っている。
以上のように、自治体Qでは、婦人保護行政の長い歴史と複数の実績ある民間シェルターの存在がDV施策に大きく貢献してきた。ここでは民間シェルターは積極的にDV施策へ提言を行い支援体制づくりの一翼を担ってきた。こうした自治体Qにおける「連携」は「民間主導型」といえるだろう。

(3) 官民競合型の「連携」——自治体X（都道府県レベル）のケース

自治体Xでは、DV防止法施行後の比較的早い段階からDV対策への取り組みが始まった。しかし、DV防止法施行直後は、行政・関係諸機関の職員の認識は低く、DVケースが持ち込まれたときには、職員に一からDVについて教えなければならない状態であった。DV防止法施行当初は対応にばらつきがみられたが、徐々に「自治体X方式」とも呼べる被害者支援の方法が構築されていく。

「自治体Xでは、一時保護を希望するDV被害者は、ほぼ一〇〇％近く、警察か、あるいは、市町村役場のDV相談窓口を通して婦人相談所へ措置を申請しています」（X・DV担当者）

自治体Xでは、時間をかけて市町村へも働きかけ、今のような一時保護の入所の流れができ上がった。自治体XのDV対策の特徴は、第一に、配偶者「等」からの暴力の防止対策である。「等」には、DV防止法の対象になっていないデートDVの被害者が含まれていることである。第二に、婦人相談所の機能を強化して相談部門と保護部門の「連携」を図り、相談から保護までのサービスをワンストップで行えるようにしたこと、第三に、民間団体を育成する目的で、民間との「協働」や「連携」を促進しようと試みていることである。本調査時、自治体Xが一時保護委託契約を結んでいる民間シェルターは四カ所（自治体X以外の自治体に位置する民間シェルターも含めると六カ所）であり、今後も増やしていく方向である。

一方、自治体Xに位置する比較的長い活動歴のある、ある民間シェルターの支援者は、さまざまな方法で自治体のDV被害者支援の改善を試みてきた。たとえば、市議会議員を通してDV関連予算を増やしてもらったり、議会ではDVに関しての質問を議員にしてもらうよう働きかけてきた。この民間シェルターの支援者の目下の要望は、シェルタースタッフの人件費の助成である。なぜなら、補助金では自由に使えるような団体運営費がでないため、運営に苦慮しているのである。人件費を捻出して「専門的な人」を雇いたいが、「そうでなければ公設にしてほしい」という行政への要望も予算や人材の関係から難しいとみている。この民間シェルターの支援者は、「公設民営」を理想的な形態と捉えている様子であった。おそらく、ハード面は行政が、ソフト面は民間が請け負う形で、シェルター運営を全面的に民間に委託するような形を考えているのではないかと思われる。

また、自治体Xでは、実際の支援の場面での行政と民間の「連携」は、改善されておらず「公的なシェルター［公的な一時保護所］は、自立支援の面ではほとんどケアしていない」と民間シェルターの支援者は指摘する。他方で、自治体XのDV担当者は、「自立」支援について次のように話している。

「一時保護後に、生活保護の受給を受けアパートへ転居するDV被害者が全体の半分以上いるというケースは他の自治体ではあまり見られません。ここまで生活保護がつくことは、他の自治体ではほとんどないと思うが、時間をかけてそういうシステムをつくってきたんです」（X・DV担当者）

自治体Xの婦人相談所では、DV防止法施行後、「このままではもう婦人相談所で［DV被害者を］受けきれない」という限度までできてしまう状況にあった。このような状況を打破するために、婦人相談所は、どこがDV被害者への支援を実施するのか、どこの部署がDV被害者に関わる諸事項に責任を持つのかについて「はっきり決めないと受け入れない」と強行に対応した。その結果が、現在の「必ず市町村を通して入所し、その際は生活保護の確約を市町村でつける」ことである。これ以降、徐々に各市町村において現在の形が確立されてきた。これが冒頭でふれた「自治体X方式」となってDV被害者支援を一定程度スムーズにしている。また、民間シェルターが指摘した「自立」支援も自治体Xの課題になっている。しかし、民間団体のDVセンターでの出張就労相談などにとどまり、「自立」支援での民間シェルターとの「連携」は積極的に考えられていない。

自治体Xでは、民間シェルターとの「連携」関係はこれまであまりみられず、自治体Xの婦人相談所が中心となって独自のDV被害者支援システムを構築してきたことがうかがわれる。自治体Xの支援は、官と民がそれぞれの持ち味を活かしてDV被害者支援を行っているが、両者の間に「連携」関係はほとんど構築されていないことから「官民競合型」といえる。

(4) 官民連携型の「連携」――自治体Z（市町村レベル）のケース

ここでは四つの自治体の中で唯一の基礎自治体である自治体Zの取組みを取り上げる。自治体Zは、全国に先駆けて公設民営シェルターを二〇〇二年に設立し、先駆的にDV被害者支援システムを構築した自治体として知られている。自治体のDV担当者と民間団体のスタッフに公設民営シェルターの設立の経緯や運営、支援について話を聞いた。

自治体Zでは、首長が人権を重視しており、福祉施策を中心に人権尊重の施策を進め、その中で男女共同参画やDVを人権課題に位置づけている。一九九六年、県の男女共同参画推進懇話会委員に首長が就任し、その後DV防止法の施行に伴い、DV対策大綱を策定した。その中で問題となったのがシェルターだという。自治体Zは、県の最北端に位置するため、県の婦人相談所一時保護所まで電車や車を使っても二時間以上かかってしまう。そこで、DV被害者の負担を考えて、シェルターを設置することが決まった。

「朝［DV被害者が自治体Zに］来ても［他のシェルターに依頼したり移動するのに］一日がかりになってしまう。そういうことを考えたら、［自治体Zで］シェルターを設置するのがいいだろうと。そういう形になれば、身近な自治体が対応することになれば、DV被害者に寄り添った、実効性の高い支援が可能になるでしょうということで」（Z・DV担当者）

DV被害者支援は、自治体の首長の意向によって飛躍的に進むことがある。自治体Zも首長の意向により、行政主導による公設民営シェルターが開設された。

「公設公営」のシェルターを設立するには相当の職員配置が必要になる。自治体Zでは、行政改革が進む中、職員の投入は困難と判断し、少数精鋭で効率性よくシェルターを運営するためには、地域の人の力を借りようという結論に達した。

自治体Zは、地域の民間団体の女性グループに声をかけ、NPO法人の設立を勧め、公設民営シェルターの設立を「連携」して行うことを打診した。実質的には市が施設を建設するだけでなく、業務についても次のように伝えた。

「シェルター業務についても丸なげで全部お願いしますではなくて、その中で行政がやるものと、民間がやるものとをきちんとして、お手伝いいただきたいと」（Z・DV担当者）

自治体Zでは、行政と民間の役割を明確にした。自治体Zは、NPOと委託契約を結び、NPOの事務所の家賃、人件費、光熱費、食材費などを委託費として支払うことになった。そして公設民営シェルターの責任はすべて自治体Zが負うこととした。

自治体Zの首長からの呼びかけがきっかけとなり、「NPO法人を立ち上げた」民間団体側は、状況がわからないままにそれに従った形であった。

「本当にDVも知らなければ、NPOも知らない、名前があればいい、という感じで［契約書に］判子を押してしまった」（Z民間ボランティア1）

「最初は、あんまりいろんなことがわからないので、とりあえず［公設民営シェルターの事務所の］電話相談という形でお引き受けしたんです」（Z民間ボランティア2）

このように公設民営シェルターを開設する準備段階では、官民の双方ともにDVについては詳しくない状態であったが、準備を進めるとともに、専門家やベテラン相談員からDV被害者支援について学んできた。

自治体Zは、公設民営シェルターの支援に対する基本姿勢について、次のように語っている。

「行政よりもレベルの高いNPO法人や民間シェルターはいっぱいあるんですね。ただし、民間のシェルターでは［DV被害者に対して］最終的な責任が取れないのです。［DV被害者の］保護が目的ではありませんから。［DV被害者を］自立まで持っていくことが大切なので。最後まで責任を持つということを考えると、公的な支援が必要なのです」（Z・DV担当者）

自治体ZのDV担当者は、民間のDV被害者支援の実績を評価していたが「民間に生活再建を見届けるまでの責任を負わせない」という考えを持っていた。

また、自治体Zの考える公設民営とは、文字通りの公設民営ではない。DV被害者の入所判定、自立に向けた相談や総合的なコーディネートはすべて自治体ZのDV担当者が行う。NPOの役割は、生活支援や日常の入所中の食材の準備、DV被害者との「雑談」である。

同行支援については、官民で支援の内容によって役割を分担し、公的機関への同行はDV担当者が、アパートや不動産などへの同行はNPOが担当していた。DV担当者は、公的機関への同行支援について、自治体職員が同行することにより、各機関との手続きの際に話がスムーズに進んだり、二次被害を防げるというメリットを強調した。

「公的機関に［DV被害者の手続きを行うために］民間団体が行っても、『どこの人ですか』となってしまいます。ところが、自治体Zということで名刺一枚で『わかりました』と。［公的機関の］対応が全然違います」（Z・DV担当者）

他方で、NPOの支援は仕事や住まい探し、食事の材料を揃えるなど日常的な生活支援が中心である。支援者は、日常的な会話をやりとりする中で、DV被害者には段々と変化が見られるという。

「たとえば、お部屋探しとか、インターネットを見ながら話したり。食事をつくるにしても、みなさん［DV被害者］がつくるのですが、材料を揃えるのは私たちです。『今日は何をつくるの』って。こんなお料理もあるのよって。そういう会話の中で打ち解けていって、だんだん癒しになるのかなって。初めのうちは［DV被害者は］何もおっしゃらないんです」（Z民間ボランティア1）

DV被害者は、日中は、NPOが活動している事務所に立ち寄ることが多い。

「［事務所にＤＶ被害者が来ると］本当に家庭の中で話すようなことを話しながら、『どういう被害にあったの』とか聞きながら、『こうした方がいい』とか、『私はこうするのだけど、どう思うとか』」（Ｚ民間ボランティア２）

こういう会話の中で、ＤＶ被害者が共感してくれたり、「［ＤＶ加害者に］こう言われたけど、私はこう［思う］」とはっきりと自己主張するようになったり、自分から「こうやってみようかな」と自発的に行動を起こそうとする場合もある。このような一見何気ない会話が非常に重要な意味を持っていると、民間ボランティアも自治体ＺのＤＶ担当者も確信していた。

ＤＶ被害者支援の課題としては、官民ともに住居と就労の確保をあげた。

「［ＤＶ被害者に］お子さんがいると、仕事が先か住居が先か。仕事が先か保育所が先か、ということになる。［保育所に子どもを］入れないと働けない」（Ｚ・ＤＶ担当者）

「住居は、自治体Ｚが保証人制度を作ってくれたので、前よりはよくなりました。［ＤＶ被害者は］仕事が続かない方が結構いらっしゃって」（Ｚ民間ボランティア３）

入所者の年齢は、決して高くはなく、いわゆる三〇代の働き盛りが多いというが、それでも、生活再建はなかなかスムーズに進まない状況であった。

公設民営シェルターのメリットについて官民双方に聞いた。官民の役割分担による効果的な支援とともに、民間ボランティアからは、シェルター退所後の支援についての意見がみられた。

「婦人相談所一時保護所ですと、職員が一日DV被害者についてお話を聞いているわけにはいきません。民間が入ることで、DV被害者がリラックスをして、いろんな雑談が入ることによってDV被害者の人生や人間性がはっきり見えてくることが大きい。民間団体は平日の就業中であっても常にDV被害者と一緒にいてお話を聞ける。そのメリットは大きい」（Z・DV担当者）

「シェルター退所した後も［DV被害者と］繋がっていけるって、民間の立場なので。行政では、シェルター退所後も連絡を取り続けるのは、できないということですよね。こちらからは直接はDV被害者に連絡はしないんですけれど、電話番号だけ教えてるので。仕事を辞めたとか、腰が痛いとか、よく連絡がくる人もいます」（Z民間ボランティア1）

次に、自治体Zの公設民営シェルターにおける「連携」の問題点について検討する。

自治体Zの公設民営シェルターは、自治体の首長がDV被害者支援の必要性を認識し、首長のリーダーシップのもとで行政側がシェルターを設立・運営していた。行政側の意図は、民間に業務の一部（利用者への支援）を委託することにより、経費削減を図るということだった。つまり、行政は運営費や施設を提供し、シェルター運営そのものも担っている。民間には運営の責務はなく、行政と雇用契約を結んでいるのは、電話相談をフルタイムで担っている民間団体スタッフ一名のみであり、その他のスタッフは、ボランティアという形で支援にあたっている。ただし、日常的な支援において、月例会議など、行政と民間がDV被害者に関する情報を共有し、頻繁に連絡を取り合って意思疎通に努めている。このような民間団体の意思がDV被害者支援に反映される仕組みは評価したい。

「月例会議を持っています。運営やケース検討などすべてについて話し合います。その際は、自治体Zからの意向もありますし、私たちから自治体Zへ「DV被害者の対応について」言いたいこともありますので、必ず、自治体ZのDV担当の方にはきていただいています」（Z民間ボランティア1）

だが、運営費や人件費などの財政面だけでなく、DV被害者の処遇方針、支援内容に至るまで行政の専権事項となっており、行政と民間の間には上下関係が生じやすいのではないだろうか。

また、自治体ZのDV担当者は、DV被害者の保護から生活再建に至るまでの過程を行政が責任を持って支援するという明確な方針を打ち出し、実施責任者としてこれを実行していた。自治体ZのDV被害者支援を牽引してきたのは、このDV担当者個人の力に負う所が大きかった。個人の存在が大きい程、数年毎の人事異動で新たな職員配置が行われることを考慮して、次の人材が養成されるような仕組みをつくらなければならない。自治体Zで後継者の養成の仕組みづくりが行われていたかは不明である。いずれにしろ、効果的なDV被害者支援を行うためには、個人の力に負うだけでなく、制度として公設民営シェルターを根付かせていく必要がある。

(5) 各自治体における行政と民間の「連携」の検討

P、Q、X、Zの各自治体においては、それぞれ地域の実情に合わせた特徴のある「連携」があり、一見「連携」はスムーズに行われているようにみえる。行政の中には、DV被害者支援にとって「民間シェルターはなくてはならない存在」（Q・DV担当者）、「民間シェルターは、行政ではなかなか手の届かない部分について、一緒に「DV被害者」支援をしていただくという意味で貴重な存在」（P・DV担当者）など、民間シェルターについて肯定的な意見がみられた。行政担当者は「組織が大きいので意思決定した後、実行するまでに時間がかかる」（Q・DV担当者）ことや「まず予算ありきなので、そういう意味では機能的ではない」（P・DV担当者）などと話しており、これらをDV被害者支援における行政の限界としてあげている。それゆえ、行政にとって民間シェルターの「迅速性」「柔軟性」

「ノウハウ」は重要であるとする。

自治体Pでは、首長主導によりDV施策の枠組みや民間団体との「連携」体制を形づくってきた経緯がある。だが、DV被害者支援のための施設や人材の拡充などにより民間シェルターへの一時保護委託は少ない。自治体Pの民間シェルターは比較的活動歴が短く、小規模のためこれから力をつけていく段階にある。行政と民間の「連携」については、両者間に緊張と「対等性」の関係性を持つ「連携」が保たれているとは言い難い状況があった。

また、自治体Qの民間シェルターの支援者は、これまでのDV被害者支援を振り返り「行政との関係には二〇年近い緊張関係があり、その間自分たちも実績を作ってきた」と語る。だから行政に対して提言もできるし、行政も財政的な援助を行ってきたという。同シェルターには、即時性と柔軟性を武器にDV事案に対応する「固有の独自性」の主張と自ら提案し実現する「対等性」の意識がうかがわれる。この点で、他の三つの自治体と比べて、「官」による「上からの公共性」の形を崩す可能性を秘めた革新的な「連携」の形と位置づけられる。民間シェルターが「対等性」というとき、それは官民の上下関係だけではなく、男女の上下の関係性も含むと考える。これまでDVがジェンダーに基づく暴力であるがゆえに被害者は家庭の中に囲いこまれ、社会的に認知されず、民間シェルターの活動も理解されにくかった。また、民間シェルターは、DV被害者支援に必要な行政との「連携」が築けない状況が続き、行政との交渉の際も対等な関係とは程遠かった。DV問題では、女性が被害者になることが多く、それは社会におけるジェンダー秩序と無関係ではなかったことがフェミニスト研究では指摘されてきた（Dobash, R. E & Dobash, R. P., 1979）。

DVが長い間社会的に認知されなかったことに鑑みると、DV被害女性の立場に立った支援をする民間シェルターの活動は、男性優位社会を基盤とした国や行政がすぐさま理解することは難しかったといえる。民間シェルターが行政との「連携」に望むのは、DV被害女性の声を行政機関の対応に浸透させることである。しかし、「対等性」の確保は、民間シェルター側だけの問題ではない。行政側も従来の行政中心のやり方を変えるだけでなく、ジェンダー問題としてのDVと女性の社会的状況を認識した上で、民間シェルターとの「対等性」を意識した「連携」の姿勢を保つことが望まれる。

自治体Xでは、民間シェルターとの「連携」関係はこれまであまり見られなかった。自治体Xでは、既に婦人相談所を中心とした独自のDV被害者支援システムが構築されているため、民間シェルター側も「連携」関係を築くのが難しかったといえる。しかし、DV被害者の婦人相談所一時保護所利用は増加しており、入所が困難になることも考えられるので、今後は民間シェルターへの一時保護委託も増えるものと考えられる。民間シェルターと行政との緊密な「連携」の構築は、喫緊の課題である。

自治体Zでは、首長のリーダーシップの下、実務レベルのリーダーであるDV担当者が、積極的に公設民営シェルターの運営およびDV被害者の支援に関わってきたことで実績をあげてきた。また、公設民営シェルターでは、官民の役割分担を明確にしており、両者の「連携」はスムーズに進んでいる様子がうかがわれた。しかし、責任のある役割のほとんどを官が担っていることから、民間の立場は必然的に弱くなり、発言力も抑えられた形になるという懸念が残る。DVの支配・服従関係という特質を考慮するならば、DV被害者に行政と民間の間に上下関係が透けて見えることがないよう、両者が対等な関係で「連携」を行い、DV被害者を支援することに留意する必要がある。

4　スムーズな「連携」関係の構築のために

前節では、四つの自治体の「連携」を行政と民間に基軸をおき類型化した。それぞれの自治体の取り組みや民間シェルターとの「連携」の形態は異なるものであったが、いずれの自治体も特色のある積極的なDV施策を展開していた。また、行政と民間の「対等性」という観点からみたとき、民間主導型の「連携」のあり方がDV被害女性を尊重する支援の実現を強力に後押ししてきたことが確認された。これらを踏まえ、本節では、民間シェルターや行政・関係機関への調査を通してみえてきた「連携」についてまとめ、次に、「連携」をスムーズにするための要件を提示し、今後の「連携」のあり方について述べる。

1 「連携」の現実

本調査の調査対象となった行政、関係機関は、概してDV被害者支援に対して地道に取り組みを行っている様子がうかがわれた。また、本調査によれば、DV防止法施行後（本調査時）の民間シェルターと行政、関係機関の「連携」は「一時保護」の場面ではDV防止法施行以前と比べて一定の前進があったといえる。これは、DV防止法による被害者保護の法的仕組みの整備が要因と考えられる。DV防止法施行前は、民間シェルターが働きかけても、行政は一部の実績のある民間シェルター以外とは「連携」を図ろうとはしない傾向があった。二〇〇四年実施のシェルターネットによる「ドメスティック・バイオレンス（DV）被害者の自立支援に関する調査報告書」によると、先駆的な自治体では、民間シェルターがDV被害者のニーズに応えて編み出した同行支援（生活保護申請、保護命令申立などへの同行など）などを積極的に取り入れ、その有効性を認めている。その一方で、職員不足や加害者との遭遇時の同行者の安全確保など、行政としての関わりの限界も指摘されている（特定非営利活動法人全国女性シェルターネット、二〇〇五）。

本調査における行政と民間シェルターとの「連携」においては、自治体の中にも少数派ではあるが、民間シェルターの意向をくみ上げ、DV被害者支援ネットワークの構築に反映させようとする所がみられた。だが、行政、関係機関の一部では、民間シェルターとの「連携」がなくてもDV被害者支援を行えるという認識がみられた。一方で、「連携」関係を構築することが難しい状況を打破するために、民間シェルターは「連携」の困難を乗り越える方法として主に二つの方法を実行してきた。一つは、行政をDV被害者支援に巻き込むことである。たとえば、民間シェルターは、市町村の担当課でDV被害者支援について話が通じないときには、県の担当と交渉し「県でもダメなら」、直接国とも交渉してきた。支援者は、民間のこのような地道な働きかけがDV被害者の対応を改善してきた、と捉えている。

もう一つは、行政・関係機関との組織的な「連携」を考えずに、民間シェルター独自のネットワークを築くことであった。長い間行政に働きかけてきたにもかかわらず、「連携」関係を築くにいたらなかった民間シェルターは、独自の支援ネットワークを駆使して地域のDV被害者支援に貢献していた。長期にわたり民間シェルターを運営してきたあるベテラン支援者は、婦人相談所の意向により、「一時保護委託の依頼がまったくこない」状況であったため、関係改善に務めたが、行政側に歩み寄りはみられず、十数年このような関係が続いているという。だが、この支援者は、関係機関との「連携」の壁は乗り越えられないとしても、個々の婦人相談員たちと「連携」を図ってきた。これは、は、DV被害者支援を行う際、さまざまな手続きについて行政職員と交渉しなくてはならないため、行政の状況を熟知し、現場に精通している婦人相談員との「連携」が重要であると支援者が認識しているからと考えられる。

また、DV防止法施行後の関係機関同士における「連携」においても「一時保護」の場面では前進したといえる。しかし、各関係機関において「連携」の状況はさまざまであり、「連携」に対する認識の差がみられた。

たとえば、本調査では、都道府県レベルと市町村レベルのDV対応の差も浮き彫りになった。これは、市町村におけるDVへの認識の低さもあるが、DV対応をする職員の数の不足、組織体制が整っていないなど多くの要因があげられる。市町村ではDVの専門性を持った人員がおらず、どのように対応してよいのかわからないという状況も垣間みられた。また、官官連携においては、都道府県がリーダーシップを発揮し、DV対応のノウハウを市町村に教授する方法を取っており、市町村の多くは、都道府県からの教えを待つだけの状態にとどまっている。さらに、官民連携においては、民間シェルターの多くが小規模であり、無償ボランティアに近い働き方で活動を行っていることを考えると、個々の民間シェルターが行政と対等な関係を構築していくことは容易ではない。そのため、DV防止法施行前の民間シェルターの行政への働きかけは、従来、「官」＝行政が中心となって「上からの公共性」を進めてきた日本では、当然の流れといえる。また、官において市町村が都道府県の教えを仰ぐ姿勢は、官の内部における旧来からの都道府県と市町村との上下関係がうかがわれる。

行政と民間だけでなく、行政と関係機関との間にもDV被害者支援に対する対応の差や考え方に温度差があるため、「連携」のあり方そのものに問題があるといえる。このように体制が未確立のままDV対応が進められてきたこと自体に問題がある。以上みてきたように「連携」に齟齬をもたらす要因を整理すると、第一にDV防止法上の「連携」の位置づけが不明確なことだ。これはDV施策の基本的な問題である。第二に、現状において「連携」への認識が関係機関で共有されていないことである。さらに、民間シェルターも仕組みづくりを有効に展開しているとは言い難い状況があり、これは、DV被害女性の声が「連携」に組み込まれていないことを意味する。

2 「連携」の今後

本章では、「連携」のあり方と問題点について、行政、関係機関と民間シェルターのそれぞれの視点からみてきた。さまざまな立場から「連携」について考察することで、DV被害者支援の新たな課題を見出せると考えられる。また、民間シェルターを通して「連携」の実態を見ることにより、DV被害当事者に最も近い視点から支援の現状を明らかにすることを試みた。

本調査結果を通してえた知見を踏まえて、今後の民間シェルター、行政・関係機関の「連携」をスムーズに行うための四つの要件を提示したい。それらは、①DV被害者の視点から「連携」のあり方を見直すこと、②DV防止法が明確にしてこなかった関係機関の責務や役割を一定程度明確にすること、③実務者レベルのDV連携・連絡協議会を形式的なものではなく、実効力のあるものとして位置づけること、④行政、関係機関と民間の「連携」関係を構築していくためには、関係機関同士の「連携」「協働」によるDV対応のシステムを制度化することである。

DV被害者の立場から「連携」のあり方を見直すことは、「連携」において最も重視されるべきことである。DV被害者が望む支援を提供するためにスムーズな「連携」関係が必要なのである。また、DV被害者支援に関わる民間シェルター、行政、関係機関の責務や役割を一定程度明確にすることが必要である。DV被害者にとって支援サービスをより利用しやすいものへと変革するために、各機関の機能と専門性、役割分担などを明らかにしていくことが重要である。さらに、DV被害者支援をより円滑に行うためには、実務者レベルのDV連携・連絡協議会を現在のような年数回の開催といった形式的なものではなく、関係機関同士の情報共有ができるようなケース検討会議を定期的に開催し、実効力のあるものとして位置づけることが肝要である。

さて、関係機関の中には、正規職員と非常勤職員との間でDV被害者支援に対して意思疎通が十分に図られていない様子がみられた。たとえば、婦人相談員の一部や女性センター相談員など現場で直接支援をしている者は、民間シェルターに近い問題意識を持っていた。これは、婦人相談員や女性センター相談員が女性であるということ、また、非常勤職であることが影響しているものと考えられる。婦人相談員や女性センター相談員は、実績を積み重ねても行政機構の中で意思決定のプロセスに組み込まれることはなく、その上雇い止めなど非常勤職の不安定さに常に晒されている。現場で直接支援にあたるこれらの相談員の声がかき消されることがないような仕組みづくりや待遇の改善は急務である。

また、母子生活支援施設の職員は正規職員ではあるものの、P母子生活支援施設が民営であることもあり、民間シェルターに近い問題認識を持っていた。P母子生活支援施設は、長い間地域に根ざして活動をしており、地域における「連携」構築を着々と固めてきたことがうかがわれた。しかし、職員からは、行政に対しての要望が多くあげられた。これらの意見は、P母子生活支援施設が外国籍のDV被害女性への支援という行政の理解が十分に進んでいない分野の支援を行っていることが大きい。外国籍のDV被害者の場合、離婚手続き、子の親権など日本人のDV被害者と同様の支援が必要な反面、滞在許可の取得や異国における育児、金銭感覚、人間関係の学習、就労など生活再建全般にわたっての細やかな支援が必要になる。さらに、日本の習慣や日本語を学ぶことなど文化的な支援も必要になる。P母子生活支援施設のように先駆的に外国籍DV被害者の支援を行っているところは全国的にみても多くはない。行政には、P母子生活支援施設の取り組みを事例として、外国籍DV被害者支援における「連携」の重要性を他の自治体や関係諸機関に浸透させていくことが求められている。また、P母子生活支援施設の職員からは、子どもの気持ちに寄り添い支援をしている姿もみられた。公的施設における子どもへの保育や学習指導はまだ十分に行われていない(31)。子どもたちの支援は早急に行われるべきであり、DV被害者である子を支援するための関係機関の「連携」体制づくりが求められている。

本章では、数少ない先進的な事例としてP、Q、X、Zの自治体の「連携」を取り上げた。民間シェルターの規模や数は、それぞれの「連携」の類型は、各地域の条件を反映した多極型の展開がみられた。民間シェルターなどへの地域ごとに異なるが、それぞれの手法でボランティアを中心に支援を行っていた。しかし、民間シェルターなどへの財政援助を行っている自治体は、都道府県で五割、市町村で一割にとどまり（内閣府男女共同参画局、二〇一二）、今後も民間シェルターの運営状況の厳しさが続くものと考えられる。このような状況を考慮すると、一九九〇年代にみられたような女性たちの自発的なシェルター開設運動は、今後は発展が難しいと考えられる。他方で、本調査にみられるように、民間シェルターは、行政との「連携」を図りながら、地域の実情に合わせた支援を行う形が増えていくことになると予測される。

四つの自治体の「連携」のうち、P、X、Zは、どちらかというと官がDV被害者支援をリードしている状況がある。官が被害者支援の枠組みを構築していることは、それが、DV被害者を尊重した支援であるならば、望ましいことだといえる。一方で、官は、民間ならではの支援のきめ細やかさや豊かな発想を含め、DV被害者支援において民間と「連携」することのメリットについても考えていくことが望ましい。

このような中で、自治体Qの行政と民間シェルターの「連携」に特徴的なのは、民間シェルターが女性団体として「自律的に実力をつけたい」という思いで積み重ねてきた支援活動の実績が行政をつき動かしてきたことにある。自治体Qの「連携」が現在のような形になったのは、民間シェルターが次のような要望を行政側に伝え、実現してきたことによる。①シェルター入所に際して、福祉事務所や行政の担当者とともにDV被害者や子どもの抱えた問題や置かれた状況を把握し、協力しながらシェルター退所を見据えた援助を行うこと。②婦人相談所一時保護所および民間シェルターは、滞在期間、利用料の有無、賄いつきか自炊かなど、生活上のルールが異なるため、このことを利用者に伝え、シェルター利用について了解をえること。③シェルター入所の際の手順は、必ず福祉事務所の担当者が利用者に同行し、一時保護申込書と申し送り書を提出すること。④暴力問題がある場合、面接のために利用者が従来住んでいた地域の福祉事務所に行くことは危険を伴うため、福祉事務所の担当者が民間シェルターに出向いて面接や聞き取りを行うこと。⑤福祉事務所ないし行政の担当者は、利用者がシェルター入所した後は、シェルタースタッフと連絡を取り、密接な「連携」をとること。そうすることで行き違いやトラブルを回避することができる。民間シェルターでは、この他にも、外国籍女性への対応から行政内部の部署や関係機関同士の「連携」に至るまで、数多くの要望を伝えてきた。こうした民間の絶え間ない働きかけが、各機関の役割を明確にし、スムーズな「連携」関係の構築に寄与してきたといえる。

自治体Qに位置する民間シェルターは、「連携」を通して、DV被害女性の声をDV施策に反映させ、DVの背景にある社会構造上の女性の不平等な立場を変革したいという思いがある。このような思いは、多くの民間シェルターに共通のものである。自治体Qの「連携」の形は、行政と民間が従来の二項対立的な関係ではなく、また、無批判に共存する関係でもない、緊張関係と「対等性」を維持しながらの「連携」を実践しているという意味において、新しい行政と民間の関係をつくり出す契機になると考えられる。

政治学者の小川晃弘によれば、日本では行政とNPOとの「協働」は、たとえ成功モデルと呼ばれるようなものでも、政府が計画した事業をNPOが受け入れて行う形が多い。また、NPOは硬直的な日本の政治に対抗し、官僚制度を突き崩すような可能性を秘めているが、現状では、その多くは行政の補完役となっていると指摘する（Ogawa Akihiro, 2009 : 143）。民間シェルターと行政との「連携」関係維持が必要な理由は、DV被害者支援のニーズを行政が吸い上げ、そのニーズが公共的なニーズであると行政が承認することに繋がるからである。自治体Qでは、行政が民間シェルターを「貴重な存在」とし「一緒に」DV被害者支援を行うパートナーと位置づけていた。すなわち、自治体Qの「連携」の形は、DV被害者支援を民間シェルターがリードしているという側面があると同時に、民間シェルターが行政を支えている側面もある。このような「連携」関係を維持しているからこそ、行政は民間シェルターの意見を尊重するのである。

民間シェルターが対応しているDV被害者の私的なニーズは、公的なニーズとなってはじめて制度の改善や社会の変革に繋がることになる。そのためにはDV被害者ならびに民間シェルターのニーズを掬い上げる場が必要であり、DV被害者ならびに民間シェルターのニーズについて議論する場を通して公共性がつくられることになるといえる。行政や公的機関との「連携」が必ずしもスムーズに行われていないのは、行政が既存の公の論理で動いており、既存の公的秩序をいかに維持するかということを優先させているからであると捉えざるをえない。

また、小川晃弘は、「NPO、あるいは、『市民社会』は、新自由主義においてエージェンシーの鍵となる」(Ogawa Akihiro, 2009 : 173)とするが、このことを批判的に捉えている。その含意は、新自由主義においては、自己責任の主体となることが必要であり「市民」が公共性の場に参入するためには、NPOという法人格が必要になることをさしていると思われる。さらに小川は、新自由主義のイデオロギーは、国家の責任を「市民社会」へとアウトソーシングするものであり、自己責任という名の下、NPOや個人は、財政面など国家により搾取されているとも指摘する。自治体Qの民間シェルターもNPO法人を取得しているが、この目的の一つは行政や企業などと対等になるためのものであり、民間シェルターからというよりも行政からの要求に応えてNPO法人を取得しているといえる。だが、NPO法人格の有無にかかわらず、行政機構の枠外にいる民間シェルターが行政との「対等性」を確保し、自律的に活動していくためには、独自の案を行政に政策提言し財政的支援を取りつけるという政治的交渉能力や発言力が必要になってくる。他方、行政や公的関係機関も民間との関係を保つためには旧態依然としたお上意識から脱却することが必要である。同時に、行政、公的関係機関職員全体のＤＶやジェンダー問題に対する意識改革が必要である。

さて、国は各自治体に「基本方針」にそってＤＶ被害者支援に伴う行政と民間の「連携」の具体的な内容を盛り込んだ「基本計画」の策定を求めている。また、内閣府は、新しい取り組みとして二〇一一年度から「官官・官民連携促進ワークショップ事業」を実施し、支援機関の体制整備と強化を図るとともに、相談業務の質の向上を図ることを目的として支援機関・自治体の管理職および一定の経験を積んだ官民支援機関の中堅相談員を対象にワークショップを行っている。さらに、市町村のＤＶへの取り組み事例の収集や共有も行われるようになった。このようにまだ数は少ないが地方自治体において先進的な取り組みがみられる。たとえば、小規模な自治体における先駆的な取り組みとして、女性に加えて、母子への支援、トランスジェンダー相談、自助グループなど多面的な支援を行う機能をＤＶセンターに付与した女性支援センターを開設した自治体がある(32)。この女性支援センターはワンストップセンター機能も十分果たしているという（戒能編、二〇一三）。また、先進的な取り組みを進めている地方自治体に共通しているのは民間団体との「連携」「協働」を積極的に推進している所であると指摘する調査研究もある(33)。

日本においては、ようやく「連携」の質の改善の取組が始まったところである。行政、関係機関と民間が共通の理解を持てるような具体的な「連携」のあり方を good practice を学びながら模索することは、「連携」関係構築のために効果的であるといえる。

ＤＶ被害者支援における「連携」の意義とは、ケースごとに民間シェルターと行政、司法、医療機関などの関係機関が「連携」することで、ＤＶ被害者が総合的なＤＶ被害者支援システムに繋がることにある。民間シェルターと行政、関係機関とのスムーズな連携体制の確立は、ＤＶ被害者の基本的人権を支えることに加え、ＤＶ問題を個人的なことではなく社会問題として捉えることに繋がる。

今後、国の政策による「連携」体制の整備とともに、民間シェルターと行政、関係機関が対等な立場を保ちながら有機的に「連携」関係を構築することは、ＤＶ被害者の立場に立った切れ目のない支援の実現のために必須である。

スムーズな「連携」関係を構築するための仕組みづくりと、そのための制度化が重要になってくる。

第5章

民間シェルターの現在と未来

本書では、ＤＶ防止法施行後一〇余年を経て明らかになってきたＤＶ被害者支援の課題を踏まえ、ＤＶ被害者の望む支援がなかなか実現しない要因は何かという問題関心のもと、日本において先駆的に被害者支援を展開してきた民間シェルターの現状を分析した。

本書で民間シェルターに注目したのは、民間シェルターがＤＶ防止法施行以前からＤＶ被害者を支援するという明確な目的のもとに設立され、ＤＶ被害当事者の視点から独自の支援活動を行い、支援制度の構築に貢献してきたからである。したがって、本書では、民間シェルターによる支援の内容とその基本姿勢、組織・運営、運動、活動の困難、行政との「連携」の現状と課題を明らかにし、ＤＶ被害者支援における民間シェルターの役割や位置づけ、今後の方向性について究明することを目的として検討を加えてきた。その際、ＤＶ防止法施行以降、被害者支援制度の中心となった公的機関のＤＶ対応の問題点についても補完的に考察した。

1　民間シェルター像の変容

本節では、調査結果を通して明らかになった①民間シェルター像の変容と②支援活動と組織の特徴、③特定非営利活動法人全国女性シェルターネット（以下、「シェルターネット」と記す）が果たした役割について提示する。

第一に、本調査における全体的な民間シェルターの傾向として、創設時から調査時（二〇〇九年）までの変容があげられる。設立当初の民間シェルター像は、シェルターネットに加盟している三四カ所の民間シェルターと非加盟の民間シェルター一カ所の調査でみる限り、大きく変化していた。民間シェルター第Ⅲ期、すなわち二〇〇一年以降における民間シェルターの新たな形態が明らかになったといえる。

三つの時期区分による変化をみると、基盤形成期の第Ⅰ期（一九八五年から一九九〇年）の特徴は、グローバル化の進行に伴って、外国籍女性の移住問題が顕在化し、特にアジア女性の保護・支援のニーズへの対応としてシェルター開設が行われた点にある。同時に、DV被害者への支援を通じて、具体的な政策要求運動の必要性が認識されるようになった。第Ⅱ期（一九九〇年代前半から二〇〇〇年）は、国際社会における女性の人権運動と連動しながら、DV問題の解決の気運が高まった時期である。経済力や社会的地位をえた女性たちが、シェルター開設に関わり、政治的な発言力も増した。また、特筆すべきはDV被害を経験した女性たちが自らシェルター運営や運動に参入したことである。躍進を遂げた第Ⅱ期からさらに発展し、第Ⅲ期（二〇〇一年以降）は、全国的なシェルターネットワークが形成され、DV防止法制定という最も大きな成果が結実した時期である。DV防止法制定により、シェルター開設に拍車がかかり、民間シェルターの数は大幅に増加した。

民間シェルターの中心的担い手の変化をみると、第Ⅲ期では女性運動志向のシェルター設立は少数にとどまり、カウンセラーなどの専門職やボランティアによるシェルター設立が大部分を占める結果となった。また、元自治体職員による民間シェルター開設の動きは第Ⅲ期に入ってから顕著である。その背景には、一九九九年男女共同参画社会基本法や二〇〇一年DV防止法の成立を通して、行政の女性職員のDVおよびジェンダー認識が高まったことがある。さらに、行政の中で力をつけてきた自治体女性職員がちょうど定年退職する時期と重なり、シェルター設立を後押しした。また、困難なDV事例の顕在化が進んだ第Ⅲ期では、個別の問題解決志向型支援の重要性が認識されるようになり、専門職志向の民間シェルターが増加している。

現在では、さまざまなバックグラウンドを持つ女性がシェルターの支援活動に参入しており、女性たちの活動はより多層的、多元的になっている。民間シェルターに関わる女性たちに共通しているのは女性たちが地域活動の中で築いてきたネットワークとノウハウを基盤としてシェルターを設立、運営していることである。このような民間シェルターの活動の拡がりやDV被害者支援に携わる行政関係者の増加は、地域の理解を促進し、DV被害者の社会的孤立を回避することにも繋がる。民間シェルター数の増加や多様な支援者の支援活動への参入をみると、第Ⅰ期から第Ⅲ期にかけて民間シェルターは段階的に発展してきた経緯がうかがわれる。一九八〇年代半ばに最初の民間シェルターが外国籍女性の支援の必要性から設立されてから三〇年近くを経て、民間シェルターの活動は多彩で幅広いものとなっている。一九九〇年代には国際的な女性の人権運動と連動し草の根の女性たちが各地にシェルターを開設し、全国的な民間シェルター設立の拡がりとともに民間シェルター同士のネットワークが形成された。二〇〇一年のDV防止法制定以降はシェルターネットがDV防止法改正過程へと参入、また、一九九八年以降、毎年各地域で開催されている全国シェルター・シンポジウムは多くの女性たちの賛同と支援活動への参入に繋がり、政府・行政などのDVへの理解を促してきた。

また、民間シェルターは地域に根ざした活動をしているが、地域別にも民間シェルターの特徴が明確に表れている。初期には大都市圏が中心だったが、一九九〇年代以降は地方都市圏にもシェルターの設立が広がった。地方都市圏のシェルターは小・中規模が多いが、賃料が安く、少ない資金でスペースの確保が可能であり、地元の人脈を通して無償でスペースの提供を受けるなど地方ならではのメリットがある。連携先が少ないというデメリットがありながらも、地域の資源を活用して支援を行っている。このように、民間シェルターは、地域社会に根をはりながら、独自のシェルター活動を展開しており、地域社会のDV被害者支援にとって不可欠な存在となっている。

第二に、本研究における民間シェルターの支援活動と組織の特徴についてみていく。本書では、民間シェルターが、DV被害者を尊重する「当事者主義」の視点から見出してきた共感的な支援の内実を明らかにしようと試みた（第3章）。民間シェルターの支援は、DVの特質を考慮したものであることから「安全な場」の提供を基本としている。また、「安全な場」だけでなく、DV被害者が日常生活を滞りなく送れるように「安心できる環境」づくりを目的とした日常生活支援に細心の注意を払っている。さらに、DV被害者の言葉や気持ちを共感的に受け止め、「伴走者」として被害者に寄り添う支援のあり方やDVがジェンダーに基づく暴力であることを理解し女性性に伴う困難にも配慮している。これらの支援は、民間シェルターならではの支援と位置づけられるだろう。

民間シェルターの支援者は、DV被害者の中に芽生えたわずかな疑問や不安に対して、時間をかけて丁寧に耳を傾け、被害者の声を活かして、被害者が望む支援を行おうという姿勢を維持していた。民間シェルターでは、支援者は、共感的な態度でDV被害者に接している。民間シェルターでは、DV被害者を被害者として捉えるのではなく、エージェンシーとして捉えている(1)。それゆえ、民間シェルターは「共感的な支援者」と被害者とが相互作用において、新たな言葉を獲得する場であると同時に、シェルターという安心で安全な場を保障する支援組織であることが確認された。

また、本書では、民間シェルターが、婦人相談所一時保護所と異なる組織形態を維持していることの意味を明らかにした。民間シェルターが、従来の男性中心的、権威的な組織ではなく独自の組織形態を維持するのは、上下の関係性ではない、共感と対等の関係性から構成される組織をめざしているからである。民間シェルターの組織とは、男性にとっての、ではなく、女性にとっての価値や利益を反映することのできる組織である必要がある(2)。ただし、女性という共通項のみで民間シェルターを捉えることはできない。支援者と被害者は、ともに女性である場合が多いが、少数ではあるが男性支援者も存在する。また、女性というだけで支援者が被害者に共感できるとは限らず、両者には、支援するもの／されるものという関係性が常に横たわっており、必ずしも対等な関係性であるとは言えない。民間シェルターの支援者は、このような支援の難しさを痛感しながらも、共感と対等の関係性を重視してきた。その結果として、柔軟性や機敏性という特徴をもった民間シェルターの組織が形づくられてきたのである。

第三に、シェルターネットおよび「シェルター運動」が果たした成果についてみていく。シェルターネットは、個々の民間シェルターを繋ぐネットワークとして、また、民間シェルターのまとめ役として機能してきた。特筆すべきは、シェルターネットが、DV被害者や支援者の声を代弁し、DV防止法改正に向けてのロビー活動、院内集会の開催、改正案の提出など大きな役割を果たしてきたことである。本調査の実施後もシェルターネットは、性暴力禁止法の立法化運動の展開など毎年活動実績を積み重ねている。二〇一一年には内閣府男女共同参画局との連携により性暴力を前景化した二四時間ホットライン「パープルダイヤル」を実施し、東日本大震災被災地の女性支援などもいち早く行った。また、シェルターネットは、東日本大震災などの影響によりさまざまな困難を抱えながら支援に辿り着けずにいる人や、社会的に排除されがちな人（生活困窮者、高齢者、外国人、セクシュアルマイノリティ、DV・性暴力被害者、障がい者、ホームレス、多重債務者、一人親世帯など）への電話相談「よりそいホットライン」への参画、「全国共通DVホットライン」の実施などめざましい活動実績を重ねている。

2　財源問題と組織の自律性とのせめぎあい

本節では、本調査を通して明らかになった民間シェルターの最重要課題の一つである財政難、人材不足による組織の脆弱化について論じる。これらは、二〇〇六年の調査時以降改善されていない。また、本調査（二〇〇九、二〇一〇年）では、二〇〇六年時調査よりもスタッフの高齢化が進んでいることが確認された。これは、民間シェルターの組織的脆弱性がいよいよまったなしの状態になったことを意味している。財源不足が人材育成を困難にし、問題を先送りせざるをえない状態に陥らせている。

財源不足に関しては、行政の財政支援のあり方と民間シェルターの支援活動の無償性が問題となる。行政の財政支援という側面からみると、民間シェルターに支払われる一時保護委託費の単価の低さが問題になる。多くの民間シェルターは不足分を補わざるをえず、財源不足はますます進行する(3)。さらに、自治体の財政難を理由として、一時保護委託数自体も全般的に減少している。DV防止法上では、一時保護委託権限は行政にあり、民間シェルターは、一時数ある「一時保護委託先」の一つでしかない。このことからも、民間シェルターは、DV被害者支援制度に正当に位置づけられていないだけでなく、民間の活動の独自性も正当に評価されていないことがみてとれる。これらは、DV被害者支援制度における重要な問題点として指摘したい。

現状では、民間シェルターは、女性たちの使命感に支えられて持ちこたえているものの常に存続の危機に晒されている。支援者は、シェルターでの働きに見合う賃金をえておらず、経済的自立を希望していても、なかなか実現しない状況がある。このことは、シェルターの支援活動が限定的、周辺的な労働にとどまる原因になる。低い賃金あるいは無償ボランティアという労働形態は、民間シェルターにおける支援活動の継続を困難にしている。多くのボランティアが無償の労働と結びつけられている現状では、家族の経済的な支えや夫に扶養される妻という立場でなければ支援活動を継続することが困難な状況にある。また、若い世代のスタッフからは、育児や家事などの家族責任との両立の難しさが指摘された。このことは、支援者が、家庭で女性役割を担いながら、あるいは、そうした役割を調整しながら、支援活動を行っていることを示している。

DV防止法ではこれまで民間シェルターの役割や財政支援を明確に規定してこなかった。このことは、女性たちの無償の支援活動に対する行政による搾取ともいえる。すなわち、行政は、財政難にもかかわらず民間シェルターが運いるということである。

ヴェロニカ・ビーチィ（Veronica Beechey）は、「非常に多くの家事的労働がパートタイムであることの中心的な理由は、それが女性の仕事であるからのように思われる。家庭内において無償で行われる労働と似ている職務を行う女性を雇用する場合、経営側は女性が非公式に学んできたジェンダーに特有な技能を利用するが、しかし、女性の職務は概して、熟練とは分類されない」（Beechey, 1987＝一九九三：一九八）と述べている。ビーチィのいう「経営側」は、ここでは「国・自治体」にあたり、DVというジェンダーに特有な問題に取り組む民間シェルターの「労働」＝「民間シェルターの支援活動」は「無償」のままでよいとする政府の姿勢がこの指摘から浮かび上がる。上野は「NPOだから低料金でよいというわけではなく、低料金にしか設定されていないからNPOの参入が期待されるのだ」（上野、二〇一一：二五五）と指摘する(4)。これまでの経緯を踏まえると、民間シェルターの活動も「国・自治体」からこのように解釈されていることは否めないだろう。しかも、欧米諸国のNPOと異なり、ボランティア活動がまだ充分に根づいていない日本では、NPOが自律してすぐに社会で活躍できるような土壌は整えられていない。現段階では、民間シェルターの自律的活動にはあまりにも多くの困難が伴う。

このような民間シェルターの運営上の困難の解決策として、次のような方策が考えられる。①シェルター施設と安全性の確保は各地域の自治体が整備を進めていく必要がある。具体的には、建物の提供、警備費や監視カメラなど安全確保のための費用を行政側が負担することが考えられる。なぜなら、民間シェルターにおける財源不足の要因として、シェルターの施設維持費の割合が高いことがあげられるからである。民間シェルターは、入所者の有無にかかわらず、緊急入所の場合に備えて、シェルター施設を常に維持しておかなければならない。②補助金などの公的資金が民間シェルターに直接配分され、民間シェルターのニーズに即して、人件費などの使途に補助金が使えるような仕組みを早急に整えることである(5)。補助金は、民間シェルターの運営にとって必要なものであるが、「補助金の中には使途が決められていたり」、「行政が望む事業を行う下請的存在になってしまう危険がある」と言及されるような問題をはらんでいる（山岡編、一九九八）。それゆえ、補助金の使途を限定しないなど利用しやすい資金調達システムを構築していく必要がある。③現状では、財政支援は自治体ごとに行われているため、自治体によって財政支援の有無や方法および金額は異なっている。統一した方針で、国が自治体に財政支援を促すことも考慮すべきであろう。

ただし、ここで注意しなければならないのは、行政からの財政支援が、組織の自律性との矛盾をはらみ、行政との対等な関係構築にも影響を与えかねないということである。それでは、民間シェルターが組織の自律性を保つために何が必要なのか。ＮＰＯ法人化に一つの契機があると考えられる。ここでは、ＮＰＯ論の第一人者であるＬ・サラモン（L. Salamon）の「自己統治論」に注目して論じる。自己統治とは、組織の活動が組織理念や目標と合致していること、そしてその理念や目標を遂行するための組織内の役割分担、および、経営＝資金確保が確立されていることなどをさす。中でも、特に運営面で外部出資に頼らないことを意味する。したがって、自己管理力をつけるには、運営資金を確保するシステムを組織が持っているか否かの問題になる。

この組織の「自己統治」という概念に当てはめると、民間シェルターは、組織の活動は組織理念や目標と合致しているが、人的資源の不足から組織内の役割分担が明確ではない面があり、自己統治ができていないことになる。さらに、資金確保の面においても同様で、自律性を保てているのはごく一部の大規模なシェルターだけであり、多くはボランティア団体に近い。しかし、民間シェルターが、自律的に活動することは容易ではない。行政からの補助金や委託事業がなければ、たちまち運営が立ち行かなくなってしまう民間シェルターは少なくない。

これまで民間シェルターは、「本来政府が行うべきことを代わりにやってきている」という認識に基づき政府や行政に財政支援を求めてきた。だが、公金や公の財産は、公の支配に属しない慈善、教育、博愛の事業に対し支出してはならないという憲法上の問題（八九条）から民間シェルターへの財政支援は見送られ続けてきた。

一方で、財政支援を受けることは新たなジレンマを生じさせる。アメリカのシェルター研究では、政府から財政支援を受けるようになるにつれ、政府からシェルターへの介入度が高まり、政府の要望を満たすようなヒエラルキーのある組織へと変貌したことが指摘されている。それゆえ、アメリカのシェルター運営では、政府・行政からの財政支援を極力抑えて、あくまで自分たちで自律的に運営することを理想とする。しかし、実際には、アメリカのシェルターの多くは、行政からの財政支援を受けて活動を継続している。

民間シェルターが、自己統治をめざすには、今後、自律的な組織確立のための長期的なスパンでの活動が必要となる。具体的には、民間企業や地域社会などへの、活動の理解を求めるための積極的な働きかけも必要となってくるであろう。そして、組織の自律性を維持している民間シェルターにも学ぶべきである。同様の支援活動を展開している組織の工夫や戦略を参照することは何にもまして重要である(6)。組織の自律性を保持しながら財源を確保するためには、ここでもNPO法人化が、民間シェルターの自己資金形成の一つの手段として考えられる。

一般的なNPO法人化のメリットは、社会的認知や信用性の獲得、個人負担の軽減、寄付、行政からの事業委託、協働事業、財政支援などにある。また、NPO法人の取得にあたっては、要件を満たした場合に認証主義によって法人格を付与されるので、いわばお上のお墨つきを意味する。法令に則った運営の主体が形成され、公共圏に参加することも水路づけられることになる。そしてNPO法人取得には、法人格を所有する団体の方が行政とより対等な関係性を保てるという積極的な意味がある。行政は、個人としてよりも法人の方が交渉しやすく、NPO法人化は、個人という私的な存在から法人という公的な存在への転換を意味する。

民間シェルターのNPO法人化のメリットは、民間シェルターの代表者個人の負担が軽減されることである。また、対外的な看板がたつことで企業や財団からの寄付をえたり、事業資金も借りやすくなる。運営面では、理事会を立ち上げるので責任が分散される。事実、「リスクを分散することでシェルター運営を安定化させる」という明確な目的を持ち、すすんでNPO法人を取得した民間シェルターの例もある。何にせよ、NPO法人化というきっかけが、補助金を獲得しやすくし、認知度が高くなることから、自分たちの活動が社会に認められ、信頼を手に入れ始めたと実感させている。

しかし、こうしたメリットがある一方で、ＮＰＯ法人化により、組織の透明性を求められるため、当事者の安全や秘密の保持との矛盾に直面することになる。ＮＰＯ法人化した民間シェルターは、行政への事業報告書や情報公開においで役員名簿や事務所所在地などを明らかにしなければならない。そのため、安全確保の要請とは両立しがたいこととなる。なぜなら、ネット上に情報が開示されることにより、加害者の追跡があり安全が脅かされるおそれがあるからである。

民間シェルターの「場所や個人情報の秘匿性」は、安全管理上何よりもまず優先する。これは、他の民間非営利組織にはない民間シェルター特有の問題であるといえる。したがって、情報を公開することは、シェルターの宿命ともいうべき危機管理と安全確保が脅かされるというデメリットをもたらす。このような状況をある民間シェルターの運営者は、「周知と危機管理」の矛盾と呼ぶ。それゆえ、民間シェルターの特殊性を踏まえれば、民間シェルターのＮＰＯ法人化には、現在のＮＰＯ法人とは異なる基準を設ける必要がある。同時に、民間シェルター側も、既に行っているところもあるが行政に配慮を促すなど、ＮＰＯ法の改善を提言する必要があるのではないか。現行法のもとで、ＤＶ被害者や支援者の安全が守られない事態が予測される場合には、ＤＶ被害者のプライバシーを守る最善の対策を講じる必要があろう。

また、情報開示の危険性を考慮してＮＰＯ法人格を取得しない場合、民間シェルターは、組織形態を整えていくことも肝要である。なぜなら、非営利組織の特徴である、民主的な管理や機能的な役割分担がシェルター運営に有効であると考えるからである(7)。

3　実効性のある「連携」体制をめざして

民間シェルターと行政の「連携」を阻む要因として、ＤＶ被害者支援に関わる行政や公的関係機関の間でＤＶ問題やＤＶ被害者への対応の認識が共有されていないことがまずあげられる。行政側には、民間シェルターの位置づけや重要性がほとんど認識されていないだけでなく、民間と「連携」をしながら支援をするという発想自体が薄弱である。それゆえ、民間との「連携」の必要性すら見出せないというのが実情である。確かに民間シェルターは各地に偏在しており、民間シェルターが設立されていない地域も少なくない。しかし、「連携」に対する仕組みも「連携」をバックアップする体制もない現状は、ＤＶ被害者に十分な支援が行き届かない要因となる。実際の支援における「連携」の場面では、相談、一時保護、ＤＶ被害者の住民票や健康保険の手続き、生活保護の申請など公的機関との「連携」は欠かせない。にもかかわらず、未だに「連携」体制が進んでいないのはなぜなのか。第一に、ＤＶ防止法上の「連携」の位置づけが明確でないことがある。これは、ＤＶ施策の基本的な問題であるが未だに十分な検討がなされていない。それゆえ、今後、行政はＤＶ被害者支援制度を検討する際には、民間とともに取り組む姿勢を持つことや関係機関間の情報共有の場を設けることなどが必要である。

また、国は、行政・関係機関と民間が共通の理解を持てるような具体的な「連携」のあり方を示す必要がある。同時に、先進自治体における「連携」の好事例を各自治体で共有したり、地域の取り組みの事例研究を行うなど、より実践的な研修を行い、実効性のある「連携」体制を形づくることが求められている(8)。

ＤＶ被害者に必要な支援は、行政や公的機関の理解や承認をえて、初めて公的な支援サービスに繋がる。これまでＤＶ被害者のニーズを吸い上げ、行政に伝えてきたのは主に民間シェルターである。民間シェルターと行政との「連携」関係の維持が必要な理由は、ＤＶ被害者のニーズが公共的なニーズであると行政が承認することに繋がるからである。行政や公的機関間で「連携」が必ずしもスムーズに行われていないのは、行政が既存の公の論理で動いており、既存の公的秩序をいかに維持するかということを優先させているからであると考えられる。DV被害者支援における「連携」の目的は、あくまでDV被害者を円滑に保護、支援するための「連携」である。そのためには支援に関わる専門職や支援者、関係機関が対等な関係を保ちながら協力関係をつくらなければならない。また、DV被害者支援における関係機関の「連携」は、常にDV被害者の視点から見直されることが必要である。関係機関は、常にDV被害者の立場にたった支援を心がけ、DV被害者が不利益を被らないような「連携」のあり方を考えていくことが肝要である。

4　民間シェルターの社会的役割

本節では、日本における民間シェルターの展開状況やそこでの問題を踏まえて、民間シェルターの社会的役割と今後の方向性への示唆を提示したい。

第一点目は、民間シェルターの支援には、福祉的な支援とかつてのBattered Women's Movementのような運動志向を背景にしたフェミニスト的な支援のあり方が併存していることである。アメリカの研究では、ソーシャル・サービス型シェルターとフェミニスト型シェルターは、互いに拮抗するものとして描かれ、フェミニスト研究者の視点からは、ソーシャル・サービス型シェルターの組織、支援について厳しい批判が向けられた。すなわち、フェミニスト研究者は、ソーシャル・サービス型シェルターが、既存の社会福祉制度の範疇での問題解決を優先し、DVの背景にあるジェンダー秩序について考慮していないことを批判している。

しかし、両者は、本当に相反するものなのだろうか。社会福祉学者の杉本貴代栄は、社会福祉は、フェミニズムの影響を受けることが少ない分野であるとしながらも、ジェンダー視点から最も再検討されるべき分野であると指摘している(9)。

実際の支援の場面では、福祉的な支援とフェミニスト的な支援は、ほとんど同じであると考えられる。両者に違いがあるとすれば、問題の「起源」についての認識であり、「ジェンダーの視点」の有無である。フェミニスト的な支援は、女性同士のコンシャスネス・レイジングから生まれた。その支援の基盤にあるのは、DV問題の解決のためには、性差別構造を解消するための社会変革が必要だという考えである。つまり、フェミニスト的支援の特徴は、男性優位社会の変革という目的のもと支援を行っていることである。他方、福祉的な支援の基盤にあるのは、現行の社会福祉制度の枠内における支援の形態である。

杉本は、社会福祉は、ジェンダー視点を看過したまま成り立っており(10)、ジェンダーから派生する女性特有の困難を抱える女性のあらゆる場面を援助する体系になってはいないという。それゆえ、女性への暴力など女性の生活のあらゆる場面に出現する問題は、既存の社会福祉の中では取り上げられにくい。DV被害者支援は、実際の支援の場面で社会福祉と密接な関係があるが、杉本の指摘は、社会福祉の中のジェンダーがいかに周辺化されてきたのかを物語っている。DVなど女性に対する暴力への対応は、主として社会福祉の外側から、社会福祉制度の不備を補う私的な活動として起こった(杉本編、一九九七b：一〇～一一)。このような社会福祉の援助の対象からもれ落ちる生身の女性――DV被害者――を保護・支援してきたのが民間シェルターであり、最後のセーフティネットの一つとして機能してきたと考えられる。

このようなことから、民間シェルターは、福祉的支援とフェミニスト的支援の両方を併せ持つ組織であるといえる。民間シェルターが行うフェミニスト的支援は、福祉的支援の構造改革に迫る契機になる。フェミニスト研究者によるDV被害者論では、DV被害を受けた女性に「被害者」というネガティブな意味づけをするのではなく、自律的な意味合いを持つエージェンシーと捉えることの必要性が議論された。DV加害者の支配から逃れ、「被害者」の持つネガティブな意味づけから自由になるために、フェミニスト的支援を実践する民間シェルターという場が、DV被害者にとって重要なのである。それゆえ、女性や子どもの人権の視点に立脚した、民間シェルターの行うフェミニスト的支援は、現行ＤＶ被害者支援制度の行き詰まりを打開するものとして、また、新たな女性支援事業の方向性を示すものとして、積極的に評価され、維持される必要がある。

第二点目として、民間シェルターの公益性の確保について指摘したい。民間シェルターは地域的に偏在しており、運営上の困難を抱えていることから、支援の継続性という点では不確定要素がある。財源難や人手不足から利用者への支援が滞ってしまわないためにも、民間シェルターの社会資源としてのあり方が重要となってくる。これまで民間シェルターは、個人の思いや使命感によって設立され運営されてきた。しかし、利用者が増加しニーズが多様化し複雑化している現在、公益性を持った組織・運営について考えることが肝要になってくる。

既に一部の民間シェルターでは、意思決定機関と執行機関を分離し、意思決定機関に利用者や専門職、大学教員、議員などを加え、外部メンバーの視点を交えて意思決定を行っている。シェルターの運営については、現場に関わるスタッフが中心となって意思決定を行えばよいという見方もあるが、スタッフの主体性を確保しながらも、シェルターの社会性、公益性を担保するために、外部メンバーを交えた意思決定を行うことも検討されてよい。民間シェルターが、徐々に公益性をもった活動の場となっていること、また、行政や企業から財政支援などの支援をえるためには、今後、より開かれた場での意思決定が必要になってくる。

また、将来的には、執行機関とは別の観点から、外部メンバーに客観的な視点からシェルター運営についての意見を述べてもらうなど、外部評価システムの導入を考えていくことが肝要である。シェルターには、スタッフの他にボランティアや協力者、会員など志を同じくする人が関わっている。実際の活動がそうした人々の期待に応えているのかを随時検証することは、支援の質の向上と組織の透明性を保つ上でも重要である。

民間シェルターの公益性の確保は、民間シェルターを地域における重要な社会資源として位置づけるという観点からも、今後も重要性を増すと思われる。

第三点目として、民間シェルターは未だに法的な位置づけもなく、不安定な立場であるにもかかわらず、DV被害者支援において重要な役割を果たしている(11)。民間シェルターの働きは、行政がくみ取ることができない被害者のニーズに応え、女性の利益を守る市民活動体と捉えることができる。それゆえ、民間シェルターに、市町村のDVセンターの機能を付与するなど、その働きに見合うような社会的・法的な位置づけを確保する必要がある。同時に、DV防止法上で、婦人相談所一時保護所と民間シェルターの特徴を活かした役割分担を明示することが求められる。そうすることで、双方における役割の理解を促し、よりスムーズな協力体制をつくることができる。

民間シェルターのDV被害者支援における役割と方向性の論点を考慮すると、民間シェルターは、今後、民間の立場を維持したまま、公的機関との「連携」を通してDV被害者支援を行うことが望ましい形態であると考える。なぜなら仮に民間が、公的機関の一部となり、公的施設として位置づけられた場合、民間の独立性が失われ、公的機関の秩序にそった形での支援になってしまいかねず、民間シェルターの本来の目的が達成されないことが危惧されるからである。民間シェルターの特徴は、DVの特質を考慮して被害者と同じ目線に立って接することを心がけ、柔軟な組織構造を持ちながら支援をしていることである。また、DV被害者支援をジェンダーの視点から行っており、それが民間シェルターの支援の専門性にもなっていることも重視すべきである。民間シェルターは、既存の制度内で行われる支援に対して被害者の立場から問題提起をし、「シェルター運動」を通して制度改革を働きかけている。日本のDV被害者支援制度は公的機関中心に構成されており、民間シェルターはやむなく制度の枠外で支援活動を行っているが、これをデメリットと捉えるのではなく、制度の枠外にいるからこそ、民間シェルターは制度改革などの独自の活動が起こせる、という捉え方もある。

DV被害者にとっては、公的支援も民間による支援も不可欠なものである。両者の支援内容は重なる点も多いが、民間による支援の独自性を考慮すると、民間は、その機動性、柔軟性などの強みを活かしながら、独立性を保ち、行政との「連携」や役割分担を通して、DV被害者支援の新たな展開を切り拓いていく可能性が大きい。それゆえ、今後も民間の立場からの支援を行うことが、ＤＶ被害者中心の支援制度の構築に繋がる。ただし、行政による財政支援や行政との対等な関係の構築が必要なことは言うまでもない。

5　新たな支援の形に向けて

これまで民間シェルターでは、ＤＶ被害女性が自分らしく、生き生きと生きることをサポートするために、さまざまな視点から多様な支援活動を展開してきた。民間シェルターでは、①カウンセリングや自助グループ、ダンスセラピーやアロマテラピーなど心身を癒す支援や講座の開催、②ＩＴ講座や支援者養成講座、対人関係スキルの練習やパート労働、資格取得などの就労支援、また、③ＤＶの仕組みを知るための講座の開催や弁護士相談、行政・裁判所への同行支援、居場所づくり、子どものための支援など生活再建のための具体的な支援を編み出してきた。これらは総じてＤＶ被害女性が「自立」して生活をしていくことを目標としており、ＤＶ被害当事者を尊重し寄り添うことから生まれた支援である。

民間シェルターがＤＶ被害に寄り添う「当事者主義」の支援を貫き、柔軟な発想と支援体制を形づくってきたからこそ、新たな支援の形が次々と生み出されてきた。昨今さまざまな困難が複合的に絡まりあったＤＶ被害の実態に鑑みるとき、民間シェルターの柔軟性や機動性は一層重要性を帯びてくる。このような民間の利点はもっと公的な支援に活かされてもよい。早急に公的支援に取り入れられることが必要であることを強調したい。さらに、非正規雇用の増大や不安定な経済状況の中、ＤＶ被害女性の置かれる立場は一層厳しいものになる。暴力からやっとの思いで逃れても、過酷な社会の壁が立ちはだかることは容易に想像できる。それゆえ、民間シェルターによるＤＶ被害女性の生活再建へ向けた長期にわたる、きめの細かい支援は不可欠なのである。

以上のことに鑑みると、民間シェルターの活動からは、ＤＶ政策の「ＤＶ被害者保護制度」から真の「ＤＶ被害者支援制度」への転換が示唆される。現在の公的機関の支援は、ＤＶ被害者の「一時保護」までにとどまり、一時保護以降の継続的なアフターケアを含んでいない。また、現行のＤＶ被害者保護制度は、法的に売春防止法の婦人保護事業に基盤を置いており、その支援理念は、売春をする女性を「保護更生」するという女性差別的な側面がある。このことが入所者を管理、指導するという支援姿勢にも表れている。このような被害者保護制度から、被害者の主体性を尊重し、エージェンシーとしての被害者の被害回復と生活再建を総合的に支えていく支援制度に転換することが求められている。

これらを考慮したとき、ＤＶ被害者の立場を尊重し、被害者に寄り添った支援を行ってきた民間シェルターを主体にした被害者支援制度へと抜本的な組み換えを行うことが必要ではないだろうか。

また、本書では、シェルターネットが担ってきた役割と個々の民間シェルターの支援者がシェルターネットへ期待する役割に対する認識について検討してきた。「シェルター運動」の推進力であるシェルターネットが、あくまでゆるやかなネットワークであるために、①個々の民間シェルターをバックアップする体制にまでなっていない、②限られた中心メンバーが即時に重要な事案に対応しているため、改善の努力はみられるものの、個々の民間シェルターと双方向の意思確認が十分できていない状況がある。それゆえ、個々の民間シェルターの意向が「シェルター運動」に反映されにくい、③中心メンバーの交代が容易ではないため、現在の体制が維持できなくなったときに「シェルター運動」の継続が難しくなる可能性があるという問題を抱えている。

運動体としてのシェルターネットには、次のような課題が考えられる。シェルターネットは、周辺メンバーの要望に応じて支援ネットワークの形成を強化していくのか、あるいは、従来通り、立法化・政策提言などに力を注ぐのか、今後の方向性を検討することが求められる。他方、どちらも推し進めていくことが、「シェルター運動」がより発展する契機となるとも考えられる。そのためには、個々の民間シェルターの声がシェルターネットに反映される仕組みを整備する必要がある。現状では、人的資源の少なさがネックとなり、ブロック代表者会議を媒介としたトップダウンの意思決定方式により運動を進める他ない。シェルターネットは個別のＤＶケースを取り上げて情報を共有し、制度改革に繋げるなど個々の民間シェルターに貢献するよう積極的に取り組んでいる(12)。こうした運動を支えているのが、個々の民間シェルターであり、シェルターネットのブロック会議である。

さらに、シェルターネット内で人材を育成していくことの難しさは、個々の民間シェルターの組織運営の困難と同様の状況がシェルターネットおよび「シェルター運動」にも生じていることにも表れている。この背景には、支援活動の無償性や性別役割分業の問題がある。そのような中、常に次の支援の局面を展開していくシェルターネットの姿勢は、政府の政策や取り組みにも大きな影響を与えている。だが、そこには、率先して取り組まなければ存続が危うくなるという危機感がある。このような状況を打開するために、民間シェルターへの公的財政支援制度の法制化を求めるＤＶ防止法改正運動をより強化すると同時に、シェルターネットとしての人材育成の仕組みを戦略的に検討する必要に迫られている。さらに、今後は、一部の民間シェルターが既に行っているように、より多くの支援者、「共感的な専門職」、男性の賛同者などの協力をえることができるように働きかけをすることも必要である(13)。そうすることで、「シェルター運動」およびシェルターネットは、女性に重点をおきながらも、さらなる多様性を包摂するような組織やネットワークを創り出していくことができる。これらは、民間シェルターの支援の方向性を示す上で、看過できない点といえる。

今後の課題

本調査に参加したのは、シェルターネットを通してアクセスした民間シェルターがほとんどである。したがって、シェルターネットに加盟している民間シェルターというデータの偏りを考慮する必要がある(14)。また、本研究では、民間シェルターの利用者の意見を反映させることができなかった。本来であれば、民間シェルターの評価や存在意義を最も知るところの利用者の意見は最優先で取り入れるべきであるが、ＤＶ被害者へのアクセスは容易ではなく、安全性の面からも調査協力は困難であった。これらの点については今後の課題としたい。

最近のアメリカのＤＶ被害者支援研究では、たとえば、法的システムやカウンセリング、福祉事務所などシェルター以外の場での支援を取り上げた研究が多くみられる（Sullivan, 2005 : Postmus et al. 2009）。アメリカでは、二〇〇八年の初の大規模な調査研究に続いて、同じ研究者らによって、二〇一一年に全米四州の民間ＤＶ対応機関(15)九〇カ所の利用者（Ｎ＝一四六七）に支援の評価や要望を聞く調査研究が行われた(16)。調査結果からは、二〇〇八年のシェルター研究と同様に、利用者は、ＤＶ対応機関のスタッフと支援を高く評価しており、シェルターの支援を通して、希望を持ち自信を取り戻したとしている。他方で、多様なバックグラウンドを持つ利用者のニーズに十分対応できていないことが課題としてあげられた(17)。これを受けて、複雑化、多様化する利用者のニーズに対応するための支援者の研修の必要性が示唆されている。このようなアメリカの研究成果は、日本のＤＶ被害者支援の研究成果と共通する点が多い(18)。日本の研究においても、ＤＶ被害の複雑化やＤＶとともに生活困難や病気、障がいなど複合的に問題を抱える利用者に対して途切れのない支援を行う必要性が指摘されている。このような複合的な利用者のニーズに対応し、支援の質を高めていくために、今後は、地域に根ざした支援活動を行う民間シェルターの事例研究を行い、これまでの支援活動における蓄積をより掘り下げて研究することが必要である。

二〇一二年の内閣府「男女間における暴力に関する調査報告書」(19)によれば、ＤＶ被害を受けた女性の約五割強は「相談をした」と回答しており、これまでの調査結果より高い割合で相談していることが明らかになった。ただし、相談先は、「友人・知人」、「家族や親戚」がともに約三割であるのに対し、「警察」、「医療関係者」、「ＤＶセンター」、「民間団体」などが総じて約一割以下となっており、ＤＶ対応の関係機関が相談先として十分に活用されていないことが示された。また、被害女性の約四割は「どこにも相談していない」という結果が示された。この調査では、被害者が相談先においてどのような支援を受け、ＤＶから逃れるためにどのような支援に繋がったのかなどについては示されていない。ＤＶ相談件数は、年々増加傾向にあるにもかかわらず、被害者が関係機関にほとんど繋がらずにいることは、被害者が十分な支援を受けられていないという現実を浮き彫りにしている。筆者が行った、二〇〇六年および二〇〇九年、二〇一〇年の民間シェルター調査において、民間シェルターが社会的に充分認知されず、行政との「連携」の困難が続いていることを踏まえると、現在でもDV被害者の多くは、支援の手が届かないところで孤立しているものと考えられる。したがって、今後は、DVの社会的認知および民間・行政双方における支援の必要性を広く社会に周知させていくことが必要であると同時に、民間・行政の支援に被害者が繋がらない要因についても詳細に検討していくことが求められる。

本書では、二〇一〇年までの調査を基に考察を行っているが、二〇一一年以降の民間シェルターの支援活動の分析については今後の課題としたい。東日本大震災以後の暴力被害に関して、支援を行った民間女性団体から避難所におけるDV被害やレイプなどが報告されており、災害時に性暴力やDVを受けた女性たちの保護をどのようにするのか、行政が女性グループと「連携」し対策を検討する必要性が指摘されている。また、「女性支援」という視点からDVだけでなく女性に対する暴力の被害者支援および女性の雇用創出など女性の自立を支援する対策を講じる必要性が示唆された（竹信、二〇一二）。さらに、東日本大震災以降、同大震災の影響によるDV被害事例の変化が報告されている。たとえば、失業保険が切れ、弔慰金などの手持ち金の枯渇で経済状況が悪化しDVがより深刻化したケース、弔慰金が世帯主である夫に一括で支払われたが、離婚に際し妻に分け与えないために女性の貧困問題を引き起こしているケース、震災で家族を亡くした女性の一人暮らし、母子家庭に対してのセクシャル・ハラスメントやストーカー行為などである（みやぎの女性支援を記録する会編、二〇一二）。

筆者が東日本大震災被災地および周辺地域を中心に行っている民間シェルター調査によると、同大震災後、民間シェルターでは、電話相談やフェミニスト・カウンセリングを通して、また、個別に対応することを通して、暴力被害女性への支援を行っているが、暴力を受ける女性が増加しており、継続的支援の必要性が強調されている。また、東日本大震災以降、相談、啓発、研修に関して民間シェルターと行政との「連携」は徐々に強化された。たとえば、民間シェルターは、同被災地からの電話相談事業への参加や被災地の仮設住宅の支援者、管理者、行政担当者、市民を対象とした、DV・性暴力防止の研修を実施している。また、被災地における民間シェルターのDV被害者サポート講座は、DVのみならず、デートDVや性暴力、パワーハラスメント、セクシャル・ハラスメントなど多様な内容となっている。さらに、これまで被災地中心部だけで行われていたDV被害者サポート講座を、被災地沿岸部にも出向いて行い、行政との「連携」を通してDVへの理解を地域に促すよう取り組んでいる。民間シェルターが被災地沿岸部に足繁く通うことで、行政のDV担当者と顔の見える関係をつくることができ、行政のDVへの理解も深まるなどよい効果をもたらしている。

このように民間シェルターは、東日本大震災以降も継続してDV被害者支援を行い、被災地はじめ全国の暴力被害女性の相談、保護、支援を地道に行っている。これらの取り組みは、東日本大震災によって分断された被災地などで、今なお孤立する暴力被害女性が支援に繫がるきっかけになると考えられる。筆者は、今後も東日本大震災被災地および周辺地域を注視しながら調査を継続し、民間シェルターの分析を通してDV施策への提言を行っていきたい。

また、本書では、「シェルター運動」や「シェルター運動」をリードしてきたシェルターネットについても取り上げた。二〇一一年以降、シェルターネットは、DV防止法の第三次改正やストーカー規制法改正への参入、性暴力禁止法制定をめざす活動やシェルター退所後のDV被害者のための自立支援モデル事業の実施、婦人相談所ガイドラインの周知など暴力の被害を受けた女性の人権侵害の回復のための支援活動を積極的に行っている。特に、シェルターネットおよび全国婦人保護施設連絡協議会の働きかけにより二〇一二年に発足した「婦人保護事業の課題に関する検討会」は、現代社会のニーズに即した女性支援のあり方を検討することを目的とし、関連機関・団体が一堂に会した本格的な検討の場であった。同検討会では、行政・婦人保護事業の関係機関、研究者とともに、先駆的に支援活動を行ってきた民間シェルターも構成メンバーとなっており、女性支援事業に対して貴重な問題提起をしている（戒能編、二〇一三）。同検討会での議論の末、二〇一四年「婦人相談所ガイドライン」が策定された。法的拘束力はもたないものの婦人相談所における全国共通の業務の指標が示された。同ガイドラインは、民間シェルターが重視してきた被害当事者の立場に立った支援のあり方など民間が支援の現場で培ってきた支援理念と手法が国の基準に反映されたという点で画期的なものとなっている。シェルターネットの活動は、日本の女性支援の底上げを果たしてきたといえる。

このように今日のＤＶへの取り組みの発展は、シェルターネットおよび個々の民間シェルターが推進する「シェルター運動」の成果によるところが大きい(20)。そもそもシェルターネットは、立法化を主な目的として創設されたが、ＤＶ防止法施行によって公的機関中心のＤＶ被害者支援へと変化したことが、どのように「シェルター運動」の活動に影響を与えてきたのかを分析し、「シェルター運動」の意義を明らかにする必要がある。さらに、性差別撤廃に向けた社会変革を志す「シェルター運動」が歴史性の上に成り立っていることを踏まえて、「シェルター運動」を女性運動の文脈において考察することは大きな課題である。日本の女性運動の新たな展開としての「シェルター運動」の理論的検討と併せて、今後の課題としたい。

註

●序章　民間シェルターの支援活動とＤＶ被害者支援の現状

1　一九九三年一二月に国連総会で「女性に対する暴力」の国際的な合意のもと、「女性に対する暴力撤廃宣言」が採択され、ＤＶ概念も確立した。正式名は「女性に対する暴力の撤廃に関する宣言」。英文はConvention on the elimination of All Forms of Discrimination Against Women。

2　内藤和美は、「夫たちに暴力をふるわせるものは、まず何より、社会的カテゴリーとしての『夫』と『妻』の構造的力関係である」とし、それは、「個人と個人の関係のなかに、それぞれが属する集団間の力関係が持ち込まれ、悪用されるのである」（内藤、二〇〇九：一四二）と説明する。

3　本書では、ＤＶに焦点を絞り、特に「ＤＶ被害者への支援」に注目して取り上げる。家族制度の閉鎖性だけでなく、社会における性差別構造は、女性の就労問題など社会の中で女性が自立して生きていくことを困難にする。ＤＶの問題は、家庭内の問題としてだけでなく、家庭をとりまく社会的背景にまで視野を広げて考えていく必要がある。そうでなければ、ジェンダー秩序の社会構造の中において、女性たちは暴力を振るわれるのは自分が悪いからだと思ったり、自分だけの問題と思い他の人に相談せず沈黙することになる。なお、性暴力などこれまでの歴史については同意しているが、まずは、ＤＶを中心に取り上げたいと考えている。ただし、筆者の理念としては、デートＤＶも含めて性暴力被害者支援も視野に入れている。また、女性支援も視野にいれて、政策を進めていくことが必要であると考える。

4　レノア・ウォーカー（L. Walker）は、ＤＶには周期（サイクル）があると提唱した。緊張が蓄積した後に暴力の爆発期が来て、暴力を振るった後はうって変わって優しくなる。月日を重ねる毎に暴力の頻度は高まり深刻化していく。これが繰り返される中、外部からの決定的な介入（逮捕や起訴）がない限りサイクルはなかなか止まらない（Walker, 1979＝一九九七）。また、ミネソタ州ドウルーズ市のグループは「パワーとコントロールの車輪」で男性の持つ力（社会的影響力、経済力、体力）とコントロール（支配）が、身体的、精神的、性的、経済的暴力などの具体的な手段を使って女性の生活を支配しているかを表した。

5　民間の支援の特色は、「個別の権利擁護」だけでなく「支援の壁になっている法制度や行政運用、専門職の歪んだ対応などの改善を求めて」、「制度変革をめざした権利擁護」活動といえる（戒能編、二〇〇六：二二三）。

6　高橋喜久江（当時キリスト教婦人矯風会幹事）と松井やより（当時『朝日新聞』記者）によって「買春」という言葉が最初に使われた。「買春」は日本のフェミニズムが創出した対抗言語のうち、最も普及・定着したものである（井上他編、二〇〇二：三七三〜三七四）。

7　人間の性、つまりジェンダーやセクシュアリティを、人格から切り離し、金銭と交換可能なモノにすること。一九八〇年代に盛り上がったミスコンテスト批判や性差別的表現に対する反対運動の中でこの概念が形成された（井上他編、二〇〇二：二八三）。

8　東京・強姦救援センターは、一九八三年九月に女性たちによって設立された日本で初めての強姦救援センターであり、民間のボランティア団体。

9　一九八四年に男女雇用均等法に異議を唱えた女性たちが、均等法成立以降も、女であることや働くことにこだわり続けていこうと集まり、八五年に「働くことと性差別を考える三多摩の会」という名称の会を結成した。メンバーは、三〇代を中心に、二〇代から五〇代まで約三〇名で、職業は、会社員、公務員、教員、アルバイト、団体職員、自営業などであった。

10　日本で働く女性のセクシャル・ハラスメントの実態を把握するために「働くことと性差別を考える三多摩の会」が行ったアンケート調査（働くことと性差別を考える三多摩の会編、一九九一）。

11　一九九二年女性差別撤廃条約（ＣＥＤＡＷ）は、一般勧告を出し、〝女性に対する暴力〟は、差別の一類型であることが明確にされた（井上他編、二〇〇二：二九六）。

12　狭義には、性的暴力。直接的な性的侵害を意味し、広義には性（ジェンダー）に基づく強制力の行使を意味する。

13　Battered Women's Movement は、暴力を振るわれた女性たちによる運動という一九七〇年代を中心に展開された運動を基に成立した概念なので、本論では、これ以降、英語表記である Battered Women's Movement と記す。

14　女性の意識覚醒を促すグループ。一九六〇年代にボストンで生まれたラディカル・フェミニズムなどがその先駆け。六〇年代後半に始まった第二派フェミニズムにおいて、女性たちは従来の女らしさを規範とする女性自身に内面化された意識から自由になるためにグループによる話し合いを考え出した。自尊感情、母娘関係、男性との関係、セクシュアリティなどについて意識化し、お互いの体験を理解、共有した（井上他編、二〇〇二：一四九〜一五〇）。

15　イギリスでは、refuge と呼ばれている。

16　邦題は、久保紘章・幸ひとみ訳、『現代のかけこみ寺――イギリスの場合』ルガール社、一九八二年。

17　当時、イギリスでは、低所得層、ハンディキャップ層、高齢者やホームレスの人々のための公営住宅や自治体管理の住居が設置されていた（武川・塩野谷編、一九九九：三二一〜三二四）。だが、暴力から逃れてきた女性を保護するための施設はなく、彼女たちを受け入れる場は、民間の避難所しかなかった（Pizzey, 1974＝一九八二）。

18　その活動は、日本での女性に対する暴力防止・根絶に向けての政府・自治体・民間グループなどの動きのさきがけとなった（「夫（恋人）からの暴力」調査研究会、一九九八）。

19　夫やパートナーから「生命の危険を感じるほどの暴力」を受けたことがあると回答した成人女性は、「何度もある」、「一、二度ある」をあわせて四・六％であった（総理府、二〇〇〇）。

20　「配偶者等からの暴力に関する調査」を二〇〇二年一〇月〜一一月に実施。行動綱領では、「暴力撤廃宣言」でなしえなかった、ＤＶ被害者の視点が強化されており、ＤＶ被害者への補償とＤＶ加害者処罰のための立法措置、とくに暴力防止と加害者制裁に実効ある法制度を各国政府に求めている（戒能、二〇〇二：六五）。

21　都道府県では、配偶者暴力相談支援センター機能を各都道府県の実情に応じて、既設組織（婦人相談所など）を有効に組み合わせて設置することが規定された。配偶者暴力相談支援センターの業務は、相談と相談機関の紹介、医学的、心理学的な指導、被害者の一時保護、保護命令制度利用や自立生活促進などの情報提供である（ＤＶ防止法三条〜五条）。

22　二〇〇二年四月からＤＶ防止法により都道府県は、婦人相談所などその他の適切な施設においてＤＶセンターの業務を開始した。

23　ＤＶ防止法の認知度は、「法律があることもその内容も知っている」（一一・九％）、「法律があることは知っているが内容は知らない」（六四・二％）であり、これらをあわせると七割を超えており、二〇〇五年度の調査以降認知度に大きな変化はない。また、ＤＶ相談窓口の周知度は「知っている」（三二・七％）、「知らない」（六五・七％）であり、二〇〇五年度以降やや高くなっている（内閣府男女共同参画局、二〇一二：一三〜一五）。

24　ＤＶ相談件数は、ＤＶセンター（全国二三八カ所）に寄せられたものである（内閣府男女共同参画局編、二〇一四）。

25　ＤＶ被害事件は警察庁の統計によると二〇一三年度中に検挙した配偶者（内縁関係を含む）間における殺人、傷害、暴行の総計は四四四四件。そのうち四一二〇件（九二・七％）は女性が被害者になっている（警視庁調べ）。

26　ＤＶ基本計画を設置した市町村は六八一市区町村（二〇一四年）、ＤＶセンターの市町村主体の設置は七〇カ所（二〇一四年）であり、取り組みはまだ不十分ではあるものの前進している。

27　二〇一三年度に警察に対し寄せられた配偶者からの暴力事案認知件数は、四万九五三三件にのぼり、ＤＶ防止法施行後最多（警視庁調べ）。二〇〇一年一〇月のＤＶ防止法施行後から二〇一三年一二月末までに終局した保護命令は三万一九六九件。終了した事件のうち、保護命令が発令された件数は、二万五二七一件（七九・〇％）。そのうち被害者に関する保護命令のみ発令されたのは一万九五五五件（四三・五％）。

●第1章　民間シェルター研究

1　民間シェルターの実態調査や研究などが国内外に見られるが、多角的に民間シェルターを分析した論文は少ない。アメリカには実態調査を基にした論文があるが、時期や範囲が限定的であり、かつ個々別々のシェルターを対象としており、民間シェルターを総合的に考察した研究ではない。

2　イギリスでは、一九七〇年代にコンシャスネス・レイジング・グループ（conscious-raising group）から民間シェルターを設立した女性グループが生まれたが、各地における民間シェルターの開設、暴力を受けた女性の避難所キャンペーンが展開した（Dobash. R. E. & Dobash. R. P., 1977-1978）。

3　イギリスのシェルターなどＤＶ被害者支援団体のネットワークをつくっている中心的組織。

4　イギリスのシェルター運動は、独立性と政治的自律性をかなりの程度保持してきたといえる。すなわち、イギリスのシェルター運動は、ＤＶが重要な課題として社会の主流となってもなお、民間シェルターをフェミニスト的な方法で組織化してきた。DV被害女性と子どものための支援を充実させてきたシェルター運動の中心的存在である「全国ウィメンズ・エイド連盟」(National Women's Aid Federation)は、政府に対するロビー活動や圧力団体として重要な役割を担い、暴力を受けた女性と子どものためのキャンペーンを主導してきた(Hague & Malos, 2005=二〇〇九:三三七～三三八)。

5 スウェーデンの初期の頃の女性に対する暴力防止の活動家の多くは、コンシャスネス・レイジング・グループや女性運動にも参加せず、フェミニズムには最初から親和性がなかった。結果として、これらの活動家とフェミニスト活動家は対立し、フェミニスト活動家の多くは民間シェルターの支援活動から疎外された。スウェーデンの大部分の民間シェルターは地方政府などから財政援助を受け、民間シェルターの賃料などに充てている(Elman, 1996=二〇〇二)。

6 アメリカのフェミニスト活動家にとって、民間シェルターの重要性はイデオロギー的な意義を帯びていたが、イデオロギー性はスウェーデンでは大きく欠けていた。スウェーデンのフェミニスト活動家は、アメリカとは対照的に、女性への支援を提供する国家の力に概して否定的ではなかった(Elman, 1996=二〇〇二:六四～七〇)。

7 スウェーデンでは、ほぼすべての民間シェルターやホットラインに業務時間が定められており、二四時間緊急体制にはなっていない。その理由は、民間シェルターがボランティアに大きく依存しており、ボランティア兼活動家である女性たちが日中は他の場所で働いているため、業務時間の拡大を困難にしているからである

8 最近では、地域の民間シェルターの取り組みについての事例研究も見られる。小さなコミュニティで支援活動を行うアボリジニ女性の運営するシェルターを取り上げ、民族性の違いなどを考慮し、アボリジニ女性のニーズに即した支援を行うシェルターの組織、連携の研究である(Janovicek, 2007)。

9 カナダの民間女性支援団体は、各地にtransition houseを設立し、シェルター運動が拡がった。カナダでは、民間シェルターをtransition houseと呼んでいる。最初のtransition houseは、一九七二年にトロントとバンクーバーに設置された(Janovicek, 2007)。

10 集合的な構造から序列的な構造へと変化した。

11 強姦の被害者に対しての電話相談(二四時間)、カウンセリング、司法対応への援助などのサポートを行う民間団体。被害にあった女性の立場に立って話を聞き、医師や弁護士を紹介するなどの活動を行っている(井上他編、二〇〇二:四八四)。

12 財源の不足は、スタッフのバーンアウトを引き起こし助成金を巡り同じような機関や団体の間で激しい競争が繰り広げら

れる要因であった。また、スタッフは、民間シェルターの賃金の低さから今後のキャリアの見通しがたたず仕事を継続することの困難を感じていた。同センターの設備問題を指摘したスタッフは、たとえば、同センターの安全管理が不十分であること、同センターが狭いためプライバシーが維持できないことなどをあげた。

13　一九六〇年代後半、第二波フェミニズムはBattered Women's Movementを通して、夫の暴力は、男女の不平等な力関係を再生産する政治的問題であることを再発見し夫や恋人の暴力を構造的な社会問題として再定義した。一九七〇年代に、DV被害者のための民間シェルターが反レイプ運動の流れの中で生まれた。

14　フェミニストグループ、カウンセリンググループ、YMCAなどの女性団体が設立。

15　各地域のシェルターは、地域ごとにCoalition Against Domestic Violence（ドメスティック・バイオレンス阻止連合）を設立したが、同連合は州の助成金を各シェルターへ分配する中間組織として機能していた。また、デンバーには、これらの連合の代表としてthe National Coalition Against Domestic Violence（全米ドメスティック・バイオレンス阻止連合）が設立され、DV関連事業に関する情報などを提供し、現在に至るまで全米のドメスティック・バイオレンス事業の中心拠点となっている（Shostack, 2000：viii）。このように全米レベルでのネットワーク化や組織化が進んだ。

16　調査対象は、民間シェルターの利用者（N＝3, 410）であり、利用者がシェルター滞在中にどのような問題を抱えているのかに焦点をあて、そこから民間シェルターの援助内容について考察している。

17　利用者は、時間的制約が厳しいこと、男の子のシェルター利用の制限やシェルター利用者の夜間外出禁止など比較的厳しい規則があることに困難を感じていた。

18　反DV運動は、DVに対抗するための運動であり、「シェルター運動」とは別の形態として使う。反DV運動の定義は、DVに対抗するための運動。狭義には、DVの立法化を含む、DVの社会的認知とDVの防止を目的とした運動であり、広義には、DV加害者への対策や性暴力の問題も含む運動である。民間シェルターに限らず、女性に対する暴力の防止全般に関わる支援者や運動家など民間女性NGOなどが中心となって展開している運動とする。

19　マッキノンは、性差別や女性に対する暴力に関するフェミニスト法理論を構築した（Mackinnon, 1987＝一九九三）

20　一九七〇年代のアメリカのBattered Women's Movementにおいて活発となった。victimization-agency議論は、フェミニズムによる反レイプ運動を端緒にしたvictim feminism批判（女性が無力で脆弱、勇気がないとみなしていることに対する批判）から発展したものである。

21 アブラムズは、エージェンシーに代わってautonomyを一九九四年まで使っていたが、一九九五年よりエージェンシーを使うと言明している。アブラムズは、エージェンシーが、支配的で抑圧的な概念によって決定されることなく、個人の考えに基づいて成長し行為を起こす能力を明らかにする概念であることに着目している（Abrams, 1995：306）。

22 また、女性自身が殴打されたというネガティブな経験から距離を置きたいと願っていることの表れでもあるとも分析されている（Schneider, 2000：61-62）。

23 社会学者のクリスティン・アンダーソン（Kristine Anderson）は、同じように支配をキー概念としてＤＶを分析した（Anderson, 2008）。

24 フェミニスト研究者らが全国の民間シェルターに聞き取り調査を行い、民間シェルターの実態と問題点をまとめた（桜井他、一九九五）。

25 神奈川県の「かながわ・女のスペース〝みずら〟」は、タイ人女性を救出したことがきっかけとなりシェルターを設立。

26 「みずら」が対応していた日本での売買春から逃れ帰国したいと援助を求めてきた数多くのタイ、フィリピンなど外国籍女性の支援に限界が見え始め、「女性の家〝サーラー〟」（神奈川県）が開設された。

27 「ＡＫＫシェルター」（東京都）。一九九八年よりＡＷＳシェルターと改名。

28 国連の女性の地位委員会は、一九七五年を国際婦人年とし、世界女性会議がメキシコシティで開催された。そのような中、市川房枝、田中寿美子の両参議院議員は国際婦人年などについて民間の女性たちと共に情報を伝え合うことを重視し、〈女性自身の力で日本の国際婦人年を盛り上げよう〉と広く呼びかけた。女性たちの間にも関心が高まり、〈この際、民間女性にも広く連帯する会をつくろう〉という気運が盛り上がり、一九七四年の準備会を経て、七五年一月に個人参加の「国際婦人年をきっかけとして行動を起こす女たちの会」が結成された（行動する会記録編集委員会編、一九九九：一四）。

29 質問紙は利用者三四名に送付し七名の回答をえた。七名のうち二名にインタビュー調査を行った。

30 それらは、就職について正職は無理だからパートを探すように言われたこと、声かけが不十分だと感じたことや週末にスタッフが民間シェルターにいない場合は電話をしてほしかったというものだった。

31 第二次ＤＶ防止法改正では、保護命令制度の拡充（生命や身体に対する脅迫を受けた被害者にも裁判所が保護命令を発令できるとした。また、裁判所は被害者の申立により、被害者への接近禁止命令と併せて、電話、ファクシミリ、電子メール、面会の要求などを禁止する命令を発することができるとした）や被害者の親族への接近禁止命令を導入することも規定した。

1　しかし、二〇〇四年の改正ＤＶ防止法ではこの規定は後退している。二〇〇四年ＤＶ防止法では、「犯罪となる行為をも含む重大な人権侵害」と修正されている。

2　委託費は一時保護期間が二週間以内と二週間経過後では変わってくる。またＤＶ被害者と同伴児の委託費の金額によっても異なる。

3　一九九六年、愛知県に「駆け込み女性センターあいち」、栃木県の「ウィメンズハウス栃木」、大阪府に「スペースえんじょ」、北海道に「ウィメンズネット旭川」が開かれた。一九九七年には「女のスペース・おん　駆け込みシェルター」（北海道）や「ネットマサカーネ・いぶり」（北海道）などが開設され、東京都でも「女性のための駆け込み寺　ＦＴＣシェルター」がスタートした。一九九八年には、北海道にさらに二カ所（「ウィメンズネット函館」など）が開設され、大阪（「女のかけこみ寺　いくの学園」）と新潟県（「女のスペースにいがた」）でも開設された。

4　先行研究（国広他、二〇〇〇）と比較すると、第Ⅰ期の時期区分は同じであるが、異なる点は先行研究では、第Ⅱ期を一九九〇年代前半、第Ⅲ期を一九九五年以降と区分していたことである。先行研究の調査が行われたのは一九九九年時であり、ＤＶ防止法成立前であったが、本調査は、ＤＶ防止法成立前後の違いを明確にするために、第Ⅱ期を一九九〇年代前半から二〇〇〇年までとし、第Ⅲ期を二〇〇一年以降とした。

5　この他に、労働運動や女性運動に関わっていた設立主体も民間シェルターを設立していた。

6　複数の民間シェルターが賛同者からの資金提供や寄付金、バザーの売り上げなどを組みあわせて資金を調達して設立した。

7　なかには、運営母体や会員から場所の提供がされるケースもあった。

8　この民間シェルター運営母体は長い歴史を持っている。

9　他方で、民間シェルターの設立者が、他に仕事を持ちながら非専従スタッフとして活動している場合もある。

10　未回答、二。

11　未回答、二。

12　未回答、二。

13　三五カ所中、二八カ所のシェルターが運営会議を開いていた。未回答は五カ所。
14　補足調査の有効票二一カ所とインタビュー調査一カ所の民間シェルターから回答、未回答、一。
15　寄付金が比較的多い、ある民間シェルターは、宗教団体である運営母体からの寄付が多く信者からの寄付が多額を占める。
16　補足調査の有効票二一カ所とインタビュー調査一カ所の民間シェルターから回答、未回答、一。
17　補助金が運営費の六割以上（四カ所）を占めており、シェルター運営を支える柱となっている。
18　たとえば、調査や出版、講座や研修、イベントなどのプロジェクト事業に対して、補助金を支給する自治体もある。
19　民間シェルターが婦人相談所一時保護所に比べて、支援の強みと考えている事柄について自由記述で聞いた。未回答、一。
20　未回答、〇。
21　これらの回答を回答者の属性別にみていくこととする。民間シェルター内の立場の違いでの認識の差をみると、民間シェルターの代表は二〇名、専従スタッフは五名、非専従スタッフは四名、ボランティアは二名、無回答が三名となった。「代表」、「専従スタッフ」、「非専従スタッフ」、「ボランティア」のどの立場においても共通して「きめ細かで柔軟な支援」を重視していた。次に、年代別でみると、七〇代が三名、六〇代が一九名、五〇代が五名、四〇代が五名、未回答が三名となった。「七〇代」、「六〇代」、「五〇代」、「四〇代」のすべてにおいて「きめ細やかで柔軟な支援」、「長期的な視野にたった自立支援」「被害者のニーズに沿った支援」を選択する回答者が多かった。最後に、活動歴でみると、一年未満が一名、一年～五年未満が二名、五年～一〇年未満が一二名、一〇年～一五年未満が一四名、一五年以上が二名、未回答が四名という結果になった。一〇年以上の比較的長い活動歴のある回答者は、「きめ細やかで柔軟な支援」、「長期的な視野にたった自立支援」を選択していた。活動歴が一〇年未満の回答者は、「長期的な視野にたった自立支援」「被害者のニーズに沿った支援」「きめ細やかで柔軟な支援」と回答する者が多かった。その他に、「DV被害者支援に関する専門的知識を持っている」や「支援者と被害者の対等性」「ジェンダー視点の支援」と回答する者も少数であるが存在した。
　次に組織との関連で見た回答者の属性別にみていくこととする。組織のスタッフ構成は、専従スタッフが三名以上いるシェルターは一三カ所、専従スタッフが一～二名のシェルターは八カ所、非専従スタッフ・ボランティアを中心としたシェルターは一〇カ所、未回答が二カ所（N＝三四）ある。スタッフ構成別に回答者の認識の違いをみていくと、「専従スタッフが三名以上」、「専従スタッフが一名から二名」、「非専従・ボランティアのみ」のどのシェルターにおいても、「きめ細やかで柔軟な支援」、「長期的な視野にたった自立支援」の回答が多い。また、「専従スタッフが一名から二名」擁するシェルターに属する回答者は、「被害者のニーズに沿った支援」を強みと認識している者が若干多く、「ジェンダー視点の支援」や「支援者と被害者の力の差に留意しようとしている」という回答もみられた。「専従スタッフが一名から二名」いるシェルターの活動歴は、比較的短いところから一〇年位のところまでと幅広いが、回答者が支援の強みについていろいろな見解を持っていることが特徴としてあげられる。次に、運営費別に回答者の認識の違いをみると、運営費「一千万円以上」のシェルターは五カ所、「三〇一万円以上九九九万円以下」のシェルターは九カ所、「三〇〇万円以下」のシェルターは六カ所、未回答二カ所（N＝二二）である。「一千万円以上」、「三〇一万円以上九九九万円以下」、「三〇〇万円以下」のどのシェルターにおいても「きめ細やかで柔軟な支援」、「長期的な視野にたった自立支援」の回答が多く、属性別でほとんど違いが見られなかった。スタッフ構成の違いや運営費の高低にかかわらず、民間シェルターが、支援の強みについて同じ認識を持っていることが明らかになった。

22　補足調査の有効票二一カ所とインタビュー調査一カ所の民間シェルターから回答、未回答、〇。

23　補足調査の有効票二一カ所とインタビュー調査一カ所の民間シェルターから回答、未回答、一。

24　未回答、一。

25　未回答、〇。

26　未回答、三（N＝二一）。

27　未回答、六（N＝二一）。

28　どちらも大都市圏に位置するシェルターである。

29　未回答、九（N＝二一）。

30　未回答、〇。

31　ただし、回答者のどの属性においても、二つの傾向がみられた。一つは、民間シェルターが抱える五つの問題すべてを民間シェルターの課題として認識している者、もう一つは、特に、①「運営上の問題」と⑤「次世代スタッフの養成」の二つを民間シェルターの課題として認識している者である。回答者は六〇代以上が多く（一九名）、そのうち一四名が代表、九名の活動歴が一〇年以上であることを考えると、四〇代から五〇代の頃に支援活動を始めた先駆的な民間シェルターの担い手が、次世代へ活動を引き継ぐ年代にさしかかっていることがわかる。それゆえ、「次世代スタッフの養成」を問題認識とあげている回答者が多いと考えられる。

次に、組織との関連でみた回答者の属性別にみていく。組織のスタッフ構成から回答者の認識の違いをみていくと、「専従スタッフが三名以上」、「専従スタッフが一名から二名」、「非専従・ボランティアのみ」のシェルターにおいて、民間シェルターの抱える問題に関する回答者の認識はそれぞれ異なっており、明確な関連はみられなかった。だが、「専従スタッフが一名から二名」のシェルターに属する回答者は、五つの問題すべてを民間シェルターの課題として認識している者が若干多かった。「専従スタッフが一名から二名」のシェルターに属する回答者の活動歴は、「専従スタッフが三名以上」および「非専従・ボランティアのみ」のシェルターに属する回答者の活動歴より若干短く、設立から間もないシェルターも含まれるため、他のシェルターよりも多くのことを課題として認識していると考えられる。次に、運営費別に回答者の認識の違いをみると、運営費が「一千万円以上」、「三〇一万円以上九九九万円以下」、「三〇〇万円以下」のシェルターでは、それぞれの属性と回答者の認識の違いとの関連はほとんどみられなかった。ただし、運営費が「三〇〇万円以下」のシェルターに属する回答者は、五つの問題すべてを民間シェルターの課題として認識している者が、「一千万円以上」および「三〇一万円以上九九九万円以下」のシェルターの回答者よりも若干多かった。「三〇〇万円以下」のシェルターは、比較的活動歴が短いシェルターから一〇年位の活動歴のあるシェルターまで幅広い。運営費が低くても専従スタッフを擁しているシェルターも数カ所みられる一方で、運営費の低さが人材不足（ボランティアのみ）に直結しているシェルターもあり、調査結果の通り、多くの課題を抱えていることが示された。

32　休止・閉鎖した民間シェルターへは、質問紙にその理由を記述してもらう形で回答していただいた（質問紙は巻末資料参照）。

33　その後、この民間シェルターは、「住民生活に光をそそぐ交付金」を県を通して申請し交付を受けて、シェルターを開設再開した。しかし、同交付金は二年間のみであり現在は自費運営となっている。

34　その他に、もう一カ所の民間シェルターが、五年程前からシェルター業務をほぼ停止し、休止状態だということが補足調査から確認された。休止の理由は、人材の不足であった。この民間シェルターは、現在はＤＶ被害者の相談やデートＤＶの調査を行うなど活動を継続しているが、シェルター業務再開の目途はたたないと言う。また、この他にもう一カ所が二〇一〇年三月に閉鎖予定であることを調査票に記していた。補足調査を試みたが、この民間シェルターと連絡を取ることはできなかった。

35　その後は、「暴力」に関する研究やメディアづくりに再び力を入れている。

36　残りの一カ所は、質問紙調査に回答していないので、三四カ所とした。また、このシェルターは、全国女性シェルターネットにも加盟していない。
37　専門職が民間シェルター内部にいる、あるいは、外部の専門職が民間シェルターに協力しているなど何らかの形で支援に専門職が関わっている民間シェルターは、半数以上あった。
38　たとえば、大規模な民間シェルターでは比較的多くの専門職が関わっていたが、本調査では運営資金が一〇〇万円代～五〇〇万円代の小規模な民間シェルターにおいても、複数の専門職が関わっていた。

●第3章　民間シェルターによる支援

1　Mさんは、シェルタースタッフとして主に日常支援を行っている。
2　Development Alternative with a Women for New の略。「南」の女性活動家、女性研究者、女性政治家のネットワークをさす。
3　Miller, Jean Baker。アメリカの心理学者。ミラーは、女性の心理学的側面（たとえば、女性の感情）を劣位に置くことが、より人間的な文化を構築するにあたり障害になっていると論じている（Miller, 1978＝一九八九）。
4　ミラーは、エンパワーメントという言葉を使っていないが、平川がミラーの力の概念の意味内容を解釈して、エンパワーメントと類似の概念としてそう呼んだと考えられる。
5　夫が妻に暴力を振るうのは、妻を自分の所有物と考えているからである。夫からの性的暴力は表面化しにくいとされるが、DV加害者である夫は、セックスを通して妻を所有していると確認する。夫に道具のように扱われ続けることで妻は自尊心を破壊され、自分を卑下し、見失っていく（原田・柴田編、二〇〇三）。
6　第一次改正DV防止では、「当事者本位の改正の方向がめざされたことで、もっとも重要な課題として『自立』（生活再建）支援が打ち出された」（戒能編、二〇〇六：一〇八）。その要因として、DV被害の当事者が支援の現状と問題点を当事者の視点から明確にし、当事者が積極的に発言したことがあげられる。このような「当事者参画」が実現した背景には、DV防止制定以降、DV被害者支援団体が当事者の主体性を尊重した活動を展開したことがある（戒能編、二〇〇六：一〇七）。

7　歴史的に我が国では、公的扶助分野において見られるように、経済的なものを基礎に「自立助長」という社会福祉援助の目的概念の文脈で「自助」に重きを置いて語られることが多かったが、今日では、本文で説明したような概念として位置づけられている（岡村、二〇〇二：二九〇）。

8　たとえば、被害者同士が交流をもてるように、DV被害が回復しつつある人、または、回復した人と出会えるような仕組みをつくったり、地域の民間団体と関係機関のネットワークづくりを始めたりするなど民間シェルターが中心となって支援ネットワークを形成している地域もある。

9　Dさんは、DV防止法施行以前から支援活動を続けている。

10　ベテラン支援者のCさんは外国籍のDV被害者支援を行ってきた。

11　民間シェルター内の立場からみると、運営側のほとんどが活動年数が一〇年以上、スタッフは一〇年未満という違いがあった。しかし、運営側・スタッフと役職こそ分けられているものの、ともに民間シェルターの中核を担う役割を担っていることもあり、多くは支援に対して共通の認識をもっていた。また、支援者の年代別では、支援者の認識はそれぞれ異なりひとくくりにすることができないが、六〇代の支援者は、中年期に女性運動に関わっていたり、女性運動の影響を受けたりする者がいることが特徴的であった。

12　DV被害者とともに、不動産業者のオフィスへ行きアパートを探したり、リサイクルショップへ行って家具を揃えたり、引っ越しの手伝いをしたり細やかな支援を日々行っている。その中にはMさんを慕ってくれた者も多い。Mさん自身も思い入れのある被害者の方がたくさんいた。

13　Mさんは、過去、子育て中に行き詰っているときに、「家族、原家族に問題がある」ことに気がつき、フェミニスト・カウンセリングを学び始めたことをきっかけとして民間シェルターの活動に参入した。

14　宮地は、災害や暴力などに遭遇し、生き延びてきた人々のトラウマについて語ることやトラウマについて語る者のポジショナリティについて、「環状島」というモデルを描き、説明する（宮地、二〇〇七：三～一二）。

15　愛知県に位置する民間シェルターの名称。

16　宮地が警鐘を鳴らすのは、当事者と非当事者との間にはズレがあり、このことに自覚的でないと互いに傷つき裏切られたように感じるからである。この背景には、宮地の提示する環状島の〈内斜面〉に位置する、その問題から降りられない人である「当事者」から〈外斜面〉に位置するその問題から降りられる人である「非当事者」へ向けた「ポジショナリティ」への厳しい問いかけがある（宮地、二〇〇七：一三〇～一三一）。

17　未回答、〇。

18　その他の回答には、「男女の不平等だけでは排除される人間がいる」、「民族的マイノリティの人権擁護」というものがあり、ＤＶ被害者は、男女の問題だけではなく、セクシャル・マイノリティや外国籍のＤＶ被害者も含むべきというものだった。

19　表1の結果を回答者の民間シェルター内の立場、年代、活動歴別で見たところ、次のような傾向がみられた。まず民間シェルター内の立場では、「代表」「専従スタッフ」「非専従スタッフ」「ボランティア」のどれにおいても「シェルター運動」について三つすべてを選択する者と1と2の二つを選択する者と半々位であった。1と2の二つを選択した回答者は、「シェルター運動」とは、「福祉的に」ＤＶ被害者を「救済」するものではなく、「スタッフと共に新しい人生をつくる」ことであると捉えており、「福祉的な意味でＤＶ被害者を救済するだけでは、ＤＶを根絶するものではない」と捉えている。ＤＶを根絶するためには、「社会を変えていく」ことや「社会の意識や法律などを変える必要がある」という認識がある。一方、三つの選択肢すべてを選択した者は、ＤＶ被害者支援とシェルター運動は切り離せないものだが、ＤＶ被害者が生活を再建していく場面では、「福祉的な救済」も必要であるとの考えから3を選択している。次に回答者の年代別でみると、「七〇代」「六〇代」「五〇代」「四〇代」のほぼどの年代においても三つの選択肢を選択した者が多く、次に、1と2の二つを選択していた。つまり、全般的には三つを運動の要と考えている回答者が多い。さらに、回答者の活動歴別でみると、活動歴が長い者は三つの選択肢を選択する者と1と2の二つを選択する者が比較的多かった。一方、活動歴が短い者は、運動を尊重しているというよりは、福祉と運動の両方を選択していた。

20　まず組織の「スタッフ構成」から回答者の認識の違いをみると、「専従スタッフが三名以上」のシェルターでは、三つの選択肢を選択する者が若干多かった。これらのシェルターの活動歴は長いところから短いところまで幅があり、いずれのシェルターも地方都市に位置している。「専従スタッフが一名から二名」のシェルターでは1と2を選択する者が若干多かった。これらのシェルターは、比較的長い活動歴のシェルターであり、いずれも地方都市で中心的な支援活動を行っている。「非専従・ボランティアのみ」のシェルターでは、それぞれが別々の選択をしていた。次に、運営費別に回答者の認識の違いをみると、運営費の規模と回答者の認識の違いについて、関連はほとんどみられなかった。

21　未回答、八。

22　ジェンダー視点で考えれば全く相容れないとした民間シェルターでは、「暴力は許さない。困っている人を助けたい」という考えの支援者も多いので、「運動」からは距離をとっているとも回答している。その他の回答では、DV被害者支援、イコール、「シェルター運動」と思っていたが、カウンセリングや司法支援などの種々の支援が必要だと思うようになったなどの回答がみられた。

23　その他の意見には、民間シェルターの支援者同士の癒しとエンパワーメントと回答しているシェルターがあった（二カ所）。

24　民間シェルター内の立場、年代、活動歴別。

25　組織との関連で回答者の属性別にみると、スタッフ構成および運営費別のいずれにおいても、同様に有用性を高く評価している結果がえられた。

26　未回答、〇。

27　未回答、五。

28　たとえば、保護命令制度の実効的な運用について、実態を明らかにして地裁や国に申し入れする。

29　この他、一部の周辺メンバーからは、次のような意見もみられた。

「シェルターネットは、会員［加盟団体］のスーパーバイザー的な役割を持ってほしい」（Hさん）。

Hさんは、シェルターネットは豊富なデータを駆使して、個々の民間シェルターにDV被害者支援に関するノウハウなどを伝える「スーパーバイザーのようになってほしい」と要望する。同時に民間シェルターのための「相談窓口の創設」をシェルターネットに望んでいる。相談窓口は、支援に関することだけでなく、DV被害者の受け入れに関して他県に依頼する際にシェルターネットが調整窓口になることを意味している。Hさんは、民間シェルター同士の間にシェルターネットが「ワンクッション」として入ることで、「連携」がスムーズになると期待しているのである。

30　未回答、〇。

31　「その他」には、スタッフの健康維持やセルフケア、退所後のDV被害者のアフターケア、退所後の居場所づくり、地域のサポートネットワークづくり、ボランティアの養成があげられた。

32　組織との関連でみた回答者の属性別にみていく。組織の「スタッフ構成」から回答者の認識の違いをみていくと、「専従スタッフが三名以上」のシェルターでは、五つを選択する者あるいは1および2を選択する者が若干多かった。「専従スタッフが一名から二名」のシェルターでは五つ、あるいは、１・２・３・５の四つを選択する者が若干多かった。「非専従・ボランティアのみ」のシェルターでは、それぞれが別々の選択していた。次に、運営費別に回答者の認識の違いをみると、運営費が「１千万円以上」のシェルターでは、五つすべてを選択する者が多く、「三〇一万円以上九九九万円以下」のシェルターでは、五つすべてを選択する者と１・２・３の三つの選択をする者が若干多かった。「三〇〇万円以下」のシェルターでは、それぞれ別々の選択をしていたが、１・２・５の三つを共通して選択する者が若干多かった。

33　他に、ＤＶ防止法の改正などがあげられた。

34　民間シェルター共通の「サポート理念」と「サポート・スタンダード」をつくり、それらを広める活動を展開してきた。

35　ＪさんはスタッフがボランティアとしてＤＶ被害者の支援にあたるときは、たとえ専門職の資格があっても、あくまでボランティアとして支援するという。

36　この他に、まれに「シェルター利用は１回だけ」という制限を設けている所もある。

37　婦人相談所一時保護所では、一時保護の見通し、つまり、一時保護の後どうするのか、女性の意思がはっきりしていて処遇方針が明確でないと一時保護へは原則として入所できないことになっている（戒能、二〇〇二：一〇六）。

38　Ｊさんのシェルターのボランティア志願者は定員を上回ることが多く、人材不足を感じたことがない。これはＪさんのシェルターの位置する地域性とも関連しているといえよう。この地域は、大都市圏に隣接しており、中間層の主婦層が多くいる地域でもある。このような特徴をもつ地域では、ＤＶに対する認識が比較的浸透しており、ボランティアに時間を割くことが可能な比較的余裕のある人材が多いことが考えられる。

39　Ｂさんは、配偶者暴力相談支援センターなど公的機関に相談員として勤めた経験があり、公的機関の支援に疑問を感じ、個人的にシェルターを開設した。

40　婦人相談所一時保護所では、一時保護後の見通し、つまり、一時保護の後どうするのか、女性の意思がはっきりしていて処遇方針が明確でないと一時保護へは原則として入所できないことになっている（戒能、二〇〇二：一〇六）。婦人相談所一時保護所でも、ＤＶ被害者の立場にたった支援は可能であるはずだ。しかし、たとえ行政職員が行政の秩序から一時的に身を離せたとしても、その後、行政の秩序に沿って仕事をしていかなければならないため、既存の秩序側にたった支援になってしまうことがある。また、たとえ現場を知る自治体職員や婦人相談員などが、ＤＶ被害者の窮状を訴え改善を上層部に求めたとしても、行政の意思決定過程にＤＶ被害者への理解を示す職員がいなければ、結局、行政側の秩序に偏ってしまい、現場の声が活かされない結果に終わってしまうことも考えられる。ＤＶや児童虐待などこれまで私的領域の問題とされてきた問題が公的領域の問題として社会に立ち現われている現在、従来の硬直的な公私の構図のもとでは問題への対処ができなくなっている。

41　このような上野のニーズ論は、現在使われている一般的用語法と異なるものであることに留意されたい。たとえば、三浦文夫は、「社会的ニードとはある種の状態が①一定の目標なり、基準からみて乖離の状態にあり、そして②その状態の回復・改善等を行なう必要があると社会的に認められたもの」（三浦、一九九六）と定義をしている。三浦は、ニーズを社会的・政策的な視点から定義しているが、上野のニーズ論では、個々人の主観的な必要をもってニーズとする社会構成論的な定義を採用している（上野・中西編、二〇〇八）。

42　ブラッドショウは、ニーズをニーズの関与者によって「主観的ニーズ」と「客観的ニーズ」に、援護水準によって「顕在ニーズ」と「潜在ニーズ」とに分類し、この二つの基準を組み合わせて、「規範的ニーズ」「感得されたニーズ」「表出されたニーズ」「比較ニーズ」の四類型を作成した（Bradshaw, 1972）。

43　上野は、ブラッドショウのニーズ論を援用して当事者と第三者のニーズを四つに類型した。（上野・中西編、二〇〇八）。

44　近代の家族のこと。戦後間もない日本では家父長的な家と対比される民主的家族を意味した。これに対し、近代家族とは、保護と教育の対象として誕生した子どもを中心として、親子・夫婦が深い情緒的絆で結ばれた親密で私的で家庭的な家族である（井上他編、二〇〇二）

45　環状島とは、地理的には、上空から見るとドーナツのような形状の島のことをいう。ドーナツの真ん中にある穴の部分は海の中に沈んでいる。宮地はこれを「内海」と呼ぶ。

46　中空構造とは、物の内部が空になっていることである。

47　宮内は、この〈重力〉と呼ばれる諸現象には、臨床心理学や精神医学の領域が力を発揮することになるという。また、心理臨床に携わる者は、臨床場面における個人の行動的、生理学的特徴などを理解することは当然必要だが、目前の個人を理解するためには、その人をとりまく社会的状況そのものの理解も必要であると主張する（宮内、二〇一〇：二〇一一〜二〇二）。

48　専門職（professionals）とは、Wilson（1933）によると、①長期の教育訓練によってえられる専門化された知的技術を保有していること、②能力テストと倫理的規範の維持を主目的とする職能団体を組織することなどである。また、Millerson

(1964)は、専門職の特徴について、①理論的知識に基づいた技能の使用、②これらの技能の教育と訓練、③試験によって保障された専門職の能力などをあげている。専門職は、通常、高賃金、高い社会的地位などが与えられ、医学、法曹などが典型的な例としてあげられる。

●第4章　民間シェルターと行政・関係機関との「連携」

1　精神医学の加藤伸勝により日本に導入された(加藤、一九七七)。

2　コンサルテーション・リエゾンにおいて確認すべきことは、患者の身体面と精神面のどちらにも配慮しながら各専門職が連携し包括的に患者の治療にあったことである。

3　イギリスでは、一九八〇年代後半から一九九〇年代にかけて、政府によるDV被害者支援関連の報告書などにおいて関係機関の「連携」の重要性が強調され、同時に、関係機関の「連携」の構築を推奨した。しかし、それ以前は行政が率先してDV対応をすることはなかった。このような大きな前進の背景には、長年民間シェルターが関係機関との「連携」を図るために努力し、「連携」を実現させてきた経緯がある(Hague & Malos, 2005 = 二〇〇九:二七八~二八一)。

4　イギリスの地方政府のドメスティック・バイオレンス対応機構として多くの自治体に設置されている。地方レベルの政策調整・助言機関であり、具体的な対応は各機関が個別に責任を持つ。DVフォーラムは、地域全体で取り組むためのネットワークとして一九八〇年代前半から女性シェルター運動のイニシアティブにより一部地域で先駆的に設立されてきた(戒能、二〇〇二:三九~四〇)。

5　本書では、行政は都道府県・市町村をさし、関係機関は、警察、婦人相談所、福祉事務所、婦人相談員、配偶者暴力相談支援センター(DVセンター)、母子生活支援施設、女性センター(男女共同参画センター)、保健機関、児童相談所などの公的な関係機関のことをいう。

6　その他に、警視庁、警察庁、児童相談所にも調査を依頼したが調査は基本的に受けていないということで実現しなかった。

7　筆者は、二〇〇六年に全国の民間シェルターへアンケート調査を実施している。また、同年、三つの自治体のDV担当者およびその自治体に位置する三つの民間シェルターの支援者にインタビューを行った(小川、二〇〇九)。本書における二〇〇九、二〇一〇年の調査概要については、第一章の研究方法を参照されたい。

8　総数（n）は一五三一（内訳：都道府県四七、市七五四、町村七二七）である（内閣府男女共同参画局、二〇一一）。
9　未回答、八（N＝三四）。
10　未回答、六（N＝三四）。
11　質問紙調査結果による民間シェルターの抱える問題では、地域の行政担当者や関係諸機関の職員のDVへの理解の低さがあげられている。
12　未回答、七（N＝三四）。
13　都市部の民間シェルターは、比較的大規模なものが多く、移動の多い都市部特有の地域性からか外国籍のDV被害女性やホームレスの女性などが入所する傾向がみられる。
14　一部の民間シェルターでは、新しい担当者には民間シェルターに来てもらいDVについて説明し学んでもらっている。
15　婦人相談所一時保護所では、DV被害者の同伴児が年齢の高い男子など婦人相談所で一時保護することが適当でないと判断した場合に母子分離を行っている。
16　たとえば、全国シェルター・シンポジウム（一九九八年）が初めて開催されたとき、民間シェルターは「行政関連機関との協力連携」の分科会を開き、「連携」の重要性を共通課題として取り上げた。
17　このことは二〇〇〇年の全国シェルター・シンポジウムにおいて議論された。
18　自治体によっては、DV被害者への負担を軽減するために、市町村でDV被害者の保護を決定した際に、DV被害者の情報を書きいれた「共通シート」を作成している。この「共通シート」により、行政職員がDV被害者から何度も事情を聞かなければならない状況を改善した。
19　婦人相談所が連携関係構築に向けて動くことが、この問題の解決に向けての近道とも考えられる。
20　婦人相談員の業務は勤務場所によって相違がある。婦人相談所の婦人相談員は、電話相談、面接相談、婦人保護施設との連絡調整などが中心であるが、福祉事務所付きの婦人相談員は、電話相談の他に、DV被害者が生活再建をするまでのサポートを行う。地域に密着した福祉事務所では、より幅広い範囲の支援の提供が求められている。婦人相談員の勤務地で最も大きな割合を占めているのは常勤・非常勤にかかわらず福祉事務所である（堀、二〇〇八：一二〇〜一二六）。
21　婦人相談員は原則非常勤職である（売春防止法三五条による）。
22　一つの自治体の母子生活支援施設に聞き取りを行った。運営側の職員1とは一対一のインタビューを行い、職員2、3、

4とはグループ・インタビューを行った。
23 P母子生活支援施設は、当時急増した外国籍女性のための民間シェルターとして一九九〇年代に開設されたが、一九九五年に母子寮（母子生活支援施設）へ移行した。母子寮に移行する際、危惧されたのは、母子寮になってしまうと外国籍女性が入所できなくなることだったが、非公式に県にも認めてもらった。それ以降、現在の外国籍女性も入所できる特徴ある母子生活支援施設となった。
24 戒能編、二〇〇六：一四四。
25 当該女性センターの相談担当職員一名への一対一でのインタビューおよび同相談員四名にグループ・インタビューを行った。
26 近年自治体において増加しているのが非常勤職員の雇い止めである。雇い止めの期間は三年から五年が多い（戒能編、二〇〇六／堀、二〇〇八）。
27 一方で、休日の体制について、相談担当職員は、次のように述べた。「［V女性センターの］相談員さんからは、休日でも［正規職員に］来てほしい、と言われます。相談員さんが不安に思っていることはそれなんですが、休日は、当センター内の三つの部署で、当番制、ローテーションにして、［当番になった正規職員に］連絡が来ることになっている」（V相談担当職員）
28 かながわ・女のスペース〝みずら〟編、二〇〇六：一八三。
29 各市町村によって異なるが、男女共同参画課や市民相談室等（自治体Q男女共同参画課から聴取。二〇〇八年一二月一五日）。
30 三者協働システム以前の自治体Qの取組である（かながわ・女のスペース〝みずら〟編、二〇〇六：一八二以下）。
31 戒能編、二〇〇六。
32 徳島県鳴門市の取り組みである（戒能編、二〇一三）。
33 内閣府事例調査および戒能民江他『「DV対策など、女性支援施策の効果的展開に関する調査研究」総合研究報告書』、厚生労働省科学研究費補助金政策総合研究事業。

●第5章　民間シェルターの現在と未来

1　他方で、信田は、DV被害者自身が当事者性を有していない場合は、支援者はその状況や場を定義する視点を持ちDV被害者がその被害性を意識する役割を果たしてきたという。その際も、当然のことながら、支援者は、エージェンシーの視点を持つことを忘れてはいない。

2　お互いの経験を語り、問題意識を共有し、ともに解決に向かうためのコンシャスネス・レイジングの手法や類似の手法を民間シェルターが採用するのは、組織内の役割や制度の前にまず「当事者」と関わること、受け止めることを重視するからである。

3　DV被害者の生活再建の支援経費は一時保護委託費だけでは賄えるものではなく、ますます財政的に厳しくなっている。自治体の中には、一時保護委託費を支給する代わりに民間シェルターへの補助金を停止するところもある。

4　上野は、ビーチィの「女だからパートタイムに就いているのではなく、パートタイムワークが女向きにつくられているのだ」（Beechey, 1987＝一九九三）という言葉を借りて、このように述べている。

5　市民活動を行う市民組織一般の問題として「政府も自治体も市民組織のイニシアティブや主体性を最大限に尊重し、創造性を損なわないよう、補助金のあり方を抜本的に変える必要がある」（山岡編、一九九八：一〇〇）ことが指摘されている。

6　民間シェルターが自律的な組織として活動する際に、協同組織のあり方が参考になる。活動領域の違いがあるので一概にはいえないが、たとえば、生協の例やワーカーズ・コレクティブの例は、組織の自律性という点で学ぶことが多い。生協は、組合員の出資金で運営費が賄われており、組織は自律性を保っている。また、ワーカーズ・コレクティブの理念規定は、「所有と経営と労働の一体化」と表現されている。ワーカーズ・コレクティブでは、研修や会議のために多くの時間が割かれるが、これは組織内部の合意形成、知識、理念の共有化を重視し、組織全体の熟練度をあげていき、能力差からくるヒエラルキーの形成を回避するためであるが結果的に自主管理的な組織構造が保たれやすくなった。ワーカーズ・コレクティブの自律的な組織形態は、すべてではないが将来的に民間シェルターにも応用ができる可能性がある。

7　管理論の体系化を試みるハロルド・クーンツ（H. Koontz）によれば、管理とは人々を通じて物事を達成するための技術であり、目的達成に向けて人々が協働しうるような環境をつくりだす技術と規定される（Koontz, 1964：19）。しかし、管理が遂行される具体的な過程を分析する場合は、管理を意思決定とみなす視点が有効である（Simon, 1976＝一九八九：四五

〜五二）。すなわち、「管理の過程は、代替的選択視のなかから、組織の活動にかかわる意思決定（選択）をなす過程であり、その意思決定が人々の協働を特定の目的へ向けて導くことになる」（角瀬他、一九九九：三三）。したがって、本書でも、管理＝運営の過程を意思決定の過程として捉える立場をとった。

8　二〇一一年度から、内閣府は、ＤＶ被害者支援のための「官官・官民連携ワークショップ」を実施している。

9　杉本によれば、それは次のような理由による。①社会福祉が「女性の仕事」として、主として女性によって担われていること、また、担うだけでなく対象者も女性が多く占めていること。②社会福祉とフェミニズムが基本的関心を共有していること。③社会福祉の現状を打破し方向づけをするため、の三点である。特に、②について杉本は、社会福祉とフェミニズムが「どちらも人間の尊厳と自己決定権への基本的関心の上に立ち、個人的ニーズと社会的ニーズの充足に貢献することを目的」としており、「相反する二つの課題――個人の障害を取り除くこと、構造的抑圧を取り除くことという共通の課題を抱えている」と強調する（杉本、一九九七ｂ）。この点に関連して、フェミニストサポートセンター・東海のシェルタースタッフは、ソーシャルワークとは、「当事者の支援のために、既存の制度や諸資源を紹介し、つないで問題解決していく役割と、それにとどまらず、必要と思えば社会のシステム自体を改善していく活動を含むもの」だと理解し、「私たちのやっていることは、ソーシャルワークと呼べるものなんだ」ということを発見したと語っている（北仲、二〇〇六）。

10　女性を「母子」「寡婦」「要保護女子」というカテゴリーに分断するものである（杉本、一九九七ｂ：四）。

11　地域によっては、公的な一時保護施設の定員が非常に少なくＤＶ被害者の受け入れがままならない状況がある。

12　具体的なケースを取り上げ、各地の状況をとりまとめ、政策の提言および運用改善の働きかけを行っていると聞く。

13　ただし、民間シェルターの支援の対象は、女性のＤＶ被害者であるため、男性の協力者を募る場合は、慎重に対応することが必要である。

14　本質問紙調査を実施時点で全国女性シェルターネット加盟シェルター数は六三カ所であったが、全国女性シェルターネットによると現在シェルター機能を有している団体は五〇カ所程度であり、その他の団体は、相談活動や啓発活動などが中心である。内閣府の統計では、一〇八カ所の民間シェルターが把握されているが、本調査ではその約三分の1となる三五カ所の民間シェルターが調査に参加した。

15　ＤＶ対応機関とは、シェルター、二四時間のクライシスライン（電話相談）、民間支援団体、カウンセリング団体、アドボカシー団体、子どもの支援団体などが含まれる。

16　調査は、アメリカの非居住者（non-residence）を対象に行われている。居住者とは、アメリカで生をうけた人、一定期間アメリカに居住している人、市民権や永住権を持っている人などであるが、それぞれの事情により定義が異なる。非居住者とは、主にそれ以外の人をさす。

17　文化的背景の異なる利用者への支援のみならず、セクシャル・マイノリティや男性、高齢者、障がい者の被害者への支援に対する課題もあげられた。

18　二〇一二年の日本におけるＤＶ被害者支援研究では、外国籍のＤＶ被害女性の支援の困難を指摘している（戒能他、二〇一二）。外国籍女性は、言語・文化の壁、経済的困難、法制度上の問題、社会的差別などの困難に直面しているため、支援する側は、外国籍女性の社会的文化的背景、法的地位などについて研修を受け、理解を深めることが必要とされている。

19　二〇一一年度に二〇歳以上の男女五〇〇〇人を対象に実施。有効回答数は、三二九三人（六五・九％）、うち女性一七五一人、男性一五四二人。

20　社会学者の牟田和恵は、フェミニズムによる既成の知の問い直しと、行政や立法、自治体との連携とが功を奏した代表的な領域として、ＤＶなど女性に対する暴力の問題をあげることができるとしている（牟田、二〇〇六：三〇八）。

引用・参考文献（アルファベット順）

【A】

青井和夫、一九六四『組織の社会学』有斐閣。

赤松良子・山下康子監修、日本女性差別撤廃条約NGOネットワーク編、二〇〇三『女性差別条約とNGO』明石書店。

浅倉むつ子・戒能民江・若尾典子、二〇〇四『フェミニズム法学』明石書店。

浅倉むつ子、二〇〇四『労働法とジェンダー』勁草書房。

浅倉美江、二〇〇四『生活福祉と生活協同組合福祉——福祉NPOの可能性』同時代社。

安立清史、二〇〇八『福祉NPOの社会学』東京大学出版会。

熱田敬子、二〇〇八「『当事者性』の再構築——定義をめぐるポリティックス」『書評ソシオロゴス』四：一六〜三九。

天野正子・伊藤公雄・伊藤るり他編、二〇〇九a『新編　日本のフェミニズム2　フェミニズム理論』岩波書店。

——、二〇〇九b『新編　日本のフェミニズム3　性役割』岩波書店。

——、二〇〇九c『新編　日本のフェミニズム5　母性』岩波書店。

——、二〇〇九d『新編　日本のフェミニズム6　セクシュアリティ』岩波書店。

雨宮孝子・石村耕治・中村昌美・藤田祥子、二〇〇〇『全訳カリフォルニア非営利公益法人法——アメリカのNPO法制・税制の解説付』信山社。

＊

Abrams, K., 1990, "Ideology and Women's Choice", *Georgia Law Review*, 24：761-801.

———, 1995, "Sex Wars Redux：Agency and Coercion in Feminist Legal Theory", *Columbia Law Review*, 95：304-376.

———, 1996, "Complex Claimants and Reductive Moral Judgements：New Patterns in the Search for Equality", *University of Pittsburgh Law Review*, 57：337-362.

Abrar, S., 1996, "Feminist intervention and local domestic violence policy", Lovenduski, J., Norris, P., ed.,*Women in Politics*, Oxford, Oxford University Press,：193-207.

Anderson, K. L., 2008, "Is partner violence worse in the context of control?", *Journal of Marriage and Family*, 70（5）：1157-1168.

———, 2010, "Conflict, Power, and violence in Families", *Journal of Marriage and Family*, 72（3）：726-742.

【B】

Bancroft, L., *When dad hurts mom：helping your children heal the wounds of witnessing abuse*, New York, Berkley.（二〇〇六、白川美也子・山崎知克監訳、阿部尚美・白倉美紀子訳『DV・虐待にさらされた子どものトラウマを癒す』明石書店）

Beechey, V., 1987, *Unequal Work*, London, Verso.（一九九三、高島道恵・安川悦子訳『現代フェミニズムと労働』中央大学出版部）

Ben-Porat, A., Itzhaky, H., 2008, "Factors that Influence Life Satisfaction Among Battered Women in Shelters：Those Who Stay Versus Those who Leave", *Journal of Family Violence*, 23（7）：597-604.

Benjamin, J., 1988, *The bonds of Love*, New York, Pantheon Books.（一九九六、寺沢みずほ訳『愛の拘束』青土社）

Bhalla A. S., Lapeyre F., 1999, *Poverty and Exclusion in a global World 2nd Edition*, London, Macmillan Publishers Ltd.（二〇〇五、福原宏幸・中村健吾監訳『グローバル化と社会的排除——貧困と社会問題への新しいアプローチ』昭和堂）

Bradshaw, J., 1972, "Taxonomy of social need", McLachlan, G., ed., *Problems and progress in Medical Care：Essays in Current Research, 7th Series*, London, Oxford University Press.

Brownmiller, S., 1975, *Against our will : Men, Women and Rape*, New York, Simon & Schuster.（二〇〇〇、幾島幸子訳『レイプ・踏みにじられた意思』勁草書房）
Bryson, V., 1999, *Feminist Debate*, London, Palgrave.（二〇〇四、江原由美子監訳『争点・フェミニズム』勁草書房）
Butler, J., 1990, *Gender trouble*, New York, Routledge.（一九九九、竹村和子訳『ジェンダー・トラブル』青土社）

【C】

Campbell, R. & Martin, P. Y., 2001, "Services for sexual assault survivors : The role of rape crisis centers", Renzetti, C., Edleson, J., Kennedy, R., ed., *Sourcebook on Violence Against Women*, Thousand Oaks, CA, Sage, 227-241.
Connel, R. W., 2002, *Gender*, Cambridge, Polity Press Ltd.（二〇〇八、多賀太監訳『ジェンダー学の最前線』世界思想社）
Coomaraswamy, R., 1996-98, *Report of the Special Rapporteur on violence against women, its causes and consequences*, New York, United Nations.（二〇〇〇、クワラスワミ報告書研究会訳『国連人権委員会特別報告書・女性に対する暴力』明石書店）
Cornell, D., 1991, *Beyond Accommodation : Deconstruction and the Possibility of Justice*, New York, Routlege.（二〇〇三、仲正昌樹監訳『脱構築と法――適応の彼方へ』御茶の水書房）
――, 1995, *The Imaginary Domain*, New York, Routlege.（二〇〇六、仲正昌樹監訳『イマジナリーな領域』御茶ノ水書房）
――, 2002, *Between Women and Generations : Legacies of Dignity*, New York, Palgrave St. Martin's Press.（二〇〇五、岡野八代・牟田和恵共訳『女たちの絆』みすず書房）

【D】

第二東京弁護士会司法改革推進二弁本部ジェンダー部会・司法におけるジェンダー問題諮問会議編、二〇〇三『司法におけるジェンダー・バイアス』明石書店。
ドメスティック・バイオレンス国際比較研究会編、二〇〇〇『夫・恋人からの暴力』教育史料出版会。

堂本暁子、二〇〇三『千葉県知事堂本暁子のDV施策最前線』新水社。

DV防止法を改正しよう全国ネットワーク編、二〇〇六『女性たちが変えたDV防止法』新水社。

＊

Denzin, N. K. & Lincoln, Y. S., 2000, *Handbook of qualitative research second edition*, Thousand Oaks, CA, Sage.（二〇〇六、平山満義監訳　岡野一郎・古賀正義編訳『質的研究ハンドブック1巻　質的研究のパラダイムと眺望』北大路書房）
Dobash, R. E. & Dobash, R. P., 1977-78, “Wives : The “Appropriate’ Victims of Marital Violence”, *Victimology : An International Journal*, 2 : 426-442.
――, 1979, Violence against Women, New York, The Free press.
――, 1992, Women, *Violence & Social Change*, New York , Routledge.
Drucker, P. F., 1990, *Managing the nonprofit organization*, New York, Harper Collins.（一九九一、上田惇生・田代正美訳『非営利組織の経営』ダイアモンド社）
Dunn, J. L., 2005, ‘Victim’ and ‘Survivor’ : Emerging Vocabularies of Motive for ‘Battered Women Who Stay’,” Sociological Inquiry, 75 (1) : 1-30.

【E】


江原由美子、一九九〇「フェミニズムの七〇年代と八〇年代」江原由美子編『フェミニズム論争』勁草書房、二一〜四六。

――、一九九六『生殖技術とジェンダー』勁草書房。

――、一九九八a『フェミニズムと権力作用』勁草書房。

――編、一九九八b『性・暴力・ネーション』勁草書房。

――、二〇〇一a『ジェンダー秩序』勁草書房。

――編、二〇〇一b『フェミニズムの主張5　フェミニズムとリベラリズム』勁草書房。

――、二〇〇二『自己決定権とジェンダー』岩波書店。

＊

Eliasson, M. & Lundy, C., 1999, "Organizing to Stop Violence against Women in Canada and Sweden", Briskin, L., Eliasson, M. ed., *Women's Organizing and Public Policy in Canada and Sweden*, Montreal, McGill-Queen's University Press, 280-309.

Elman, E., 1996, *Sexual Subordination and State Intervention：Comparing Sweden and the United State*, New York, Berghahn Books.（二〇〇二、細井洋子・小宮信夫訳『国家は女性虐待を救えるか　スウェーデンとアメリカの比較』文化書房博文社）

Epstein, S. R. & Silvern, L. E., 1988, "Structure and ideology of shelters for battered women", *American Journal of Community Psychology*, 12（1）：73-82.

【F】

藤目ゆき、一九九七『性の歴史学』不二出版。

藤原千賀、一九九八『事例にみる女性の市民活動と生活』弘学出版。

＊

Ferraro, K. J., 1981, "Processing Battered Women", *Journal of Family Issues*, 2（4）：415-438.

———, 1983, "Negociating Trouble in a Battered Women's Shelter", *Urban Life*, Sage publication, Inc. 12（3）：287-306.

Fineman, M. A., 1995, *The Neutered Mother：the Sexual Family and Other Twentieth Century Tragedies*, New York, Routledge.（二〇〇三、上野千鶴子監訳、速水葉子・亀田信子訳『家族、積みすぎた方舟——ポスト平等主義のフェミニズム法理論』学陽書房）

———, 2004, *The Autonomy Myth：The theory of Dependency*, New York, The New Press.（二〇〇九、穐田信子・速水葉子訳『ケアの絆——自律神話を超えて』岩波書店）

Fraser, N., 1990, "Struggle over Needs：Outcome of a Socialist-Feminist Critical Theory of Late-Capitalist Political Culture", Gordon, L. ed., *Women, the State, and Welfare*, Madison, WI, University of Wisconsin Press, 213-214.

———, 1997, *Justice Interruptus：critical reflections on the "postsocialist" condition*, New York, Routledge.（二〇〇三、仲正昌樹監訳『中断された正義』御茶の水書房）

Freeman, J., 1975, *The Politics of Women Liberation*, New York, Mackay.（一九七八、奥田暁子・鈴木みどり訳『女性解放の

政治学』未来社）

【G】

ジェンダー法学会編、二〇〇四『ジェンダーと法――今、なぜジェンダー法学か一』日本加除出版。

＊

Gelb, J., 2003, *Gender Policies in Japan and the United States : Comparing Women's Movements, Rights and Politics*, New York, Palgrave Macmillan.

———, 1989, *Feminism and Politics : A Comparative Perspectives*, Los Angeles, University of California Press.

Gelles R. J., 1987, *Family violence, Beverley Hills*, Sage.

Gelles R. J. & Straus, M.A., 1988, *Intimate violence : the causes and consequences of abuse in the American family*, New York, Simon and Schuster.

【H】

長谷部恭男他編、二〇〇七『岩波講座憲法3　ネーションと市民』岩波書店。

濱嶋朗他編、二〇〇二『社会学小辞典〔新版〕』有斐閣。

波田あい子、一九九四「暴力被害女性民間シェルターの運営と回復援助の試み」『アルコール依存とアディクション』一一（三）：二〇一～二一〇。

波田あい子・高畠克子・亀田温子、二〇〇三「民間団体と女性運動の取り組み」庄司洋子・波田あい子・原ひろ子『ドメスティック・バイオレンス日本・韓国比較研究』明石書店、一〇〇～一〇八。

波田あい子・平川和子編、一九九八『シェルター――女が暴力から逃れるために』青木書店。

働くことと性差別を考える三多摩の会編、一九九一『女６５００人の証言』学陽書房。

パド・ウィメンズ・オフィス、二〇〇五『女性情報ライブラリー Vol.6. ドメスティック・バイオレンスデータブック二〇〇四

・二〇〇五』パド・ウィメンズ・オフィス。
林千代編／婦人福祉研究会、一九九五『現代の売買春と女性――人権としての婦人保護事業をもとめて』ドメス出版。

林千代編、二〇〇八『「婦人保護事業」五〇年』ドメス出版。

原田恵理子・柴田弘子編、二〇〇三『ドメスティック・バイオレンス女性１５０人の証言』明石書店。

平川和子、二〇〇二「ジェンダーと女性の人権」金井淑子・細谷実『身体のエシックス／ポリティックス倫理学とフェミニズムの交叉』ナカニシヤ出版、一七九～一九七。

――、二〇〇四「親密圏とコミュニケーション臨床現場から考える」『唯物論研究年誌』(9)：一一七～一四一。

堀久美、二〇〇七「『新しい公共』における女性の活動の可能性――相互依存を認める社会をめざして」『女性学研究』一五：六〇～七六。

堀久美・木下みゆき、二〇〇六「ＮＰＯと女性センターの協働による情報機能に関する一考察」『国立女性教育会館研究ジャーナル』一〇：八三～九四。

堀千鶴子、二〇〇七「婦人相談所の現状に関する一考察」『城西国際大学紀要』一五（三）：五一～六四。

――、二〇〇八「第三章 婦人保護事業の現在」『「婦人保護事業」五〇年』ドメス出版、一〇〇～一五九。

――、二〇一〇「婦人保護施設における性暴力被害者支援の実態」『城西国際大学紀要』一八（三）：一九～二九。

――、二〇一一「婦人保護施設におけるソーシャルワーク」『城西国際大学紀要』一九（三）：一～二四。

＊

Hague, G., Kelly & L., Mullernder, A., 2001, *Challenging Violence against Women : the Canadian experience*, Bristol, Policy Press.
Hague, G. & Malos, E., 2005, *Domestic Violence : Action for Change*, Third Edition, Cheltenham, New Clarion Press.（二〇〇九、堤かなめ監訳『ドメスティック・バイオレンス――イギリスの反ＤＶ運動と社会政策』明石書店）
Hanmer, J., Maynard, M., eds., 1987, Women, Violence and Social Control, Basingstoke, Macmillian.（二〇〇一、堤かなめ監訳『ジェンダーと暴力――イギリスにおける社会学的研究』明石書店）
Harne, L., & Radford, J., 2008, *Tackling domestic violence : theories, policies and practice*, Maidenhead, Open University Press.
Hanisch, C., Willis, E., et al., 1970, *Notes From the Second Year*, New York, Sulamith Firestone and Anne Koedt.
Hochschild, A., 1983, *The Managed Heart - Commercialization of Human Feeling*, Los Angeles, University of California Press.

（二〇〇〇、石川准訳『管理される心』世界思想社）
hooks, bell, 1984, *Feminist theory : From margin to center*, Boston, South End Press.（一九九七、清水久美訳『ブラック・フェミニストの主張――周辺から中心へ』勁草書房）
Humm, M., 1995, *The Dictionary of Feminist Theory*, the second edition, Prentice, Hall/Harvester Wheatsheaf.（一九九九、木本喜美子・高橋準監訳『フェミニズム理論辞典』明石書店）
Hurn, J. J., Dupper, D., et al., 1991, "Treatment intervention in child abuse emergency shelters : The crucial needs", *Child and Youth Care Forum*, 20（2）: 133-140.

【I】


石井朝子編、二〇〇九『よくわかるＤＶ被害者への理解と支援』明石書店。

一番ヶ瀬康子、一九六三『アメリカ社会福祉発達史』光生館。

井上たか子、二〇〇四「Ⅲ問題集六　親密圏」『岩波応用倫理学講義五　性／愛』岩波書店、二四〇～二四五。

井上達夫、二〇〇六『公共性の法哲学』ナカニシヤ出版。

井上輝子他編、二〇〇二『岩波女性学事典』岩波書店。

井上匡子、二〇〇一「ＤＶ防止法と親密圏における非対称問題」『民事研修』六二六：五七～六九。

井上眞理子、二〇〇五『ファミリー・バイオレンス』晃洋書房。

入山明、二〇〇四『市民社会論――ＮＧＯ・ＮＰＯを越えて』明石書店。

岩井宣子編、二〇〇八『ファミリー・バイオレンス』尚学社。

岩崎徹也編、一九九一『精神科ＭＯＯＫ二七コンサルテーション・リエゾン精神医学』金原出版。

岩永雅也・大塚雄作・高橋一男編、二〇〇一『社会調査の基礎』放送大学教育振興会。

【J】

女性と子どもの民間支援みもざの会、二〇〇四『どう守る人権～DV被害者支援7年間の記録～』SST事務所。
＊
Janovicek, N., 2007, *No place to go - Local histories of the battered women's shelter movement*, Vancouver, UBC press.
Johnson, J. M., 1981, "Program enterprise and official cooptation in the battered women's shelter movement," *American Behavioral Scientist*, 24 : 827-842.

【K】

戒能民江編、二〇〇一『ドメスティック・バイオレンス防止法』尚学社。

――、二〇〇二『ドメスティック・バイオレンス』不磨書房。

――編、二〇〇六『DV防止とこれからの被害者支援』ミネルヴァ書房。

――編、二〇〇八『ジェンダー研究のフロンティア国家／ファミリーの再構築――人権・私的領域・政策』。

――他、二〇一二『「DV対策など、女性支援施策の効果的展開に関する調査研究」総合研究報告書』厚生労働省科学研究費補助金政策総合研究事業。

――編、二〇一三『危機をのりこえる女たち――DV防止法、支援の新地平へ』信山社。

角瀬保雄・川口清史、一九九九『非営利・協同組織の経営』ミネルヴァ書房。

柏木宏、二〇〇七『指定管理者制度とNPO――事例研究と指定獲得へのマネジメント』明石書房。

河東田博、二〇〇七『福祉先進国に学ぶしょうがい者政策立案への参加・参画を考える――地域移行、本人支援、地域生活支援国際交流委員会フォーラムからのメッセージ』現代書館。

加藤信勝、一九七七「Liaison Psychiatry」『精神医』一九：一〇二一～一〇三三。

金井淑子・加納実紀代、一九九〇『女たちの視線――生きる場のフェミニズム』社会評論社。

金井淑子、一九九二『フェミニズム問題の転換』勁草書房。

――――、二〇〇九「家族・親密圏・根拠地」『岩波講座哲学12　性／愛の哲学』岩波書店、一三七～一六八。

かながわ・女のスペース〝みずら〟編、二〇〇二『シェルター・女たちの危機』明石書店。

――――、二〇〇六『シェルターから考えるドメスティック・バイオレンス』明石書店。

神奈川大学人文研究所編、二〇〇一『ジェンダー・ポリティックスのゆくえ』勁草書房。

金子郁容、一九九二『ボランティア――もうひとつの情報社会』岩波新書。

金子宏他編、一九九七『法律学小辞典〔新版〕』有斐閣。

金子雅臣、一九九二『セクハラ事件の主役たち――相談窓口の困惑』築地書館。

兜森和夫他、二〇〇七『母子生活支援施設における発達障害児等の支援に関する調査研究（概要版）』。

鎌田とし子・矢澤澄子・木本喜美子、一九九九『講座社会学14　ジェンダー』東京大学出版会。

韓国女性ホットライン連合編、二〇〇四『韓国女性人権運動史』明石書店。

木原活信、一九九八『J・アダムズの社会福祉実践思想の研究』川島書店。

北澤毅・古賀正義編、一九九七『〈社会〉を読み解く技法』福村出版。

北仲千里、二〇〇六「民間団体の経験　地域での講座をひろげ、援助の輪をひろげていく」戒能民江編『DV防止とこれからの被害者当事者支援』ミネルヴァ書房、二〇三～二〇九。

北村文、二〇〇九『日本女性はどこにいるのか』勁草書房。

北村朋子、二〇〇三『DV裁判』郁朋社。

――――、二〇〇九『DV・被害者のなかの殺意』現代書館。

木下直子、二〇〇九「DV被害者支援を行う民間シェルターの課題――利用者からの異議申し立てを中心に」『女性学年報』三〇：四三～六四。

国広陽子他、二〇〇〇『シェルターにおける援助に関する実態調査～問題解決の主体としての女性をとりまく社会資源とシェルターが行う援助を考察する～』シェルター・DV問題調査研究会議調査4報告書、（財）横浜市女性協会。

熊谷文枝、二〇〇五『アメリカの家庭内暴力と虐待』ミネルヴァ書房。

行動する会記録編集委員会編、一九九九『行動する女たちが拓いた道――メキシコからニューヨークへ』未来社。

国際婦人年をきっかけとして行動を起こす女たちの会、一九七五『女の分断を連帯に――1年目の記録――』国際婦人年をきつかけとして行動を起こす女たちの会。

小島妙子、二〇〇二『ドメスティック・バイオレンスの法――アメリカ法と日本法の挑戦――』信山社。

後藤和子・福原義春編、二〇〇五『市民活動論』有斐閣。

小西聖子、二〇〇一『ドメスティック・バイオレンス』白水社
小松田儀貞、二〇〇四「ブルデュー社会学における『場』概念についての一考察」『秋田県立大学総合科学研究彙報』五：七七～八三。

＊

Kaminer, W., 1992, *I'm Dysfunctional, You're Dysfunctional : The Recovery Movement and Other Self-Help Fashions*, MA, Addison-Wesley.

Koontz, H., 1964, *Toward a unified theory of management*, New York, McGraw-Hill.（一九六八、鈴木英寿訳『経営の統一理論』ダイアモンド社）

【L】

Landes, J., 1998, *The Public & The Private*, Oxford, Oxford University Press.

Lehrner, A. & Allen, N. E.. 2008, "Social Change Movements and Struggle Over Meaning-Making : A Case Study of Domestic Violence Narratives", *Am J Community Psychology*, 42 : 220-234.

———, 2009, "Still A Movement After All Years? : Current Domestic Violence Movement", *Violence against Women*, 15 (6) : 656-677.

Lipnack, J., Stamps, J., 1982, *Networking ; The First Report and Directory*, New York, Ron Bernstein Agency Inc.（一九八四、日本語版監修正村公宏、社会開発統計研究所訳『ネットワーキング――ヨコ型情報社会への潮流』プレジデント社）

Lloyd, S. A., 1990, "Conflict Types and Strategies in Violent Marriages", *Journal of Family Violence*, 5 (4) : 269-284.

Lloyd, S. A. & Emery, B. C., 2000, "The Context and Dynamics of Intimate Aggression Against Women", *Journal of Social and Personal Relationships*, 17 (4 & 5) : 503-521.

Loseke, D. R., 1989, "Creating Clients : Social Problems Work in a Shelter for Battered Women", *Perspectives on Social Problems*, 1 : 173-194.
Lyon, E., Lane, S., Menard, A., 2008, *Meeting survivors' needs : A multi-state study of domestic violence shelter experiences*, Washington, DC, National Institute of Justice.
Lyon, E., Bradshaw, J. & Menard, A., 2011, *Meeting survivors' needs : Through Non-Residential Domestic Violence Service & Supports : Results of Multi-State Study*, Washington, DC, National Institute of Justice.

【M】


牧野雅子、二〇一三『刑事司法とジェンダー』インパクト出版会。

増田香名子、二〇〇五「ドメスティック・バイオレンス（DV）について～公的シェルターの現場から～」『家裁調査官研究展望』三三：一六～二三。

松田智子、二〇一〇「DV対策は進んだのか――被害者支援の現状と課題」『社会学部論集』佛教大学、第五〇号、八五～九九。

松下圭一、一九七五『市民自治の憲法理論』岩波書店。

三浦貞則、一九八四『リエゾン精神医学1』医歯薬出版。

三浦文夫、一九九六『増補改訂　社会福祉政策研究』全国社会福祉協議会。

見田宗介、二〇〇八『まなざしの地獄――尽きることなく生きることの社会学』河出書房新社。

三井富美代、一九九七「民間シェルターの活動と悩み」杉本貴代栄編『社会福祉のなかのジェンダー』ミネルヴァ書房、七五～八六。

三成美保、二〇〇五『ジェンダーの法史学』勁草書房。

宮内洋、二〇一〇「第一〇章〈当事者〉研究の新たなモデルの構築へ向けて――「環状島」モデルをもとに」宮内洋・好井裕明編『〈当事者〉をめぐる社会学』北大路書房、一八三～二〇四。

宮内洋・好井裕明編、二〇一〇『〈当事者〉をめぐる社会学』北大路書房。

宮地尚子、二〇〇五a「支配としてのDV——個的領域のありか」『現代思想』三三（一〇）：一二二～一三三。

———、二〇〇五b「男制の暴力とオルタナティブな親密性」『情況』六（五）：一六二～一七一。

———、二〇〇五c『トラウマの医療人類学』みすず書房。

———、二〇〇七『環状島＝トラウマの地政学』みすず書房。

———編、二〇〇八『性的支配と歴史』理想社。

妙木忍、二〇〇九『女同士の争いはなぜおこるのか』青土社。

牟田和恵、二〇〇六「フェミニズムの歴史からみる社会運動の可能性——「男女共同参画」をめぐる状況を通しての一考察」『社会学評論』五七（二）：二九二～三一〇。

村松安子・村松泰子編、一九九五『エンパワーメントの女性学』有斐閣。

森岡正芳、二〇〇七「当事者視点に立つということ」宮内洋・今尾真弓編『あなたは当事者ではない』北大路書房、一八五～一九五。

＊

Mackinnon, C. A., 1987, *Feminism Unmodified Discourses on Life and Law*, Cambridge, MA, Harvard University.（一九九三、奥田暁子他訳『フェミニズムと表現の自由』明石書店）
Mahony, M. R., 1993, "Whiteness and Women, In Practice and Theory : A Reply to Catharine Mackinnon", *Yale Journal of Law and Feminism*, 5（2）: 217-252.
Merriam, S. B., 1998, *Qualitative Research and Case Study Applications in Education*, San Francisco, Jossey-Bass Publishers.（二〇〇四、堀薫夫・久保真人・成島美弥訳『質的調査法入門——教育における調査法とケース・スタディ』ミネルヴァ書房）
Miller, J. B., 1978, *Toward a New Psychology of Women*, Boston, MA, Beacon.（一九八九、河野貴代美監訳『イエス、バット～フェミニズム心理学をめざして』新宿書房）
Millerson, G., 1964, *The Qualifying Associations : A Study in Professionalization*, London, Routledge & Kegan Paul.
Mills, L. G., 2009, *Violent Partners*, New York, Basic Books.
Minow, M., 1993, " Surviving Victim Talk", *UCLA Law Review*, 40（6）: 1411-1445.
Morris, D., Lewis, G., 1998, *Survivor ; Forgiving the dead man walking*, Michigan, Zondervan.（一九九九、落合恵子・村上彩

訳『サヴァイヴァー』紀伊国屋書店）

【N】


内藤和美、二〇〇三「『女性に対する暴力』と調査研究〈特集〉社会調査：その困難をこえて）」『社会学評論』五三（四）：五九四〜六〇四。

内藤和美、二〇〇九「女性・家族・暴力」天野正子他編『新編　日本のフェミニズム六　セクシュアリティ』岩波書店、一三三〜一四三。

中河伸俊、一九九九『社会問題の社会学——構築主義アプローチの展開』世界思想社。

中西正司・上野千鶴子、二〇〇三『当事者主権』岩波新書。

中里見博、二〇〇七「フェミニズムと憲法」『岩波講座憲法3　ネーションと市民』岩波書店、一九一〜二一八。

中村正、二〇〇一『ドメスティック・バイオレンスと家族の病理』作品社。

西山志保、二〇〇七「ガバナンスを導く協働（パートナーシップ）の可能性——NPOと行政の公共サービスをめぐるせめぎあい」『社会政策研究7　特集市民活動・NPOと社会政策』七：一〇八〜一二九。

似田貝香門・梶田孝道・福岡安則編、一九八八『リーディングス日本の社会学10　社会運動』東京大学出版会。

沼崎一郎、二〇〇二『なぜ男は暴力を選ぶのか』かもがわ出版。

——、二〇〇四「愛と暴力——ドメスティック・バイオレンスから問う親密圏の関係倫理」金井淑子編『応用倫理学講義5　性／愛』岩波書店、一六一〜一七九。

信田さよ子、二〇〇二『DVと虐待——「家庭の暴力」に援助者ができること』医学書院。

——、二〇〇四『夫婦の関係を見て子は育つ——親としてこれだけは知っておきたいこと』梧桐書院。

——、二〇〇八『加害者は変われるか——DVと虐待を見つめながら』筑摩書房。

南野知恵子他監修、二〇〇一『詳解DV防止法』ぎょうせい。

野本律子、二〇〇二『DVを乗り越えて』文芸社。

【O】

大沢真理、二〇〇五a「六章　逆機能に陥った日本型生活保障システム」東京大学社会科学研究所編『「失われた一〇年」を超えて［I］――経済危機の教訓』東京大学出版会、一七五～二〇一。

――、二〇〇五b『現代日本の生活保障システム――座標とゆくえ』岩波書店。

――編、二〇〇七『生活の協同――排除を超えてともに生きる社会へ』日本評論社。

太田肇、一九九三『プロフェッショナルと組織』同文舘。

大橋洋一、二〇〇一『行政法――現代行政過程論』有斐閣。

大西祥世、二〇〇一「自治体間におけるDVの取組――DV防止法と男女平等条例を中心に」『法政大学院紀要』法政大学大学院刊、四七：七九～九二。

大村敦志、二〇〇二『家族法［第二版］』有斐閣。

小川真理子、二〇〇七『日本におけるドメスティック・バイオレンス被害者支援を行なう民間シェルターの考察――女性たちの市民活動としての民間シェルター活動の可能性』お茶の水女子大学大学院人間文化研究科発達社会科学専攻修士論文。

――、二〇〇八「日本におけるDV被害者を支援する民間シェルターの現状――民間シェルターへのアンケート調査の考察を通して」『F-GENSジャーナル』一〇：二〇六～二一六。

――、二〇〇九「ドメスティック・バイオレンス被害者支援を行う民間シェルターと行政との『連携』の問題点と可能性――民間シェルター及び自治体関係者への調査を通して」『人間文化創成科学論叢』お茶の水女子大学大学院人間文化創成科学研究科、一一：四九九～五〇八。

――、二〇〇九「日本における『シェルター運動』とは何か――フェミニズムとしての社会変革運動の可能性」財団法人東海ジェンダー研究所『ジェンダー研究』一二：二九～五四。

岡野八代、二〇〇二『法の政治学――法と正義とフェミニズム』青土社。

「夫（恋人）からの暴力」調査研究会、一九九八『ドメスティック・バイオレンス〔新版〕――実態・DV防止法解説・ビジョン』有斐閣。

岡村正幸、二〇〇二「自立支援」社会福祉辞典編集委員会編『社会福祉辞典』大月書店、二九〇。

＊

Oakley, Ann, 1981, "Interviewing Women：A Contradiction in Terms", Helen Roberts ed., *Doing Feminist Research*, London, Routledge & Kegan Paul, 30-61.

Ogawa, Akihiro, 2009, *The Failure of Civil Society?*, Albany, NY, State University of New York Press.

Olsen, F. E., 1983, "The Family and the Market ：A Study of Ideology and Legal Reform", *Harvard Law Review*, 96：1504-07.

【P】

Pharr. S. J., 1981, *Political Women in Japan*, 1981, Los Angeles, University of California Press.（一九八九、賀谷恵美子訳『日本の女性活動家』勁草書房）

Pizzey, E., 1974, *Scream Quietly or The Neighbors will Hear*, London, Enslow Pub Inc.（一九八二、久保紘章・幸ひとみ訳『現代のかけこみ寺――イギリスの場合』ルガール社）

Postmus, J.L., Severson, M., Berry, M., & Yoo, J.A., 2009, "Women's experiences of violence and seeking help", *Violence Against Women*, 15（7）：852-868.

【R】

Reinharz, S., 1992, *Feminist Methods in Social Research*, London, Oxford University Press.

Rodriguez, N. M., 1988, "A Successful Feminist shelter：A Case Study of the Family Crisis Shelter in Hawaii", *The Journal of Applied Behavioral Science*, 24：235-250.

Roiphe, K., 1993, *The Morning After*, Boston, MA, Little, Brown and Company.

【S】

齋藤純一、二〇〇〇『公共性』岩波書店。

――――、二〇〇八『政治と複数性――民主的な公共性にむけて』岩波書店。

坂本佳鶴恵、二〇〇五『アイデンティティの権力』新曜社。

坂本眞二、二〇〇七「第一二章　同じ「場所」にいること」宮内洋、今尾真弓編『あなたは当事者ではない』北大路書房、一四六～一五六。

桜井陽子他、一九九五『民間女性シェルター調査報告書Ⅰ　日本における緊急一時保護に関する民間シェルターの取り組み日本国内調査編』（財）横浜市女性協会。

佐々木毅、金泰昌編、二〇〇二ａ『公共哲学２　公と私の社会科学』東京大学出版会。

――――、二〇〇二ｂ『公共哲学３　日本における公と私』東京大学出版会。

――――、二〇〇二ｃ『公共哲学７　中間集団が開く公共性』東京大学出版会。

佐藤慶幸、一九六六『官僚制の社会学』ダイアモンド社。

――――、二〇〇二『ＮＰＯと市民社会――アソシエーション論の可能性』有斐閣。

佐藤慶幸・天野正子・那須嘉編、一九九五『女性たちの生活者運動』マルジュ社。

三本松政之・浅倉美江編、二〇〇七『福祉ボランティア論』有斐閣。

社会福祉法人全国社会福祉協議会・全国母子生活支援施設協議会、二〇一一「母子生活支援施設の現状と課題」『第１回　児童養護施設等の社会的養護の課題に関する検討委員会　提出資料』。

渋谷典子、二〇〇七「ＮＰＯ『活動者』と労働法についての予備的考察：ジェンダー視点を踏まえて」『ジェンダー研究』東海ジェンダー研究所、一〇：二九～五七。

下村恵美子・辻智子・内藤和美・矢口悦子、二〇〇五『女性センターを問う――「協働」と「学習」の検証』新水社。

申キヨン、二〇〇六「フェミニスト視点から分析した韓国戸主制度廃止運動」『国際女性』二〇：一四七～一五〇。

庄司洋子・波田あい子・原ひろ子編、二〇〇三『ドメスティック・バイオレンス日本・韓国比較研究』明石書店。

杉本貴代栄、一九九七ａ『女性化する福祉社会』勁草書房。

杉本貴代栄編、一九九七b『社会福祉のなかのジェンダー』ミネルヴァ書房。

――――、二〇〇四a『フェミニスト福祉政策原論――社会福祉の新しい研究視角を求めて』ミネルヴァ書房。

――――、二〇〇四b『ジェンダーで読む二一世紀の福祉政策』有斐閣。

鈴木隆文・麻鳥澄江、二〇〇三『ドメスティック・バイオレンス――援助とは何か　援助者はどう考え行動すべきか――』教育資料出版会。

須藤八千代・土井良多江子・湯澤直美・景山ゆみ子、二〇〇五『相談の理論化と実践』新水社。

須藤八千代、二〇一〇「『女性福祉』論とフェミニズム理論」『社会福祉研究』一二：二五～三二。

須藤八千代、宮本節子編、二〇一三『婦人保護施設と売春・貧困・DV問題』明石書店。

＊

Salamon, L.M., 1997, *Holding the Center America's Nonprofit Sector at a Crossroads*, New York, Foundation Center.（一九九九、山内直人訳『NPO最前線』岩波書店）
――――, 1995, *Partners in Public Service, Baltimore*,The Johns Hopkins University Press.（二〇〇七、江上哲監訳『NPOと公共サービス――政府と民間のパートナーシップ』ミネルヴァ書房）
Schechter, S., 1982, *Women and male violence : The visions and struggles of the battered women's movement*, Boston, MA, South End Press.
Schneider, E. M., 1993, "Feminism and the False Dichotomy of Victimization and Agency", *New York Law School Law Review*, 38：387-399.
――――, 2000, *Battered Women and Lawmaking*, New Haven,Yale University.
Shin, Ki-young, 2008, "A Development of the "Jingo" Women's Movement in Korea Since the 1980s".（『ジェンダー研究』お茶の水女子大学ジェンダー研究センター、一一：一〇七～一二四）
Shostack, A. L., 2000, *Shelters for Battered Women and their children*, Springfield, Charles C Thomas Publisher, LTD.
Simmons, C. A., Lehmann, P., Collier-Tension, S., 2008, "Men's Use of Controlling Behaviors：A Comparison of Reports by Women in a Domestic Violence Shelter and Women in a Domestic Violence Offender Program", *Journal of Family Violence*, 23（6）：387-394.

Simon, H. A., 1976, Administrative Behavior, New York, The Free Press.（一九八九、松田武彦・高柳暁・二村敏子訳『経営行動』ダイアモンド社）

Steinmetz, S. K., 1987, "Family violence：past, present and future", Sussman, M.B, Steinmetz, S.K., eds. *Handbook of marriage and the family*, New York, Plenum Press, 725-65.

Stets, J. E., 1988, *Domestic Violence and control*, New York, Springer.

Straus, M. A., Gelles, R. J. & Steinmets, S. K., 1980, *Behind Closed Doors*, New York, Anchor Press.

Strauss, A. & Corbin, J., 1998, *Basics of Qualitative Research：Techniques and Procedures for Developing Grounded Theory*, 2nd ed.", London, Sage Publication.（一九九九、操華子・森岡崇訳『質的研究の基礎――グランデッド・セオリー開発の技法と手順第二版』医学書院）

Spivak. G. C., 1988, *Can the Subltern Speak? in Marxism and the interpretation of culture*, Urbana, Chicago, University of Illinois Press.（一九九八、上村忠男訳「サバルタンは語ることができるか？」みすず書房）

Srinivasan, M. & Davis, L. V., 1991, "A Shelter：An Organization Like Any Other?", *AFFILIA*, 6（1）：38-57.

Sullivan,C. M., 2005, "Interventions to address intimate partner violence：The current state of the field", Lutzker, J.R., ed., *Preventing violence : Research and evidence - based intervention strategies*, Atlanta, GA, Centers for Disease Control and Prevention, 195-212.

【T】

高井葉子、二〇〇〇「Ⅳ章　シェルター設立の経緯」国広陽子他シェルター・DV問題調査研究会議調査4報告書『シェルターにおける援助に関する実態調査～問題解決の主体としての女性をとりまく社会資源とシェルターが行う援助を考察する～』（財）横浜市女性協会、六八～八一。

武川正吾・塩野谷祐一編、一九九九『先進諸国の社会保障1　イギリス』東京大学出版会。

竹信三恵子、二〇一二「震災とジェンダー――「女性支援」という概念不在の日本社会とそれがもたらすもの」『ジェンダー研究　第一五号』お茶の水女子大学ジェンダー研究センター。

竹信三恵子・赤石千衣子編、二〇一二『災害支援に女性の視点を!』岩波書店。

舘かおる、一九九八「ジェンダー概念の再検討」『ジェンダー研究　第一号』お茶の水女子大学ジェンダー研究センター、八一~九五。

田中弥生、一九九九『「NPO」幻想と現実』同友館。

———、二〇〇五『NPOと社会をつなぐ』東京大学出版会。

———、二〇〇六『NPOが自立する日』日本評論社。

———、二〇〇八『NPO新時代——市民性創造のために』明石書店。

田中尚輝・浅川澄一・安立清史、二〇〇三『介護系NPOの最前線——全国トップ16の実像』ミネルヴァ書房。

辻村みよ子、一九九七『女性と人権』日本評論社。

角田由紀子、二〇〇一『性差別と暴力』有斐閣。

坪郷實、二〇〇七「福祉多元主義の時代——新しい公共空間を求めて」岡澤憲芙・連合総合生活研究所編『福祉ガバナンス宣言——市場と国家をこえて』日本経済評論社、二二五~二五七。

手嶋昭子、二〇一〇「DV被害者支援における自治体間格差」『法社会学第七二号』:二〇一~二一三。

豊田正弘、一九九八「当事者幻想論」『現代思想』二六-二、青土社。

＊

Tierney, K. J., 1982, "The Battered women movement and the creation of the wife beating problem", *SOCIAL PROBLEMS*, 29 (3) : 207-220.
Touraine, A., 1980, *L'Apre-sochialism*, Paris, Grasset.（一九八二、平田清明、清水耕一訳『ポスト社会主義』新泉社）

【U】


上野千鶴子、一九九〇『家父長制と資本制』岩波書店。

———、二〇〇〇「『プライバシー』の解体——私的暴力と公的暴力の共依存をめぐって」『アディクションと家族』一七:四〇一~四〇五。

――、二〇〇一『構築主義とは何か』勁草書房。

――、二〇〇二『差異の政治学』岩波書店。

――、二〇〇五『脱アイデンティティ』勁草書房。

――、二〇一一『ケアの社会学』太田出版。

上野千鶴子・中西正司、二〇〇八『ニーズ中心の福祉社会へ――当事者主権の次世代福祉戦略』医学書院。

上野千鶴子・大熊由紀子・大沢真理・神野直彦・福田義也編、二〇〇八ａ『ケア　その思想と実践1　ケアという思想』岩波書店。

――編、二〇〇八ｂ『ケア　その思想と実践3　ケアされること』岩波書店。

＊

Ullman, S. E. & Townsend, S. M., 2007, "Barriers to Working With Sexual Assault Survivors : Qualitative Study of Rape Crisis Center Workers", *Violence Against Women*, Sage Publications, 13（4）: 412-443.

【W】

渡辺和子編、一九九七『アメリカ研究とジェンダー』世界思想社。

＊

Walker, L. E., 1979, *The Battered Women*, New York, Harper & Row Publishers.（一九九七、斎藤学訳『バタード・ウーマン』金剛出版）
Wilson, P.A., Carr Saunders, A. M., 1933, *The Professions*, Oxford, Clarendon Press.
Wolf, N., 1993, *Fire with Fire*, New York, Random House Inc..
Wolf, D., 1996, *Feminist Dilemmas In Fieldwork*, Boulder, CO, Westview Press.

【Y】


山岡義典編、一九九八『NPO基礎講座2――市民活動の現在』ぎょうせい。

――編、一九九九『NPO基礎講座3――現場から見たマネジメント』ぎょうせい。

山岸秀雄編、二〇〇〇『アメリカのNPO――日本社会へのメッセージ』第一書林。

山下泰子、二〇〇六『女性差別撤廃条約の展開』勁草書房。

山根純佳、二〇一〇a『なぜ女性はケア労働をするのか』勁草書房。

――、二〇一〇b「人権は誰の権利か――女性の人権と公私の再編」井上達夫編『講座　人権論の再定位5　人権論の再構築』法律文化社、二七〜四五。

矢澤修次郎編、二〇〇三『講座社会学15　社会運動』（財）東京大学出版会。

大和央加・加茂登志子、一九九七「専門医医療制病院におけるコンサルテーション・リエゾン活動の実態とその意義」『東女医大誌』六七（一）（二）：一二四〜一三一。

山本啓・雨宮孝子・新川達郎編、二〇〇二『NPOと法・行政』ミネルヴァ書房。

矢野裕子、二〇〇七「DV支援現場における支援者による被害――二次被害当事者へのインタビューから」『西山学苑研究紀要』A一九〜A三六。

ゆのまえ知子、二〇〇一「第五章　日本における先駆的反DV運動」戒能民江編『ドメスティック・バイオレンス防止法』尚学社、一六二〜一八六。

――、二〇〇四「自治体のドメスティック・バイオレンス政策」『都市問題』九五（二）：七九〜八九。

横山文野、二〇〇二『戦後日本の女性政策』勁草書房。

吉川真美子、二〇〇二「ドメスティック・バイオレンス加害者の逮捕の決定――米国の逮捕に関する調査研究の考察」『犯罪社会学研究第二七号』二七：八八〜一〇一。

――、二〇〇七『ドメスティック・バイオレンスとジェンダー――適正手続きと被害者保護』世織書房。

吉浜美恵子、一九九五「第三章アメリカにおけるドメスティック・バイオレンスの取り組み――The Battered Women's Movement」『民間女性シェルター調査報告II　アメリカ調査編』（財）横浜市女性協会、五四〜七四。

吉浜美恵子、釜野さおり編、二〇〇七『女性の健康とドメスティック・バイオレンス——WHO国際調査／日本調査結果報告書』新水社。

吉浜美恵子・ゆのまえ知子、シェルター・DV問題調査研究会議調査一担当、二〇〇〇『日本人女性を対象としたドメスティック・バイオレンスの実態調査』（財）横浜市女性協会。

*

Yllo, K., Borgrad, M., 1988, *Feminist Perspective on Wife Abuse*, London, SAGE Publications.
Yoshihama, M., 1999, "Domestic violence against women of Japanese descent in Los Angeles : Two methods of estimating prevalence", *Violence Against Women*, 5 : 869-897.
Yoshihama, M., Clum, K., Crampton., A., Gillespie, B., 2002, "Measuring the Lifetime Experience of Domestic Violence : Application of the Life History Calendar Method", *Violence and victims*, 17（3）: 297-317.
Young, I., 1997, *Intersecting Voices : Dilemmas of Gender, Political Philosophy and Policy*, Princeton, Princeton University Press.

■政府・自治体、民間機関の刊行資料

【政府刊行物】

総務省行政評価局、二〇〇九「配偶者からの暴力の防止等に関する政策評価」。

総理府内閣総理大臣官房男女共同参画室、二〇〇〇『男女間における暴力に関する調査』。

男女共同参画会議・女性に対する暴力に関する専門調査会、二〇〇七『配偶者暴力防止法の施行状況等について』内閣府男女共同参画局推進課。

内閣府、国家公安委員会、法務省、厚生労働省、二〇〇八『配偶者からの暴力の防止及び被害者保護のための施策に関する基本方針』。

内閣府総理大臣官房男女共同参画室、一九九九『平成一〇年総理府委託調査・女性に対する暴力に係る諸外国の取組に関する

調査研究報告書』。

内閣府男女共同参画局、二〇〇三『配偶者等からの暴力に関する調査』。

――、二〇〇七a『男女共同参画社会の実現を目指して』。

――、二〇〇七b『配偶者からの暴力の被害者の自立支援等に関する調査報告書』。

――、二〇〇九『男女間における暴力に関する調査報告書』。

――、二〇一一『地域における配偶者間暴力対策の現状と課題に関するアンケート調査報告書』。

――、二〇一二『男女間における暴力に関する調査報告書』。

内閣府男女共同参画局編、二〇〇七『平成一九年版男女共同参画白書』。

――、二〇〇八『平成二〇年版男女共同参画白書』。

――、二〇〇九『平成二一年版男女共同参画白書』。

――、二〇一〇『平成二二年版男女共同参画白書』。

――、二〇一一『平成二三年版男女共同参画白書』。

――、二〇一二『平成二四年版男女共同参画白書』。

――、二〇一三『平成二五年版男女共同参画白書』。

――、二〇一四『平成二六年版男女共同参画白書』。

配偶者からの暴力の加害者更生に関する検討委員会、二〇〇六『配偶者からの暴力の加害者更生に関する検討委員会報告書』内閣府男女共同参画局。

Gender Equality Bureau, Cabinet Office, 2007, *Gender Equality in Japan*, Gender Equality Bureau, Cabinet Office, Government of Japan.

【自治体刊行物】

神奈川県、二〇〇六『かながわＤＶ被害者支援プラン――配偶者からの暴力の防止及び被害者の保護のための施策の実施に関する基本的な計画　平成一八年』神奈川県県民部男女共同参画課。

――、二〇〇九『かながわDV被害者支援プラン――配偶者からの暴力の防止及び被害者の保護のための施策の実施に関する基本的な計画　平成二一年度から平成二五年度ダイジェスト版』神奈川県県民部男女共同参画課。

埼玉県、二〇〇九『配偶者等からの暴力防止及び被害者支援基本計画』。

東京都生活文化局総務部男女平等参画室、一九九七『女性に対する暴力調査報告書（平成9年版）の概要について』。

千葉県、二〇〇六『千葉県DV防止・被害者支援基本計画　平成一八年三月』千葉県総合企画部男女共同参画課。

――、二〇〇九『千葉県DV防止・被害者支援計画（第二次）概要版』千葉県総合企画部男女共同参画課。

【民間シェルターなどの刊行物】

FTC・AWC・全国女性シェルターネット、二〇〇〇『全国シェルターネット二〇〇〇年東京フォーラム記録　私の生（いのち）はわたしのもの～女性と子どもに対する暴力の根絶をめざして～』。

女性の家HELP、一九九八―二〇〇四「女性の家HELPネットワークニュース」四〇～五七、日本基督教婦人矯風会。

女性への暴力　駆け込みシェルターネットワーキング、一九九八『拡がれ！シェルタームーブメント報告集　札幌シンポジウム』。

NPO法人女のスペース・おん、二〇〇三『暴力のない世界をめざしてNPO法人 女のスペース・おん一〇年の歩み一九九三―二〇〇二』NPO法人女のスペース・おん「一〇年誌編集委員会」。

NPO法人女のスペース・おん、二〇〇五『Violence against women（VAW）シリーズ⑤DVシェルターサポートスタンダード～使いこなそう！DV防止法～』NPO法人女のスペース・おん　駆け込みシェルター運営委員会。

主張するTシャツの会・直接支援チーム、二〇〇五『平成一六年度埼玉県男女共同参画推進センターグループ・団体対象支援調査研究報告書　DV被害を受けた女性とサポートグループ～埼玉県での実践事例からみた課題と可能性～』With You さいたま埼玉県男女共同参画推進センター。

特定非営利活動法人全国女性シェルターネット、二〇〇五『二〇〇三年度トヨタ財団・市民活動女性研究ドメスティック・バイオレンス（DV）被害者の自立支援に関する調査報告書』特定非営利活動法人全国女性シェルターネット。

――、二〇一二『独立行政法人福祉医療機構平成二三年度社会福祉振興助成事業　二四時間のホットラインと被災地の女

性団体への人材提供、雇用創出、財政支援事業報告書』。

全国女性への暴力　駆け込みシェルターネットワーキング（全国女性シェルター・ネット）、一九九九『全国シェルターシンポジウム新潟一九九九報告集〜ストップ！女性・子どもへの暴力〜』全国シェルターシンポジウム新潟一九九九実行委員会。

全国女性シェルターネット、二〇〇〇『全国シェルターシンポジウム二〇〇二報告集〜私の生〈いのち〉は私のもの』全国シェルターシンポジウム大阪実行委員会。

――――、二〇〇三『全国シェルターシンポジウム石川二〇〇三報告集』全国シェルターシンポジウム石川二〇〇三実行委員会。

■新聞報道、ＨＰ資料、その他

【新聞報道】

朝日新聞「被害者自立へ自治体は被害者『自尊心回復する場を』――改正ＤＶ防止法の取り組み探る――」朝刊二〇〇五年五月一二日付。

――――、「ＤＶ急増法改正に期待　精神的暴力ネット中傷も――メール・ファクスも対象に？」朝刊、二〇〇七年一月一六日付。

朝日新聞・千葉県版「ＤＶ相談・４割増加――〇四年度の前年度比――県の窓口拡充・環境整う――」朝刊、二〇〇五年五月一六日付。

朝日新聞・埼玉県版「ＤＶ被害者支援・官民で――職や家探しに同行――八潮市」朝刊、二〇〇五年五月三日付。

――――、「次女、『暴力被害受けた』知人に『元交際相手から』大阪・平野区の母娘殺害」朝刊、二〇一一年六月二八日付。

朝日新聞・徳島県版「吉野川ＤＶ殺人振り返る、徳島で女性団体が催し」朝刊、二〇一〇年一二月一二日付。

朝日新聞・宮崎県版「都城にＤＶ防止団体――被害者を支援、七月設立へ」朝刊、二〇〇五年五月八日付。

朝日新聞・山口県版「ＤＶ被害者、自立に壁――保護命令が増加傾向――」朝刊、二〇一〇年二月二八日付。

京都新聞「民間シェルターに補助制度――ＤＶ被害者を一時保護――京都市が新設――」朝刊、二〇〇五年四月一九日付。

――、「デートDV、五人に一人受ける、民間団体が高・大生調査」朝刊、二〇一〇年五月一六日付。

――、「DV被害支援強化、京都市センター開設へ」朝刊、二〇一一年二月九日。

毎日新聞「奪われた私：DV防止法一〇年反響特集不安・憎しみ、消えず」朝刊、二〇一二年〇一月二〇日付。

日本経済新聞「DV防止法改正案固まる――元配偶者も適用『一歩前進』」朝刊、二〇〇四年二月五日付。

西日本新聞「DV被害者が全国ネット――福岡市などの8団体が設立「支援施策に声反映を」朝刊、二〇〇五年四月一九日付。

――、「暴力の連鎖傷付いた自己空想で支え」朝刊、二〇〇八年 九月三日付。

――、「警察への相談者の意思、早期把握、ストーカー、DV対策で」朝刊、二〇一二年七月五日付。

沖縄新聞「夫の暴力全国の二・五倍・児童虐待も高水準――経済的弱者被害に――」朝刊、二〇〇五年五月二三日付。

中国新聞「『救命』の視点こそ必要――DV民間シェルター縮小へ広島――志に頼る運営に限界・行政は踏み込んだ支援を」朝刊、二〇〇五年四月一〇日付。

――、「DV被害自立への支援急ぎたい」朝刊、二〇〇八年三月一四日付。

――、「DV阻止へ福山市ネット発足」朝刊、二〇一二年七月一二日付。

徳島毎日新聞「DV対策：被害者支援へ連携県内13団体がネットワーク発足」朝刊、二〇一二年〇三月一七日付。

読売新聞「守ってくれるか―DV防止法改正―1」朝刊、二〇〇四年六月二九日付。

――、「守ってくれるか―DV防止法改正―2」朝刊、二〇〇四年六月三〇日付。

――、「守ってくれるか―DV防止法改正―3」朝刊、二〇〇四年七月一日付。

――、「守ってくれるか―DV防止法改正―4」朝刊、二〇〇四年七月二日付。

――、「守ってくれるか―DV防止法改正―5」朝刊、二〇〇四年七月三日付。

――、「改正DV防止法――保護・支援策で地域格差も自治体の対応点検が必要――」朝刊、二〇〇四年一二月一日付。

――、「DV「保護命令」申請ガイド、市民グループによって発行」朝刊、二〇〇八年六月一四日付。

――、「久留米市がDVのないまちづくり宣言」朝刊、二〇一〇年一一月二一日付。

――、「妊婦受け入れ、女性・子供の24時間無料電話相談」朝刊、二〇一一年四月一三日付。

――、「女子高生にデートDV友達付き合い制限など『早い時期から予防教育を』」朝刊、二〇一一年七月二二日付。

――、「ストップDV（上）暴力被害『16年以上』2割も」朝刊、二〇一一年一二月二日付。

———、「ストップＤＶ（下）交際相手防止法の対象外」朝刊、二〇一一年一二月六日付。

読売新聞大阪本社「［結婚指輪してますか？］ＤＶ耐え続け離婚元夫は職場で出世」朝刊、二〇一一年一一月九日付。


【参考ＨＰ】


朝日新聞デジタル「ＤＶ被害者・父と断絶生活保護の扶養調査、傷つく人も」二〇一二年七月三日取得〈http://digital.asahi.com/articles/TKY201206060479.html〉。

南日本新聞「［ＤＶ相談］啓発で未然に防ぎたい」二〇一二年七月九日取得〈http://www.373news.com/_column/syasetu.php?ym=201206 &storyid=41445〉。

東京・強姦救援センター、東京・強姦救援センターホームページ、二〇一五年一月三〇日取得〈http://www.tokyo-rcc.org/〉。

内閣府男女共同参画局「配偶者からの暴力被害者支援情報」二〇一五年一月三〇日取得〈http://www.gender.go.jp/e-vaw/index.html〉。

内閣府男女共同参画局「女性に対する暴力に関する調査研究」二〇一二年五月八日取得〈http://www.gender.go.jp/e-vaw/chousa/index.html〉。

内閣府男女共同参画局「女性に対する暴力の根絶」二〇一五年二月二日取得〈http://www.gender.go.jp/policy/no_violence/〉。

内閣府男女共同参画局「配偶者暴力防止法の概要」パンフレット、二〇一五年二月二日取得〈http://www.gender.go.jp/e-vaw/law/haibouhou_pdf/140527dv_panfu.pdf〉。

資　料

●配偶者からの暴力の防止及び被害者の保護等に関する法律

（平成十三年法律第三十一号）

最終改正：平成二十六年法律第二十八号

目次

第六章　罰則（第二十九条・第三十条）

附則

我が国においては、日本国憲法に個人の尊重と法の下の平等がうたわれ、人権の擁護と男女平等の実現に向けた取組が行われている。

ところが、配偶者からの暴力は、犯罪となる行為をも含む重大な人権侵害であるにもかかわらず、被害者の救済が必ずしも十分に行われてこなかった。また、配偶者からの暴力の被害者は、多くの場合女性であり、経済的自立が困難である女性に対して配偶者が暴力を加えることは、個人の尊厳を害し、男女平等の実現の妨げとなっている。

このような状況を改善し、人権の擁護と男女平等の実現を図るためには、配偶者からの暴力を防止し、被害者を保護するための施策を講ずることが必要である。このことは、女性に対する暴力を根絶しようと努めている国際社会における取組にも沿うものである。

ここに、配偶者からの暴力に係る通報、相談、保護、自立支援等の体制を整備することにより、配偶者からの暴力の防止及び被害者の保護を図るため、この法律を制定する。

第一章総則

（定義）

第一条　この法律において「配偶者からの暴力」とは、配偶者からの身体に対する暴力（身体に対する不法な攻撃であって生命又は身体に危害を及ぼすものをいう。以下同じ。）又はこれに準ずる心身に有害な影響を及ぼす言動（以下この項及び第二十八条の二において「身体に対する暴力等」と総称する。）をいい、配偶者からの身体に対する暴力等を受けた後に、その者が離婚をし、又はその婚姻が取り消された場合にあっては、当該配偶者であった者から引き続き受ける身体に対する暴力等を含むものとする。

2　この法律において「被害者」とは、配偶者からの暴力を受けた者をいう。

3　この法律にいう「配偶者」には、婚姻の届出をしていないが事実上婚姻関係と同様の事情にある者を含み、「離婚」には、婚姻の届出をしていないが事実上婚姻関係と同様の事情にあった者が、事実上離婚したと同様の事情に入ることを含むものとする。

（国及び地方公共団体の責務）

第二条　国及び地方公共団体は、配偶者からの暴力を防止するとともに、被害者の自立を支援することを含め、その適切な保護を図る責務を有する。

第一章の二　基本方針及び都道府県基本計画等

（基本方針）

第二条の二　内閣総理大臣、国家公安委員会、法務大臣及び厚生労働大臣（以下この条及び次条第五項において「主務大臣」という。）は、配偶者からの暴力の防止及び被害者の保護のための施策に関する基本的な方針（以下この条並びに次条第一項及び第三項において「基本方針」という。）を定めなければならない。

2　基本方針においては、次に掲げる事項につき、次条第一項の都道府県基本計画及び同条第三項の市町村基本計画の指針となるべきものを定めるものとする。

一　配偶者からの暴力の防止及び被害者の保護に関する基本的な事項

二　配偶者からの暴力の防止及び被害者の保護のための施策の内容に関する事項

三　その他配偶者からの暴力の防止及び被害者の保護のための施策の実施に関する重要事項

3　主務大臣は、基本方針を定め、又はこれを変更しようとするときは、あらかじめ、関係行政機関の長に協議しなければならない。

4　主務大臣は、基本方針を定め、又はこれを変更したときは、遅滞なく、これを公表しなければならない。

（都道府県基本計画等）

第二条の三　都道府県は、基本方針に即して、当該都道府県における配偶者からの暴力の防止及び被害者の保護のための施策の実施に関する基本的な計画（以下この条において「都道府県基本計画」という。）を定めなければならない。

2　都道府県基本計画においては、次に掲げる事項を定めるものとする。

一　配偶者からの暴力の防止及び被害者の保護に関する基本的な方針

二　配偶者からの暴力の防止及び被害者の保護のための施策の実施内容に関する事項

三　その他配偶者からの暴力の防止及び被害者の保護のための施策の実施に関する重要事項

3　市町村（特別区を含む。以下同じ。）は、基本方針に即し、かつ、都道府県基本計画を勘案して、当該市町村における配偶者からの暴力の防止及び被害者の保護のための施策の実施に関する基本的な計画（以下この条において「市町村基本計画」という。）を定めるよう努めなければならない。
4　都道府県又は市町村は、都道府県基本計画又は市町村基本計画を定め、又は変更したときは、遅滞なく、これを公表しなければならない。
5　主務大臣は、都道府県又は市町村に対し、都道府県基本計画又は市町村基本計画の作成のために必要な助言その他の援助を行うよう努めなければならない。

第二章　配偶者暴力相談支援センター等

（配偶者暴力相談支援センター）
第三条　都道府県は、当該都道府県が設置する婦人相談所その他の適切な施設において、当該各施設が配偶者暴力相談支援センターとしての機能を果たすようにするものとする。
2　市町村は、当該市町村が設置する適切な施設において、当該各施設が配偶者暴力相談支援センターとしての機能を果たすようにするよう努めるものとする。
3　配偶者暴力相談支援センターは、配偶者からの暴力の防止及び被害者の保護のため、次に掲げる業務を行うものとする。
一　被害者に関する各般の問題について、相談に応ずること又は婦人相談員若しくは相談を行う機関を紹介すること。
二　被害者の心身の健康を回復させるため、医学的又は心理学的な指導その他の必要な指導を行うこと。
三　被害者（被害者がその家族を同伴する場合にあっては、被害者及びその同伴する家族。次号、第六号、第五条及び第八条の三において同じ。）の緊急時における安全の確保及び一時保護を行うこと。
四　被害者が自立して生活することを促進するため、就業の促進、住宅の確保、援護等に関する制度の利用等について、情報の提供、助言、関係機関との連絡調整その他の援助を行うこと。
五　第四章に定める保護命令の制度の利用について、情報の提供、助言、関係機関への連絡その他の援助を行うこと。
六　被害者を居住させ保護する施設の利用について、情報の提供、助言、関係機関との連絡調整その他の援助を行うこと。
4　前項第三号の一時保護は、婦人相談所が、自ら行い、又は厚生労働大臣が定める基準を満たす者に委託して行うものとする。
5　配偶者暴力相談支援センターは、その業務を行うに当たっては、必要に応じ、配偶者からの暴力の防止及び被害者の保護を図るための活動を行う民間の団体との連携に努めるものとする。

（婦人相談員による相談等）
第四条　婦人相談員は、被害者の相談に応じ、必要な指導を行うことができる。
（婦人保護施設における保護）
第五条　都道府県は、婦人保護施設において被害者の保護を行うことができる。

第三章　被害者の保護

（配偶者からの暴力の発見者による通報等）
第六条　配偶者からの暴力（配偶者又は配偶者であった者からの身体に対する暴力に限る。以下この章において同じ。）を受けている者を発見した者は、その旨を配偶者暴力相談支援センター又は警察官に通報するよう努めなければならない。
2　医師その他の医療関係者は、その業務を行うに当たり、配偶者からの暴力によって負傷し又は疾病にかかったと認められる者を発見したときは、その旨を配偶者暴力相談支援センター又は警察官に通報することができる。この場合において、その者の意思を尊重するよう努めるものとする。
3　刑法（明治四十年法律第四十五号）の秘密漏示罪の規定その他の守秘義務に関する法律の規定は、前二項の規定により通報することを妨げるものと解釈してはならない。
4　医師その他の医療関係者は、その業務を行うに当たり、配偶者からの暴力によって負傷し又は疾病にかかったと認められる者を発見したときは、その者に対し、配偶者暴力相談支援センター等の利用について、その有する情報を提供するよう努めなければならない。
（配偶者暴力相談支援センターによる保護についての説明等）
第七条　配偶者暴力相談支援センターは、被害者に関する通報又は相談を受けた場合には、必要に応じ、被害者に対し、第三条第三項の規定により配偶者暴力相談支援センターが行う業務の内容について説明及び助言を行うとともに、必要な保護を受けることを勧奨するものとする。
（警察官による被害の防止）
第八条　警察官は、通報等により配偶者からの暴力が行われていると認めるときは、警察法（昭和二十九年法律第百六十二号）、警察官職務執行法（昭和二十三年法律第百三十六号）その他の法令の定めるところにより、暴力の制止、被害者の保護その他の配偶者からの暴力による被害の発生を防止するために必要な措置を講ずるよう努めなければならない。

（警察本部長等の援助）

第八条の二　警視総監若しくは道府県警察本部長（道警察本部の所在地を包括する方面を除く方面については、方面本部長。第十五条第三項において同じ。）又は警察署長は、配偶者からの暴力を受けている者から、配偶者からの暴力による被害を自ら防止するための援助を受けたい旨の申出があり、その申出を相当と認めるときは、当該配偶者からの暴力を受けている者に対し、国家公安委員会規則で定めるところにより、当該被害を自ら防止するための措置の教示その他配偶者からの暴力による被害の発生を防止するために必要な援助を行うものとする。

（福祉事務所による自立支援）

第八条の三　社会福祉法（昭和二十六年法律第四十五号）に定める福祉に関する事務所（次条において「福祉事務所」という。）は、生活保護法（昭和二十五年法律第百四十四号）、児童福祉法（昭和二十二年法律第百六十四号）、母子及び父子並びに寡婦福祉法（昭和三十九年法律第百二十九号）その他の法令の定めるところにより、被害者の自立を支援するために必要な措置を講ずるよう努めなければならない。

（被害者の保護のための関係機関の連携協力）

第九条　配偶者暴力相談支援センター、都道府県警察、福祉事務所等都道府県又は市町村の関係機関その他の関係機関は、被害者の保護を行うに当たっては、その適切な保護が行われるよう、相互に連携を図りながら協力するよう努めるものとする。

（苦情の適切かつ迅速な処理）

第九条の二　前条の関係機関は、被害者の保護に係る職員の職務の執行に関して被害者から苦情の申出を受けたときは、適切かつ迅速にこれを処理するよう努めるものとする。

第四章　保護命令

（保護命令）

第十条　被害者（配偶者からの身体に対する暴力又は生命等に対する脅迫（被害者の生命又は身体に対し害を加える旨を告知してする脅迫をいう。以下この章において同じ。）を受けた者に限る。以下この章において同じ。）が、配偶者からの身体に対する暴力を受けた者である場合にあっては配偶者からの更なる身体に対する暴力（配偶者からの身体に対する暴力を受けた後に、被害者が離婚をし、又はその婚姻が取り消された場合にあっては、当該配偶者であった者から引き続き受ける身体に対する暴力。第十二条第一項第二号において同じ。）により、配偶者からの生命等に対する脅迫を受けた者である場合にあっては配偶者から受ける身体に対する暴力（配偶者からの生命等に対する脅迫を受けた後に、被害者が離婚をし、又はその婚姻が取り消された場合にあっては、当該配偶者であった者から引き続き受ける身体に対する暴力。同号において同じ。）により、その生命又は身体に重大な危害を受けるおそれが大きいときは、裁判所は、被害者の申立てにより、その生命又は身体に危害が加えられることを防止するため、当該配偶者（配偶者からの身体に対する暴力又は生命等に対する脅迫を受けた後に、被害者が離婚をし、又はその婚姻が取り消された場合にあっては、当該配偶者であった者。以下この条、同項第三号及び第四号並びに第十八条第一項において同じ。）に対し、次の各号に掲げる事項を命ずるものとする。ただし、第二号に掲げる事項については、申立ての時において被害者及び当該配偶者が生活の本拠を共にする場合に限る。

一　命令の効力が生じた日から起算して六月間、被害者の住居（当該配偶者と共に生活の本拠としている住居を除く。以下この号において同じ。）その他の場所において被害者の身辺につきまとい、又は被害者の住居、勤務先その他その通常所在する場所の付近をはいかいしてはならないこと。

二　命令の効力が生じた日から起算して二月間、被害者と共に生活の本拠としている住居から退去すること及び当該住居の付近をはいかいしてはならないこと。

2　前項本文に規定する場合において、同項第一号の規定による命令を発する裁判所又は発した裁判所は、被害者の申立てにより、その生命又は身体に危害が加えられることを防止するため、当該配偶者に対し、命令の効力が生じた日以後、同号の規定による命令の効力が生じた日から起算して六月を経過する日までの間、被害者に対して次の各号に掲げるいずれの行為もしてはならないことを命ずるものとする。

一　面会を要求すること。

二　その行動を監視していると思わせるような事項を告げ、又はその知り得る状態に置くこと。

三　著しく粗野又は乱暴な言動をすること。

四　電話をかけて何も告げず、又は緊急やむを得ない場合を除き、連続して、電話をかけ、ファクシミリ装置を用いて送信し、若しくは電子メールを送信すること。

五　緊急やむを得ない場合を除き、午後十時から午前六時までの間に、電話をかけ、ファクシミリ装置を用いて送信し、又は電子メールを送信すること。

六　汚物、動物の死体その他の著しく不快又は嫌悪の情を催させるような物を送付し、又はその知り得る状態に置くこと。

七　その名誉を害する事項を告げ、又はその知り得る状態に置くこと。

八　その性的羞恥心を害する事項を告げ、若しくはその知り得る状態に置き、しゅう又はその性的羞恥心を害する文書、図画その他の物を送付し、若しくはその知り得る状態に置くこと。

3　第一項本文に規定する場合において、被害者がその成年に達しない子（以下この項及び次項並びに第十二条第一項第三号において単に「子」という。）と同居しているときであって、配偶者が幼年の子を連れ戻すと疑うに足りる言動を行っていることその他の事情があることから被害者がその同居している子に関して配偶者と面会することを余儀なくされることを防止するため必要があると認めるときは、第一項第一号の規定による命令を発する裁判所又は発した裁判所は、被害者の申立てにより、その生命又は身体に危害が加えられることを防止するため、当該配偶者に対し、命令の効力が生じた日以後、同号の規定による命令の効力が生じた日から起算して六月を経過する日までの間、当該子の住居（当該配偶者と共に生活の本拠としている住居を除く。以下この項において同じ。）、就学する学校その他の場所において当該子の身辺につきまとい、又は当該子の住居、就学する学校その他その通常所在する場所の付近をはいかいしてはならないことを命ずるものとする。ただし、当該子が十五歳以上であるときは、その同意がある場合に限る。

4　第一項本文に規定する場合において、配偶者が被害者の親族その他被害者と社会生活において密接な関係を有する者（被害者と同居している子及び配偶者と同居している者を除く。以下この項及び次項並びに第十二条第一項第四号において「親族等」という。）の住居に押し掛けて著しく粗野又は乱暴な言動を行っていることその他の事情があることから被害者がその親族等に関して配偶者と面会することを余儀なくされることを防止するため必要があると認めるときは、第一項第一号の規定による命令を発する裁判所又は発した裁判所は、被害者の申立てにより、その生命又は身体に危害が加えられることを防止するため、当該配偶者に対し、命令の効力が生じた日以後、同号の規定による命令の効力が生じた日から起算して六月を経過する日までの間、当該親族等の住居（当該配偶者と共に生活の本拠としている住居を除く。以下この項において同じ。）その他の場所において当該親族等の身辺につきまとい、又は当該親族等の住居、勤務先その他その通常所在する場所の付近をはいかいしてはならないことを命ずるものとする。

5　前項の申立ては、当該親族等（被害者の十五歳未満の子を除く。以下この項において同じ。）の同意（当該親族等が十五歳未満の者又は成年被後見人である場合にあっては、その法定代理人の同意）がある場合に限り、することができる。

（管轄裁判所）

第十一条　前条第一項の規定による命令の申立てに係る事件は、相手方の住所（日本国内に住所がないとき又は住所が知れないときは居所）の所在地を管轄する地方裁判所の管轄に属する。

２　前条第一項の規定による命令の申立ては、次の各号に掲げる地を管轄する地方裁判所にもすることができる。

一　申立人の住所又は居所の所在地

二　当該申立てに係る配偶者からの身体に対する暴力又は生命等に対する脅迫が行われた地

（保護命令の申立て）

第十二条　第十条第一項から第四項までの規定による命令（以下「保護命令」という。）の申立ては、次に掲げる事項を記載した書面でしなければならない。

一　配偶者からの身体に対する暴力又は生命等に対する脅迫を受けた状況

二　配偶者からの更なる身体に対する暴力又は配偶者からの生命等に対する脅迫を受けた後の配偶者から受ける身体に対する暴力により、生命又は身体に重大な危害を受けるおそれが大きいと認めるに足りる申立ての時における事情

三　第十条第三項の規定による命令の申立てをする場合にあっては、被害者が当該同居している子に関して配偶者と面会することを余儀なくされることを防止するため当該命令を発する必要があると認めるに足りる申立ての時における事情

四　第十条第四項の規定による命令の申立てをする場合にあっては、被害者が当該親族等に関して配偶者と面会することを余儀なくされることを防止するため当該命令を発する必要があると認めるに足りる申立ての時における事情五配偶者暴力相談支援センターの職員又は警察職員に対し、前各号に掲げる事項について相談し、又は援助若しくは保護を求めた事実の有無及びその事実があるときは、次に掲げる事項

イ　当該配偶者暴力相談支援センター又は当該警察職員の所属官署の名称

ロ　相談し、又は援助若しくは保護を求めた日時及び場所

ハ　相談又は求めた援助若しくは保護の内容

ニ　相談又は申立人の求めに対して執られた措置の内容

２　前項の書面（以下「申立書」という。）に同項第五号イからニまでに掲げる事項の記載がない場合には、申立書には、同項第一号から第四号までに掲げる事項についての申立人の供述を記載した書面で公証人法（明治四十一年法律第五十三号）第五十八条ノ二第一項の認証を受けたものを添付しなければならない。

（迅速な裁判）

第十三条　裁判所は、保護命令の申立てに係る事件については、速やかに裁判をするものとする。

（保護命令事件の審理の方法）

第十四条　保護命令は、口頭弁論又は相手方が立ち会うことができる審尋の期日を経なければ、これを発することができない。ただし、その期日を経ることにより保護命令の申立ての目的を達することができない事情があるときは、この限りでない。

2　申立書に第十二条第一項第五号イからニまでに掲げる事項の記載がある場合には、裁判所は、当該配偶者暴力相談支援センター又は当該所属官署の長に対し、申立人が相談し又は援助若しくは保護を求めた際の状況及びこれに対して執られた措置の内容を記載した書面の提出を求めるものとする。この場合において、当該配偶者暴力相談支援センター又は当該所属官署の長は、これに速やかに応ずるものとする。

3　裁判所は、必要があると認める場合には、前項の配偶者暴力相談支援センター若しくは所属官署の長又は申立人から相談を受け、若しくは援助若しくは保護を求められた職員に対し、同項の規定により書面の提出を求めた事項に関して更に説明を求めることができる。

（保護命令の申立てについての決定等）

第十五条　保護命令の申立てについての決定には、理由を付さなければならない。ただし、口頭弁論を経ないで決定をする場合には、理由の要旨を示せば足りる。

2　保護命令は、相手方に対する決定書の送達又は相手方が出頭した口頭弁論若しくは審尋の期日における言渡しによって、その効力を生ずる。

3　保護命令を発したときは、裁判所書記官は、速やかにその旨及びその内容を申立人の住所又は居所を管轄する警視総監又は道府県警察本部長に通知するものとする。

4　保護命令を発した場合において、申立人が配偶者暴力相談支援センターの職員に対し相談し、又は援助若しくは保護を求めた事実があり、かつ、申立書に当該事実に係る第十二条第一項第五号イからニまでに掲げる事項の記載があるときは、裁判所書記官は、速やかに、保護命令を発した旨及びその内容を、当該申立書に名称が記載された配偶者暴力相談支援センター（当該申立書に名称が記載された配偶者暴力相談支援センターが二以上ある場合にあっては、申立人がその職員に対し相談し、又は援助若しくは保護を求めた日時が最も遅い配偶者暴力相談支援センター）の長に通知するものとする。

5　保護命令は、執行力を有しない。

（即時抗告）

第十六条　保護命令の申立てについての裁判に対しては、即時抗告をすることができる。

2　前項の即時抗告は、保護命令の効力に影響を及ぼさない。

3　即時抗告があった場合において、保護命令の取消しの原因となることが明らかな事情があることにつき疎明があったときに限り、抗告裁判所は、申立てにより、即時抗告についての裁判が効力を生ずるまでの間、保護命令の効力の停止を命ずることができる。事件の記録が原裁判所に存する間は、原裁判所も、この処分を命ずることができる。

4　前項の規定により第十条第一項第一号の規定による命令の効力の停止を命ずる場合において、同条第二項から第四項までの規定による命令が発せられているときは、裁判所は、当該命令の効力の停止をも命じなければならない。

5　前二項の規定による裁判に対しては、不服を申し立てることができない。

6　抗告裁判所が第十条第一項第一号の規定による命令を取り消す場合において、同条第二項から第四項までの規定による命令が発せられているときは、抗告裁判所は、当該命令をも取り消さなければならない。

7　前条第四項の規定による通知がされている保護命令について、第三項若しくは第四項の規定によりその効力の停止を命じたとき又は抗告裁判所がこれを取り消したときは、裁判所書記官は、速やかに、その旨及びその内容を当該通知をした配偶者暴力相談支援センターの長に通知するものとする。

8　前条第三項の規定は、第三項及び第四項の場合並びに抗告裁判所が保護命令を取り消した場合について準用する。

（保護命令の取消し）

第十七条　保護命令を発した裁判所は、当該保護命令の申立てをした者の申立てがあった場合には、当該保護命令を取り消さなければならない。第十条第一項第一号又は第二項から第四項までの規定による命令にあっては同号の規定による命令が効力を生じた日から起算して三月を経過した後において、同条第一項第二号の規定による命令にあっては当該命令が効力を生じた日から起算して二週間を経過した後において、これらの命令を受けた者が申し立て、当該裁判所がこれらの命令の申立てをした者に異議がないことを確認したときも、同様とする。

2　前条第六項の規定は、第十条第一項第一号の規定による命令を発した裁判所が前項の規定により当該命令を取り消す場合について準用する。

3　第十五条第三項及び前条第七項の規定は、前二項の場合について準用する。

（第十条第一項第二号の規定による命令の再度の申立て）

第十八条第十条第一項第二号の規定による命令が発せられた後に当該発せられた命令の申立ての理由となった身体に対する暴力又は生命等に対する脅迫と同一の事実を理由とする同号の規定による命令の再度の申立てがあったときは、裁判所は、配偶者と共に生活の本拠としている住居から転居しようとする被害者がその責めに帰することのできない事由により当該発せられた命令の効力が生ずる日から起算して二月を経過する日までに当該住居からの転居を完了することができないことその他の同号の規定による命令を再度発する必要があると認めるべき事情があるときに限り、当該命令を発するものとする。ただし、当該命令を発することにより当該配偶者の生活に特に著しい支障を生ずると認めるときは、当該命令を発しないことができる。

2　前項の申立てをする場合における第十二条の規定の適用については、同条第一項各号列記以外の部分中「次に掲げる事項」とあるのは「第一号、第二号及び第五号に掲げる事項並びに第十八条第一項本文の事情」と、同項第五号中「前各号に掲げる事項」とあるのは「第一号及び第二号に掲げる事項並びに第十八条第一項本文の事情」と、同条第二項中「同項第一号から第四号までに掲げる事項」とあるのは「同項第一号及び第二号に掲げる事項並びに第十八条第一項本文の事情」とする。

（事件の記録の閲覧等）

第十九条　保護命令に関する手続について、当事者は、裁判所書記官に対し、事件の記録の閲覧若しくは謄写、その正本、謄本若しくは抄本の交付又は事件に関する事項の証明書の交付を請求することができる。ただし、相手方にあっては、保護命令の申立てに関し口頭弁論若しくは相手方を呼び出す審尋の期日の指定があり、又は相手方に対する保護命令の送達があるまでの間は、この限りでない。

（法務事務官による宣誓認証）

第二十条　法務局若しくは地方法務局又はその支局の管轄区域内に公証人がいない場合又は公証人がその職務を行うことができない場合には、法務大臣は、当該法務局若しくは地方法務局又はその支局に勤務する法務事務官に第十二条第二項（第十八条第二項の規定により読み替えて適用する場合を含む。）の認証を行わせることができる。

（民事訴訟法の準用）

第二十一条　この法律に特別の定めがある場合を除き、保護命令に関する手続に関しては、その性質に反しない限り、民事訴訟法（平成八年法律第百九号）の規定を準用する。

（最高裁判所規則）

第二十二条　この法律に定めるもののほか、保護命令に関する手続に関し必要な事項は、最高裁判所規則で定める。

第五章　雑則

（職務関係者による配慮等）

第二十三条　配偶者からの暴力に係る被害者の保護、捜査、裁判等に職務上関係のある者（次項において「職務関係者」という。）は、その職務を行うに当たり、被害者の心身の状況、その置かれている環境等を踏まえ、被害者の国籍、障害の有無等を問わずその人権を尊重するとともに、その安全の確保及び秘密の保持に十分な配慮をしなければならない。

2　国及び地方公共団体は、職務関係者に対し、被害者の人権、配偶者からの暴力の特性等に関する理解を深めるために必要な研修及び啓発を行うものとする。

（教育及び啓発）

第二十四条　国及び地方公共団体は、配偶者からの暴力の防止に関する国民の理解を深めるための教育及び啓発に努めるものとする。

（調査研究の推進等）

第二十五条　国及び地方公共団体は、配偶者からの暴力の防止及び被害者の保護に資するため、加害者の更生のための指導の方法、被害者の心身の健康を回復させるための方法等に関する調査研究の推進並びに被害者の保護に係る人材の養成及び資質の向上に努めるものとする。

（民間の団体に対する援助）

第二十六条　国及び地方公共団体は、配偶者からの暴力の防止及び被害者の保護を図るための活動を行う民間の団体に対し、必要な援助を行うよう努めるものとする。

（都道府県及び市の支弁）

第二十七条　都道府県は、次の各号に掲げる費用を支弁しなければならない。

一　第三条第三項の規定に基づき同項に掲げる業務を行う婦人相談所の運営に要する費用（次号に掲げる費用を除く。）

二　第三条第三項第三号の規定に基づき婦人相談所が行う一時保護（同条第四項に規定する厚生労働大臣が定める基準を満たす者に委託して行う場合を含む。）に要する費用
三　第四条の規定に基づき都道府県知事の委嘱する婦人相談員が行う業務に要する費用
四　第五条の規定に基づき都道府県が行う保護（市町村、社会福祉法人その他適当と認める者に委託して行う場合を含む。）及びこれに伴い必要な事務に要する費用
2　市は、第四条の規定に基づきその長の委嘱する婦人相談員が行う業務に要する費用を支弁しなければならない。
（国の負担及び補助）
第二十八条　国は、政令の定めるところにより、都道府県が前条第一項の規定により支弁した費用のうち、同項第一号及び第二号に掲げるものについては、その十分の五を負担するものとする。
2　国は、予算の範囲内において、次の各号に掲げる費用の十分の五以内を補助することができる。
一　都道府県が前条第一項の規定により支弁した費用のうち、同項第三号及び第四号に掲げるもの
二　市が前条第二項の規定により支弁した費用

第五章の二　補則

（この法律の準用）
第二十八条の二　第二条及び第一章の二から前章までの規定は、生活の本拠を共にする交際（婚姻関係における共同生活に類する共同生活を営んでいないものを除く。）をする関係にある相手からの暴力（当該関係にある相手からの身体に対する暴力等をいい、当該関係にある相手からの身体に対する暴力等を受けた後に、その者が当該関係を解消した場合にあっては、当該関係にあった者から引き続き受ける身体に対する暴力等を含む。）及び当該暴力を受けた者について準用する。この場合において、これらの規定中「配偶者からの暴力」とあるのは「第二十八条の二に規定する関係にある相手からの暴力」と読み替えるほか、次の表の上欄に掲げる規定中同表の中欄に掲げる字句は、それぞれ同表の下欄に掲げる字句に読み替えるものとする。

第二条	被害者	被害者（第二十八条の二に規定する関係にある相手からの暴力を受けた者をいう。以下同じ。）

第六条第一項	配偶者又は配偶者であった者	同条に規定する関係にある相手又は同条に規定する関係にある相手であった者
第十条第一項から第四項まで、第十一条第二項第二号、第十二条第一項第一号から第四号まで及び第十八条第一項	配偶者	二十八条の二に規定する関係にある相手
第十条第一項	離婚をし、又はその婚姻が取り消された場合	第二十八条の二に規定する関係を解消した場合

第六章　罰則

第二十九条　保護命令（前条において読み替えて準用する第十条第一項から第四項までの規定によるものを含む。次条において同じ。）に違反した者は、一年以下の懲役又は百万円以下の罰金に処する。

第三十条　第十二条第一項（第十八条第二項の規定により読み替えて適用する場合を含む。）又は第二十八条の二において読み替えて準用する第十二条第一項（第二十八条の二において準用する第十八条第二項の規定により読み替えて適用する場合を含む。）の規定により記載すべき事項について虚偽の記載のある申立書により保護命令の申立てをした者は、十万円以下の過料に処する。

附則〔抄〕

（施行期日）

第一条　この法律は、公布の日から起算して六月を経過した日から施行する。ただし、第二章、第六条（配偶者暴力相談支援センターに係る部分に限る。）、第七条、第九条（配偶者暴力相談支援センターに係る部分に限る。）、第二十七条及び第二十八条の規定は、平成十四年四月一日から施行する。

（経過措置）

第二条　平成十四年三月三十一日までに婦人相談所に対し被害者が配偶者からの身体に対する暴力に関して相談し、又は援助若しくは保護を求めた場合における当該被害者からの保護命令の申立てに係る事件に関する第十二条第一項第四号並びに第十四条第二項及び第三項の規定の適用については、これらの規定中「配偶者暴力相談支援センター」とあるのは、「婦人相談所」とする。

（検討）

第三条この法律の規定については、この法律の施行後三年を目途として、この法律の施行状況等を勘案し、検討が加えられ、その結果に基づいて必要な措置が講ぜられるものとする。

附則〔平成十六年法律第六十四号〕

（施行期日）

第一条　この法律は、公布の日から起算して六月を経過した日から施行する。

（経過措置）

第二条　この法律の施行前にしたこの法律による改正前の配偶者からの暴力の防止及び被害者の保護に関する法律（次項において「旧法」という。）第十条の規定による命令の申立てに係る同条の規定による命令に関する事件については、なお従前の例による。

2　旧法第十条第二号の規定による命令が発せられた後に当該命令の申立ての理由となった身体に対する不法な攻撃であって生命又は身体に危害を及ぼすものと同一の事実を理由とするこの法律による改正後の配偶者からの暴力の防止及び被害者の保護に関する法律（以下「新法」という。）第十条第一項第二号の規定による命令の申立て（この法律の施行後最初にされるものに限る。）があった場合における新法第十八条第一項の規定の適用については、同項中「二月」とあるのは、「二週間」とする。

（検討）

第三条　新法の規定については、この法律の施行後三年を目途として、新法の施行状況等を勘案し、検討が加えられ、その結果に基づいて必要な措置が講ぜられるものとする。

附則〔平成十九年法律第百十三号〕〔抄〕

（施行期日）

第一条　この法律は、公布の日から起算して六月を経過した日から施行する。

（経過措置）

第二条　この法律の施行前にしたこの法律による改正前の配偶者からの暴力の防止及び被害者の保護に関する法律第十条の規定による命令の申立てに係る同条の規定による命令に関する事件については、なお従前の例による。

附則〔平成二十五年法律第七十二号〕〔抄〕

（施行期日）
1　この法律は、公布の日から起算して六月を経過した日から施行する。

●売春防止法（第四章のみ掲載）

（昭和三十一年五月二十四日法律第百十八号）

最終改正：平成二六年六月一三日法律第七〇号

目次

第四章　保護更生

（婦人相談所）
第三十四条　都道府県は、婦人相談所を設置しなければならない。
2　婦人相談所は、性行又は環境に照して売春を行うおそれのある女子（以下「要保護女子」という。）の保護更生に関する事項について、主として次の各号の業務を行うものとする。

一　要保護女子に関する各般の問題につき、相談に応ずること。
二　要保護女子及びその家庭につき、必要な調査並びに医学的、心理学的及び職能的判定を行い、並びにこれらに附随して必要な指導を行うこと。
三　要保護女子の一時保護を行うこと。
3　婦人相談所に、所長その他所要の職員を置く。
4　婦人相談所には、要保護女子を一時保護する施設を設けなければならない。
5　前各項に定めるもののほか、婦人相談所に関し必要な事項は、政令で定める。
（婦人相談員）
第三十五条　都道府県知事は、社会的信望があり、かつ、第三項に規定する職務を行うに必要な熱意と識見を持つている者のうちから、婦人相談員を委嘱するものとする。
2　市長は、社会的信望があり、かつ、次項に規定する職務を行うに必要な熱意と識見を持つている者のうちから、婦人相談員を委嘱することができる。
3　婦人相談員は、要保護女子につき、その発見に努め、相談に応じ、必要な指導を行い、及びこれらに附随する業務を行うものとする。
4　婦人相談員は、非常勤とする。
（婦人保護施設）
第三十六条　都道府県は、要保護女子を収容保護するための施設（以下「婦人保護施設」という。）を設置することができる。
（民生委員等の協力）
第三十七条　民生委員法（昭和二十三年法律第百九十八号）に定める民生委員、児童福祉法（昭和二十二年法律第百六十四号）に定める児童委員、保護司法（昭和二十五年法律第二百四号）に定める保護司、更生保護事業法（平成七年法律第八十六号）に定める更生保護事業を営むもの及び人権擁護委員法（昭和二十四年法律第百三十九号）に定める人権擁護委員は、この法律の施行に関し、婦人相談所及び婦人相談員に協力するものとする。
（都道府県及び市の支弁）
第三十八条　都道府県は、次の各号に掲げる費用を支弁しなければならない。

一　婦人相談所に要する費用（第五号に掲げる費用を除く。）
二　都道府県知事の委嘱する婦人相談員に要する費用
三　都道府県の設置する婦人保護施設の設備に要する費用
四　都道府県の行う収容保護（市町村、社会福祉法人その他適当と認める者に委託して行う場合を含む。）及びこれに伴い必要な事務に要する費用
五　婦人相談所の行う一時保護に要する費用
2　市は、その長が委嘱する婦人相談員に要する費用を支弁しなければならない。

（都道府県の補助）
第三十九条　都道府県は、社会福祉法人の設置する婦人保護施設の設備に要する費用の四分の三以内を補助することができる。

（国の負担及び補助）
第四十条　国は、政令の定めるところにより、都道府県が第三十八条第一項の規定により支弁した費用のうち、同項第一号及び第五号に掲げるものについては、その十分の五を負担するものとする。
2　国は、予算の範囲内において、次の各号に掲げる費用の十分の五以内を補助することができる。
一　都道府県が第三十八条第一項の規定により支弁した費用のうち、同項第二号及び第四号に掲げるもの
二　市が第三十八条第二項の規定により支弁した費用

●ＤＶ被害者支援関連年表

一九八三年	東京・強姦救援センターが民間ボランティアにより設立される。
一九八五年	最初の民間シェルターが設立される。
一九九二年	民間女性グループによる初の全国「夫・恋人からの暴力実態調査」が実施される。
一九九三年	国連総会「女性に対する暴力の撤廃に関する宣言」採択。
一九九四年	初の「民間シェルター実態調査」が実施される。
一九九五年八月	第四回世界女性会議（北京会議）開催。
九月	強姦救援センター・沖縄（ＲＥＩＫＯ）設立。
一九九八年	全国女性シェルターネット発足。
一九九九年	総理府（現内閣府）による初の「男女間における暴力に関する調査」が実施される。
二〇〇一年四月	**ＤＶ防止法制定。**
一〇月	保護命令施行。
二〇〇二年四月	ＤＶ防止法全面施行（各都道府県にＤＶセンター設置）。
二〇〇四年六月	ＤＶ防止法（第一次）改正法制定（同年一二月施行）。 〈主要な改正点〉 ①暴力定義の拡大、②保護命令の拡大（離婚後の申立、子どもへの接近禁止命令効果拡大、退去命令の有効期間を二カ月へ、退去命令の再度申立可能に、③自立支援を行政の責務に、④国に「基本方針」、都道府県に「基本計画」の義務付け。
二〇〇四年一二月	児童虐待防止法改正。

二〇〇五年一一月	「児童が同居する家庭における配偶者からの暴力」は「心理的虐待」と明記（二条四項）。 高齢者虐待防止法。
二〇〇七年七月	ＤＶ防止法（第二次）改正法制定（二〇〇八年一月施行）。 〈主な改正点〉 ①市町村「基本計画」策定及びＤＶセンター設置を努力義務化、②保護命令の拡大（電話等禁止命令、親族等への接近禁止命令の効力拡大）、③裁判所からＤＶセンターへの保護命令発令通知。
二〇〇八年一月	第二次改正ＤＶ防止法に基づき、国の「基本方針」改定。被害者の立場にたった切れ目のない支援、関係機関の連携。
五月	「性暴力禁止法をつくろうネットワーク」発足。
二〇〇九年五月	裁判員裁判制度開始。
二〇一〇年二月	性暴力救援センター・大阪開設。
一〇月	「住民に光を注ぐ交付金」自治体のＤＶ対策に初めて国の予算化。二〇一一年度ＤＶ事業の交付実績、二七〇団体、約二〇億。
二〇一一年二月	内閣府配偶者暴力等被害者支援緊急対策事業「パープルダイヤル」開設。
五月	内閣府「東日本大震災被災地における女性の悩み・暴力相談事業」開始。
九月	全国女性シェルターネット「東日本大震災被災女性・子ども」への支援事業「パープルホットライン」開設。
二〇一二年三月	社会的包摂ワンストップ相談支援事業「よりそいホットライン」開設。
四月	面会交流を明記した民法一部改正施行（七六六条）。
六月	性暴力救援センター・東京開設。

二〇一三年六月	DV防止法（第三次）改正法制定。 〈主要な改正点〉 法の対象範囲を「生活の拠点を共にする」交際相手まで拡大。
二〇一三年六月	ストーカー規正法改正法制定。 〈主要な改正点〉 ①規制対象となるつきまとい行為に電子メールを含ませる、②警告を申し出ることができる警察署の拡大（被害者の居所、加害者の住所及び加害行為が行なわれた等）、③禁止命令の被害者申し出制度の新設。
六月	ハーグ条約国内実施法制定。
二〇一四年一月	第三次改正DV防止法施行。

あとがき

裁判所や司法機関などでの外国人事件の通訳を担当したことを契機に、女性の権利や外国籍女性のおかれた立場について考えるようになった。司法通訳（英語）をするまで法律について専門的に学んだことがなかった。しかし、司法通訳の経験を通して、法制度に女性の視点が抜け落ちているのではないかと違和感を抱くようになった。そして、女性の人権を守るためにジェンダーの視点から社会問題を捉え直す必要があるのではないかと思い、大学で再び学ぶ決意をした。司法通訳の経験から学んだこと、疑問に思ったことを研究に結びつけて考え、女性の人権を侵害している状況を改善したいと思い、ＤＶを研究テーマに選んだ。ＤＶについて学ぶうちに、ＤＶ防止法制定の陰で民間女性ＮＧＯが多大な貢献をしたことを知るようになった。それ以降、私はＤＶ被害者支援を行う民間の女性たちが運営する民間シェルターを研究することを心に決め、一からＤＶ被害者支援や民間シェルターについて学び、研究を続けてきた。というのも、私自身、司法通訳の経験を通して、理不尽な暴力を受ける女性のために何かできることがないかという思いに常に駆られていたからである。

研究を続ける中でＤＶ被害者支援に携わる民間シェルターの支援者や民間女性ＮＧＯの姿に共感し、彼女たちの強い意志の力にただただ尊敬の念を抱いた。女性が暴力を振るわれても家庭にとどまる理由は、暴力を振るわれている

「被害者」だと自分で認識できない程に支配／服従の関係に組み込まれてしまっていたり、社会における女性の待遇の低さや離婚後の生活に対する不安、子どもに父親のいない生活を送らせたくないなどの理由があることを知った。ＤＶ被害女性が抱える問題は、決して個人の問題なのではなく、男性優位に構築された社会制度や社会規範が密接に関連しているのだと痛感した。社会における女性差別の現状やＤＶ被害者支援の実態を知り、ＤＶ被害女性が直面する困難は、女性全般にとっても共通の問題ではないかと考えるようになった。志は持っているつもりであったが研究を続けることは容易いことではなかった。調査中には、支援者のみなさまからお話を聞くにつけ、大変勇気づけられ元気をいただくとともにＤＶ被害女性や民間シェルターのおかれた厳しい状況を改善できない自分に苛立ち、無力感に苛まれたこともあった。

日本では民間シェルターの研究は僅かであり、危険と背中合わせで、支援活動を行っている民間シェルターの存在を知っている人はあまりいない。民間シェルターの存在を、ＤＶ被害女性のおかれた過酷な状況を、社会に人々に伝え、ＤＶ被害女性が自分らしく生きることができるように役立ちたいとの思いから研究を続けてきた。

＊

本書は、お茶の水女子大学大学院人間文化創成科学研究科に提出し受理された博士学位論文、「日本におけるＤＶ被害者支援と民間シェルターの役割に関する一考察」に加筆修正したものである。

まずもって、お忙しい合間をぬって、調査に快くご協力くださった民間女性シェルターのみなさまに心よりお礼を申し上げたい。本書の出版にあたっては、民間シェルターのみなさまにあたたかい励ましのお言葉をいただいた。本書が民間シェルターの今後の支援活動に少しでも役立つことがあれば幸いである。

同様に、自治体関係者のみなさま、関係諸機関のみなさまにも調査にご協力いただいた。記して謝意を表したい。

お茶の水女子大学での指導教官の戒能民江先生（現お茶の水女子大学名誉教授）は、ＤＶ研究の第一人者であり、いつもあたたかく見守り辛抱強く指導してくださった。また、本書の出版に関して、数々の貴重なご助言を賜った。深く感謝申し上げたい。戒能先生がご退官後、指導教官を引き受けてくださった、同大の舘かおる先生（現お茶の水女子大学名誉教授）にも心からお礼を申し上げたい。舘先生には、研究をさらに深めていくための論点や分析の視点などたくさんの有益なご助言をいただき、丁寧なご指導をいただいた。

学位請求論文の審査員を務めてくださった、お茶の水女子大学の石井クンツ昌子先生、申キヨン先生、藤崎宏子先生、小玉亮子先生、斎藤悦子先生ならびに大妻女子大学の鄭暎惠先生にも心から感謝を申し上げたい。先生方からは、何度も丁寧なコメントと的確なご指摘をいただいた。

博士論文の完成までには、DV研究の先駆者でいらっしゃる、ミシガン大学の吉浜美恵子先生、中央大学のゆのまえ知子先生（現NPO法人フォトボイス・プロジェクト共同代表）にも有益なご助言をいただいた。また、東京大学の上野千鶴子先生（現東京大学名誉教授）には、ゼミに参加させていただき、たくさんの貴重なご助言をいただいた。城西国際大学の堀千鶴子先生には、婦人保護事業についての有益なご助言をいただいた。

お茶の水女子大学大学院在籍中は、戒能研究室、舘研究室、石井研究室のみなさま、東京大学の上野研究室のみなさまはじめ諸先輩方、多くの学友に論文への貴重なコメントを数多くいただいてきた。

また、本書の出版にあたっては、お茶の水女子大学の先輩方、学友に大変お世話になった。中村英代さん、吉川真美子さんには出版に関して大変丁寧なご助言を賜った。小口恵巳子さんには、大学院在学中から本書の出版まで数多くのご助言を賜った。また、松﨑実穂さん、安藤藍さんには草稿を確認していただき的確なコメントをいただいた。藤崎先生の研究室のみなさまにも本書の草稿に多くの貴重なご助言をいただいた。

すべてのみなさまに心より感謝申し上げたい。

長期にわたる研究生活は、ご指導いただいた先生方や研究仲間、家族の理解と支えがなければ成り立たなかった。記してお礼を申し上げたい。

なお、本書は、独立行政法人日本学術振興会による平成二六年度科学研究費助成事業（科学研究費補助金研究成果公開促進費「学術図書」課題番号：二六五一七四）の助成を受けて刊行されたものである。

世織書房の伊藤晶宣さんには、学術論文を書籍として書き直していくプロセスの中で、貴重なご助言をいただいてきた。また、同社の門松貴子さんにも大変お世話になった。装丁を手がけてくださった大橋一樹さんは、あたたかく、やわらかなデザインで本書を包み込んでくださった。深く謝意を表したい。

最後に、世界の至るところで今なお起こっているＤＶが一刻も早く根絶されることを願ってやまない。

二〇一五年一月

小川真理子

女性学・ジェンダー研究の創成と展開
舘かおる
〈日本における女性学／ジェンダー研究構築の軌跡〉
2800円

女性とたばこの文化誌●ジェンダー規範と表象
舘かおる・編
〈たばこをめぐる近世から現代の様々な表象をジェンダーの視点から分析する〉
5800円

ドメスティック・バイオレンスとジェンダー●適正手続と被害者保護
吉川真美子
〈米国DV防止法・加害者逮捕政策をもとに「配偶者暴力防止法」を考える〉
2800円

植民地期朝鮮の教育とジェンダー●就学・不就学をめぐる権力関係
金　富子
〈植民地期朝鮮の女性の就学・不就学の要因を分析〉
4000円

近代日本の手芸とジェンダー
山崎明子
〈女性の国民化に果たした「手芸」の役割とは何か。「女の手仕事」を浮き彫りにする〉
3800円

ジェンダーと政治参加
大海篤子
〈「女性市民」の出現とその背景を探る――女性の政治参加へのメッセージ〉
2200円

〈価格は税別〉

世織書房

〈著者プロフィール〉
小川真理子（おがわ・まりこ）
1966年東京生まれ。カルフォルニア大学ロサンゼルス校（UCLA）経済学部卒業。銀行員、英語通訳を経て、2012年、お茶の水女子大学大学院人間文化創成科学研究科博士後期課程修了。博士（社会科学）。お茶の水女子大学リーダーシップ養成教育研究センター講師（研究機関研究員）を経て、現在、お茶の水女子大学基幹研究院リサーチフェロー。神奈川大学ほか非常勤講師。専門はジェンダー研究、社会学。2013年度日本女性学習財団賞奨励賞受賞。主な論文に、「日本における『シェルター運動』とはなにか――フェミニズムとしての社会変革運動の可能性」（財団法人東海ジェンダー研究所『ジェンダー研究』第12号、2009年）、「ドメスティック・バイオレンス被害者支援を行う民間シェルターと行政との「連携」の問題点と可能性――民間シェルターと自治体関係者への調査を通して」（お茶の水女子大学大学院人間文化創成科学研究科『人間文化創成科学論叢』編集委員会『人間文化創成科学論叢第11巻』、2009年）、「日本におけるDV被害者を支援する民間シェルターの現状――民間シェルターへのアンケート調査の考察を通して」お茶の水女子大学F-GENSジャーナル編集委員会編『F-GENSジャーナル No.10』2008年）などがある。

ドメスティック・バイオレンスと民間シェルター
――被害当事者支援の構築と展開

2015年2月26日　第1刷発行 ©
2015年9月　9日　第2刷発行

著　者　小川真理子
装　幀　大橋一毅
発行者　伊藤晶宣
発行所　(株)世織書房
印刷所　(株)ダイトー
製本所　(株)ダイトー

〒220-0042　神奈川県横浜市西区戸部町7丁目240番地　文教堂ビル
電話045(317)3176　振替00250-2-18694

落丁本・乱丁本はお取替いたします。 Printed in Japan
ISBN978-4-902163-76-6

索　引

〈人名+事項〉

（全編にわたり掲載されている人名・事項については省略している。また、頁を記してある箇所は特に参照して欲しい箇所である。）

ア行

カ行

サ行

タ行

ナ行

ハ行

マ行

ヤ行

ラ行

民間シェルター・行政・関係機関への調査票

▶民間シェルターへの質問紙調査◀

ＤＶ被害者支援を行う民間シェルターの調査についてご協力のお願い

民間シェルターの活動をされているみなさまには、夫・恋人から暴力を受けた女性（ＤＶ被害者）の支援に尽力され、ご多忙の日々をお過ごしのことと存じます。そのような中、大変恐縮ですが調査へのご協力をお願いいたします。

私は、2006年に民間シェルターの実態調査を実施し、全国の民間シェルター27カ所からご回答をいただき、民間シェルターの現状や民間シェルターの抱える問題などを分析しました。昨年の全国シェルター・シンポジウムでは、調査結果を報告する機会もいただきました。

前回の調査では、民間シェルターの運営の実態を中心にお伺いしましたが、今回の調査では、ＤＶ被害者支援ならびに民間シェルターの担い手であるみなさまが、ＤＶ根絶の活動をどのように行ってきたのかを中心にお伺させていただきたいと思います。ＤＶ被害者支援ならびに民間シェルターを支えてきた女性たちの経験と現状を把握し、客観的に分析することを通して、ＤＶ被害者への支援活動がより一層スムーズにいくための一助としたいと考えています。また、ＤＶ問題への認識と理解を社会に広めていくことに少しでも貢献できたらと思います。

ＤＶ被害者支援に欠くことのできない民間シェルターについての研究は、国内外において依然として数が多いとはいえず、今後の民間シェルターのあり方を考えていく上でも、民間シェルターの果たしてきた独自の役割を考察することは意義があると考えております。お忙しい中恐縮ですが、是非ご協力をお願い申し上げます。なお、調査結果については集計・分析した上で、個別のシェルター・個人が特定できない形で小川の博士論文に使わせていただきたく、お願いいたします。

★調査の方法と予定

本来なら直接お伺いしてインタビューをさせていただきたいのですが、すべてのみなさまをお訪ねするのが難しく、お手数とは存じますが同封しました調査用紙にご記入いただきますようお願い申し上げます。なお、メールの方がご都合がよい場合は、あらためて添付メールで送らせていただきますので、メールアドレスを下記の小川のアドレスまでお知らせくださいますようお願い申し上げます。また、「民間シェルターの基本属性」については、それらが記載されているリーフレットなどがありましたら、恐縮ですがお送りください。こちらで記入いたします。調査結果

の集計後に、確認させていただきたいことがでてきたときは、お電話またはメールでご連絡させていただくことがあるかもしれません。その際はまたご相談させていただきます。また、調査結果がまとまりましたらご報告をさせていただきます。

ご多忙中申し訳ございませんが、＿＿月（　　）までに同封の返信用封筒にてお送りくださいますようお願い申し上げます。

この調査をさせていただくことにより

・ＤＶ被害者を支援している民間シェルターのあり方や民間シェルターに対する社会の認識及び社会的支援の向上につなげていきたいと思います。

「ＮＰＯ法人全国女性シェルターネットおよび民間シェルターの活動について」
〈民間シェルターへの質問〉

全国女性シェルターネットに加盟している民間シェルターについて以下の項目についてお伺いします。また、リーフレットなどがありましたら恐縮ですがお送りください。お答えになれる範囲で結構ですのでよろしくお願い申し上げます。

回答が終わりました調査票は、月　日（　　）までに同封しました返信用封筒で投函してください。

■貴民間シェルターの基本属性についてお伺いします。

シェルターの名称

連絡先（公開できる連絡先で結構です）

電話番号

ＦＡＸ

●民間シェルターの運営団体（事務所）の設立年月日はいつですか。

西暦＿＿年（昭和・平成＿＿年）＿月＿日

●民間シェルターの施設の開設年月日はいつですか。シェルター運営団体（事務所）と設立年月日が異なる場合に記入してください。

西暦＿＿年（昭和・平成＿＿年）＿月＿日

●民間シェルターの母体となる団体・個人などの名称

■ＮＰＯ法人全国女性シェルターネットについての質問

１．ＮＰＯ法人全国女性シェルターネット（以下、全国女性シェルターネット）などについてお伺いさせていただきます。

①全国女性シェルターネットへはどのようなきっかけで加盟されたのですか。

②全国女性シェルターネットは、各地域の民間シェルターにとって、どのような点で役立っていると思いますか。当てはまるものすべてに○をつけてください。

（１）行政・国などへ働きかけていくため

に有益である
（2）ＤＶ被害者支援をしていく上での必要な情報を共有することができる。
（3）ＤＶ被害者支援に必要な民間シェルター同士の連携をつくることができる
（4）その他

③全国女性シェルターネットのブロック会議に参加したことはありますか。
参加したことがある場合は、当てはまるものすべてに○をつけてください。
●どの位の頻度で会議に参加していますか。
（1）毎__回（年に約__回）
（2）年に約__回開催されるうちの__回参加
（3）その他

●これまで、ブロック会議ではどのようなことを問題提起しましたか。
どのような問題がブロック会議で議論になるのかについて教えてください。
（1）個々のＤＶケースに関連したこと
（2）民間シェルター同士の連携やネットワークについて
（3）行政（ＤＶ担当者）・関係機関との連携について
（4）民間シェルターの運営（財政・人材など）について
（5）ＤＶ防止の認識の向上・啓発について
（6）その他（　　）

④全国女性シェルターネットの活動がこれまでに獲得したものはどのようなことだとお考えですか。
（1）ＤＶ施策を推進させた
（2）ＤＶ被害当事者が言葉と力を得てＤＶ防止法の成立へつながった
（3）その他（　　）

⑤全国女性シェルターネットの課題がありましたらお聞かせ下さい。

２．全国シェルター・シンポジウムについてお伺いさせていただきます。
①全国シェルター・シンポジウムへは参加していますか。参加している場合、参加する目的は何ですか。当てはまるものすべてに○をつけてください。
（1）ＤＶ被害者支援に関する情報を得るため
（2）民間シェルターとの連携関係をつくるため
（3）行政・関係機関との連携関係をつくるため
（4）民間シェルターの抱える問題を共有するため
（5）その他（　　）

②全国シェルター・シンポジウムの準備をしたことがありますか。
ある場合は、準備をする上でご苦労された／されていることはありますか。
当てはまるものすべてに○をつけてください。
（1）財政上の問題
（2）人材の確保
（3）会場の安全体制の確保
（4）開催地の自治体との連携
（5）その他（　　）

③全国シェルター・シンポジウムを開催することによって、行政などへどのような社会的影響があったと思いますか。当てはまるものすべてに○をつけてください。
（1）行政関係者や関係機関などがシンポジウムに参加するようになり、ＤＶに対する認識が向上した
（2）国や自治体のＤＶ施策に影響を与えた
（3）自治体のＤＶ担当者との交渉や連携がとりやすくなった
（4）婦人相談所との連携がとりやすくなった

（5）医療・保健機関との連携がとりやすくなった
（6）警察との連携がとりやすくなった
（7）弁護士・弁護士会との連携がとりやすくなった
（8）家庭裁判所・地方裁判所との連携がとりやすくなった
（9）自治体の福祉課や福祉事務所との連携がとりやすくなった
(10) 女性センターとの連携がとりやくすなった
(11) 婦人相談員との連携がとりやすくなった
(12) 学校・児童相談所との連携がとりやすくなった
(13) ＤＶセンターとの連携がとりやすくなった
(14) 婦人保護施設との連携がとりやすくなった
(15) その他（　　）

3.「シェルター運動」についてお伺いさせていただきます。

①「シェルター運動」について、どのように考えていますか。あるいは、どのようなイメージをもっていらっしゃいますか。当てはまるものすべてに○をつけてください
（1）ＤＶ被害者を福祉的に救済・支援するもの
（2）女性に対する暴力や差別の根絶を目指す運動
（3）男性と女性の間の不平等をつくりかえていく社会変革運動
（4）その他（　　）

②全国シェルター・シンポジウムを開催することによって、「シェルター運動」がどのように変わってきたと思いますか。

③ＤＶ被害者支援とシェルターの運動とは切り離せないもの、と考えていらっしゃいますか。（例えば、ＤＶ被害者への支援をする際、福祉的な意味で救済することを目的とし、運動に参加していない団体があると想定しますと、上記のことについてどのようにお考えになっているか伺いたいと思いました）。

④シェルター運動を進めるにあたり、女性たちが連帯していくことについてどのように思いますか。その際、「連帯」についてどのようなイメージがありますか。

⑤日本における「シェルター運動」の課題はありますか。あてはまるものすべてに○をつけてください。
（1）ＤＶ被害者にとって使いやすい支援サービスの構築
（2）地域間格差のないＤＶ被害者支援サービスの提供
（3）ＤＶ被害者の声を反映したＤＶ被害者支援ネットワークのしくみ作り
（4）民間シェルターへの財政的支援の確保
（5）シェルター運動を地域や国を越えて広めていくこと
（6）その他

4.貴民間シェルターについてお伺いします。

①貴民間シェルター設立時の目的は、どのようなものですか。

②貴民間シェルターの組織構成ですが、スタッフはそれぞれ何人いますか。

専従（専任）スタッフ：＿＿人
非専従（非専任）スタッフ：＿＿人
ボランティア：＿＿人
その他：＿＿人（＿＿＿＿＿＿）

③スタッフの男女比は？

専従（専任）スタッフ
〈女性スタッフ＿人：男性スタッフ＿人〉
男性スタッフがいる場合、その方の従事し

ている仕事は？
その他：(　　　　　　　　　　　)

④貴民間シェルターとして、日本のＤＶ被害者支援の課題はありますか。
（１）ＤＶ被害者の自立支援
（２）ＤＶ罪および性暴力罪を規定すること
（３）加害者更生
（４）その他（　　）

⑤ＤＶ防止法制定前後、あるいは第一次改正、第二次改正前後において、貴民間シェルターの活動に影響や変化はみられましたか。

５．民間シェルターと婦人相談所一時保護所との違いについて伺います。
①民間シェルターを行政の婦人相談所一時保護所と比べたときに、婦人相談所一時保護所は、どのような部分が不十分だと感じていますか。当てはまるものすべてに○をつけてください。
（１）職員のＤＶへの認識の不足
（２）職員のＤＶ被害者支援に関する専門性が十分ではない
（３）自立支援体制が十分ではない
（４）その他（　　）

②民間シェルターが、婦人相談所一時保護所より優れているのはどのような点だと思いますか。

③ＤＶ被害者支援を行う際に行政や関係機関と連携を行うとき、改善された点はありますか。

④　ＤＶ被害者支援を行う際に行政や関係機関などと連携を行うとき、困難はありましたか。当てはまるものすべてに○をつけてください。
（１）行政・関係機関が連携を行わない
（２）制度面で困難がある
（３）その他（　　）

⑤④のような行政・関係機関との連携関係に困難が生じたとき、どのように乗り越えてきましたか。あるいは、乗り越えていこうと考えていますか。
（１）行政・関係機関にＤＶ被害者支援に研修などをする
（２）行政・関係機関に制度面での不備と改善を訴え、交渉する
（３）その他（　　）

⑥貴民間シェルターの今後の課題はどのようなものになりますでしょうか。
（１）運営面（財政・人材の不足）
（２）スタッフの専門性の確保
（３）安全体制の確保
（４）地域におけるＤＶの認識の不足
（５）次世代スタッフの養成
（６）その他（　　）

６．ご自身のことについて
①どのようなことがきっかけで、民間シェルターの活動をはじめることになったのでしょうか。

②民間シェルター、あるいは、全国女性シェルターネットの活動をするにあたり、ご自身の中で何か葛藤を感じたことはありますでしょうか。あるいは、達成感を感じたことはありますでしょうか。

③民間シェルター、あるいは、全国女性シェルターネットの活動をするにあたり、どのようなお考えを持って活動をなさっているのでしょうか。

④民間シェルターのリーダーとしてのご自身の役割は、どのようなことだとお考えでしょうか。

質問は以上です。貴重なお時間を割いてお答えくださり、誠にありがとうございました。

最後にご自身のことについてお聞かせください。お答えになれる範囲ですので、当てはまる箇所を○で囲む、あるいは、ご記入ください。

●年齢：20代、30代、40代、50代、60代、70代、80代、80代以上、その他（　　）
●性別：女性・男性・その他（　　）
●シェルター活動歴：（　　）年
●民間シェルター内の立場：代表、専従、スタッフ、非専従スタッフ、ボランティア、その他（　　）
ご協力ありがとうございました。

【補足調査】
「民間シェルターの運営と組織について」

※当てはまるものすべてに○をお願いいたします（複数回答可）

問１　シェルター設立の際の財源について下記の中から当てはまるものすべてに○をつけてください。
①借入金
②寄付金（どこから円）
③賛同者・発起人からの設立資金提供（個人1口：円団体1口：円）
④カンパ
⑤バザー・リサイクルなどの売上金
⑥行政からの補助金・助成金
⑦広く一般にシェルター設立支援金を募り開設
⑧その他（　　）

問２　シェルターを運営するにあたって、どのような方が運営の中心として関わっていますか。
①民間シェルターの設立者
②専従スタッフ
③非専従スタッフ
④外部からの協力者
⑤運営委員
⑥維持会員
⑦その他（　　）

問３　民間シェルターを運営する際、管理の仕方や運営方針、資金提供など重要事項について決定する際にはどのような場が設けられますか。当てはまるものすべてに○をつけてください。
①運営会議を行う（会議の頻度：月__回、週__回）
②Ｍ－Ｌ会議（メーリング・リスト上で意見を交換し、決定する）
③そのような場は設けていない
④その他（　　）

問４　シェルターの運営資金について以下の中から当てはまるものすべてに○をつけてください。
①賛同者・会員の年会費
②寄付金
③事業収入
④行政からの補助金
⑤行政からの助成金
⑥利用者負担金
⑦カンパ
⑧民間からの助成金
⑨後援会
⑩その他（　　）

問５　2009年度（昨年）の運営資金総額は、
＿＿＿＿＿＿＿＿＿＿円

問６　シェルター運営にあたって、今までに行政からの補助金・助成金、民間からの

助成金を受けたことがありますか。

「①有」の方は→問７～11へ

「②無」の方は→問12へ

①有　　②無

問７　今までに行政から補助金・助成金を受けたことが「有る」場合、いつ頃から受けていますか。

初めて行政からの補助金・助成金を受けた年度　＿＿＿＿年度

問８　最初に行政からの補助金・助成金を受けた年度以降も継続して補助金・助成金を受けている場合、当てはまるものに○をつけてください。

①行政からの補助金などは、減少傾向にある

②行政からの補助金などは、増加傾向にある

③行政からの補助金などは、ほぼ変わらない

④その他（　　）

問９　行政からの補助金などがない場合は2009年度の民間助成団体と金額を教えてください。

助成団体の名称＿＿＿＿＿＿＿＿＿＿ 金額約＿＿＿＿＿＿＿円

問10　行政からの補助金・助成金が運営費の中で占める割合はどのくらいになりますか。

運営費の約＿＿＿＿割を占めている

問11　行政からの補助金・助成金を受けたことが有る場合、補助金・助成金は主に何に使用していますか。

問12　専従スタッフ、非専従スタッフは、有償で働いていますか。

専従スタッフ　①はい　②いいえ 非専従スタッフ　①はい　③いいえ

問13　スタッフが有償で働いている場合、スタッフは働きに見合う賃金を得ていると思いますか。

①はい　　②いいえ

問14　スタッフの中に専門職がいる場合、スタッフの働き方の形態について当てはまるものすべてに○をつけてください。また、（　　）内に分かる範囲で結構ですので人数を明記してください。

①弁護士（　　）名
　専従・非専従・運営委員・
　ボランティア・その他（　　）

②ソーシャルワーカー（　　）名
　専従・非専従・運営委員・
　ボランティア・その他（　　）

③ケースワーカー（　　）名
　専従・非専従・運営委員・
　ボランティア・その他（　　）

④臨床心理士　（　　）名
　専従・非専従・運営委員・
　ボランティア・その他（　　）

⑤精神科医　（　　）名
　専従・非専従・運営委員・
　ボランティア・その他（　　）

⑥カウンセラー（　　）名
　専従・非専従・運営委員・
　ボランティア・その他（　　）

⑦看護師　（　　）名
　専従・非専従・運営委員・
　ボランティア・その他（　　）

⑧大学・短大・専門学校の教員（教授・助教授・講師・非常勤講師など）
　（　　）名
　専従・非専従・運営委員・
　ボランティア・その他（　　）

⑨その他（　　）

問15　ＤＶ被害者への一時保護や支援の際、どのような人がかかわりますか。あてはまるものすべてに○をつけてください。

①民間シェルターの代表

②民間シェルターのスタッフとして働いている専門職：
1）弁護士　2）ソーシャルワーカー
3）ケースワーカー　4）臨床心理士
5）精神科医　6）カウンセラー
7）看護師　8）内科医
9）産婦人科医　10）外科医
11）保健師
12）大学・短大・専門学校の教員
（教授・助教授・講師・非常勤講師など）
13）保育士
③非専門職スタッフ（民間シェルターの専従スタッフ、非専従スタッフ）
④民間シェルターが協力をお願いしている外部の専門職：
1）弁護士　2）ソーシャルワーカー
3）ケースワーカー　4）臨床心理士
5）精神科医　6）カウンセラー
7）看護師　8）内科医
9）産婦人科医　10）外科医
11）保健師
12）大学・短大・専門学校の教員
（教授・助教授・講師・非常勤講師など）
13）保育士
⑤行政機関の関係者：
1）婦人相談員
2）ソーシャルワーカー
3）児童相談所ケースワーカー
4）ＤＶ担当者
⑥その他（　　）

問16　民間シェルターの行う具体的な援助項目についてお伺いします。援助の内容について当てはまるものすべてに〇をつけてください。

1	安心できる場所の提供
2	ＤＶの経験をした女性へのカウンセリング
3	暴力についての情報提供
4	警察への同行
5	児童相談所への同行
6	福祉事務所への同行（生活保護の申請）
7	病院への同行
8	裁判所への同行（離婚調停など）
9	法律相談・弁護士の紹介
10	住居の確保
11	子どもの保育園・学校などの手配
12	引越しの手伝い
13	仕事探しの手伝い
14	日用品の提供
15	生活費の立替え
16	買い物の代行
17	役所の手続きなどの代行
18	相手（夫・元夫など）との交渉
19	子どもへのカウンセリング
20	生活の自立のための支援
21	暴力被害者からの回復のための精神科プログラムの紹介
22	保育
23	ステップハウスの紹介
24	教育プログラムの紹介（育児・料理・パソコンなど）
25	行事・レクリエーション（遠足などの行事を催す）
26	帰国の手配
27	その他（　　　　　　　　　）

問17　2009年度の民間シェルター利用者数と申込み者数の人数等を教えてください。

2009年度のシェルター利用者総数
約　　人（うち同伴児約　　人）
2009年度のシェルター申込み者総数
約　　人（行政からの依頼約　人
直接の依頼約　　人
その他の依頼約　　人）
シェルター設立以降利用者数は
①増加、②減少、③変わらない
→当てはまるものに〇をお願いします

問18　危機介入や一時保護、保護後の生活再建など支援の場面での意思決定をする際には、どのような場が設けられていますか。当てはまるものすべてに〇をつけてください。
①会議などの場を設ける（会議の頻度：月

平均____回、週平均____回、ケースが持込まれた時毎）
②緊急の場合は、個別に判断し、後で報告する
③そのような場は設けていない
④その他（　　）

問19　民間シェルターに入居する際に受入基準を設けている場合、受入基準の内容はどのようなものですか。当てはまるものすべてに○をつけてください。
①ＤＶから逃れてきた女性の緊急一時保護
②ＤＶを経験した女性が暴力的な関係を絶ち、人生の再出発の決意が明確であること
③複数のスタッフとの面談を通して判断する
④病気のある女性、看護・介護を必要とする女性、依存症や人格障害のみを抱えている女性は利用できない
⑤自炊など自分の身の回りのことができる女性
⑥スタッフが対応できる限りにおいて、国籍、年齢、障害による制限無しで受け入れている
⑦共同生活が出来ること
⑧その他（　　）

問20　民間シェルター入所後、シェルター内ではどのようなルールがありますか。当てはまるものすべてに○をつけてください。

1	民間をシェルター利用料について
2	通勤・通学について
3	食事の準備について
4	集団生活を守れること
5	外出先を明らかにする
6	公的手続きは原則自分で行う
7	民間シェルターに関する秘密の厳守
8	他の利用者への差別的発言や暴力的言動の禁止
9	無断外泊の禁止・門限を守る
10	禁煙・禁酒
11	仕事の禁止
12	日常的な親族・友人・男性などの訪問の禁止
13	スタッフの許可なく人を部屋に入れない
14	掃除を毎日行う
15	シェルターの利用は１回だけ
16	携帯電話は預かる
17	施設内の公衆電話は許可を得ないと使えない
18	その他（　　　　）

■民間シェルターを休止・閉鎖した理由について
①民間シェルターを休止・閉鎖した理由をお答えいただける範囲で結構ですので教えてください。

②民間シェルターを休止・閉鎖した後、今後もＤＶ被害者支援およびＤＶを根絶する運動に関わっていきたいと思っていますか。
――もしYESなら、どのように関わっていきたいと思っていますか。
――もしNOなら、今後はどのような活動をしようと思っていますか。

③また、民間シェルターの活動を再開したいと考えていますか。

▶ＮＰＯ法人全国女性シェルターネットおよび民間シェルター、行政・関係機関へのインタビュー調査◀

○○民間シェルター　御中

インタビュー調査へのご協力のお願い

○○民間シェルターにおきましては、日々DV被害者支援にご尽力され、幅広くご活躍されていることと存じます。

私は、お茶の水女子大学大学院で民間シェルターならびにドメスティック・バイオレンス被害者支援についての研究をしております。先程もお電話にて簡単にお話させていただきましたが、現在、民間シェルターや自治体におけるDV被害者支援の現状を把握することを目的に調査を行っております。そこで、ご多忙のなか恐縮ですが、もしよろしければインタビュー調査にご協力いただきたくご連絡をさせていただきました。

私は、2006年にも民間シェルターへの調査をいたしましたが、その後も民間シェルターの研究を中心にDV被害者支援における民間シェルターと行政との連携やDV施策などの調査・研究を続けております。

大変恐縮ですが、少しのお時間で結構ですので、○月中、あるいは、それ以降でご都合のよいときに、お話をお聞かせいただくことはできますでしょうか。個人情報などにつきましては、シェルターの安全性を維持するために最大限の配慮をしております。何卒よろしくご検討のほどお願い申し上げます。

質問項目をお送りさせていただきますので、ご検討くださいますようお願い申し上げます。ご不明な点などございましたらご遠慮なくお知らせくださいますようお願いいたします。

「ＤＶ被害者支援を行う民間シェルターの調査」
同意書

この調査の目的、方法や内容を十分にご理解いただいた上で参加されるかどうかを決めていただくために、この文書を作成しました。

●調査の目的は？
この調査は、夫・恋人による暴力から逃れてきた女性や子どもを一時保護し、支援する民間のシェルターの活動などについて明らかにすることを目的に、日本の民間シェルターを対象にインタビューをしています。

●調査の内容は？
面接は、1対1で行い、民間シェルターの活動、運営上の問題（財政面、人材面他）などについてお尋ねします。特にお聞きしたいのは、民間シェルターの運営上

の困難やそれをどのように克服してきたか、組織の形態や支援をする上での困難やそれにどのように対応してきたのか、などについてです。その際、あらかじめ調査項目をお渡しし、インタビュアーはそれにそう形で質問します。また、聞き取り内容を正確なものにするために、承諾していただいた場合にかぎりテープに録音させていただきます。

●参加する・しないの選択は？
この調査への参加は民間シェルターの皆さまの意思で決めていただくものです。また、参加することを決め、この同意書に署名されインタビューに入った後でも、答えたくない質問などがあれば、その項目をとばしてもかまいません。また、この同意書に署名をいただいた後でも、いつでもこの調査への参加を取りやめることができます。そのような場合でも、なんら不利益をこうむることはありません。また、面接が終わった後でも、お話になった内容の記録の一部をあるいは全部を取り消すこともできます。

　面接の最後に聞き逃したところや確認が必要な部分があった場合には、インタビュアーがまた連絡を取ってもいいかどうか尋ねます。お断りになっても、そのことで不利益をこうむることはありません。

●所要時間は？
それぞれの場合によりますが、民間シェルターの皆さまのご都合のよい時間に合わせてお伺いします。目安としては、約30分から1時間ぐらいを予定しています。

●参加の意義
この調査の結果は、日本の民間シェルターが抱えている困難の要因や、その困難を克服する要件などについて考察・解明を試みます。また、ＤＶ被害者を支援している民間シェルターのあり方や民間シェルターに対する社会の認識及び社会的支援、政策を向上につなげていきたいと思います。

●個人情報の保護は？
お話ししていただいた内容は、個別のシェルターが特定されない形でまとめられます。調査記録は、調査者の所属するお茶の水女子大学大学院・○○研究室で外部の目に触れないよう厳重に保管されます。調査者は、面接内容をほかに漏らさないことを誓約しています。貴シェルターの連絡先などの個人情報は、回答とは別に保管され、データ入力及び処理が終了した後、破棄されます。調査記録には、ID 番号のみが記載されます。

●調査の結果の管理について
調査によって得られたデータおよび調査結果は申請者のみが研究の目的にそって使用させていただきます。調査参加者の回答が記載された紙媒体の調査票は、申請者の指導教員の○○研究室で厳重に保管され、本調査の結果が論文発表された後に破

棄されます。また、プライバシー情報が含まれる録音テープは文字データに変換し、確認を終えた後、３年を限度として破棄します。

●お問い合わせ
この調査に関して、疑問に思うことや質問などがあれば、調査者までお願いします。

私はここに書かれた内容を読み（説明を受け）、調査者________は、この調査に関する質問に応えました。私は、この調査に参加することに同意します。

____
署名

____
日付

この文書は、1部は参加者が保管し、1部は研究記録として保管します。

●民間シェルターへの質問項目

１．ＮＰＯ法人全国女性シェルターネット（以下、全国女性シェルターネット）についてお伺いさせていただきます。
（１）全国女性シェルターネットへは、どのようなきっかけで加盟されたのですか。

（２）全国女性シェルターネットは、各地域の民間シェルターにとって、どのような点で役立っていると思いますか。

（３）全国シェルター・シンポジウム開催にあたり、どのくらいの頻度で会合などを開いていらっしゃいますか。

（４）全国シェルター・シンポジウムの準備をする上で、ご苦労されていることはありますか。

２．「シェルター運動」について
（１）「シェルター運動」とは、どのようなことだと思いますか。あるいは、どのようなイメージをもっていらっしゃいますか。

（２）貴シェルターの理念と現実の対応との間にギャップはありますか。
あるとしたら、それはどのようなことでしょうか。

（３）ＤＶ被害者支援と「シェルター運動」とは切り離せないもの、と考えていらっしゃいますか。

（４）日本におけるシェルター運動の課題はありますか。また、今後、「シェルター運動」を、どのような方向へ進めていこうと考えていらっしゃいますか。

３．民間シェルターの活動について
（１）ＤＶ防止法制定前後、あるいは第1次改正、第2次改正前後において、貴シェルターの活動に影響や変化はみられましたか。

（２）ＤＶ被害者支援を進めるにあたり、民間シェルター同士のネットワークについて課題はありますか。また、今後どのようにしたらよいと考えていらっしゃいますか。

（３）民間シェルターとして、ＤＶ被害者支援の課題はありますか。

４．民間シェルターと婦人相談所一時保護所との違いについて
（１）民間シェルターを婦人相談所一時保護所と比べたときに、婦人相談所一時保護所は、どのような部分が不十分だと感じていますか。

（２）民間シェルターが、婦人相談所一時保護所より優れている点はどのような部分だと思いますか。

（３）ＤＶ被害者支援を行う際に行政や関係機関などと連携を行うとき、具体的にどのような困難がありましたか。

（４）（３）のような行政・関係機関との連携関係に困難が生じたとき、どのように乗り越えてきましたか。あるいは、乗り越えていこうと考えていますか。

５．ご自身のことについて
（１）どのようなことがきっかけで、民間シェルターの活動をはじめることになったのでしょうか。

（２）民間シェルター、あるいは、全国女性シェルターネットの活動をするにあたり、ご自身の中で何か葛藤を感じたことはありますでしょうか。あるいは、達成感を感じたことはありますでしょうか。

（３）民間シェルター、あるいは、全国女性シェルターネットの活動をするにあたり、どのようなお考えを持って活動をなさっているのでしょうか。

（４）民間シェルターのリーダーとしてのご自身の役割は、どのようなことだとお考えでしょうか。

●民間シェルターのスタッフへの質問項目

シェルターの活動へ参加しようと思ったのは、どのようなきっかけですか。

シェルター内での役割はどのようなことですか。

シェルタースタッフとして支援をする場合、どのような支援をこれまでしてこられましたか。また、今後どのような支援をしていきたいと思いますか。

シェルターに望むことなどはありますか。

貴シェルターの課題はありますか。

●ＮＰＯ法人全国女性シェルターネット代表への質問項目

１．ＮＰＯ法人全国女性シェルターネットについてお伺いさせていただきます。
（１）全国女性シェルターネットの構造とネットワークについて
●組織構造はどのようになっていますか。
●中心メンバーと構成メンバーはどのようになっていますか。
●意思伝達の方法は、メールなどで各民間シェルターへ伝えるのでしょうか。
●意思決定の方法は、どのようになっているのでしょうか。
●全国女性シェルターネット会議の開催頻度、会議の内容、会議の参加者などはどのようになっていますか。

（２）全国女性シェルターネットの理念と目標についてお聞かせください。

（３）全国シェルター・シンポジウムの準

備と運営について
●毎回の開催場所や主催の民間シェルターはどのように決定されるのですか。
●各分科会の担当民間シェルターや民間団体などはどのように決定されるのですか。
●これまで全国シェルター・シンポジウムの準備をする上で、どのようなことでご苦労されましたか。

（4）全国女性シェルターネットは、各地域の民間シェルターにとって、どのような点について役立っていると思いますか。

（5）全国女性シェルターネットが「シェルター運動」を進めていく上で、何か困難なことはありましたか。

（6）全国女性シェルターネットがＤＶ根絶を目標とした「シェルター運動」を進めていく上で、どのようなことに最も貢献してきたと思いますか。

（7）ＤＶ防止法制定前後、あるいは第一次改正、第二次改正前後において、全国女性シェルターネットの活動に影響や変化はみられましたか。

（8）「シェルター運動」とは、どのようなことだと思いますか。あるいは、どのようなイメージをもっていらっしゃいますか。

（9）全国女性シェルターネットの理念と現実の対応との間にギャップはありますか。あるとしたら、それはどのようなことでしょうか。

(10) ＤＶ被害者支援とシェルターの運動とは切り離せないもの、と考えていらっしゃいますか。

(11)「シェルター運動」を進めるにあたり、女性たちが連帯していくことについてどのように思いますか。その際、「連帯」についてどのようなイメージがありますか。

(12) ＤＶ被害者支援を進めるにあたり、行政・関係機関との連携の課題はありますかあるとすると、それをどのように乗り越えていこうと考えていますか。

(13) ＤＶ被害者支援を進めるにあたり、民間シェルター同士のネットワークについて課題はありますか。また、今後どのようにしたらよいと考えていますか。

(14) 全国女性シェルターネットとして（あるいは個人的に）、日本のＤＶ被害者支援の課題はありますか。また、今後、どのように支援を進めていこうと考えていますか。

(15) 日本のシェルター運動の課題はありますか。また、シェルター運動をどのような方向へ進めていこうと考えていますか。

２．ご自身のことについて
（1）どのようなことがきっかけで、民間シェルターの活動をはじめることになったのでしょうか。

（2）民間シェルター、あるいは、全国女性シェルターネットの活動をするにあたり、ご自身の中で何か葛藤を感じたことはありますでしょうか。あるいは、達成感を感じたことはありますでしょうか。

（3）民間シェルター、あるいは、全国女性シェルターネットの活動をするにあたり、どのようなお考えを持って活動をなさっているのでしょうか。

（4）民間シェルター、あるいは、全国女性シェルターネットのリーダーとしてのご

自身の役割は、どのようなことだとお考えでしょうか。

●ＮＰＯ法人全国女性シェルターネット事務局への質問項目

１．ＮＰＯ法人全国女性シェルターネット（以下、全国女性シェルターネット）についてお伺いさせていただきます。
（１）全国女性シェルターネットについて
●全国女性シェルターネットへは、どのようなことがきっかけで参加なさったのですか。
●全国女性シェルターネットの事務局長になられた経緯について教えてください。
●全国女性シェルターネットの運営に関して、事務局としてどのようなお仕事をなさっているのですか。簡単で結構ですので、お仕事の内容について教えてください。

（２）全国シェルター・シンポジウムの準備と運営について
●全国シェルター・シンポジウムを開催することによって、行政などへどのような社会的影響がありましたか。
●全国シェルター・シンポジウムを開催することによって、シェルター運動がどのように変わってきましたか。
●これまで全国シェルター・シンポジウムの準備をする上で、どのようなことでご苦労されましたか。

（３）全国女性シェルターネットは、各地域の民間シェルターにとって、どのような点について役立っていると思いますか。

（４）全国女性シェルターネットがシェルター運動を進めていく上で、何か困難なことはありましたか。

（５）「シェルター運動」とはどのようなことだと思いますか。あるいは、どのようなイメージをもっていらっしゃいますか。

（６）ＤＶ防止法制定前後、あるいは第1次改正、第2次改正前後において、全国女性シェルターネットの活動に影響や変化はみられましたか。

（７）ＤＶ被害者支援と「シェルター運動」とは切り離せないもの、と考えていらっしゃいますか。

（８）「シェルター運動」を進めるにあたり、女性たちが連帯していくことについてどのように思いますか。

（９）ＤＶ被害者支援を進めるにあたり、行政・関係機関との連携の課題はありますか。あるとすると、それをどのように乗り越えていこうと考えていますか。

(10) ＤＶ被害者支援を進めるにあたり、民間シェルター同士のネットワークについて課題はありますか。

(11) 全国女性シェルターネットとして、日本のＤＶ被害者支援の課題はありますか。また、今後、どのように支援を進めていこうと考えていますか。

(12) 日本の「シェルター運動」の課題はありますか。

(13) 全国女性シェルターネットは、女性運動や労働運動との連携や関係はありますか。

(14) 全国女性シェルターネットは、ＤＶ防止法の制定過程に大きな影響を与えてきたと思いますが、政治や政策形成などに関わる中で運動がどのような影響を与えたとお考えですか。

(15) 全国女性シェルターネットの活動がこれまでに獲得したものはどのようなことだとお考えですか。また、全国女性シェルターネットの今後の課題についてお聞かせ下さい。

2．ご自身のことについて
（1）どのようなことがきっかけで、民間シェルターの活動をはじめることになったのでしょうか。

（2）民間シェルター、あるいは、全国女性シェルターネットの活動をするにあたり、ご自身の中で何か葛藤を感じたことはありますでしょうか。あるいは、達成感を感じたことはありますでしょうか。

（3）民間シェルター、あるいは、全国女性シェルターネットの活動をするにあたり、どのようなお考えを持って活動をなさっているのでしょうか。

（4）民間シェルター、あるいは、全国女性シェルターネットのリーダーとしてのご自身の役割は、どのようなことだとお考えでしょうか。

●自治体（都道府県）のＤＶ担当者への質問項目

1．貴自治体の現在のＤＶ対策についてどのようなシステム作りをしているかお話ください。（もし資料のようなものがありましたらそちらを拝見させていただけますでしょうか）

2．貴自治体の婦人相談所のＤＶ被害者支援に対する現在の状況（概要）と各関係機関との連携について教えていただけますでしょうか（一時保護や自立支援体制について）。

3．貴自治体と関係機関との連携と協働はどのように進めていますでしょうか（一時保護、自立支援の各局面、啓発など）。
（1）民間シェルターとの連携について
民間シェルターとのとの連絡や連携体制の現状を教えてください。

（2）その他の関係諸機関（例えば、警察、裁判所、弁護士会、医師会、婦人相談所、児童相談所などＤＶ被害に関わる諸機関）との連携について
●関係諸機関との連絡や連携体制の現状を教えてください。

（3）これまでに一時保護、自立支援において連携が上手く機能したケース、あるいは、上手く機能しなかったケースがありましたら教えてください。
●上手く機能したケースの場合、何が要因だと思いますか。
●上手く機能しなかった場合、何が要因だと思いますか。

4．これまでＤＶ被害者支援を進めていく上で、行政組織としての限界などを感じたこと、または、経験したことがありましたらお話ください。

5．貴自治体においてＤＶ被害者支援を進めていく上で、民間のシェルターは重要な存在ですか。具体的にどのような点において民間シェルターの必要性を感じているのかについてお話ください。

6．民間シェルターへの財政的支援についてお伺いさせていただきます
（1）統一された補助金・助成金の申請基準はありますか。

（2）貴自治体の財源との兼ね合いで考えたとき、補助金・助成金を拠出するのは難しいことですか。

7．民間シェルターへの財政的支援（補助金・助成金・委託料など）を行っていますが、地方財政との関係で、議会や地域住民からどのように理解を得ているのでしょうか。

●婦人相談所（女性相談所）への質問項目

1．婦人相談所では、ＤＶ被害者から相談があったときに緊急一時保護が必要だと判断した場合、どのような支援を行うのでしょうか。

2．また、緊急一時保護が必要だと判断するのは、どなたになるのでしょうか。

3．婦人相談所では、ＤＶ被害者から相談を受けた際（自立支援が必要な場合）、どのようにＤＶ被害者を支援しているのでしょうか。

4．県内では、ＤＶ被害者支援の連携について、モデル事業などを行っていますでしょうか。もし行っていましたらどのようなことを行っているのか教えてください。

5．ＤＶ被害者支援について各関係機関（警察、児童相談所、他のＤＶセンターなど）と協働事業を行ったり、連携はありますでしょうか。

6．ＤＶ被害者支援について民間団体と協働事業を行ったり、連携はありますでしょうか。助成事業や研修講師の依頼など、なさっていることがありましたら簡単で結構ですので教えてください。

7．婦人相談所のＤＶ被害者への支援体制（組織、予算など）やＤＶ被害者の受入状況などについて教えてください。

8．ＤＶ被害者関連事業をするにあたり、県や市町村、あるいは、国への要望がありましたら教えてください。

●婦人相談員など実際に支援の現場におられる方への質問項目

1．お仕事の内容や職場でのポジション、相談歴、支援歴などについて教えていただけますでしょうか。

2．ＤＶ被害者と推定される方から相談の電話があったときに、どのような対応、あるいは、支援をされているのでしょうか。

3．ＤＶ被害者への対応について判断が必要なとき、どなたか決定をしているのでしょうか。あるいは、相談員の方の裁量で決められるのは、どのようなことでしょうか。

4．ＤＶ被害者に関する通報、相談、一時保護や自立支援を行う際、他の配偶者暴力相談支援センターや関係諸機関、民間団体と連携することはありますでしょうか。

5．もしＤＶ防止法以前より相談や支援に関わっていらっしゃった場合、ＤＶ防止法制定後、改正前後でＤＶ被害者への支援に変化はありましたでしょうか。

6．ＤＶ被害者支援を行う際行政や他の関係機関などと連携を行うとき、改善されたことはありますでしょうか。あるいは、困難なことはありましたでしょうか。

7．ＤＶ被害者支援を行うにあたり、県や国に対して要望はありますでしょうか。

8．これまでＤＶ被害者の相談を受け、支援してきた中で、ご自身の中で何か達成感を感じたことはありますでしょうか。あるいは、葛藤を感じたことはありますでしょうか。

●母子生活支援施設への質問項目

1．母子生活支援施設における、お仕事の内容や職場でのポジション、支援歴などについて教えていただけますでしょうか。

2．ＤＶ被害者には、どのような対応、あるいは、支援をされているのでしょうか。

3．ＤＶ被害者への対応について判断が必要なとき、どなたか決定をしているのでしょうか。

4．ＤＶ被害者に関する通報、相談、一時保護や自立支援を行う際、他の配偶者暴力相談支援センターや関係諸機関、民間団体と連携することはありますでしょうか。

5．ＤＶ防止法制定前後、改正前後でＤＶ被害者への支援に変化はありましたでしょうか。

6．ＤＶ被害者支援を行う際行政や他の関係機関などと連携を行うとき、改善されたことはありますでしょうか。あるいは、困難なことはありましたでしょうか。

7．ＤＶ被害者支援を行うにあたり、県や市町村や国に対して要望はありますでしょうか。

8．これまでＤＶ被害者の相談を受け、支援してきた中で、ご自身の中で何か葛藤を感じたことはありますでしょうか。あるいは、達成感を感じたことはありますでしょうか。

9．ご自身ではどのようなお考えを持って、ＤＶ被害者の支援をされているのでしょうか。

●女性センターへの質問項目

1．自治体内のＤＶセンターにおける役割分担、あるいは、連携体制はあるのでしょうか。

2．貴センターでは、ＤＶ被害者から相談があったときに緊急一時保護が必要だと判断した場合、どのような支援を行うのでしょうか。

3．また、緊急一時保護が必要だと判断するのは、どなたになるのでしょうか。

4．相談員は、ＤＶ被害者から相談を受けた際（緊急一時保護が必要な場合など)、どのようにＤＶ被害者を支援しているのでしょうか。

5．貴センターでは、市町村においてＤＶ被害者支援の連携について、モデル事業などを行っていますでしょうか。もし行っていましたらどのようなことを行っているのか教えてください。

6．ＤＶ被害者支援について各関係機関と協働事業を行ったり、連携はありますでしょうか。

7．ＤＶ被害者支援について民間団体と協働事業を行ったり、連携はありますでしょうか。助成事業や研修講師の依頼など、なさっていることがありましたら簡単で結構ですので教えてください。

8．ＤＶ被害者関連事業をするにあたり、

貴センターから県や市町村、国への要望がありましたら教えてください。

●女性センター相談員への質問項目

1．相談員としてのお仕事の内容や職場でのポジション、相談歴などについて教えていただけますでしょうか。

2．ＤＶ被害者と推定される方から相談の電話があったときに、どのような対応、あるいは、支援をされているのでしょうか。

3．ＤＶ被害者への対応について判断が必要なとき、どなたか決定をしているのでしょうか。あるいは、相談員の方の裁量で決められるのは、どのようなことでしょうか。

4．ＤＶ被害者に関する通報、相談、一時保護や自立支援を行う際、他の配偶者暴力相談支援センターや関係諸機関、民間団体と連携することはありますでしょうか。

5．ＤＶ防止法制定前後、改正前後でＤＶ被害者への支援に変化はありましたでしょうか。

6．ＤＶ被害者支援を行う際行政や他の関係機関などと連携を行うとき、改善されたことはありますでしょうか。あるいは、困難なことはありましたでしょうか。

7．ＤＶ被害者支援を行うにあたり、県や市町村、国に対して要望はありますでしょうか。

8．これまでＤＶ被害者の相談を受け、支援してきた中で、ご自身の中で何か葛藤を感じたことはありますでしょうか。あるいは、達成感を感じたことはありますでしょうか。

9．ご自身ではどのようなお考えを持って、ＤＶ被害者の相談を受け、支援をされているのでしょうか。

●自治体ＤＶ担当者（市町村）への質問項目

1．どのような経緯で公設民営シェルターを開設することになったのでしょうか。

2．公設民営シェルターの運営に関して、貴自治体とＮＰＯ法人との役割分担はどのようになっていますでしょうか。
●組織構造、運営方針、スタッフの役割など。

3．公設民営シェルターは、婦人相談所一時保護所と比較して、どのような点でメリットがあると思われますか。

4．公設民営シェルターを運営するにあたり、困難だったことはありますか。

5．公設民営シェルターでは、ＤＶ被害者へどのような支援を行っているのでしょうか。

6．貴自治体では、ＤＶ被害者を支援する際、各関係機関と協働事業を行ったり、連携はありますでしょうか。

7．貴自治体では、ＤＶ被害者支援について民間団体と協働事業を行ったり、連携はありますでしょうか。助成事業や研修講師の依頼など、なさっていることがありましたら簡単で結構ですので教えてください。

8．ＤＶ被害者関連事業をするにあたり、貴自治体から現状を踏まえて県や国への要望がありましたら教えてください。

●公設民営シェルター：民間団体への質問項目

1．公設民営シェルターについてお伺いします。

（1）公設民営シェルターとして、貴団体は、どのように機能しているのでしょうか。

●行政と貴団体との間で、シェルターの運営・活動の役割分担はどのように行っているのでしょうか。

●運営方針などを決定する際にどのように行っていますか
●運営会議では、どのようなことを話し合っていますか。
●シェルター活動（支援活動）をする際の意思決定はどのように行っていますか
●スタッフの構成と役割はどのようになっていますでしょうか

（2）シェルターを運営する上で、あるいは、被害者への支援サービスをする上で、メリットやデメリットがありましたら教えてください。

（3）貴団体の理念と目的について教えてください。

（4）シェルター活動をする際に、どのような準備をしましたか。行政や他の団体・機関などからシェルター活動をするにあたって支援を受けたことはありますか。

（5）貴団体の運営基盤はどのようになっていますか。

（6）貴団体では、どのような支援を行っていますか。

（7）スタッフの労働条件・労働形態などについてお伺いします。
スタッフは有償で働いていますか

●スタッフは、どのくらいの頻度で働いていますか（週__日間、1日__時間）
●スタッフが有償で働いている場合、働きに見合う報酬をスタッフは得ていると思いますか
●スタッフの労働形態はありますか（専従・非専従・ボランティアなど）
●スタッフの男女の人数はどのようになっていますか（女性__人、男性__人）

（8）スタッフの人数は、シェルター活動をする上で十分だと思いますか。
もし足りないと感じた場合、どのようなときにそう思いますか。

（9）公設民営型のシェルター活動に参加しようと思った理由は、どのようなことがありますでしょうか。

（10）ＤＶ防止法の制定、ならびに、改正ＤＶ防止法の施行によって、貴シェルターが活動をする上で何か影響や変化がありましたでしょうか。

（11）シェルター活動をする際の行政や関係機関との連携について、困難だったこと、あるいは、スムーズにいったことはありますでしょうか。

2．シェルター活動への支援について

（1）シェルター活動を行っていく上で、国家や自治体、社会からの支援としてはどのようなことが必要だと思いますか。

（2）ＮＰＯ法人全国女性シェルターネットには加盟なさっていますか。
――もし加盟している場合、その目的を教えていただけますか。

●全国女性シェルターネットに加盟したことで貴団体の活動に役立っていることはありますか。

●全国女性シェルターネットへの要望はありますか。
——もし加盟していない場合、どのような理由から加盟していないのですか。

3．公設民営シェルターのスタッフの方への質問
（1）シェルター活動へ参加しようと思ったのは、どのようなきっかけからですか。

（2）シェルター内での役割はどのようなことですか。

（3）シェルターのスタッフとして支援サービスをする際、どのような支援ができて、どのような支援ができないと思っていますか。

●シェルターに望むことなどはありますか。